高等学校应用型经济管理专业“十三五”规划精品教材

基础会计

（第三版）

易三军　主编

華中科技大學出版社
http://www.hustp.com
中国·武汉

内容提要

本书为培养应用型会计人才而编写，以经济活动为主线，介绍了会计学基础理论与方法。通过精心的内容设计，使读者能循序渐进地掌握会计学的基本知识与实用技能。全书分为15章，包括绪论，会计对象、会计要素与会计等式，会计科目、会计账户与复式记账，筹资活动的会计处理，投资活动的会计处理，经营活动的会计处理，利润与所得税的会计处理，财产清查，财务报告，会计循环(上)，会计循环(下)，会计规范与会计机构，会计电算化，Excel在会计中的运用，会计实务。每章开始有学习目标，并以生动案例导入正文，章末附有小结、思考与练习题。

本书可作为高等院校会计学、财务管理等专业会计学基础课程的教材，企业管理人员和希望了解会计学基础知识的人员也可以本书作为学习资料。

图书在版编目(CIP)数据

基础会计/易三军主编. —3版. —武汉：华中科技大学出版社，2019.11
高等学校应用型经济管理专业"十三五"规划精品教材
ISBN 978-7-5680-5848-3

Ⅰ.①基… Ⅱ.①易… Ⅲ.①会计学-高等学校-教材 Ⅳ.①F230

中国版本图书馆CIP数据核字(2019)第232330号

基础会计(第三版)
Jichu Kuaiji(Di-San Ban)

易三军 主编

策划编辑：陈培斌
责任编辑：陈培斌
封面设计：刘婷
责任监印：周治超
出版发行：华中科技大学出版社(中国·武汉)　　电话：(027)81321913
　　　　　武汉市东湖新技术开发区华工科技园　　邮编：430223
录　　排：武汉楚海文化传播有限公司
印　　刷：武汉华工鑫宏印务有限公司
开　　本：787mm×1092mm　1/16
印　　张：23.75　　插页：1
字　　数：623千字
印　　次：2019年11月第3版第1次印刷
定　　价：58.00元(含实训资料)

前言

《基础会计》(第二版)出版以来,重印了多次,得到广大授课老师和学生的一致好评,同时也提出了一些宝贵的建议。2015年以来,我国会计准则和税法有较大的变化,特别是增值税税率的改变幅度较大。此外,随着社会经济及计算机技术的发展,经济业务的规模与业务的复杂程度有了进一步的提高,对会计从业人员的技能要求也相应提高。为进一步满足广大师生的要求及适应会计准则和税法的变化,提高大学生会计技能应用水平,在保留原教材内容适量、逻辑严谨、体系完整、重点突出的基础上特对本教材第二版进行修订。

(1)以应用型人才培养为宗旨,在完成手工账的基础上,增加Excel数据处理的训练。

(2)在内容上,除对原有内容进行优化外,对涉及会计准则和税法变动的部分进行了修正,满足国家财税法规变化的要求。

(3)将原第四、第五章会计循环的部分,调整到会计报表的后面。会计循环的部分与最后一章会计实务联系更为紧密,学生掌握会计循环的流程后,马上进行会计实操的训练,学习进程安排更为合理。

(4)对经济业务的处理,保留按筹资活动、投资活动、经营活动的分类方式,为后续财务分析、财务管理课程打下良好的基础。

(5)将会计实训资料单独成册,方便对学生会计基本技能的培养。

(6)习题部分在优化的同时,增加了针对初级会计资格考试的内容,使学生更快更好地学以致用,并为今后考证打下基础。

以上修改一个重要出发点就是坚持理论够用、着重应用的原则,让学生掌握必要的理论知识的同时,重点培养学生思考问题、解决问题的能力,培养学生对会计知识的运用能力,为学生未来走向社会提供理论和实践的帮助,缩短学生进入工作岗位后和用人单位的磨合期。因此,本书的价值在于对培养应用型人才模式的教材及教学方式一种探索、改革和突破。

参加第三版编写工作的有易三军副教授(第一章、第二章、第三章、第十四章、第十五章)、张爱华副教授(第八章、第十二章、第十三章)、易雪(第四章、第五章、第六章、第七章)、苑笑怡(第九章、第十章、第十一章)。最后由易三军对全书进行了总体把关和最终定稿。

教材的编写是一项严肃而坚苦的工作，为了保证修订工作的质量、保证修订工作的顺利完成，华中科技大学出版社的编辑也提出了许多宝贵的意见。虽然我们竭尽全力，付出辛勤的劳动，但由于水平及时间有限，修订后的教材可能仍存在不足之处，恳请读者批评指正，提出宝贵意见和建议。

编　者

2019 年 7 月

目录

Contents

第一章 绪 论

学习目的

通过本章的学习，要求了解会计的产生与发展，熟悉会计的定义、职能与目标，熟悉会计的基本假设、会计基础和会计信息的质量要求，了解会计的学科体系及会计职业。

导入案例

诗诗的疑惑

诗诗是一名刚入学的大学生，填报会计学专业完全是父母的决定，按父母的说法，会计工作很重要，什么单位都需要，工作选择面宽、好找工作。诗诗其实很喜欢画画，从小她就幻想自己能背着画夹周游世界，把世界上最美的地方都画下来。可是没想到高考后，爸爸、妈妈就帮她填好志愿，选择了会计学专业。诗诗打心眼里就不高兴，可是既然父母已经决定了，只好硬着头皮读下去。现在诗诗的脑袋里很疑惑：会计是什么？有什么用？学了会计后将来能干什么？带着这些疑问，诗诗开始了她的大学生活。

第一节 会计的产生与发展

会计是随着人类社会的发展和经济管理的需要而产生并不断完善起来的。人类要生存和发展，必须从事一定的生产活动以获取生存和发展的必要物质条件，如粮食、牲畜、房屋等。随着生产力水平的提高，人类生产的物质财富不断增加，当财富积累到一定程度时，人们发现有必要专门让一些人来记录这些财产以保护财产的安全与完整，并计算生产经营过程中的所得与所耗，进一步考核其经济效益。这些专业的活动逐渐成为人类管理生产经营活动的必然要求。会计正是适应这种要求而产生，并随着社会生产与经营规模的日益扩大，形成了一个具有特定职能的职业。

一、会计的产生

早期的原始人为了生存，每日与洪水猛兽作斗争，他们四处狩猎和采集果实，同时比较每次狩猎和采集果实的数量多少，这种数量的变化在他们的大脑中得到反映。通过简单地比较所得与所费，原始人逐步形成较为固定的狩猎和采集活动的地点——猎物和果实数量多的地方。正是通过这种所得与所费的简单比较，人类开始控制自己的生产活动。随着工具的使用、社会分工的细化，人类的生产力水平有了很大的提高，生存不仅得到了保障，还出现了剩余物品。出于对这些剩余物品的合理分配和保障这些物品能在一定时间内维持氏族与部落需要的思考，人类开始采用一定的方法来记录物品及其数量，于是萌生了人类早期的计量、记录观念与行为。①

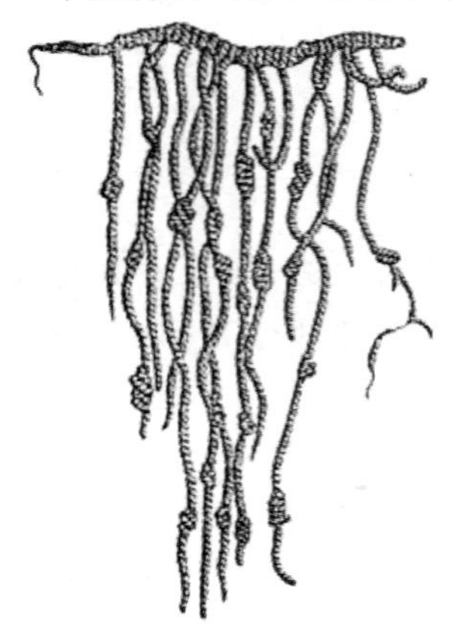

图 1-1　结绳记事

"结绳"（见图 1-1）、"刻石"等方法用以记（计）数，这是会计最早的萌芽——此时的会计还是生产机能的一个附属工作。"事大，大结其绳；事小，小结其绳，结之多少，随物众寡。"即记录重要的事，在绳子上打大结，不重要的事，在绳子上打小结，绳结的多少依据记录事情的多少而定。随着文字的出现，将简单的"结绳记事"由数量的记载，扩展到内容的描述，这是古代记账方法一个重要飞跃。

随着劳动生产率的提高和人类社会的进一步发展，私有制也产生了，剩余物品成为私人的财产。人们发现通过交换各自的剩余产品，可以方便地得到其他有用的、自己难以生产的物品，这样大大地提高了生产效率，从而获得了更多的物质财富，提高了生活水平。货币的出现更是方便了商品交换，而大量的商品交换，使人类的生活和思维习惯都发生了很大的变化，对财产物资的拥有逐渐形成了对货币的拥有。人们逐渐认识到，如果在生产活动中，有目的地节约耗费和有计划地管理生产过程，是可以提高最后收益的，即可以拥有更多的物资或更多的货币。因此，人们认识到除了要对财产数量进行记载外，还有必要用货币对财产的价值进行记录，并开始以货币为单位，对生产经营活动进行记录、计量、比较和分析。会计在人类社会的发展过程中，就从生产机能中分离出来，成为特殊的独立化的职能，这就是会计的产生。

在人类的生产和经济的发展中，我们可以看到，人类为了生存而从事社会生产活动，取得生产成果，也必然耗费人力、物力和财力。生产者一方面要关心劳动成果的多少，另一方面也关注劳动耗费的高低，于是产生了会计。人们在推动生产和经济不断发展的同时，采用会计的方法对经营成果和劳动耗费进行确认与计量，并加以比较分析，这样就总结出最有效的生产方式，对生产和经济的发展进行有效的组织、管理和推动，实现了资源的有效配量。因此，会计的产生与发展也促进了人类社会与经济的发展。

二、我国会计的发展

在会计的产生与发展的长河中，中国会计的发展主要经历了几个重要时期：西周、秦汉、唐宋、明清、清末民初。

我国会计基本成型是在西周时期，西周时期出现了会计工作者——"司会"，司

① 郭道扬：《会计史研究》（第一卷），中国财政经济出版社，2004 年版，第 33 页。

会为计官之长，主管王朝财政经济收支的核算。司会的职责为“掌国之官府、郊野、县都之百物财用。凡在书契、版图者之贰，以逆群吏之治而听其会计”(《周礼·天官》)，即接受朝廷和地方百官的会计文书进行考核，类似于审计署。这是“会计”在我国历史文献中第一次出现。

秦汉时期出现了早期会计账簿的雏形——籍书，并开始采用三柱结算法来算账，它是中式会计利用入(收)、出(付)、余三要素及其相互关系反映一定时期的财产增减变化并结算账目的单式方法。三柱结算法萌芽于周朝，确立于秦汉时期。具体公式为

入(本期收入)－出(本期支出)＝余(结余)

三柱结算法反映了当期的收入、支出和结余，但不能反映每笔“收”“出”的具体来源与用途，不能反映上期结存数。东汉至唐初期间，出现三柱结算法向四柱结算法的转化，至唐代中期，三柱结算法被四柱结算法取代。但这一时期的四柱结算法尚处于创立、运用的初期阶段，还显得比较粗陋，有待于在实际运用中不断加以改进。唐人李吉甫所著的《元和国计簿》是我国最早的会计专辑。

四柱结算法在宋代得到了普遍运用，并走向成熟，形成四柱清册。四柱清册的公式为

元管(旧管)＋新收－已支(开除)＝现在(实在)(括号中是明初名称)

此公式用现代会计的表述，可以解释为：期初结存＋本期收入－本期支出＝期末结存。它的主要作用是对财产物资的反映，包括了期存结存财产金额，克服了三柱结算法的缺点。不足之处在于只是反映了财物的增减变化，不反映债权、债务关系。但四柱清册是中式会计在会计方法上的重大突破，是我国古代的会计工作者在管理社会经济实践中创造的科学结算方法，它集中归结了中式会计的基本原理，是中式会计方法的精髓，并为我国由单式记账发展到复式记账——“龙门账”和“四脚账”奠定了基础。

明清时期，我国商业和手工业有了较大规模的发展，并且出现了资本主义萌芽。为适应这一发展，一些民间商会在会计核算方法上又进行了改革，出现了“三脚账”、“龙门账”和“四脚账”。

“三脚账”是在单式记账基础上的一种不完全复式记账。这种记账方法，对于非现金事项记录而言，视同“两脚”，而对于现金收付事项，则只录现金一笔，视同“一脚”，合称“三脚”。这种方法是一种不完全的复式记账方法，是我国会计由单式记账方法向复式记账方法的一种过渡方法，为中国会计方法的发展发挥了承前启后的作用。

“龙门账”是我国会计发展史上具有划时代意义的一种复式记账方法。它把全部账目分为“进”(相当于各类收入)、“缴”(相当于各种费用)、“存”(相当于各种资产)、“该”(相当于业主的资本和全部负债)四个部分，年终结算时，以进(进入)－缴(缴用)＝存(存有)－该(该欠)作为会计平衡等式进行计算。其计算原理是：本期利润一方面等于本期的收入减去本期的费用，同时也等于期末的总资产减去期末的负债和业主的投入，差额就是当期的收益；二者相等，即是“合龙门”，进而验证并分别编制“进缴表”和“存该表”，利用双轨计算出盈亏。

“四脚账”的特点是：注重经济业务的收方(即来方)和付方(即去方)的账务处

理，不论是现金收付事项还是非现金收付事项，都在账簿上记录两笔，即记入“来账”，又记入“去账”，而且两者所记金额必须相等，否则说明账务处理有误。“四脚账”在成本结转、盈亏计算、结册编制和平账原理运用等方面，与“西式簿记”有异曲同工之妙，它把中式会计推向一个新的发展阶段。

“龙门账”和“四脚账”使我国的单式记账（流水账）向复式记账前进了一大步，会计工作由简单财产的记载、收益的计算，发展到财产、债权债务、业主权益的全面描述。可惜随着清朝的衰弱，中式的复式记账没有得到发展。当中国沦为半殖民地半封建社会后，伴随着西方列强的坚船利炮，“西式簿记”开始传入我国。

20 世纪初，我国学者蔡锡勇所著的《连环账谱》与谢霖、孟森合编的《银行簿记学》两本会计学专著，正式将西方会计学的借贷记账法引入我国。虽然一些学者曾试图对“中式簿记”进行改良，民国时期，中、西式会计并存，但“中式簿记”最终为“西式簿记”所代替。1908 年，大清银行（即中国银行的前身）开始采用“借贷记账法”记账，标志着西方借贷法开始在中国企事业单位中得到应用。北洋政府制定了中国历史上第一部会计法和审计法，谢霖成为中国第一位政府承认的会计师。在此期间，会计师事业有所发展，国内有名的会计师事务所“正则”（谢霖创办）、“正信”（徐永祚创办）、“立信”（潘序伦创办）、“公信”（奚玉书创办）也相继成立，并在 1925 年 3 月成立了第一个会计师公会——上海会计师公会。

新中国成立后，我国主要是借鉴苏联的会计模式，采用分行业会计制度，实行各行各业有明显区别的会计制度。改革开放实行市场经济以后，开始了会计准则和制度并轨运行。到 2006 年 2 月，财政部对《企业会计准则—— 基本准则》进行了修订，同时发布了 38 项具体准则，自 2007 年 1 月 1 日起实施。新准则的颁布意味着我国的会计发展进一步与国际趋同，具有很重要的会计历史转折意义。

三、国外会计的发展

在国外，文明程度较高的古埃及、古巴比伦、古希腊和古罗马，都产生了官厅会计，设有专职财会人员，并用泥版完成了最早的会计记录。特别是古罗马著名的“代理人会计”，几乎就要产生复式簿记。可惜的是，罗马帝国随着奴隶起义和日耳曼民族的入侵而消亡，欧洲进入了黑暗的中世纪，宗教成为生活的全部。由于对宗教的狂热，人们摧毁了古老而光辉的古代文明，中世纪使得古希腊与古罗马的文明几乎荡然无存，在这一时期内，到处都显现出了经济凋敝、文化枯竭的景象，会计的发展也出现了停滞。

进入公元 11 世纪后，西欧封建化过程基本完成，中世纪的鼎盛时期到来，城市发展，商业兴起。商业活动的繁荣，带来了金融业的发展。在当时的历史背景下，欧洲大量的货币集中流向意大利。随着贸易的发展，财富也在意大利集中，意大利的商人变成了商人兼金融家，他们创办银行、发明汇票等信用技术，意大利的银行成为当时国际性的银行。日益发达的商业和金融业促进了记账方法的改进，在意大利的一些商业城市中，“贷金业”率先采用了复式记账的借贷记账法。

复式记账的借贷记账方法，最早运用于十二三世纪意大利的佛罗伦萨、热那亚、威尼斯等城市贷金业所用的账簿中。1211 年，意大利佛罗伦萨银行正式用借贷复式记账法记账。14 世纪后，热那亚和威尼斯商人的簿记，借鉴银行的记账方法，从按人设置账户登记债权、债务的记录，扩展到了按商品、现金、损益、资本等设置账户，记录它们的增加和减少——即理论上的“拟人说”，这就进一步奠定了借贷记账法的基础。

1494 年以前，意大利的复式簿记已经比较成熟，但当时并未对其从理论上加以总结和推广。直到 1494 年，意大利数学家卢卡・帕乔利（Luca Paciolio）出版了《算术・几何・比及比例概要》（又译为《数学大全》）一书，该书第三部分“计算与记录详论”中第一次向全世界系统地介绍了当时流行的威尼斯复式记账法，并在理论上加以阐述。该书的出版堪称为近代会计发展史上的一个里程碑，卢卡・帕乔利因此被称为“现代会计之父”，他的《算术・几何・比及比例概要》也被称为“近代会计第一书”。从该书面世至今，尽管时代几番变迁，社会生产力迅速发展，企业组织愈来愈复杂，但是复式记账法仍然是当前国际会计记账方法的主要方法，虽然它也在不断发展完善，但基本原理与方法并没有发生变化。正因为如此，复式簿记的产生，被认为是会计发展史上的第一个里程碑。

19 世纪末 20 世纪初英国工业革命爆发，出现公司制组织、经营权与所有权分离，企业管理水平不断提高，这对簿记提出了更高的要求。1854 年，在英国苏格兰的爱丁堡成立了世界上第一个会计师公会——爱丁堡会计师公会，它是英国也是世界上第一个正式的会计职业组织。该组织制订会员的标准与能力并获得皇家的特许，在破产清算及市政审计等方面发挥重要作用。史学家们称其是会计发展史上的第二个里程碑。标志着注册会计师制度的诞生，会计服务由内部向公众服务扩展。

第一次世界大战后，世界经济中心由英国转移到美国，随着资本竞争的加剧及股份公司的形成和发展，企业规模越来越大，为了提高经济效益，加强对经济活动的控制，企业管理层对会计提出了新要求，不仅要能进行事后的核算、分析和检查，而且要能对企业的经济活动进行预测、决策及控制。以“泰罗制”为标志的管理科学理论与方法，以及数学模型、电子计算机技术等逐步被引入会计。标准成本、预算管理、责任会计等方法的出现，丰富了会计的职能与作用。在此基础上，管理会计诞生了，与财务会计成为会计的两大分支，这是会计发展史上的第三个里程碑，标志着会计进入现代会计阶段。

1929 在美国发生的经济大危机，促使美国人开始思考并制定出第一部《公认会计原则》。会计准则的制定，使企业的会计工作规范化，提高了会计信息的真实性和可比性，把会计理论和方法推上了一个新的水平。此后，世界各国也开始逐步研究、制定自己的会计准则，目前影响较大的有美国会计准则和国际会计准则。

由于现代数学和电子计算技术的发展，使得会计的预测、决策、控制、确认与计量、记录、报告和信息传输的手段也产生了飞跃，逐渐脱离了手工状态，与现代电子技术结合，形成了数字化会计信息系统。

从以上会计的发展过程可看到，自有天下之经济，便必有天下之会计。会计随着生产与经济的发展，经历了一个由简单到复杂、由低级到高级的不断发展和完善的过程。同时，会计的产生与发展也促进了生产与经济的发展。

第二节　会计的定义、职能与目标

从会计的发展过程，可以看到会计产生于人们对生产经济活动进行管理的客观需要，并随着生产经营活动的发展而发展。从最早服务于官厅，会计主要记载每年的岁赋和支出情况，到目前的商品经济时代，会计服务重心转向企业的经济活动，主要是反映和监督企业的资金运动情况。现代会计学研究、会计学科的重点也集中在企业会计上，特别是集中在目前大多数企业存在的组织形式——股份公司的会计研究上。

一、会计的定义

会计(accounting)是以货币为主要计量单位，核算和监督企业和行政、事业单位经济活动的经济管理工作。它是采用一系列专门的方法和程序，对经济活动进行完整的、连续的、系统的核算和监督，旨在向会计信息使用者提供反映该单位财务状况、经营成果和现金流量等相关经济信息和管理者受托责任履行情况的一种经济管理活动。

要理解会计的含义，必须把握以下几个特征。

(1) 以管理经济活动为主要内容。会计是一种经济管理活动，通过核算和监督的方式参与经济活动的管理。会计在对经济活动进行确认、计量和报告的同时，对经济活动的真实性、合法性、合理性进行审查，保障经济活动的正常运行。

(2) 以货币为主要计量单位。会计是从数量方面来反映经济活动的。经济活动的数量方面可以用实物、劳动和货币三种尺度来度量，但各种不同的衡量尺度无法相加汇总，只有充当一般等价物的货币，才能将经济活动的数量变化转化为统一的价值标准，予以综合，反映企业经营活动全貌。

(3) 采用一系列专门的会计方法。在长期的会计实践中，为适应生产的发展和经济管理的需要，会计形成了一套系统、科学的专门方法，包括会计核算、会计分析、会计考核、会计预测、会计决策和会计控制等。

(4) 提供完整的、连续的、系统的会计信息。完整性，是指对所有会计事项进行记载和反映，不能有任何遗漏或任意取舍，力求核算资料全面、可靠，使会计主体的全部经济活动得到了最集中的反映与控制；连续性，是指按经济业务发生时间的先后顺序不间断地进行记录；系统性，是指对各项经济业务既要相互联系地进行记录，又要进行必要的科学分类，使会计资料系统化。

除以上几个基本特征外，为了更好地理解会计的含义，我们还应了解以下相关概念。

二、会计的基本职能

会计的职能(accounting function)是指会计在经济管理中所具有的功能，或其应发挥的作用。会计职能是伴随会计的产生而出现，并随着会计的发展而发展。一般来说，会计基本职能包括核算和监督两个方面。

1. 核算职能

会计核算职能是指会计以货币为主要计量单位，对特定对象（或特定主体）的经济活动进行确认、计量、记录和报告等，为有关各方提供会计信息的功能。核算职能也称为反映职能，因为核算的目的就是反映特定对象的财务情况，是会计最基本的职能，是会计发挥其他职能的基础。会计核算贯穿于经济活动的全过程，通常所说的记账、算账、报账等会计工作，就是会计核算职能的具体体现。

记账就是把特定对象的全部经济业务，采用一定的记账方法在账簿上进行记载；算账是在记账的基础上，计算企业单位一定日期的资产、负债、所有者权益及一定时期的成本和经营成果（行政事业单位是对一定日期的资产、负债、净资产和一定时期的收入、支出结余进行计算）；报账就是在记账、算账的基础上，把企业的财务状况、经营成果和现金流量等情况（行政事业单位是把资金收支及财务状况等情况），通过编制会计报表的方式向企业内部和外部的有关各方通报。

会计核算的主要内容有款项的收付、财物的收发、债权债务的发生与结算、资本的投入与分配、收益的计算及处理。会计核算职能有以下特点。

（1）会计主要是以货币为计量单位，其他计量单位为辅，从数量上综合反映经济活动。会计可以采用三种量度：实物量度、劳动量度和货币量度。实物量度是按物质的自然属性来衡量的量度，如千克、个、件、米等；劳动量度是按劳动时间来衡量的量度，如小时、天等；货币量度是按物质的价值符号来衡量的量度，如元、角、分等。在商品经济条件下，货币作为一种特殊的商品，最适合充当统一的计量尺度，综合反映会计主体多种多样、错综复杂的经济活动。但货币计量也有其局限性，很多影响企业的活动很难或无法用货币来计量。所以以货币为主要计量单位，辅之以实物和劳动量度，才便于会计资料的汇总、比较和分析，取得生产经营管理活动的各种综合性资料。

（2）会计核算已经发生或完成的经济活动。会计所提供的会计信息是其使用者进行宏观管理、投融资决策及内部经营管理的依据，会计信息必须具有可验证性和真实性，所以，会计核算就必须记录已经发生或完成的经济活动。因为已经发生或完成的经济活动，是已经形成的不可改变的事实，能够取得证明其发生和完成的合理合法的会计凭证，可以加以验证；会计通过一系列专门的核算方法，按会计准则和会计制度的要求，对其进行记录，然后整理、加工，最终以财务报告形式形成的会计信息也就具有可验证性和真实性。

（3）会计核算具有连续性、系统性和完整性。会计要核算经济活动的整个过程，所提供的数据资料，不是简单的记录，而是对初始资料按照发生时间的先后顺序，不间断地进行分类、分析和汇总，使之转换成有条理的而不是杂乱无章的、成系统的而不是支离破碎的会计信息。还要特别注意的是，会计核算的内容要完整，不能有遗漏。

2. 监督职能

会计监督职能是指会计人员在进行会计核算的同时，对特定对象经济活动全过程的真实性、合法性、合理性进行审查，使之达到预期目标的功能，也称为控制职能。真实性审查，是指检查各项会计核算是否根据实际发生的经济业务进行；合法性审查是指对各项经济活动是否符合国家的有关法律法规和政策，是否遵守财经纪律进行监督，以杜绝违法乱纪行为；合理性审查是指对各项经济活动是否符合经济规律及经营管理的要求，是否有利于预算目标的实现，是否违背内部控制制度要求，是否能提高经济效益进行监督。

会计监督包括对经济活动进行事前、事中和事后的监督。会计事前监督是指会计在参与编制计划和预算时，根据有关的法规、政策、制度，对未来的经济活动进行审查。会计事中监督是指在日常会计工作中以计划、预算及有关法规、制度为标准，对发生的经济活动检查其合法性、合理性，掌握计划、预算的执行情况，及时发现有利或不利差异，以便采取措施，促使企业达到或超过计划、预算的要求。会计事后监督是指对已经完成的经济活动进行检查分析，查明完成或未完成计划的原因，总结经验，发现问题，提出改进措施。

会计的核算职能和监督职能是相辅相成、辩证统一的关系。会计核算是会计监督的前提，没有会计核算提供的会计信息，就不可能进行会计监督；会计核算必须以会计监督为保证，才能为经济管理提供真实可靠的会计信息，否则，如果会计信息不真实，就不能发挥其应有的作用。

随着经济的发展，会计职能的具体内容不断拓展，核算和监督已不能概括会计的全部职能，预测经济前景、参与经济决策、评价经营业绩等在会计职能中显得越来越突出，逐渐成为新的会计职能。

三、会计的目标

会计工作是经济管理的重要组成部分，要做好会计工作，首先就要明确会计工作的目标，即会计工作所要达到的预期目的。

会计的目标是客观社会经济发展的必然要求，企业要以提高经济效益为中心。作为企业一个职能部门的财务会计部门，同样也要服务于提高经济效益这个目标。会计通过向投资者、债权人及经营者提供与企业财务状况、经营成果和现金流量等相关会计信息，帮助企业优化投资经营策略，优化资源配置，从而实现企业效益最大化的目标。

对于会计的目标，理论界存在着决策有用观和受托责任观两种观点。

决策有用观认为，会计的目标就是为了向会计信息使用者提供对他们的决策有用的会计信息。人们在经济活动中需要作出各种决策，但任何一项经济决策都需要各种信息的支持，特别是会计信息的支持，如通过对被投资者的经营能力和获利能力的分析决定是否投资或撤资，贷款人需要了解贷款对象的偿债能力以便进行贷款，等等。会计为会计信息使用者提供有用会计信息的主要方式是财务报告。

受托责任观认为，会计的目标是为了向委托人报告受托责任的履行情况。由于公司制企业的发展，特别是股份制公司的出现，所有权和经营权逐渐分离，企业资源的提供方与作为经营方的管理当局形成了委托与受托关系。受托者接受委托，管理所交付的资源，承担合理、有效管理与应用受托资源的任务，尽可能地履行保值、增值的责任，并如实地向委托者报告财务状况、经营成果等，以便评价企业管理当局的责任履行情况和业绩情况等。

受托责任观重在委托者报告受托者的受托管理情况，主要是从企业内部来谈的，而决策有用观是从企业会计信息的外部使用者来谈的。实际上，两者并不矛盾，都认为会计的目标是提供信息。在受托责任观下，会计目标是向资源委托者提供信息；在决策有用观下，会计目标是向信息使用者提供决策有用的信息，不但向资源委托者，而且还包括债权人、政府等和企业有密切关系的信息使用者。同时，两者侧重的角度不同，受托责任观是从监督角度考虑，主要是为了监督受托者的受托责任；决策有用观侧重于信号角度，即会计信息能够向信息使用者提供决策有用的信息。两者之间相互联系，相互补充。

国际会计准则委员会(International Accounting Standards Board，简称 IASB)在 1989 年发布的《编报财务报表的框架》中认为："财务报表的目标是提供在经济决策方面有助于一系列使用者的关于企业财务状况、经营业绩及财务变动的信息"，"还反映企业管理层对交付给它的资源的经营成果或受托责任"。

美国财务会计准则委员会(Financial Accounting Standards Board，简称 FASB)在 1978 年发布的第 1 号"财务会计概念公告"(Statements of Financial Accounting Concepts，简称 SFAC)——《企业编制财务报告的目标》中认为，企业编制财务报告应该提供以下信息：①对投资和信贷决策有用的信息；②对估量现金流量前景有用的信息；③关于企业资源、资源上的权利及其变动情况的信息。包括企业的资产、负债、业主权益信息、收益或企业业绩信息、变现能力、偿债能力和资金周转信息、企业管理者责任与业绩信息等。

我国财政部 2006 年 2 月发布的《企业会计准则——基本准则》第一章第四条规定："财务会计报告的目标是向财务会计报告使用者提供与企业财务状况、经营成果和现金流量等有关的会计信息，反映企业管理层受托责任履行情况，有助于财务会计报告使用者作出经济决策。"

第三节　会计基本假设、会计基础和会计信息质量要求

会计职能及其要达到的目标，必须在一定条件下才能实现，会计基本假设就是这些条件的经验总结。另外，会计工作所提供的会计信息主要以会计报表的形式呈现，相关信息的使用者也对会计信息的质量提出了约束条件。

一、会计基本假设

会计基本假设是进行会计核算的基本条件，是对会计核算所处时间、空间、环境等所作的合理假定，是企业会计确认、计量和报告的前提。会计基本假设包括会计主体、持续经营、会计分期和货币计量，是会计研究者根据会计领域客观的、正常的情况所作的合理、公认的判断。在基本条件满足的情况下，会计的核算职能才能正常履行，否则会计活动就失去了确认、计量和报告的基础，会计工作就会陷入困境甚至难以进行。

(一)会计主体

会计主体，是指会计工作服务的特定对象，是企业会计确认、计量和报告的空间

范围。为了向财务报告使用者反映企业财务状况、经营成果和现金流量，提供与其决策有用的信息，会计核算和财务报告的编制应当集中于反映特定对象的活动，并将其与其他经济实体区别开来。

会计主体的确定，要注意两种情况：一是要区分会计主体之间的界限，即甲企业所进行的会计确认和报告的经济活动只限于甲企业发生的，不能把其他企业的经济活动也记录进来；二是要区分企业的投资者和企业的经济活动，不能将投资者个人的开支也列入企业的开支里面。

会计主体不同于法律主体。一般来说，法律主体必然是一个会计主体。一个企业作为一个法律主体，应当建立财务会计系统，独立反映其财务状况、经营成果和现金流量。但是，会计主体不一定是法律主体。如分公司不是一个法人主体，但是可以作为一个会计主体。

（二）持续经营

持续经营，是指在可预见的将来，会计主体的生产经营活动将会按当前的规模和状态继续经营下去，不会倒闭、停业，也不会大规模削减业务。会计确认、计量和报告应当以企业持续、正常的生产经营活动为前提。

在持续经营的情况下，会计主体将按照既定用途使用资产，按照既定的合约条件清偿债务，会计人员就可以在此基础上选择会计原则和会计方法。如企业购入的设备，会计人员会采用折旧的方法，根据设备预计使用年限，按月将设备的购买成本分摊到当期生产的产品成本中。如果企业已经不能再持续经营下去了，企业将由清算小组接管，设备不再按期提取折旧，而直接转入到清算资产中，按清算价值计量。

（三）会计分期

会计分期，是指将一个企业持续经营的生产经营活动划分为一个个连续的、长短相同的期间。会计分期的目的，在于通过会计期间的划分，将持续经营的生产经营活动划分成连续、相等的期间，据以结算盈亏，按期编报财务报告，从而及时向财务报告使用者提供有关企业财务状况、经营成果和现金流量的信息。

根据持续经营假设，一个企业将按当前的规模和状态持续经营下去。但是，无论是企业的生产经营决策还是投资者、债权人等的决策都需要及时的信息。将企业持续的生产经营活动划分为一个个连续的、长短相同的期间，每期提供反映企业的财务状况、经营成果和现金流量的报表，这样就能及时提供信息，满足相关利益者的需求。由于会计分期，才产生了当期与以前期间、以后期间的差别，才有了权责发生制与收付实现制的区别，才使不同类型的会计主体有了记账的基准，进而出现了折旧、摊销等会计处理方法。

会计期间通常分为年度和中期。中期，是指短于一个完整的会计年度的报告期间，如半年度、季度、月份等。

（四）货币计量

货币计量，是指会计主体在会计确认、计量和报告时以货币为计量尺度，反映会计主体的生产经营活动。如果只核算数量而不确定金额，不同财物之间就失去了比较基础，无法加总计算，会计信息质量就会下降。

在会计的确认、计量和报告过程中之所以选择货币为基础进行计量，是由货币的本身属性决定的。货币是商品的一般等价物，是衡量一般商品价值的共同尺度，具有价值尺度、流通手段、贮藏手段和支付手段等特点。其他计量单位，如重量、长度、容积、台、件等，只能从一个侧面反映企业的生产经营情况，无法在总量上进行汇总和比较，不便于会计计量和经营管理。只有选择货币尺度进行计量，才能充分反映企业的生产经营情况。

会计在选择货币作为统一的计量尺度的同时，要以实物量度和时间量度等作为辅助的计量尺度。另外，在通货膨胀的情况下，货币计量需要进行调整，以更充分地反映企业的资产、负债及损益情况。

二、会计基础

会计基础，是指会计确认、计量和报告的基础。主要包括权责发生制、收付实现的制。

（一）权责发生制

权责发生制，又称应计制，是指会计主体对收入和费用的确认应当以收入和费用的实际发生，而不是以款项的实际收付作为确认的标准。

在实务中，企业交易或者事项的发生时间与相关货币收支时间有时不完全一至。如企业的赊销业务，企业本期将商品出售给购货方，货款可能会在下一期收回。还有一些费用会提前支付，如保险费、房租等，而受益期在支付后的期间。根据权责发生制，凡是应属本期的收入和费用，不管其款项是否收付，均作为本期的收入和费用入账；反之，凡不属于本期的收入和费用，即使已收到款项或付出款项，都不应作为本期的收入和费用入账。

在权责发生制下，每个会计期末，应对各项跨期收支作出调整。核算手续虽然较为麻烦，但能使各个期间的收入和费用实现合理的配比，所计量的财务成果也比较正确。因此，《企业会计准则》规定，企业在进行会计核算应采用权责发生制。行政事业单位经营业务也采用权责发生制。

（二）收付实现制

收付实现制，又称现金制，是指会计主体对各项收入和费用的认定是以现金的实际收付作为标准。

凡属本期实际收到款项的收入和支付款项的费用，不管其是否应归属于本期，都应作为本期的收入和费用入账；反之，凡本期未实际收到的款项收入和未付出款项的支出，即使应归属于本期，也不应作为本期的收入和费用入账。采用这种会计处理制度，本期的收入和费用缺乏合理的配比，所计算的财务成果也不够正确。

在我国，政府会计由预算会计和财务会计构成。其中预算会计采用收付实现制，国务院另有规定的，依照其规定；财务会计采用权责发生制。

三、会计信息质量要求

会计信息主要是以财务会计报告的形式提供，因此会计信息质量要求是对企业财务报告所提供会计信息质量的基本要求，是使财务报告所提供会计信息对投资者、债权人、政府管理部门等使用者决策有用应具备的基本特征。主要包括可靠性、相关性、可理解性、可比性、实质重于形式、重要性、谨慎性和及时性等。

（一）可靠性

可靠性又称真实性、客观性，要求企业应当以实际发生的交易或者事项为依据进行确认、计量和报告，如实反映符合确认和计量要求的各项会计要素及其他相关信息，保证会计信息真实可靠、内容完整。

可靠性是高质量会计信息的重要基础和关键所在。如果财务报告所提供的会计信息是不可靠的，就会给投资者等财务报告使用者的决策产生误导甚至损失，影响资本市场的有效性。在保证会计信息可靠性的同时，要考虑获取信息的成本，在披露信息时做到中立的、无偏的。

（二）相关性

相关性要求企业提供的会计信息应当与投资者等财务报告使用者的经济决策需要相关，有助于会计信息的使用者对企业过去、现在和将来的情况作出评价或者预测。一项信息是否具有相关性取决于预测价值和反馈价值。

如果一项信息能帮助决策者对过去、现在和未来事项的可能结果进行预测，则该项信息具有预测价值。决策者可根据预测的结果，作出其认为的最佳选择。因此，预测价值是构成相关性的重要因素，具有影响决策者决策的作用。

一项信息如果能有助于决策者验证或修正过去的决策和实施方案，即具有反馈价值。把过去决策所产生的实际结果反馈给决策者，使其与当初的预期结果相比较，验证过去的决策是否正确，总结经验以防止今后再犯同样的错误。反馈价值有助于未来决策。

（三）可理解性

可理解性要求企业提供的会计信息应当清晰明了，便于投资者等财务报告使用者理解和使用。

企业编制财务报告、提供会计信息的目的在于使用，而要使使用者有效使用会计信息，应当能让其了解会计信息的内涵，弄懂会计信息的内容，这就要求财务报告所提供的会计信息应当清晰明了，易于理解。只有这样，才能提高会计信息的有用性，实现财务报告的目标，满足向投资者等财务报告使用者提供决策有用信息的要求。

会计信息毕竟是一种专业性较强的信息产品，对报表的使用者有一定的会计知识要求。如交易本身较为复杂或者会计处理较为复杂，但其对使用者的经济决策相关的，企业就应当在财务报告中予以充分披露，在保证专业性的前提下，尽量做到信息的可理解性。

（四）可比性

可比性要求企业提供的会计信息应当相互可比。这主要包括以下两层含义。

1. 同一企业不同时期可比

为了便于投资者等财务报告使用者了解企业财务状况、经营成果和现金流量的变化趋势，比较企业在不同时期的财务报告信息，全面、客观地评价过去、预测未来，从而做出决策，会计信息质量的可比性要求同一企业不同时期发生的相同或者相似的交易或者事项，应当采用一致的会计政策，不得随意变更。但是，满足会计信息可比性要求，并非表明企业不得变更会计政策。如果按照规定或者在会计政策变更后可以提供更可靠、更相关的会计信息，可以变更会计政策。有关会计政策变更的情况，应当在附注中予以说明。

2. 不同企业相同会计期间可比

为了便于投资者等财务报告使用者评价不同企业的财务状况、经营成果和现金流量及其变动情况，会计信息质量的可比性要求不同企业同一会计期间发生的相同或者相似的交易或者事项，应当采用规定的会计政策，确保会计信息口径一致、相互可比，以使不同企业按照一致的确认、计量和报告要求提供有关会计信息。

（五）实质重于形式

实质重于形式要求企业应当按照交易或者事项的经济实质进行会计确认、计量和报告，不仅仅以交易或者事项的法律形式为依据。

在实际工作中，企业发生的交易或事项在多数情况下，其经济实质和法律形式是一致的。但在有些情况下，会出现不一致。例如，企业的对于资产的确认，一般是取得法律规定的所有权为确认条件，但以融资租赁方式租入的资产比较特殊。虽然从法律形式来讲企业并不拥有租赁资产的所有权，但是由于租赁合同中规定的租赁期相当长，接近于该资产的使用寿命，租赁期结束时承租企业有优先购买该资产的选择权，在租赁期内承租企业有权支配资产并从中受益等，因此，从其经济实质来看，企业能够控制融资租入资产所创造的未来经济利益，在会计确认、计量和报告上就应当将以融资租赁方式租入的资产视为企业的资产，列入企业的资产负债表。

（六）重要性

重要性要求企业提供的会计信息应当反映与企业财务状况、经营成果和现金流量有关的所有重要交易或者事项。

在实务中，如果会计信息的省略或者错报会影响投资者等财务报告使用者据此作出决策的，该信息就具有重要性。重要性的应用需要依赖职业判断，企业应当根据其所处环境和实际情况，从项目的性质和金额大小两方面加以判断。例如，金额较小的收益，使企业的利润由亏损变成盈利；数量较多、金额较小的存货，可以合并一起披露。

（七）谨慎性

谨慎性要求企业对交易或者事项进行会计确认、计量和报告应当保持应有的谨慎，不应高估资产或者收益、低估负债或者费用。

在市场经济环境下，企业的生产经营活动面临着许多风险和不确定性，如应收款项的可收回性、固定资产的使用寿命、无形资产的使用寿命、售出存货可能发生的退货或者返修等。会计信息质量的谨慎性要求，需要企业在面临不确定性因素的情况下作出职业判断时，应当保持应有的谨慎，充分估计到各种风险和损失，既不高估资产或者收益，也不低估负债或者费用。例如，要求企业对很可能发生的资产减值损失计提资产减值准备、对售出商品可能发生的保修义务等确认预计负债等。

谨慎性的应用也不允许企业故意低估资产或者收益，或者故意高估负债或者费用而隐藏收益，这些做法不符合会计信息的可靠性和相关性要求，损害会计信息质量，扭曲企业实际的财务状况和经营成果，从而对使用者的决策产生误导，这是会计准则所不允许的。

（八）及时性

及时性要求企业对于已经发生的交易或者事项，应当及时进行确认、计量和报告，不得提前或者延后。

会计信息的价值在于帮助所有者或者其他方面作出经济决策，具有时效性。即使是可靠、相关的会计信息，如果不及时提供，就失去了时效性，对于使用者的效用就大大降低甚至不再具有实际意义。在会计确认、计量和报告过程中贯彻及时性，一是要求及时收集会计信息，即在经济交易或者事项发生后，及时收集整理各种原始单据或者凭证；二是要求及时处理会计信息，即按照会计准则的规定，及时对经济交易或者事项进行确认或者计量，并编制出财务报告；三是要求及时传递会计信息，即按照国家规定的有关时限，及时地将编制的财务报告传递给财务报告使用者，便于其及时使用和决策。

第四节　会计学科体系与会计职业

一、会计学科体系

现代会计根据其服务的对象和目的不同，通常可以分为财务会计和管理会计两大分支，如图 1-2 所示。

现代会计学
- 财务会计
  - 基础会计学：记账的方法和程序
  - 中级财务会计：一般业务的处理
  - 高级财务会计：特殊业务的处理
- 管理会计
  - 微观方面：成本会计、财务管理、管理会计、税务会计、内部审计等
  - 宏观方面：政府审计、非政府审计（CPA 审计）等

图 1-2　现代会计的学科体系

财务会计（financial accounting）主要通过核算的职能，提供会计信息，并以会计报表的形式提供给外部的利益相关人使用，包括投资者、债权人、政府及其有关部

门、社会公众等。这些外部的利益相关者需要根据会计核算形成的会计信息作出投资及信贷等决策。为了使提供的财务信息在不同企业及企业不同时期可比,财务会计有统一的会计准则予以规范和约束,有一套较为固定确认、计量和报告的程序。

管理会计(managerial accounting)主要执行管理经济活动的职能,侧重于内部的各层次的管理者。管理者需要使用财务会计所提供的会计信息拟定企业发展战略、确定经营方针、作出投融资和经营决策、进行企业成本分析、作出绩效评价。管理会计主要服务于内部,其形成的报告由于会计主体经营规模、业务活动的复杂性等差异而不同,因此没有统一的规范,采用的方法和程序灵活多样。

财务会计和管理会计在核算程序、核算内容、报告形式上都有很大的区别。需要说明的是,财务会计主要是针对一般工商企业和行政事业单位,对于特殊的行业的会计处理需要专业的课程来学习。另外,大部分企业的会计系统目前已经由手工做账转向计算机处理,虽然会计的核心知识并没有发生变化,但对这些工具的掌握还是必不可少的,这些内容会在会计实训课程中讲解。

会计学专业作为管理学的一个分支,主要是为经济服务的,所以,经济学和管理学的一些基础课程的学习也是必不可少的,如宏观经济学、微观经济学、管理学、企业管理、税法、金融市场等。

二、会计职业

会计存在于社会的各种组织中,我国《会计法》第二条、第三条明文规定:"国家机关、社会团体、公司、企业、事业单位和其他组织(以下统称单位)必须依照本法办理会计事务。""各单位必须依法设置会计账簿,并保证其真实、完整。"即在各单位中,建立健全会计组织是国家的法律规定,也是会计职业存在的法律依据。会计从业人员主要在以下三个领域进行职业选择。

1. 企业会计

作为国民经济运行的主要部分,企业吸收了大量的会计从业人员。企业根据其规模大小、业务特点设立多种会计岗位。从日常的核算与管理方面考虑,需要出纳员,负责现金的收付;成本核算员,负责企业成本的计算;应收与应付会计,负责管理企业的应收和应付款项;总账会计,负责账户管理和报表的编制;税务会计,负责各项税收的申报与缴纳等。岗位的设置与人员的配置要根据企业的实际情况而定。

从资金的运营与管理方面考虑,需要预算会计人员,负责企业的资金规划;内部审计人员,确保会计系统健康、有效地运行;财务管理人员,负责资金的筹集与投放,并控制风险。

2. 政府及非营利组织会计

在中国,公元前 11 世纪西周已有"官计",之后历代均有"国计",统谓官厅会计,近现代则改称政府会计。不具政府职能、不以营利为目的、从事社会公益性服务的各种组织(含政府公立和民间私立)的会计,构成非营利组织会计。政府会计和非营利组织会计,合称政府及非营利组织会计,这些部门与机构也需要相当多的会计专业人员。

政府及非营利组织会计分三类:财政总预算会计、各级政府行政单位会计、非营利组织会计。

(1) 财政总预算会计是用来核算、反映、监督国家(政府)预算执行情况和财政周转金等各项财政性资金活动情况的会计。它由中央、省、市、县、乡（镇）五级政府的财政机关具体实施。

（2）各级政府行政单位会计是各级各类行政单位核算、反映和监督单位预算执行情况和结果的会计。各行政单位如五级人民政府及司法和检察机关等，通过政府预算拨款，行使国家权力管理国家事务、维护社会公共秩序、进行各项行政管理工作。涉及款项的收付等事情，需要有财会人员进行核算和控制。

（3）非营利组织会计分为公立和民间两大类。公立的非营利组织通常被称为事业单位，如各类学校、艺术团体、医院、福利院、博物馆等，这些组织一方面从政府得到资助，还收取一定的费用维持机构的运行，需要财会人员对这些款项的收付进行核算和监督。而民间的非营利组织的经费主要来自社会的捐赠，同样也需要财会人员记录它们的收支情况。

3. 公共会计

公共会计与以上两种职业有所不同，早期主要服务于公众，主要是指会计师事务所从事提供鉴证服务。如企业年报审计，提供审计服务的会计人员称为审计师或注册会计师，注册会计师审计的基本职能是经济监督、评价与鉴证，其最终目的是在维护正常社会经济秩序的前提下帮助被审单位加强内部控制制度，以提高经济效益。审计的直接目的是为了对审计对象的合法性、合理性和有效性作出判断。审计最基本的方法是收集、整理和验证审计证据，以确定被审事项的真相，并对照一定的审计标准加以判断，作出评价，并客观地写在审计报告上。

随着业务的发展，会计事务所除了提供鉴证服务之外，还开始了另外的业务，例如，验证企业的投入资本，参与办理企业解散、破产的清算事项，参与解决企业的经济纠纷，协助鉴别经济案件证据，设计会计制度，担任会计顾问，提供会计、财务、税收和经济管理咨询，代理纳税申报，协助拟定合同、章程和其他经济文件等。

本章小结

会计是随着人类社会生产的发展和经济管理的需要而产生、发展并不断完善起来的。无论从国内还是从国外的发展来看，会计的发展都经历了一个由低级到高级、从简单到复杂的逐步完善过程。经济越发展，会计越重要。

会计是以货币为主要计量单位，采用一系列专门的方法和程序，对一个单位的经济活动进行完整的、连续的、系统的核算和监督，旨在向会计信息使用者提供反映该单位财务状况、经营成果和现金流量等相关信息的一种经济管理活动。

一般来说，会计基本职能包括核算和监督两个方面。但随着经济的发展，会计职能的具体内容不断拓展，核算和监督已不能概括会计的全部职能，参与预测、决策、分析和考核等在会计职能中显得越来越突出，逐渐成为新的会计职能。

会计作为企业一个职能部门，同样也要以提高经济效益为中心，把优化企业资源配置、提高经济效益作为会计的目标。财务会计报告的目标是向财务会计报告使用者提供与企业财务状况、经营成果和现金流量等有关的会计信息，反映企业管理层受托责任履行情况，有助于财务会计报告使用者作出经济决策。

会计的基本假设是会计工作的基础，包括会计主体假设、持续经营假设、会计分期假设和货币计量假设。会计基础有权责发生制和收付实现制。企业和事业单位经营业务采用权责发展制，预算会计采用收付实现制。会计信息的质量要求包括可靠性、相关性、可理解性、可比性、实质重于形式、重要性、谨慎性和及时性。

现代会计学将会计一般分为财务会计和管理会计两个分支。财务会计以提供高质量的信息为主要内容，而管理会计主要以有效的管理经济活动为目的。

我国《会计法》规定，各单位必须依法设置会计账簿，建立健全会计组织。而会计人员主要在企业、政府与非营利组织、审计事务所从事会计工作。

思考与练习题

【思考题】

1. 会计是如何产生和发展的？
2. 我国会计发展过程中使用过哪些会计方法？
3. 什么是会计？它具有哪些特点？
4. 什么是会计职能？会计有哪些基本职能？如何理解？
5. 会计的目标是什么？
6. 会计的基本假设是什么？
7. 会计基础是什么？权责发生制与收付实现制有什么区别？
8. 会计信息的质量要求有哪些？
9. 会计学科体系的划分及主要内容是什么？
10. 社会上有哪些会计职业？

【练习题】

一、单项选择题

1. 会计的产生是由于（　　）。

A. 社会发展与经营管理的需要　　B. 科学技术进步的需要

C. 社会分工的需要　　D. 生产关系变更的需要

2. 我国在（　　）时期把主管会计的官职称为“司会”。

A. 西周　　B. 商朝　　C. 秦朝　　D. 汉朝

3. 三柱结算法，即“入－去＝余”，产生于我国的（　　）。

A. 秦汉　　B. 唐朝　　C. 宋朝　　D. 明清

4. 四柱清册产生于唐朝，成熟于（　　）。

A. 唐朝　　B. 宋朝　　C. 明朝　　D. 清朝

5. 我国会计发展史上第一次采用复式记账方法的是（　　）。

A. 三柱结算法　　B. 四柱结算法

C. 龙门账　　D. 四脚账

6. 我国目前使用的会计记账方法是（　　）。

A. 四脚账　　B. 龙门账

C. 中西融合方法　　D. 西方会计方法

7. 西方会计史中，第一部比较系统介绍了簿记的书的作者卢卡·帕乔利是(　　)。

A. 意大利人　B. 美国人　C. 英国人　D. 法国人

8. 近代会计在西方取得突破性发展的主要标志是(　　)。

A. 银行业的发展

B. 佛罗伦萨式簿记的产生

C.《算术、几何、比及比例概要》的出版

D. 英国爱丁堡会计师公会成立

9. 现代西方管理会计产生的标志是(　　)。

A. 工业革命　B. 公司制　C. 成本会计　D. 预算会计

10. 现代会计以(　　)作为主要的计量单位。

A. 实物量度　B. 劳动量度

C. 货币量度　D. 重量量度

11. 会计的职能是(　　)。

A. 永恒不变的　B. 随着生产关系的变更而变更

C. 随着经济的发展而发展　D. 只有在社会主义制度下才能发展

12. 会计以货币为主要计量单位，通过确认、计量、记录、报告等环节，对特定主体的经济活动进行记账、算账、报账，为各有关方面提供会计信息的功能称为(　　)。

A. 会计核算职能　B. 会计监督职能

C. 会计控制职能　D. 会计预测职能

13. 会计人员在进行会计核算的同时，对特定主体经济活动的合法性、合理性和有效性进行审查，称为(　　)。

A. 会计控制职能　B. 会计核算职能

C. 会计监督职能　D. 会计分析职能

14. 属于会计的目标是(　　)。

A. 增加收入　B. 节约成本　C. 打击犯罪　D. 提供会计信息

15. 下列各项中，既是会计主体又是法律主体的是(　　)。

A. 分公司　B. 子公司　C. 生产车间　D. 销售部

16. 成本会计属于会计学科体系中的(　　)。

A. 财务会计　B. 管理会计　C. 会计史　D. 公共会计

17. 会计职业的划分中，从业人数最多的是(　　)。

A. 企业会计　B. 政府会计

C. 非营利组织会计　D. 公共会计

二、多项选择题

1. 会计的基本特征是(　　)。

A. 会计是一种经济管理活动

B. 会计以货币作为主要计量单位

C. 会计采用一系列专门的方法

D. 会计是一种经济信息系统

2. 会计的基本职能是(　　)。

A. 核算　　B. 计划　　C. 监督　　D. 预测

3. 会计的目标是(　　)。

A. 为决策者提供决策有用的信息

B. 反映经营管理者的经管责任

C. 提供企业非货币的技术信息

D. 提供企业非货币性的人员信息

4. 会计信息使用者有(　　)。

A. 企业投资者　　B. 企业债权人

C. 企业管理当局　　D. 与企业有利益关系的团体和个人

5. 会计监督职能是指会计人员在进行会计核算的同时,对经济活动的(　　)进行审查。

A. 合法性　　B. 合理性　　C. 有效性　　D. 营利性

6. 会计核算职能主要体现在(　　)。

A. 事后核算　　B. 事中核算

C. 事前核算　　D. 预测、分析和考核

7. 下列属于现代会计职能的是(　　)。

A. 会计核算　　B. 会计监督

C. 会计预测　　D. 会计决策

8. 会计是(　　)。

A. 经济管理工作

B. 对经济活动进行核算和监督

C. 以货币为主要计量单位

D. 针对一定单位主体的经济活动

9. 下列各项中,属于会计基本假设的有(　　)。

A. 会计主体　　B. 持续经营

C. 会计分期　　D. 货币计量

10. 下列各项中,属于会计信息质量要求的有(　　)。

A. 会计主体　　B. 持续经营

C. 会计分期　　D. 货币计量

三、判断题

1. 会计的基本职能是会计核算和会计监督,会计监督是首要职能。(　　)

2. 我国历史上,最早在西周时期出现"会计"一词。(　　)

3. 会计以货币为计量单位,凡是不能用货币计量的经济活动,都不是会计所反映的内容。(　　)

4. 在我国会计发展早期,政府会计占主导地位。(　　)

5. 新中国建国开始,就颁布了《会计法》。(　　)

6. 会计基础是指会计确认、计量和报告的基础,包括权责发生制和收付实现制。(　　)

7. 权责发生制是以收到或支付现金作为确认收入和费用的标准。(　　)

8. 在持续经营假设下,会计确认、计量和报告应当以企业持续、正常的经济活动为前提。(　　)

【案例分析】

文先生开了一个建材超市，经营木材、竹材、石材、水泥、钢筋等材料，生意比较好。快年底的时候，文先生跟父母商量，要把老家的祖屋翻修一下，就让工人到自己的建材超市拿了一些装修的材料。后来税务局的检查人员在检查中提出他有逃避缴纳税款的嫌疑，文先生觉得很委屈。

要求：你认为税务局人员的说法有道理吗？

第二章 会计对象、会计要素与会计等式

通过本章的学习，要求了解会计的对象，理解会计要素的含义及分类，掌握资产、负债、所有者权益、收入、费用和利润的具体内容，掌握各要素之间的关系和基本的会计等式，并能够运用会计等式对经济活动进行说明。

导入案例

诗 诗 开 店

诗诗是一个爱动的女孩，当初爸妈送她去学画画，就是想让她能静下来，可惜江山易改，本性难移，诗诗到现在还是活泼爱动。进入大学后不久，诗诗就坐不住了，再加上会计专业的老师在进行专业介绍时说，会计是一门实用性极强的专业，于是诗诗决定和同学一起开一个奶茶店。其实诗诗还有个目的就是想多赚点钱，买些漂亮的衣服，放假后和同学一起出去旅游。

诗诗她们在学校附近租下了一个小门面，并买了一些开奶茶店必需的冰箱、搅拌器等设备，以及果汁、奶茶粉等。还没有开张就花了两万多元，连她们自己也有点心慌了，这些钱是亏了吗？花了这么多钱，她们有点焦头烂额了，哪些钱应该记账，哪些不应该记账，为什么？

好在诗诗的会计老师以前在企业做过会计实务，并且对她们的创业计划十分支持，愿意无偿地指导她们记账。会计老师从会计的对象开始，告诉她们哪些应该记账，哪些是资产、费用等。

会计的对象规定了会计核算与监督的范围，会计学者将会计对象的内容进行归纳分类，形成会计要素。而这些会计要素之间存在着一定的逻辑关系，也就是会计等式。

第一节 会计对象

会计的对象是指会计核算和监督的内容，也称会计客体。从会计的定义来看，会计的对象是特定对象的经济活动。经济活动大体可以分为能用货币计量的经济活动（如购买原材料、销售商品等）和不能用货币计量的经济活动（如制订生产计划、签订合同等）。由于会计核算要以货币为计量单位，所以，只有能够以货币计量的经济活动才能纳入会计核算和监督的范围。能够以货币计量的经济活动通常被称为

价值运动或资金运动，因此，会计的对象可以高度概括为特定对象的资金运动。

由于各单位的性质不同，经济活动的内容又各不相同，因此会计的具体对象也就不尽相同。以制造企业为例，其经济活动一般包括筹资活动、投资活动和经营活动，其资金运动包括资金投入、资金运用、资金退出三个阶段。

1. 资金投入阶段

企业可以通过发行股票等方式从国家、其他企业单位、个人等投资者处取得的资金构成企业的自有资金，出资人因向企业投资而成为企业的所有者；企业也可以通过发行债券、借款、应付款项等方式取得借入资金，出资人因向企业借入资金而成为企业的债权人。投入的资金在使用过程中形成企业可以支配的各项资产，这些资产构成了企业开展经营活动的基础。

2. 资金运用阶段

企业将筹集到的资金一部分用于购买机器设备、建造厂房，形成固定的资产，另一部分资金投放于经营活动中，这部分资金会经历供应过程、生产过程和销售过程三个阶段。

（1）供应过程。企业使用货币资金购买原材料、燃料等，形成生产所需的各种生产资料，从而使货币资金转化为储备资金。

（2）生产过程。劳动者借助生产工具将劳动对象加工成特定的产品，消耗原材料形成材料费、消耗固定资产形成折旧费、消耗工人劳动形成人工费，再加上生产过程中其他支出，使储备资金转化为生产资金。

（3）销售过程。随着产成品的出售，企业会获得货币资金，同时会支付一些销售费用。在销售过程中，还会和购货单位发生货款结算关系，同税务机关发生税金结算关系等。收入扣除税费后形成企业的销售利润。除产品销售利润外，企业还可取得投资收益和其他收入等，形成最终的利润，并提取盈余公积金和向所有者分配利润。

3. 资金退出阶段

企业的一部分资金会通过偿还债务和利润分配等方式陆续退出企业，如企业偿还各项债务、上缴各种税金、向所有者分配利润等。

制造企业的资金运动过程可以用图 2-1 说明。

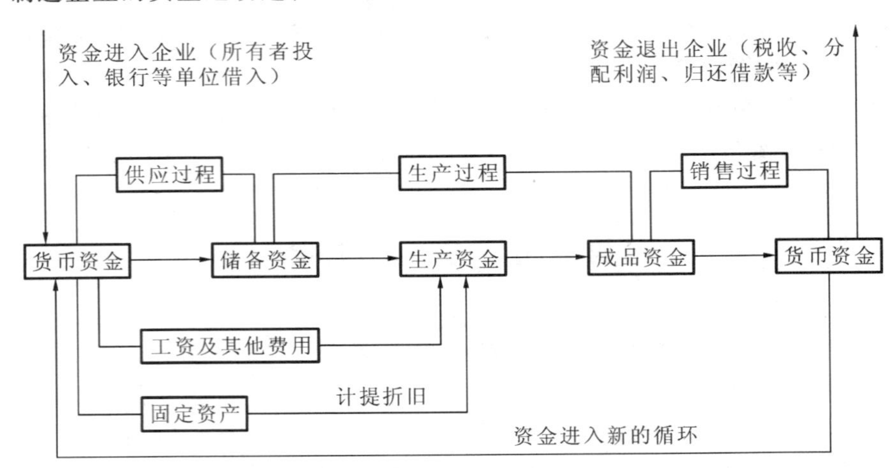

图 2-1　制造企业的资金运动

商品流通企业的经济业务主要是商品的购进和销售，与制造业企业的区别在于没有生产加工的过程，资金运动主要按照“货币→商品→货币”的方式不断地循环。

行政事业单位主要是从国家财政获得资金，然后用于行政管理和事业开支，资金运动更为简单。

第二节 会计要素

会计的对象包括会计主体所发生的、能以货币计量的所有经济活动，这些活动通过会计的确认、计量，最终以报表的形式反映出来，报表是对会计主体经济活动的综合性反映。因此，要全面报告会计主体的经济活动，必须对这些经济活动进行一些抽象的归纳与分类。会计要素(accounting elements)是对会计对象所作的基本分类，是对企业资金运动的第一层次的分解，是构成会计报表的基本组成部分，又称财务报表要素(elements of financial statements)。不同国家的会计工作者对会计对象的归纳与分类略有不同。

我国《企业会计准则——基本准则》将企业会计对象归纳为资产、负债、所有者权益、收入、费用、利润六个要素，也称会计报表要素(报表就是以这六项内容来反映企业的经济活动的)。也就是说，无论企业规模的大小，还是行业的不同，其所有的经济活动都可用这六个要素进行表述。其中，资产、负债和所有者权益是反映企业财务状况的静态会计要素，收入、费用和利润是反映企业经营成果的动态会计要素。

一、反映财务状况的会计要素

财务状况是指企业在特定时点的资产及权益情况，是资金运动相对静止状态时的表现，而特定时点一般指的是报表按规定定期对外公布的日期。反映财务状况的会计要素包括资产、负债、所有者权益三项。负债也称债权人权益。有时把负债和所有者权益统称为权益。

(一) 资产

资产(assets)是由企业过去的交易或事项形成的、由企业拥有或者控制的、预期会给企业带来经济利益的资源。它包括企业的各项财产、债权和其他权利。交易分为外部交易(external transactions)和内部交易(internal transactions)，如外购材料、产品生产与出售等。事项(events)是指会对企业的资产和权益产生影响并能可靠计量的事件，如科学技术进步对已购存货的价值影响。

1. 资产的特征

(1) 资产预期会给企业带来经济利益，即资产可直接或间接带来现金或现金等价物。通过对这些经济资源的使用，预期会使企业经济资源的总量最终得以保持和增加。这一特征是资产最重要的特征，那些已经没有经济价值、不能给企业带来经济利益的项目，就不能继续确认为企业的资产。

例 2-1 恒兴公司有两台设备，其中 A 设备型号较老，生产出来的产品陈旧过时，无人购买，已停止使用；B 设备生产出来的产品供不应求，一天 24 小时不间断生产以满足需要。问：两个设备都是企业的资产吗？

A 设备已不能为企业带来经济利益,显然不能再确认为资产;B 设备能为企业带来经济利益,当然可以确认该设备是企业的资产。

(2) 资产是由企业拥有或者控制的资源。企业享有资产的所有权,表明能排他性地从资产中获取经济利益,这是判断资产要考虑的首要因素。在某些特殊情况下,企业并不享有所有权,但企业控制了这些资产,并能从资产中获取经济利益,也可作为资产确认。

例 2-2 恒兴公司由于产品供不应求,急需扩大产能,但暂时又没有多的流动资金,市场机会稍纵即逝。于是公司决定,通过某财务公司融资租入一台设备,租期为设备的正常使用年限,合同已签订。问:融资租入的设备是企业的资产吗?

通过对以上业务的分析可知,企业虽然没有拥有该设备的所有权,但实际控制了该设备的全部使用年限,并从中获取经济利益,因此可将融资租入的设备作为企业的资产。

(3) 资产是由过去的交易或事项形成的。过去的交易或事项包括购买材料、生产产品、建造厂房等活动,只有过去的交易或事项才能产生资产。资产必须是现实的资产,而不能是预期的资产。未来交易或事项可能产生的结果不能作为资产确认。

例 2-3 恒兴公司计划在次年购买一幢厂房,现已与销售方签订了购买合同。问:厂房能不能被确认为企业的资产?

因为实际购买行为还没有发生,所以企业不能将厂房确认为资产。

2. 资产确认的条件

将一项资源确认为资产,需要符合资产的定义,还应同时满足以下条件:

(1) 与该资源有关的经济利益很可能流入企业。从资产的定义中可以看出,能为企业带来经济利益是资产的一个本质特征。但在现实生活中,由于需求的变化,与资源有关的经济利润能否流入企业或者能够流入多少实际上带有不确定性。因此,资产的确认应该与经济利益流入企业的不确定性程度的判断结合起来。淘汰的设备、卖不出去的产品、收不回来的货款等都不能确认为资产。

(2) 该资源的成本或者价值能够可靠地计量。只有当有关资源的成本或者价值能够可靠地计量时,资产才能予以确认。获得的资源需要付出代价,如设备、材料等,付出的代价就是取得资源的计量基础,如果这种代价还不确定,就不能确认资产。

3. 资产的分类

资产按其流动性(liquidity)可分为流动资产和非流动资产。资产的流动性是指预期资产转化为现金的能力。资产转化成现金所需时间越短,价值损失越少,流动性就越强。如现金的流动性大于股票的流动性,股票的流动性大于房地产流动性。

(1) 流动资产,是指预计在一个正常营业周期中变现、出售或耗用,或者主要为交易目的而持有,或者预计在资产负债表日起一年内(含一年)变现的资产,以及自资产负债表日起一年内交换其他资产或清偿负债的能力不受限制的现金或现金等价物。流动资产包括货币资金(库存现金、银行存款)、交易性金融资产、应收票据、应收账款、其他应收款、预付账款、存货(如原材料、库存商品、周转材料)等。

交易性金融资产是指可以随时变现的短期投资,时间一般不超过一年,包括股票、债券和基金等。

应收票据、应收账款是销售过程中产生的债权，即赊销产生的应收销货款，其他应收款是非销售过程中产生的债权，如职工的借款。

预付账款是采购过程中预先付给供应方的购售款。

存货是指企业在日常生产过程中持有以备出售，或者仍然处于生产过程，或者在生产或提供劳务过程中一般物料的消耗，包括各类材料、商品、在产品、产成品、周转材料等。

（2）非流动资产，是指除了流动资产以外的所有资产项目，包括长期投资、固定资产、无形资产及其他资产。

长期投资（持有至到期投资、长期股权投资），是指持有时间准备超过一年（不含一年）的各种股权性质的投资、不能变现或不准备随时变现且有到期日的债券和其他长期投资。

固定资产是指为生产商品、提供劳务、出租或进行经营管理而持有的，且使用寿命超过一个会计年度的有形资产，如房屋、建筑物、机器、机械、运输工具及其他与生产、经营有关的设备、器具、工具等。不包括投资性房地产及作为存货的有形资产。

无形资产，是指企业拥有或控制的没有实物形态的可辨认的非货币性资产，包括专利权、非专利技术、商标权、著作权、特许权、土地使用权等。

其他资产，是指除上述资产以外的资产，如长期待摊费用。长期待摊费用，是指企业已经支出，但摊销期限在一年以上（不含一年）的各项费用，包括固定资产大修理支出、租入固定资产的改良支出等。

（二）负债

负债（liabilities）是指企业过去交易或事项形成的，预期会导致经济利益流出企业的现时义务。

1. 负债的特征

（1）负债是企业承担的现时义务。负债必须是企业承担的现时义务，这里的现实义务是指企业在现行条件下已承担的义务。未来发生的交易或者事项形成的义务，不属于现时义务，不应当确认为负债。

（2）负债的清偿会导致经济利益流出企业。负债通常是在未来某一天通过交付资产来解除债务。交付的资产一般是货币资金，也可以是非货币资金。企业赊购原材料的同时，形成一项负债，在约定日偿还这批赊购的材料款时，会使银行存款减少，即使经济利益流出企业。

（3）负债是由过去交易或事项形成的现时义务。未来发生的交易或事项形成的义务，不属于现时义务，不应当确认为负债。赊购材料或商品，形成企业的现时义务；企业与银行签订的下季度贷款合同，就不能确认为企业的负债，因为贷款并没有实际交付。

2. 负债的确认条件

将一项现时义务确认为负债，需要符合负债的定义，还应同时满足以下条件：

（1）与该义务有关的经济利益很可能流出企业。从负债的定义中可以看出，预期会导致经济利益流出企业是负债的一个本质特征。在实务中，企业履行义务所需要流出的经济利益比较确定，如应付的购货款、银行的借款，但有些要履行的义务所需要流出的经济利益带有不确定性，尤其是与推定义务相关的经济利益通常需要依赖估计，如未决诉讼。因此负债的确认应当与经济利益流出企业的不确定性程度的判断结合起来。

(2)未来流出的经济利益的金额能够可靠地计量。负债的确认在考虑经济利益流出企业的同时，对于未来流出企业的不确定性的金额应当能够可靠计量。否则不能确认，如无法确认具体金额的罚款。

3. 负债的分类

负债按流动性或偿还期限的长短，可分为流动负债(current liabilities)和非流动负债(non-current liabilities)。负债的流动性是指距离到期日的长短，时间越短则其流动性越强。

(1) 流动负债是指预计在一个正常营业周期中清偿，或者主要为经营目的而持有，或者自资产负债表日起一年内(含一年)到期应予以清偿或企业无权自主地将清偿推迟至资产负债表日后一年以上的负债。流动负债包括短期借款、应付票据、应付账款、预收账款、应付职工薪酬、应交税费、应付利息、应付股利、其他应付款和一年内到期的长期借款等。

短期借款是向银行等金融机构或非金融机构借入的短期贷款，一般短于一年，到期还本付息。

应付账款、应付票据是在采购过程中形成的债务，即赊购形成的应付供应商的货款。其他应付款是与采购过程无关的债务，如收取其他企业的押金。

预收账款是指在销售过程中，预先收取购货方的货款。在发出商品前预收账款是企业的债务；发货后，预收账款会转入营业收入。

应付职工薪酬和应交税费是在生产经营过程形成的应付而未付给职工的工资，以及应付而未付给国家的税款。一般来说，企业当月应付给职工的工资于下月初发放，当月的税款也是计算后，在下月申报上交。

(2) 非流动负债是指除流动负债以外的其他负债，包括长期借款、应付债券和长期应付款等。筹集长期负债的形式很多，主要有：从金融机构和其他单位获取的长期借款、企业发行的债券、融资租赁方式下租入固定资产的长期应付款、引进设备的长期应付款、专项应付款等。

长期借款是向银行等金融机构或非金融机构借入超过一年的借款，一般是每年年末付息，到期还本金。长期借款主要用于固定资产等非流动资产的购置。

应付债券是企业对外公开发行的，偿还时间在一年以上的债券。一般金额比较大，发行周期长。

长期应付款主要是融资购入资产时形成的长期负债，偿还的时间也在一年以上。

(三) 所有者权益

所有者权益(equity)是指企业资产扣除负债后，由所有者享有的剩余权益(residual equity)，也叫净资产(net assets)。公司的所有者权益又称为股东权益。它是企业获取长期可使用资金的主要来源之一。

对于任何一个企业而言，其资产形成的资金来源只有两个：一是债权人，二是所有者。债权人对企业资产的要求权利形成企业负债，所有者对企业资产的要求权形成企业的所有者权益。

1. 所有者权益的特征

(1) 所有者权益是剩余权益。相对债权人权益,在企业清算时,所有者对资产的要求权次于债权人对资产的要求权,即只有在偿还企业的负债后,所有者才有权利享有剩余资产。

(2) 所有者权益在企业清算、解散前,是没有偿还日期的。和负债相比,负债一般有固定的偿还日期,而对于所有者权益,企业除非是清算、解散,否则是不需要偿还的。正常情况下,所有者虽然不能向企业要求偿还,但可以在公开或非公开的市场,向其他的投资者出售其权益。

(3)所有者凭借所有者权益能参与企业利润的分配。

2. 所有者权益确认的条件

所有者权益体现的是所有者在企业中的剩余权益,因此,所有者权益的确认与计量主要依赖资产和负债的确认与计量。所有者权益在数量上等于企业资产总额扣除债权人权益后的净额,即为企业的净资产,反映所有者在企业资产中享有的经济利益。

3. 所有者权益的构成

所有者权益来源于所有者投入的资本、直接计入所有者权益的利得和损失、留存收益等,通常由实收资本(或股本)、资本公积、盈余公积和未分配利润构成。

(1) 所有者投入的资本,是指所有者投入企业的资本部分。它既包括构成企业注册资本或股本部分的金额,也包括投入资本超过注册资本或股本部分的金额,即资本溢价或股本溢价。前者构成企业的实收资本(或股本),后者构成企业资本公积的一部分。

(2) 直接计入所有者权益的利得和损失,是指不应计入当期损益、会导致所有者权益发生增减变动的、与所有者投入资本或向所有者分配利润无关的利得或损失。其中,利得是指由企业非日常活动所形成的、会导致所有者权益增加的、与所有者投入资本无关的经济利益的流入,利得包括直接计入所有者权益的利得和直接计入当期利润的利得;损失是指由企业非日常活动所发生的、会导致所有者权益减少的、与向所有者分配利润无关的经济利益的流出,损失包括直接计入所有者权益的损失和直接计入当期利润的损失。直接计入所有者权益的利得和损失主要包括可供出售金融资产的公允价值变动额、现金流量套期中套期工具的公允价值变动额(有效套期部分)等。这部分内容记入企业的资本公积。

(3) 留存收益,是企业历年实现的净利润留存于企业的部分,主要包括累计计提的盈余公积和未分配利润。

二、反映经营成果的会计要素

经营成果是企业在一定时期从事生产经营活动所取得的最终结果,是资金运动显著变动状态的主要体现。反映经营成果的会计要素包括收入、费用、利润三项。

(一) 收入

收入(revenues)是指一定会计期间内企业在日常活动中形成的、会导致所有者权益增加的、与所有者投入资本无关的经济利益总流入。

收入是企业生产经营活动中的重要经济活动,对于一个会计主体来说,收入表现为一定期间现金的流入、其他资产的增加或负债的清偿。一个企业的收入,是这个企业能够存在和发展的前提条件，企业要持续经营下去，必须在销售商品或提供劳务等经营业务中取得收入，以便能补偿经营活动中的耗费，重新购买商品（原材料等）、支付工资费用，从而保证生产经营活动的不间断进行。

1. 收入的特征

（1）收入应当是在日常活动中形成的。日常活动是指企业为完成其经营目标所从事的经常性活动及与之相关的活动。例如，工业生产企业制造并销售产品、商业企业销售商品、咨询公司提供咨询服务、保险公司签发保单等。明确界定日常活动是为了将收入和利得相区别，因为企业非日常活动所形成的经济利益的流入不能确认为收入，而应当计入利得。如出售固定资产的收益，因出售固定资产不是企业的日常活动，所以，出售固定资产所取得的收益并不作为收入核算，而是直接计入当期损益的利得。

（2）收入是与所有者投入资本无关的经济利益总流入。收入会导致经济利益流入企业，且流入的经济利益要能够可靠计量时才能确认为收入，但不包括所有者投入资本而导致的经济利益流入。如企业销售商品取得收入，就会有现金或未来收取款项的权利等经济利益流入企业。但经济利益的注入有时是由所有者投入资本导致的，这时就不能确认为收入，而应将其确认为所有者权益。

（3）收入最终会导致所有者权益增加。这里仅指收入本身导致的所有者权益增加，而不指收入扣除相关费用后的毛利对所有者权益的影响。不能导致所有者权益增加的经济利益流入则不能确认为收入，如企业向银行贷款时，尽管导致了经济利益流入企业，但并没有导致所有者权益增加，反而使企业承担了现时义务，就不应当确认为收入，而应当确认为负债。

例 2-4 恒兴公司是一个家电生产企业，主要生产和销售冰箱和空调，由于市场变化等原因，将一条冰箱生产线出售。问：出售冰箱和冰箱生产线都是企业的收入吗？

出售冰箱是企业的日常经营活动，是经常性的行为，显然是企业的收入；出售冰箱生产线不能列为企业收入，因为这种行为不是经常性的行为，如果经常出售自己的生产线，企业的前景就不妙了。

2. 收入确认的条件

企业收入的来源多种多样，不同收入来源的特征虽然有所不同，但其收入确认条件却是相同的。如销售商品时，当企业与客户之间的合同同时满足下列条件时，企业应当在客户取得相关商品控制权时确认收入：

（1）合同各方已批准该合同并承诺将履行各自义务；

（2）该合同明确了合同各方与所转让商品或提供劳务相关的权利和义务；

（3）该合同有明确的与所转让商品相关的支付条款；

（4）该合同具有商业实质，即履行该合同将改变企业未来现金流量的风险、时间分布或金额；

（5）企业因向客户转让商品而有权取得的对价很可能收回。

3. 收入的分类

收入按日常活动的主次地位，分为主营业务收入和其他业务收入，一般在企业办理的经营执照里有显示。主营业务收入是实现企业经营目标直接相关的日常活动收入，如生产企业的产品销售收入、商品企业的商品销售收入等。其他业务收入是主营业务之外附属的日常活动收入，如生产企业在产品销售的同时向外提供运输劳务服务，餐饮业在提供美味食品时也出售一些日常用品。

（二）费用

费用(expenses)是指企业在日常活动中发生的、会导致所有者权益减少的、与向所有者分配利润无关的经济利益的总流出。

1. 费用的特征

(1) 费用应当是在日常活动中形成的。其日常活动的定义与收入中的相同。日常活动形成的费用包括营业成本、管理费用、销售费用等。将费用界定为日常活动形成的，其目的是为了将其与损失相区分，企业非日常活动形成的经济利益的流出不能确认为费用，而应当计入损失。

(2) 费用是与向所有者分配利润无关的经济利益总流出。费用会导致经济利益流出企业，且流出的经济利益要能够可靠计量时才能确认为费用，但不包括向所有者分配利润而导致的经济利益流出。

(3) 费用最终会导致所有者权益的减少。同样，这里仅指费用本身导致的所有者权益减少。不能导致所有者权益减少的经济利益流出则不能确认为费用，如企业对银行贷款本金的归还。

2. 费用确认的条件

费用的确认除了应当符合定义外，还至少应当符合以下条件：

(1)与费用相关的经济利益应当很可能流出企业；

(2)经济利益流出企业的结果会导致资产的减少或负债的增加；

(3)经济利益的流出额能够可靠计量。

3. 费用的分类

费用包括营业成本、税金及附加和期间费用。营业成本是指企业因销售商品、提供劳务或让渡资产使用权等日常活动而发生的实际成本，如商品销售时的成本、服务业提供服务过程中发生的劳务成本等。税金及附加是指企业在日常经营活动中承担的各项税金，如消费税、城市维护建设税、车船使用税等。期间费用包括管理费用、销售费用和财务费用。

在生产经营过程中，费用与成本容易混淆，特别是把生产成本当成费用。生产成本是在生产过程投入各项资源的价值的汇总计算，如在生产家具中，要使用各种板材，板材构成家具的主要生产成本。在生产过程中，投入资源的价值不仅没有减少，反而会有增值。因此，生产成本不是费用，不会使所有者权益减少，但由于人们的习惯，常常把生产成本说成生产费用。

例 2-5 恒兴公司向外销售冰箱 100 台，价值 30 万元，商品成本为 20 万元，在发送商品的途中，遇自然灾害，损毁了 20 台，另外 80 台正常交付。问：此次销售的成本是多少？

正常交付的 80 台冰箱成本 16 万元，是销售的成本，另外价值 4 万元的 20 台冰箱，是损失。

（三）利润

1. 利润的定义

利润(profit)是指企业在一定会计期间的经营成果。利润包括收入减去费用后的净额，直接计入当期利润的利得和损失等。日常活动形成的营业收入，减去相应的营业成本、税金及附加、期间费用等，得到营业利润；营业利润再加上计入的利得（营业外收入）与损失（营业外支出）得到利润总额；利润总额扣除所得税费用后，得到净利润。

2. 利润确认的条件

利润反映的是收入减去费用、加上利得、减去损失后净额的概念。因此，利润的确认依赖于收入和费用、利得与损失的确认，其金额的确定也取决于收入、费用、利得和损失金额的计量。

第三节　会 计 等 式

六大会计要素从静态和动态两方面反映了企业的资金运动，它们之间有着紧密的联系，这种联系表现在数量上存在着特定的平衡关系，并可以运用数学等式加以描述，用来揭示会计要素之间的增减变化及其结果。这种从数量上反映会计要素平衡关系的数学等式就是会计等式。

一、反映财务状况的静态会计等式

企业为了从事生产经营活动，就必须拥有足够数量的能为企业带来经济利益的资源即资产。这些资产在经济活动中分布在各个方面，表现为不同的占用形式（实物资产和非实物资产），如货币资金、原材料、库存商品、机器设备、房屋、专利权、商标权等。

这些资产都是从一定的来源取得的。企业资产的来源有两个方面：一方面是由企业的所有者提供，如投资者投入企业的资本；另一方面是由债权人提供的，如从银行取得的贷款。所有者和债权人把资产投入到企业，供其在生产经营中使用，因而对企业的资产享有一定的权利，所有者享有参与企业管理和分享企业利润的权利，债权人享有到期收回本息的权利。这种权利在会计上统称为权益，其中所有者的这种权利称为所有者权益，债权人的这种权利称为负债（权益）。

资产和权益反映了同一经济资源的两个不同方面，即一方面表现为资源不同占用形式的资产，而另一方面表现为资源不同来源形式的权益，两者相互联系、相互依存、不可分割。有一定数额的资产，就必然有一定数额的权益；反之，有一定数额的权益，就必然有一定数额的资产。从数量上看，任何企业在某个特定时点的资产总额必然等于其权益总额。用公式表达如下：

资产＝权益

即

资产＝负债＋所有者权益

这一等式就是静态会计等式，也称为基本会计等式。它反映了企业在某一时点的财务状况，是资金运动的静态表现形式，体现了资金运动中静态会计要素之间的数量平衡关系，同时也反映了资金在运动过程中存在分布形态和资金形成渠道两方面之间的相互依存及相互制约的关系，是复式记账、试算平衡、编制资产负债表的理论依据。

二、反映经营成果的动态会计等式

企业通过接受投资和借款筹集资金购置资产，其目的是利用这些经济资源为企业获取经济利益。企业通过不断地运用各种经济资源生产并销售商品，或提供劳务，使得现金不断流入企业形成企业的收入。同时，企业为了生产商品或提供劳务也在不断地消耗各种资源而使资金流出企业，从而形成费用。一定时期的收入补偿费用以后，就形成利润。生产经营过程中获得的收入、发生的费用、形成的利润三者之间的关系，在不考虑利得与损失的情况下可以用以下公式表示：

收入－费用＝利润

这一等式就是动态会计等式，反映了企业在一定会计期间经营过程的最终结果，是企业资金运动的动态表现形式，是编制利润表的理论依据。

三、综合会计等式

上述的静态会计等式和动态会计等式都只是分别反映了企业资金运动的两个方面，而没有综合反映出静态会计要素与动态会计要素之间相互影响的关系。例如，收入的增加必然会带来资产的增加或负债的减少，而费用的增加又必然会导致资产的减少或负债的增加；而作为收入与费用配比结果的利润，是企业的经营成果，会导致企业净资产的变化（盈利则增加，亏损则减少），在未分配之前，全部归企业所有，是所有者权益（留存收益）的一部分。因此，可以将静态会计要素与动态会计要素之间的这种关系表示如下：

资产＝负债＋所有者权益＋（收入－费用）

或

资产＋费用＝负债＋所有者权益＋收入

这一等式就是综合会计等式，反映了企业在运营过程中增值的情况，是进一步探讨复式记账原理的重要理论依据。

由于在任何时点上，资产来源于权益，即资产＝负债＋所有者权益，因此，

期末资产＝期末负债＋期末所有者权益　　(1)

而期末所有者权益可以表示为

期末所有者权益＝期初所有者权益＋本期新增所有者权益　　(2)

将(2)式代入(1)式，则等式演变成

期末资产＝期末负债＋期初所有者权益＋本期新增所有者权益　　(3)

除去所有者增加或收回投资处，本期新增所有者权益＝本期利润，即本期新增所有者权益＝本期收入－本期费用，代入(3)式，得到

期末资产＝期末负债＋期初所有者权益＋本期收入－本期费用　　(4)

有时候，我们会将(4)式简写成

资产＝负债＋所有者权益＋收入－费用

四、经济业务对会计等式的影响

经济业务又称会计事项，是指企业在生产经营活动中发生的，能以货币计量，并能引起会计要素发生增减变化的交易或事项。企业的经济业务虽然多种多样且千差万别，但经济业务发生后都会引起会计要素的增减变化，且无论会计要素怎么变

化，都不会破坏会计等式的平衡关系。下面举例进行说明。

业务 1 诗诗经过市场调查后，决定和另外两个同学在学校附近开一家奶茶店，诗诗因为是发起人，投了 8 000 元，另外两个同学每人投资 6 000 元，共计 20 000 元，作为诗诗奶茶店的初始投入资本。

分析：诗诗奶茶店现在正式成立了，并且有了自己的资金 2 万元，同时这 2 万元全部来自于投资者诗诗等三位同学，即资产与所有者权益同时增加 2 万元，以下用表格的形式说明经济业务的发生对会计要素与会计等式的影响，见表 2-1。

表 2-1 业务 1 对会计要素的影响 单位：元

资产		所有者权益	
现金	20 000	实收投资款	20 000
合计	20 000	合计	20 000

业务 2 诗诗她们筹集了 2 万元资本后，在学校附近转了几圈，在一个大的网吧附近看中了一个 15 平方米的门面，因为网吧附近学生多，流量大，对奶茶的需求也一定很大。诗诗决定后，和租户经过一番激烈的讨价还价，最后租金定为每月 800 元，先预付 2 个月的押金，每月底结一次账。诗诗先付了 1 600 元的押金。

分析：诗诗奶茶店支付了 1 600 元现金，作为押金，一方面现金减少 1 600 元，另一方面，也拥有了 1 600 元的要求权，一旦诗诗不想做了，押金还是可以要回来的。此项业务使资产内部一增一减，等式右边不变，总额也不变。具体影响见表 2-2。

表 2-2 业务 2 对会计要素的影响 单位：元

资产		所有者权益	
现金	18 400	实收投资款	20 000
应收押金	1 600		
合计	20 000	合计	20 000

业务 3 租下门面后，诗诗三人按捺住心中的激动，开始抓紧购入设备、装修门面，因为迟一天开张，就要白白多付一天的租金。经过紧张的忙碌，购入三台冰箱、一个刨冰机、一个沙冰机，还有搅拌器、奶茶桶、开水瓶等必要的设备，另外加上装修共用了 18 000 元，都用现金支付出去了。

分析：设备的采购与门面的装修可列入固定资产，这笔业务使现金减少了 18 000 元，同时固定资产增加了 18 000 元，也是资产要素内的一增一减。具体影响见表 2-3。

表 2-3 业务 3 对会计要素的影响 单位：元

资产		所有者权益	
现金	400	实收投资款	20 000
应收押金	1 600		
设备	18 000		
合计	20 000	合计	20 000

业务 4 看着手中的现金由 2 万元变成 400 元，诗诗额头不由冒出了冷汗，奶茶店还没有开张，只剩 400 元了，而制作奶茶的奶茶粉、果汁等原料还没有买，资金显然不够。没办法，诗诗硬着头皮向长期疼爱她的外婆说明了情况。没想到外婆非常支持诗诗的创业活动，慷慨地给了诗诗 1 万元，不过说好了是借的。诗诗高兴地出了门，出门前还向外婆再三保证一定还钱，并要付利息给外婆。

分析：此笔业务使诗诗奶茶店又增加了 1 万元的流动资金，同时也增加了同等金额的负债，即资产与负债同时增加，所有者权益不变，如表 2-4 所示。表 2-4 已是资产负债表的雏形，总资产和总权益增加到 3 万元。

表 2-4 业务 4 对会计要素的影响 单位：元

资产		负债	
现金	10 400	外婆的借款	10 000
应收押金	1 600	所有者权益	
设备	18 000	实收投资款	20 000
合计	30 000	合计	30 000

业务 5 诗诗拿着外婆的钱，心中充满着感激，同时也勉励自己，赶快让奶茶店开张，赚很多的钱，先把外婆的钱还上。诗诗拿着钱和另外两位同学去市场买回各种口味的奶茶粉、果汁，还买了绿茶、红茶及珍珠果等原料，共花了 6 000 元，品种多达 60 种。三个女同学先自己试着冲了几杯，美美地喝了起来，几天来的工夫没有白费，先犒劳一下自己再说。

分析：购买原材料的业务使诗诗奶茶店的现金减少了 6 000 元，同时原材料也增加了 6 000 元，是资产要素内的一增一减。具体影响见表 2-5。

表 2-5 业务 5 对会计要素的影响 单位：元

资产		负债	
现金	4 400	外婆的借款	10 000
应收押金	1 600	所有者权益	
奶茶配料	6 000	实收投资款	20 000
设备	18 000		
合计	30 000	合计	30 000

业务 6 诗诗奶茶店终于在阳光灿烂的周末开张了，由于制作的奶茶非常可口，再加上三位美女同学的热情招待，奶茶销售得非常快，特别是上网吧的同学，几乎人手一杯。三位同学虽然很累，但看到抽屉里大把的钞票，心中还是非常的高兴。大家没日没夜地忙了两天，周末结束了，三个伙伴最后关上了店门，疲惫地坐在吧台前，一起数这两天卖了多少钱。令她们吃惊的是，居然有 1 500 元，这只是一个周末的收入，太让她们高兴了。算了算用去的原料，大概有 500 元。

分析：奶茶的收入有 1 500 元，成本 500 元，毛利润就是 1 000 元。毛利润是指商品的收入减去商品的成本后的余额。毛利润属于谁呢？当然属于所有者。因此，所有者权益增加了 1 000 元，现金增加 1 500 元，同时原料也减少了 500 元。具体影响见表 2-6。

表 2-6　业务 6 对会计要素的影响　　单位：元

资产		负债	
现金(4 400+1 500=)	5 900	外婆的借款	10 000
应收押金	1 600	所有者权益	
奶茶配料(6 000−500=)	5 500	实收投资款	20 000
设备	18 000	毛利(新增)	1 000
合计	31 000	合计	31 000

通过表 2-6 的分析，可知现在总资产增加到 31 000 元，增加的 1 000 元是通过本周奶茶的销售赚得的利润，所有者权益也增加 1 000 元，总权益是 31 000 元。恒等关系不变。本业务产生的收入和费用及利润，还将在利润表中反映。

业务 7　紧张的学习又要开始了，诗诗她们发现上课时间要去上课，没有人看店。于是通过同学介绍，找了一个外专业的同学在她们有课时帮忙看店，没课时她们自己轮流看店，说好了一个月给外专业同学 500 元，月末发薪。诗诗又找时间去补了一次货，价值 1 000 元。由于上次进了很多货，为了让诗诗每次都来自己这里进货，这次老板同意诗诗赊账，下次来的时候再给钱。诗诗高兴地将原料带回。

分析：外聘同学的薪酬 500 元，月末给，因此到月末再记账；赊购的原料，使资产增加了 1 000 元，同时增加了应付购料款 1 000 元。具体影响见表 2-7。

表 2-7　业务 7 对会计要素的影响　　单位：元

资产		负债	
现金	5 900	外婆的借款	10 000
应收押金	1 600	应付购料款(新增)	1 000
奶茶配料(5 500+1 000=)	6 500	所有者权益	
设备	18 000	实收投资款	20 000
		毛利	1 000
合计	32 000	合计	32 000

通过表 2-7 的分析，可见总资产增加 1 000 元，负债增加了 1 000 元。

业务 8　又过了一周，诗诗算了算账，总收入有 3 000 元，成本 1 200 元。期间诗诗补了一次货，价值 1500 元，补货时，诗诗用现金支付了上次赊购的 1 000 元货款，这次赊购依然在下次补货时给。

分析：这一周的业务比较复杂，可分为三笔业务进行分析。奶茶收入使现金增加 3 000 元，产生毛利润 3 000−1 200=1 800 元，所有者权益增加 1 800 元，同时原料减少 1 200 元；支付赊购的 1 000 元货款，使现金减少 1 000 元，负债也减少 1 000 元；新赊购 1 500 元，使奶茶配料增加 1 500 元，负债增加 1 500 元。具体影响见表 2-8。

表 2-8 业务 8 对会计要素的影响 单位:元

资产		负债	
现金(5 900+3 000−1 000=)	7 900	外婆的借款	10 000
应收押金	1 600	应付购料款(1 000−1 000+1 500=)	1 500
奶茶配料(6 500−1 200+1 500=)	6 800	所有者权益	
设备	18 000	实收投资款	20 000
		毛利(1 000+1 800=)	2 800
合计	34 300	合计	34 300

从表 2-8 的结果可以看出,不论业务多么复杂,会计等式总是成立的。

业务 9 诗诗看着奶茶店经营逐渐稳定下来,每天都有现金流入,而现在手中已有 7 900 元钱,总放在抽屉里也不放心。于是诗诗想先还外婆 5 000 元钱,并多给外婆 100 元,作为对外婆支持她创业的爱心回报,履行自己对外婆的承诺。

分析:归还外婆的借款,使现金减少 5 000 元,负债也减少 5 000 元;另外现金还减少了 100 元,因为是由于借款产生的利息,会计上称为财务费用,费用的增加会使利润减少,最终减少所有者权益。因此支付 100 元的财务费用,使所有者权益减少 100 元。具体影响见表 2-9。

表 2-9 业务 9 对会计要素的影响 单位:元

资产		负债	
现金(7 900−5 100=)	2 800	外婆的借款(10 000−5 000=)	5 000
应收押金	1 600	应付购料款	1 500
奶茶配料	6 800	所有者权益	
设备	18 000	实收投资款	20 000
		毛利(2 800−100=)	2 700
合计	29 200	合计	29 200

业务 10 在本月剩下的时间里,诗诗奶茶店共卖出了 5 000 元的各式奶茶,成本为 2 200 元,月末支付房租 800 元,付给外专业的同学薪酬 500 元,水电费 200 元。在支付这些费用的时候诗诗虽然心痛,但想到这些必要的费用支出,是获得更多利润的必要条件时,心情又开朗起来。

分析:收入带来 5 000 元的现金,原料减少 2 200 元,毛利为 2 800 元,增加了所有者权益。支付各种费用计 1 500 元,使现金减少 1 500 元,所有者权益也减少 1 500 元。具体影响见表 2-10。

表 2-10 业务 10 对会计要素的影响 单位:元

资产		负债	
现金(2 800+5 000−1 500=)	6 300	外婆的借款	5 000
应收押金	1 600	应付购料款	1 500
奶茶配料(6 800−2 200=)	4 600	所有者权益	
设备	18 000	实收投资款	20 000
		毛利(2 700+2 800−1 500=)	4 000
合计	30 500	合计	30 500

业务11 诗诗和两位同学在月末的最后一天，算了很长时间的账，发现这个月赚了不少钱，她们非常高兴，决定每人分配1 000元的利润去商场购物来发泄一下。

分析：投资者分配利润，会使现金减少3 000元，同时也减少了所有者权益3 000元，以上业务对会计要素的影响见表2-11。

表2-11 业务11对会计要素的影响 单位：元

资产		负债	
现金(6 300－3 000＝)	3 300	外婆的借款	5 000
应收押金	1 600	应付购料款	1 500
奶茶配料	4 600	所有者权益	
设备	18 000	实收投资款	20 000
		毛利	4 000
		分配利润	(3 000)
合计	27 500	合计	27 500

通过以上11笔业务的分析可知，企业发生的经济业务对会计要素是有影响的，会使会计要素之间同增同减，如业务1、5、11等，或使会计要素内部一增一减，如业务2、3等，但会计等式关系在任何时点始终不变。

归纳起来，经济业务的发生所引起等式两边会计要素的增减变动有9种基本类型，如表2-12所示。

表2-12 会计基本等式变动表

序号	资产	＝	负债	＋	所有者权益	相关业务
1	增加		增加			从外婆借入10 000元
2	增加				增加	三个同学投入20 000元
3	减少		减少			归还外婆5 000元
4	减少				减少	以现金分配利润3 000元
5			增加		减少	公司宣告分配现金股利
6			减少		增加	将债务转为股本
7	一增一减					购买设备18 000元
8			一增一减			将应付款转为应付票据
9					一增一减	将留存收益转为股本

五、实用的表格

会计的本质属性是反映企业的经济活动，到了期末就要向使用者提供相关的财务信息。如果一笔一笔地向财务信息使用者反映企业的经济活动，会感觉信息太过详细，反而不能对企业形成整体的了解。为了解决这个问题，会计工作者使用一些表格（以后我们称之为报表）来提供总括的财务信息。经过几百年的发展，现在形成了四种基本的表格：反映当期收益的表格，反映所有者权益变动的表格，反映资产、负债和所有者权益的表格，反映现金流量的表格。通过这四种表格，基本上可以对企业的财务情况作出很好的说明。

1. 反映当期收益的表格

反映当期收益的表格，也称利润表。利润表反映一定会计期间的经营成果，当期全部收入减去所有费用的余额，为正数时，表示企业当期盈利，为负数时，表示当期企业亏损。一定期间通常指一个月、一个季度或一年的时间。表 2-13 显示了诗诗奶茶店本月的利润。

表 2-13 利润表 时间：本月 单位：元

诗诗奶茶店本月的利润表（开业至月底）		
奶茶销售收入：		1 500+3 000+5 000=9 500
减：奶茶原料成本	500+1 200+2 200= 3 900	
期间发生的费用：	1 600	
利息支出	100	
房租	800	
员工薪酬	500	
水电费	200	
净利润：		4 000

2. 反映所有者权益变动情况的表格

反映所有者权益变动情况的表格，又称所有者权益变动表。所有者权益变动表反映所有者在一定时期内的增减变化情况。本期实现的利润或亏损、所有者向企业投资或向所有者分配利润，以及一些特殊项目，都对所有者权益有影响。表 2-14 显示了诗诗奶茶店本月的所有者权益变动情况，其中本月净利润的数据来自利润表的净利润。

表 2-14 所有者权益变动表 时间：本月 单位：元

诗诗奶茶店本月所有者权益变动表（开业至月底）		
期初诗诗奶茶店的资本：		0
加：所有者投资		20 000
本月净利润		4 000
减：所有者分配利润	3 000	
期末诗诗奶茶店的所有者权益：		21 000

3. 反映资产、负债及所有者权益的表格

反映资产、负债及所有者权益的表格，又称资产负债表。资产负债表反映了企业在某一特定时点上的财务状况。这一时点通常是月末、季末或年末，也是企业所有者、政府管理部门等利润相关人士习惯索取财务信息的时点。财务状况指的是资产、负债、所有者权益的情况，它可以反映在特定时间企业资产的规模、资本的结构等情况。表 2-15 显示了月末诗诗奶茶店的财务状况，其中所有者权益的数据变化可由所有者权益变动表解释。

表 2-15 资产负债表 时间：月末 单位：元

资产		负债	
现金	3 300	外婆的借款	5 000
应收押金	1 600	应付购料款	1 500
奶茶配料	4 600	所有者权益	
设备	18 000	实收投资款	20 000
		留存收益	1 000
合计	27 500	合计	27 500

4. 反映当期现金流量的表格

反映当期现金流量的表格，又称现金流量表。现金流量表反映一定期间内现金和现金等价物的流入和流出。现金作为企业的一项重要资产，在现代企业经营管理中越来越重要，保持现金的流畅关系到企业的存亡。诗诗奶茶店的本月现金流量情况如表 2-16 所示，它显示了诗诗奶茶店现金的变化，注意期末现金的余额要与资产负债表的现金余额相符。

表 2-16 诗诗奶茶店的现金流量表 时间：本月 单位：元

诗诗奶茶店本月的现金流量表（开业至月底）		
一、奶茶销售收入得到的现金		1 500＋3 000＋5 000＝9 500
购买原料支付的现金	6 000＋1 000＝7 000	
支付租户押金	1 600	
支付的各项费用（不含利息支出）	1 500	
二、购买设备支付的现金	18 000	
三、投资者投入现金		20 000
找外婆借入		10 000
还外婆借款	5 000	
投资者分配利润	3 000	
支付借款利息	100	
期末现金净额		3 300

通过以上 4 张报表，诗诗奶茶店的基本经营情况已非常清楚。到了月底，奶茶店的总资产是 27 500 元，其中负债 6 500 元，属于诗诗等三位同学的权益是 21 000 元。本期奶茶总收入是 9 500 元，总费用是 5 500 元，实现利润是 4 000 元。另外投资者提取了 3 000 元的本金，现金流动还是很流畅的。

思考：看到奶茶店的情况，你对奶茶店的经营情况作何评价？用什么指标来衡量？你是否也有创业的冲动？

本章小结

会计的对象是指会计核算和监督的内容，也称会计客体。会计的对象规定了会计核算与监督的范围，会计的对象可以高度概括为特定对象的资金运动。

会计要素是对会计对象所作的基本分类，是对企业资金运动的第一层次的分解，是构成会计报表的基本组成部分，又称财务报表要素。我国《企业会计准则》将企业会计对象归纳为资产、负债、所有者权益、收入、费用、利润共六个要素，也称会计报表要素(报表就是以这六项内容来反映企业的经济活动的)。资产、负债和所有者权益是反映企业财务状况的静态会计要素，收入、费用和利润是反映企业经营成果的动态会计要素。

资产是企业过去的交易或事项形成的、由企业拥有或者控制的、预期会给企业带来经济利益的资源。资产按其流动性，可分为流动资产和非流动资产。负债是指企业过去的交易或事项形成的、预期会导致经济利益流出企业的现时义务。负债按流动性或偿还期限的长短，可分为流动负债和非流动负债。所有者权益是指企业资产扣除负债后，由所有者享有的剩余权益。所有者权益通常由实收资本(或股本)、资本公积、盈余公积和未分配利润构成。

收入是指一定会计期间内企业在日常活动中形成的、会导致所有者权益增加的、与所有者投入资本无关的经济利益的总流入。收入按日常活动的主次地位，分为主营业务收入和其他业务收入。费用是指企业在日常活动中发生的、会导致所有者权益减少的、与向所有者分配利润无关的经济利益的总流出。利润是指企业在一定会计期间的经营成果。利润包括收入减去费用后的净额、直接计入当期利润的利得和损失等。

六大会计要素从静态和动态两方面反映了企业的资金运动，它们之间有着紧密的联系，这种联系表现在数量上存在着特定的平衡关系。

反映财务状况的会计等式：资产＝负债＋所有者权益。这一等式称为静态会计等式，也称为基本会计等式，反映在某一时点的企业财务状况。反映经营成果的会计等式：收入－费用＝利润。这一等式称动态会计等式，反映了企业在一定会计期间经营过程的最终结果。综合会计等式：资产＝负债＋所有者权益＋(收入－费用)。

思考与练习题

【思考题】

1. 会计的对象是什么？企业的资金是如何循环周转的？
2. 什么是会计要素？我国《企业会计准则》将企业会计对象是如何划分的？
3. 什么是资产？资产有什么特征？资产按流动性不同可以划分为哪些种类？

4. 什么是负债？负债有什么特征？资产按偿还期限的长短不同可以划分为哪些种类？

5. 什么是所有者权益？它与负债有何不同？

6. 什么是收入？收入有哪些特征？

7. 什么是费用？费用有哪些特征？

8. 什么是利润？如何计算利润？

9. 什么是会计等式？经济业务对会计等式的影响？

10. 综合反映企业资金运动情况的表格有哪些？各自反映哪些内容？

【练习题】

一、单项选择题

1. 会计的对象是（　　）。

A. 产品开发　B. 营销管理　C. 生产管理　D. 资金运动

2. 下列各项目中不属于会计要素的是（　　）。

A. 资产　B. 负债　C. 财产　D. 利润

3. 下列各项目中属于静态会计要素的是（　　）。

A. 费用　B. 利润　C. 收入　D. 资产

4. 下列各项目中属于动态会计要素的是（　　）。

A. 收入　B. 负债　C. 资产　D. 所有者权益

5. 下列不属于负债特点的是（　　）。

A. 负债是过去的交易、事项所形成的现时义务

B. 负债是企业拥有或控制的经济资源

C. 负债是企业未来经济利益的流出

D. 负债能以货币计量，是可以确定或估计的

6. 下列各项目中不属于资产的是（　　）。

A. 预付账款　B. 专利权　C. 应收账款　D. 预收账款

7. 下列各项中属于流动资产的有（　　）。

A. 现金　B. 运输设备　C. 专利权　D. 开办费

8. 下列各项中，不属于企业资产的是（　　）。

A. 实收资本　B. 融资租入的固定资产

C. 机器设备　D. 专利权

9. 下列各项中，不属于收入要素的内容的是（　　）。

A. 营业外收入　B. 出租固定资产取得的收入

C. 提供劳务取得的收入　D. 销售商品取得的收入

10. 下列项目中，引起负债有增有减的经济业务是（　　）。

A. 以银行存款偿还银行借款　B. 开出应付票据抵付应付账款

C. 以银行存款上交税金　D. 收到外商捐赠的设备

11. 一个企业的资产总额与权益总额（　　）。

A. 必然相等　B. 有时相等

C. 不会相等　D. 只有在期末时相等

12. 经济业务发生仅涉及资产这一会计要素时，引起该要素中某些项目(　　)。

A. 同增变动　　B. 同减变动

C. 一增一减变动　　D. 不变动

13. 下列会计等式中正确的是(　　)。

A. 资产＝负债＋所有者权益　　B. 负债＝资产＋所有者权益

C. 资产＋负债＝所有者权益　　D. 资产＝负债－所有者权益

14. 某企业本期期初资产总额为 10 万元，本期期末负债总额比期初减少 1 万元，所有者权益比期初增加 3 万元。该企业期末资产总额是(　　)。

A. 9 万元　　B. 13 万元　　C. 10 万元　　D. 12 万元

15. 下列情况一定会引起所有者权益总额增加的情况是(　　)。

A. 资产与负债同增　　B. 资产与负债同减

C. 资产增加，负债减少　　D. 资产减少，负债增加

16. 收到某单位预付的购货款存入银行，引起的变动是(　　)。

A. 一项资产增加，一项负债增加

B. 一项资产减少，另一项资产减少

C. 一项资产增加，一项所有者权益增加

D. 一项资产减少，一项所有者权益减少

17. 下列经济活动中，引起资产和负债同时减少的是(　　)。

A. 以银行存款偿付前欠货款　　B. 购买材料货款尚未支付

C. 收回应收账款　　D. 接受其他单位捐赠新设备

18. 下列经济业务发生而不会使会计等式两边总额发生变化的是(　　)。

A. 收到应收账款存入银行

B. 从银行取得借款存入银行

C. 收到投资者以固定资产所进行的投资

D. 以银行存款偿还应付账款

二、多项选择题

1. 资产是(　　)的经济资产。

A. 企业所拥有或控制　　B. 能以货币计量其价值

C. 能给企业提供未来经济利益　　D. 具有实物形态

2. 资产按流动性可分为(　　)。

A. 无形资产　　B. 流动资产　　C. 非流动资产　　D. 有形资产

3. 下列各项中，企业能够确认为资产的有(　　)。

A. 经营租出的设备

B. 经营租入的设备

C. 已付款并收到发票，但尚未到达企业的原材料

D. 近期将要购入的设备

4. 下列内容属于流动资产的内容有(　　)。

A. 存放在银行的存款　　B. 存放在仓库的材料

C. 厂房和机器　　D. 生产完工的产品

5. 下列各项目中属于流动负债的是(　　)。

A. 应付债券　　B. 预付账款　　C. 应付账款　　D. 预收账款

6. 下列业务中引起所有者权益增加的业务有(　　)。

A. 以银行存款投资办子公司　　B. 公司投资者给公司投入设备

C. 投资者代公司偿还欠款　　D. 以盈余公积金转增资本金

7. 收入会导致企业(　　)。

A. 现金流出　　B. 资产增加　　C. 资产减少　　D. 负债减少

8. 下列各项中,属于反映企业财务状况的会计要素有(　　)。

A. 资产　　B. 成本　　C. 负债　　D. 费用

9. 下列各项中影响所有者权益的项目有(　　)。

A. 形成的利润　　B. 出现的亏损

C. 对利润的分配　　D. 投资者投入资本

10. 下列各项中,属于负债要素的项目有(　　)。

A. 短期借款　　B. 预收账款　　C. 预付账款　　D. 应交税费

11. 下列资产项目与权益项目之间的变动符合资金运动规律的有(　　)。

A. 资产某项目增加与权益某项目减少

B. 资产某项目减少与权益某项目增加

C. 资产方内部项目之间此增彼减

D. 权益方内部项目之间此增彼减

12. 在下列各项业务中,不影响资产总额的有(　　)。

A. 用银行存款购入原材料　　B. 从银行提取现金

C. 用银行存款购入某公司股票　　D. 用银行存款预付材料定金

13. 下列经济业务的发生,使资产与权益项目同时减少的有(　　)。

A. 收到短期借款存入银行　　B. 以银行存款偿还应付账款

C. 以银行存款支付预提费用　　D. 以银行存款支付应付利润

14. 下列经济业务中,不会引起会计等式左右两边同时发生增减变动的有(　　)。

A. 收到应收销货款存入银行　　B. 购进材料尚未付款

C. 从银行提取现金　　D. 从银行取得借款,直接偿还应付账款

15. 下列经济业务中,会引起会计等式左右两边同时发生增减变动的有(　　)。

A. 收到应收销货款存入银行　　B. 购进材料尚未付款

C. 用银行存款偿还长期借款　　D. 接受投资人追加投资

三、判断题

1. 资产只能是企业拥有的以货币计量的经济资源。(　　)

2. 负债是企业过去的交易或事项所引起的潜在义务。(　　)

3. 资产按流动性分为无形资产和有形资产。(　　)

4. 流动负债是指将在一年或超过一年的一个营业周期内偿还的债务。(　　)

5. 负债包括潜在的偿债义务和现时的偿债义务。(　　)

6. 权益就是指的所有者权益。(　　)

7. 财务会计主要是反映企业过去的信息,不能为企业内部管理提供数据。(　　)

8. 某一财产物资要成为企业的资产,其所有权必须属于企业。(　　)

9. 所有者权益是指投资人对企业全部资产的所有权。(　　)

10. 收入是指一定会计期间内企业在日常活动中形成的、会导致所有者权益增加的、与所有者投入资本无关的经济利益净流入。 ( )

11. 若某项资产不能为企业带来经济利益，即使是由企业拥有或控制的，也不能作为企业的资产在资产负债表中列示。 ( )

12. 企业出售生产设备所获得的经济利益流入，应确认为会计上的收入入账。( )

13. 所有经济业务的发生，都会引起会计等式发生变化，但不会破坏会计等式的平衡关系。 ( )

14. 费用的发生必然表现为企业资产的减少。 ( )

15. "资产＝负债＋所有者权益"这一会计等式在任何时点上都是平衡的。 ( )

四、实务题

1. 用直线将下列有关项目与所归属的会计要素连接起来。

项目	会计要素
(1) 投资者投入	A. 资产
(2) 本年利润	B. 负债
(3) 长期投资	C. 所有者权益
(4) 预收账款	D. 收入
(5) 管理费用	E. 费用
(6) 营业收入	F. 利润

2. 练习资产、负债、所有者权益的识别。

表 2-17 某企业 2015 年 5 月 31 日有关资产与权益情况 单位：元

序号	项目	金额
1	出纳员保管的现金	1 000
2	存在银行的款项	100 000
3	应付的罚金	6 000
4	库存原材料	40 000
5	应付银行的短期借款	50 000
6	正在加工中的产品	20 000
7	库存完工产品	30 000
8	暂借给职工的款项	2 000
9	暂付给供应单位的包装物押金	2 000
10	应收购货单位的销货款	40 000
11	房屋建筑物	100 000
12	工作的机器设备	100 000
13	运输汽车	150 000
14	投资人投入资本	450 000
15	经营过程中形成的盈余公积金	40 000
16	库存燃料	10 000

续表

序号	项目	金额
17	应付供应单位的购料款	30 000
18	应付购货单位的包装物押金	4 000
19	库存的工具	5 000
20	应交未交的税金	20 000

要求：根据表 2-17 中的资料，按照资产、负债和所有者权益进行汇总，验算会计等式。

3. 小明投资一理发店，在创办理发店的第一个月发生以下经济业务：

(1) 9 月 1 日，小明投入理发店 5 000 元现金，以及价值 15 000 的理发设备。

(2) 9 月 2 日，理发店购置了一些家具，花费 1 200 元。

(3) 9 月 3 日，理发店付店面的租金 2 000 元。

(4) 9 月 4 日，新购入理发用具 2 400 元，款项未付。

(5) 本月 1—15 日，共收到理发现金收入 3 000 元。

(6) 本月 1—15 日，部分顾客暂欠理发费 500 元。

(7) 9 月 18 日，收回顾客欠款 500 元。

(8) 本月 16—30 日，共发生理发现金收入 3 200 元。

(9) 本月 16—30 日，部分顾客暂欠理发费 300 元。

(10) 支付师傅和学徒 9 月份工资 2 500 元，水电费 600 元。

要求：

(1) 用会计等式分析每笔交易所带来的影响。

(2) 编出 9 月份的利润表。

(3) 编出 9 月份的资产负债表。

(4) 编出 9 月份的所有者权益变动表。

(5) 编出 9 月份的现金流量表。

4. 某企业 2015 年 5 月 1 日资产项目合计为 600 000 元，负债项目合计为 110 000 元，所有者权益合计为 490 000 元。该企业 2015 年 5 月发生下列经济业务：

(1) 企业销售产品一批，金额 10 000 元，货款收回存入银行。

(2) 购入材料一批已入库，金额 5 000 元，料款暂欠。

(3) 购入材料一批已入库，金额 3 000 元，款项以银行存款支付。

(4) 投资者投入设备一台，价值 50 000 元。

(5) 从银行借入短期借款 30 000 元，存入银行。

(6) 收到购货单位归还前欠货款 20 000 元，存入银行。

(7) 以现金 1 000 元支付采购员张斌出差的差旅费。

(8) 以银行存款 20 000 元偿还短期借款。

(9) 接受捐赠设备一台，价值 20 000 元。

(10) 从银行取得借款 50 000 元，直接偿还前欠购料款。

(11) 以银行存款 20 000 元缴纳应交税金。

(12) 以银行存款 10 000 元偿还前欠购料款。

(13) 从银行提取现金 2 000 元。

(14) 将盈余公积 10 000 元转增资本。

要求：

(1) 逐项分析上述经济业务发生后对资产、负债和所有者权益三个要素增减变动的影响，并判断资产总额和权益总额之间的平衡关系是否被破坏。

(2) 月末，计算资产、负债和所有者权益三个要素的总额，并验证会计等式。

第三章 会计科目、会计账户与复式记账

通过本章的学习，掌握会计科目的含义，了解会计科目设置的原则，熟悉常用的一些会计科目，掌握账户的结构和分类。了解复式记账法的原理，掌握借贷记账法下账户结构和记账规则，熟悉借贷记账法的试算平衡法，初步掌握会计分录的编制。

导入案例

记账前的准备——设置账户

诗诗的奶茶店开张快一个月了，虽然奶茶店的生意很好，但诗诗她们觉得记账却是一个不简单的事情。虽然她们已经知道了哪些业务要记账，哪些业务不用记账，但是感觉记的账很乱，有时自己都看不清楚。会计老师虽然跟她们解释了一些疑问，但老师说她们目前还只是做的流水账，还不算是真正的会计记录。诗诗她们觉得会计真是不简单，决定向老师系统学习一些基本的记账技术，为将来的业务发展打好基础。

老师告诉她们，记账前要先为企业设置账户，如设置现金、存货、固定资产、营业收入、营业费用等常用的账户，以便将奶茶店所发生的业务按所涉及的内容记录到不同的账户中。每个账户的结构都一样，分为借、贷两个部分，分别记录相关账户的增加和减少。不同的账户，性质不同，也就是说有的账户借方金额表示增加，而有的账户借方却表示减少。诗诗她们听的有点糊涂了，账户的结构一样，为什么性质不一样呢？“借”和“贷”表示借钱和贷款吗？老师听了笑了起来，叫她们上课时要专心听讲，就会解开这些疑团了。

企业在生产经营过程中发生的经济业务总是会引起会计要素的增减变动，但如果会计仅仅记录与之相关的会计要素，对使用者而言会显得过于概括，仍然无法满足会计上提供财务信息的需要，因此有必要将会计要素再进一步划分。

第一节 会计科目

会计科目是对会计要素具体内容进行的科学分类。如果说会计要素是对会计对象资金运动的第一层次的抽象概括，那么会计科目就是对会计对象的第二层次的具体分解，是会计要素的具体化。这种分类是根据会计要素的经济内容及管理上的不同要求，对会计要素进一步进行科学的分类，并赋予每个类别一个概念清楚、含义明确、通俗易懂、简明扼要的名称，这些名称就是会计科目。

通过设置会计科目，可以对会计要素具体项目进行分类，更为重要的是，它规范了相同类别业务的核算范围、核算内容、核算方法和核算要求。设置会计科目是进行会计核算必需的一个重要环节，是会计核算的专门方法之一，也是设置账户、处理账务所必须遵守的规则和依据，是正确组织会计核算的一个重要条件。

一、设置会计科目的原则

由于各企业的业务性质、经营目标、规模水平、业务繁简程度及组织状况都有差异，因此，为了更好地发挥会计科目在会计核算中的作用，就必须充分考虑各项客观条件，科学合理地设置会计科目。在设置会计科目时，应遵循以下基本原则。

1. 合法性原则

合法性原则，是指所设置的会计科目应当符合国家统一的会计制度的规定。中国现行的统一会计制度中均对企业设置的会计科目作出规定，以保证不同企业对外提供的会计信息的可比性。企业应当参照会计制度中的统一规定的会计科目，根据自身的实际情况设置会计科目，但其设置的会计科目不得违反现行会计制度的规定。对于国家统一会计制度规定的会计科目，企业可以根据自身的生产经营特点，在不影响统一会计核算要求以及对外提供统一的财务报表的前提下，自行增设、减少或合并某些会计科目。

2. 相关性原则

相关性原则，是指所设置的会计科目应当为提供有关各方所需要的会计信息服务，满足对外报告与对内管理的要求。根据企业会计准则的规定，企业财务报告提供的信息必须满足对内对外各方面的需要，而设置会计科目必须服务于会计信息的提供，必须与财务报告的编制相协调、相关联。

3. 实用性原则

在合法性的基础上，企业应当根据组织形式、所处行业、经营内容、业务种类等自身特点，设置符合企业需要的会计科目。会计科目设置应该简单明了、通俗易懂。突出重点，对不重要的信息进行合并或删减。要尽量使读者一目了然，便于理解。

另外，会计科目作为对会计要素具体内容进行分类核算，科目的设置应能保证对各会计要素做全面反映，形成一个完整的体系，同时科目与科目反映的内容要互斥，不能有重叠。会计科目作为对会计要素分类核算的项目，要求简单明确，字义相符，通俗易懂。

二、常用会计科目

具体会计科目的设置一般是从会计要素出发，将会计科目分为资产、负债、共同、所有者权益、成本、损益六大类。我国《企业会计准则——应用指南》的附录中，对会计科目的名称、编号和第一个会计科目的主要账务处理有了明确的规定。会计科目的编号仅供企业进行会计核算时参考，一般设置编号时，一个会计要素下的会计科目编号开头数字相同。企业常用会计科目的设置如表 3-1 所示。

表 3-1　企业常用会计科目表

顺序号	编号	会计科目名称	顺序号	编号	会计科目名称
一、资产类					
1	1001	库存现金	23	1471	存货跌价准备
2	1002	银行存款	24	1501	持有至到期投资
3	1012	其他货币资金	25	1502	持有至到期投资减值准备
4	1101	交易性金融资产	26	1503	可供出售金融资产
5	1121	应收票据	27	1511	长期股权投资
6	1122	应收账款	28	1512	长期股权投资减值准备
7	1123	预付账款	29	1521	投资性房地产
8	1131	应收股利	30	1531	长期应收款
9	1132	应收利息	31	1532	未实现融资收益
10	1221	其他应收款	32	1601	固定资产
11	1231	坏账准备	33	1602	累计折旧
12	1261	委托代销商品	34	1603	固定资产减值准备
13	1401	材料采购	35	1604	在建工程
14	1402	在途物资	36	1605	工程物资
15	1403	原材料	37	1606	固定资产清理
16	1404	材料成本差异	38	1701	无形资产
17	1405	库存商品	39	1702	累计摊销
18	1406	发出商品	40	1703	无形资产减值准备
19	1407	商品进销差价	41	1815	未确认融资费用
20	1408	委托加工物资	42	1801	长期待摊费用
21	1411	周转材料	43	1811	递延所得税资产
22	1412	包装物	44	1901	待处理财产损溢
二、负债类					
1	2001	短期借款	6	2211	应付职工薪酬
2	2101	交易性金融负债	7	2221	应交税费
3	2201	应付票据	8	2231	应付利息
4	2202	应付账款	9	2232	应付股利
5	2203	预收账款	10	2241	其他应付款

续表

顺序号	编号	会计科目名称	顺序号	编号	会计科目名称
11	2401	递延收益	15	2702	未确认融资费用
12	2501	长期借款	16	2711	专项应付款
13	2502	应付债券	17	2801	预计负债
14	2701	长期应付款	18	2901	递延所得税负债
三、共同类					
1	3101	衍生工具	3	3202	被套期工具
2	3201	套期工具			
四、所有者权益类					
1	4001	实收资本	4	4103	本年利润
2	4002	资本公积	5	4104	利润分配
3	4101	盈余公积	6	4201	库存股
五、成本类					
1	5001	生产成本	3	5201	劳务成本
2	5101	制造费用	4	5301	研发支出
六、损益类					
1	6001	主营业务收入	9	6403	营业税金及附加
2	6051	其他业务收入	10	6601	销售费用
3	6061	汇兑损益	11	6602	管理费用
4	6101	公允价值变动损益	12	6603	财务费用
5	6111	投资收益	13	6701	资产减值损失
6	6301	营业外收入	14	6711	营业外支出
7	6401	主营业务成本	15	6801	所得税费用
8	6402	其他业务成本	16	6901	以前年度损益调整

三、会计科目的级次

会计科目根据不同会计信息使用者的要求，按提供信息的详细程度进行分级，一般分为总分类科目和明细分类科目。

总分类科目也称一级科目或总账科目，是对会计要素的具体内容进行总括分类的科目，所提供的是总括性的核算资料，表 3-1 所列示科目都是一级科目。

明细分类科目，也称为明细科目，是对总分类科目所含内容再作详细分类的会计科目，所提供的是详细、具体的核算资料。明细科目的设置，根据企业经营特点和管理需要而设置。如某家电厂按规定设置库存商品总账科目，再根据家电的具体类别设电视、空调、洗衣机等二级明细科目，再根据电视、空调、洗衣机的型号设三级明细科目，级别的多少以满足企业管理的需要而定。

需要指出的是，也不是所有的总账科目都要设置明细科目，有的总分类科目就不需要设置明细分类科目，如“银行存款”通常不需要设置明细科目，这主要取决于企业核算需要和管理需要。

四、会计科目的编号

为了明确会计科目的性质和所属类别，同时为了正确、迅速地在会计电算化中输入、调用、处理和输出会计科目，我国财政部对颁布的会计科目（均为总分类会计科目）进行了统一四位数编号。

从左到右的第一位数，表示会计科目按照经济内容所属的分类类别，即会计科目大类。“1”表示资产类，“2”表示负债类，“3”表示共同类，“4”表示所有者权益类，“5”表示成本类，“6”表示损益类。

从左到右的第二位数，表示会计科目在大类下所属的小类代码，凡是小类会计科目核算的内容都具有在业务性质、要素特征上具有基本一致或类似的特征。如编号为“1001”的会计科目的第二个“0”，是指“1”大类（资产类）下所属的货币资金类；又如“1401”的会计科目中的“4”表示“1”大类（资产类）下所属的存货项目类，等等。

从左到右的第三、四位数，表示会计科目在各小类别中的顺序号。我们从表 2-2 中资产类会计科目可以看出，编号从“1001”、“1002”就直接跳到“1012”，中间存在很多空号，这主要是为了企业如果发生有货币资金类的业务，但又不能在“1001”、“1002”会计科目中进行核算时，可以增加设置“1003”、“1004”等会计科目用以核算。增加空号现象的目的主要是为了以后可以适时增加会计科目。

在实际工作中，很多总分类会计科目都设置有二级科目、三级会计科目等，此时都需要按照一定的规律对各级明细科目进行编号。对明细科目编号是在总分类会计科目编号后面增加编码。如“1012（其他货币资金）”会计科目下分别用“01”、“02”、“03”……表示“外埠存款”、“银行本票”、“银行汇票”……会计科目编号构成如图 3-1 所示。

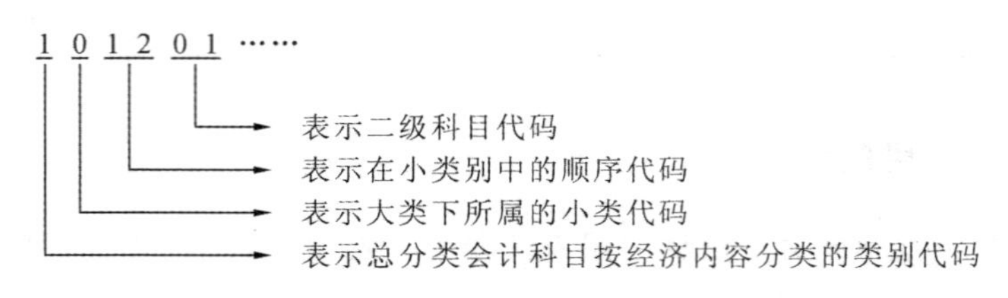

图 3-1　会计科目编号图解

第二节　会计账户

当企业发生经济业务时，会计要素会发生变化，在确认这些变化的时候，并不是像第二章的处理方式，直接在报表上进行加减计算填列。如果每一笔业务都在报表上进行加减处理，可以想象当业务比较多的时候，报表会变成什么模样。因此，在会计实务中，是根据经济业务所具体涉及的会计科目，在具有特定结构的载体中详细地记录这一影响。载体一般是纸制的账页，图 3-2 即是一种常见的普通三栏式账户。账页的中上方的横线，用来填写具体的会计科目，左边记载业务发生的“年月日”及业务摘要说明，右边记载发生金额和余额。

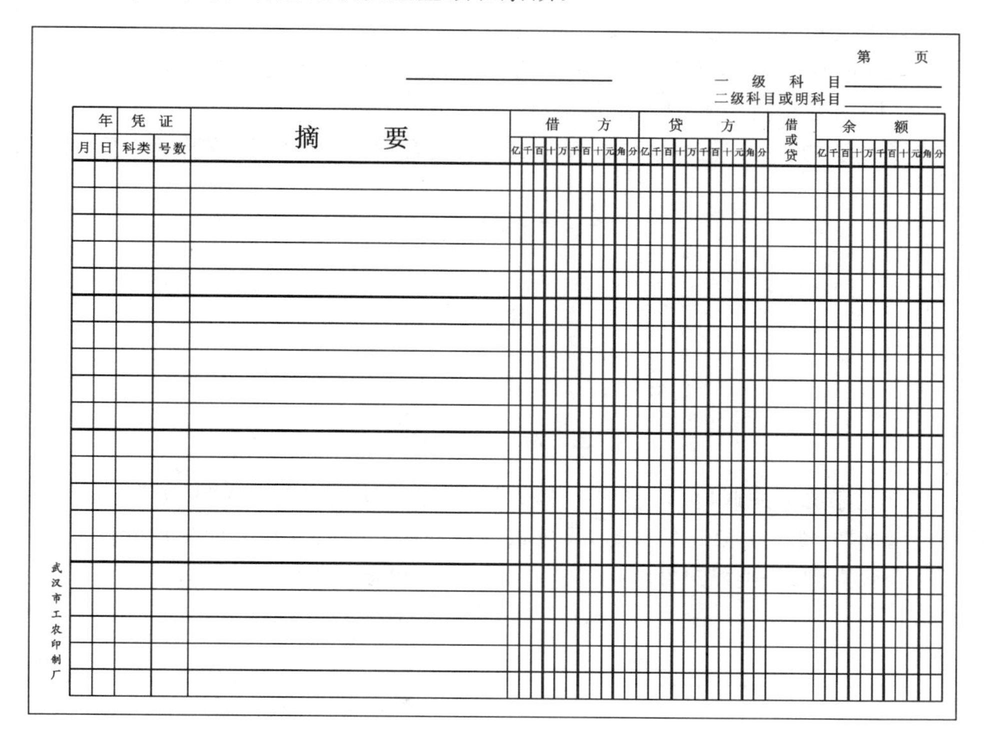
第 页
一 级 科 目
二级科目或明科目

年		凭证		摘要	借方	贷方	借或贷	余额
月	日	科类	号数		亿千百十万千百十元角分	亿千百十万千百十元角分		亿千百十万千百十元角分

武汉市工农印制厂

图 3-2 普通三栏式明细账页

一、会计账户的概念

会计账户(accounts)是根据会计科目设置的，具有一定格式和结构，用于分类反映会计要素增加变动情况及其结果的载体。通过会计账户就可以对企业所发生的经济业务进行全面、序时、连续、系统的反映和监督，因此设置会计账户是会计核算的重要方法之一。

会计账户与会计科目是两个概念，它们所反映的会计对象的具体内容是相同的，在实务中有时将这两个概念等同起来使用，但两者还是存在着差别。会计科目是会计要素的具体化，是会计对象的具体分类，是会计账户的名称，也是设置会计账户的依据；会计账户是根据会计科目来设置的，有一定的格式和结构，是会计科目的具体运用。在会计实务中，会计科目主要是为了开设账户，填制会计凭证所用；而会计账户的作用主要是提供某一具体会计科目的会计资料，为编制财务报表所用。

二、会计账户的基本结构

账户所记载的各项经济业务，会引起会计要素发生变化，变动的内容不外乎增加和减少两种情况。因此，为了全面地、清楚地反映和监督这种变化，在每一账户上都应该分开登记具体会计科目数量的增加或减少，这就形成了账户的基本结构。我

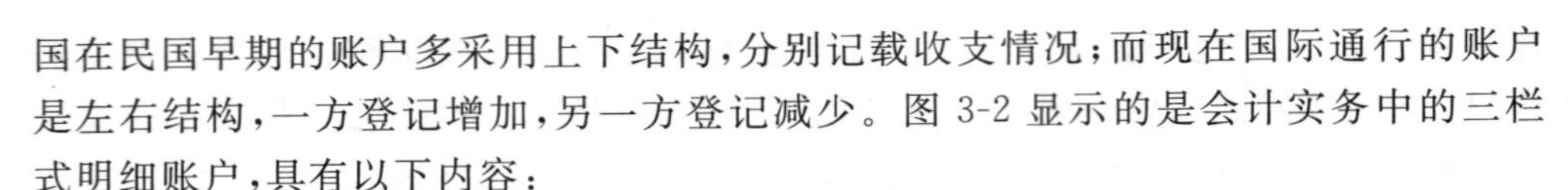

国在民国早期的账户多采用上下结构，分别记载收支情况；而现在国际通行的账户是左右结构，一方登记增加，另一方登记减少。图 3-2 显示的是会计实务中的三栏式明细账户，具有以下内容：

（1）账户的名称，即会计科目；

（2）凭证号数，即说明记载账户记录的依据；

（3）日期和摘要，即记载经济业务的日期和概括说明经济业务内容；

（4）增加方和减少方的金额及余额。

为了教学的方便，上述账户的基本结构，通常简化为“T”形或称为“丁字形”账户，如图 3-3 所示。

账户名称（会计科目）

借方	贷方

图 3-3　“T”形账户

借贷记账法下的账户，其左方一律称为“借方”，右方一律称为“贷方”。至于哪一方登记增加数、哪一方登记减少数，需要根据经济业务的内容和会计账户的性质而定。以工业企业为例，各类账户性质的“借”、“贷”含义，可概括如图3-4所示。

账户名称（会计科目）

借方	贷方
资产的增加	资产的减少
负债的减少	负债的增加
所有者权益的减少	所有者权益的增加
费用、成本的增加	费用、成本的减少
收入、利润的减少	收入、利润的增加

图 3-4　账户“借”、“贷”方的含义

账户作为连续系统记录经济业务增减变动情况及其结果的工具，一般需要提供会计科目的期初余额、本期增加额、本期减少额和期末余额四个方面的数据。本期增加额是指在一定会计期间内所登记增加额的合计数，本期减少额是指在一定会计期间内所登记减少额的合计数。这四项数据的关系如下：

期末余额＝期初余额＋本期增加额－本期减少额

例 3-1　恒兴公司期初有银行存款 10 万元，本期累计银行存款 200 万元，支付 202 万元，期末银行存款是多少？

根据上述公式，恒兴公司银行存款的期末余额＝10＋200－202＝8(万元)。

三、会计账户的分类

账户可以根据多种标准进行分类。

1. 根据账户所反映的经济内容不同分类

根据账户所反映的经济内容不同分为资产类账户、负债类账户、所有者权益类账户、成本类账户、损益类账户等。资产类账户、负债类账户、所有者权益类账户反映企业的财务状态；成本类账户反映企业生产产品或提供劳务环节发生的成本；损益类账户反映企业的经营成果。

损益类账户只记录和累积某一会计期间的收入、费用的发生额，在会计期末，会计人员会将当期所记录的全部收入、费用转入到“本年利润”科目，转记后收入和费用类账户期末没有余额。下期期初，这些账户没有上期结转来的期初余额，只记录本期发生的收入与费用等。由于这些账户只是暂时记录某个会计期间的收入与费用的发生额，到会计期末会被清空，所以它们被称为暂时性账户（temporary accounts）或虚账户（nominal accounts）。

损益类账户以外的账户，主要有资产类、负债类、所有者权益类、成本类账户，称为永久性账户（permanent accounts）或实账户（real accounts）。这些账户不仅记录相关要素的变化情况，而且在会计期末还有余额，反映期末的资产、负债、所有者权益的结余存量。这些账户的期末余额会结转至下期，成为下期的期末余额，从而使各个会计期间的经济业务影响能够在这些账户中逐期累积记录。

2. 根据账户所提供信息的详细程度及其统驭关系分类

根据账户所提供信息的详细程度及其统驭关系，可分为总分类账户和明细分类账户。

总分类账户又称总账账户或一级账户，简称总账。它是根据总分类会计科目设置，提供总括分类核算资料指标的账户。在总账中只使用货币计量单位反映经济业务，提供概括核算资料和指标，是对其所属明细分类账户资料的综合。总账以下账户称为明细分类账户。

明细分类账户又称明细账户，简称明细账。它是根据明细分类科目设置的，提供明细核算资料和指标，是对其总账资料的具体化和补充说明。对于明细账的核算，除用货币计量反映经济业务外，必要时还需要用实物计量或劳动量计量单位从数量和时间上进行反映，以满足经营管理需要。如原材料总账中，只反映原材料的总价值，而原材料的重量、数量等，要在明细账中才能得到。总账与其所属明细账的核算内容相同，只是在内容的详细程度上不同，两者相互补充、相互核对。

第三节　复式记账法

账户是专门记录经济业务的工具，企业在发生经济业务后，利用账户能够全面、系统地反映各有关项目的增减变动情况及结果。如何记录，取决于记账的方法。所谓记账方法，是指对会计主体发生的经济业务，采用特定的记账符号并运用一定的记账原理（程序和方法），在账簿中进行登记的方法。在会计学的发展历程中，记账方法总体经历了从简单到复杂、从单式到复式的不断完善过程。

一、复式记账法

复式记账法是在单式记账法的基础上发展起来的。单式记账法是指对发生的经济业务一般只在一个账户中登记的记账方法。单式记账法比较简单，除对有关人欠的现金、欠人的现金、银行存款收付业务，在两个或两个以上有关账户中登记外，其他经济业务，只在一个账户中登记或不予登记的方法。例如，用银行存款购买材料，只在“银行存款”账户中登记减少，而不设“原材料”账户；购买材料，货款未付时，只在“应付账款”账户中登记增加，而不设“原材料”账户；收到应收款或偿付应付款时，则在“现金”或“银行存款”账户中登记增加，同时在“应收账款”账户登记减少。对于固定资产折旧、材料物资的耗用等经济业务，因不涉及现金或银行存款的收付，故而不予登记。由此可见，单式记账法虽简单，但账户之间不能形成互相对应的关系，不能形成一套完整的账户体系。

复式记账法(double-entry accounting system)克服了单式记账的缺点，它是对每一项经济业务，都以相等的金额，同时在互相对应的两个或两个以上的账户中进行记录的记账方法。例如，用银行存款 1 000 元购买材料，一方面在设置的“银行存款”账户中登记减少，另一方面要在设置的“原材料”账户中登记增加。这样复式记账就能以相等的金额在有关账户中进行记录，从而全面、清晰地反映经济业务的来龙去脉。具体记录如图 3-5 所示。

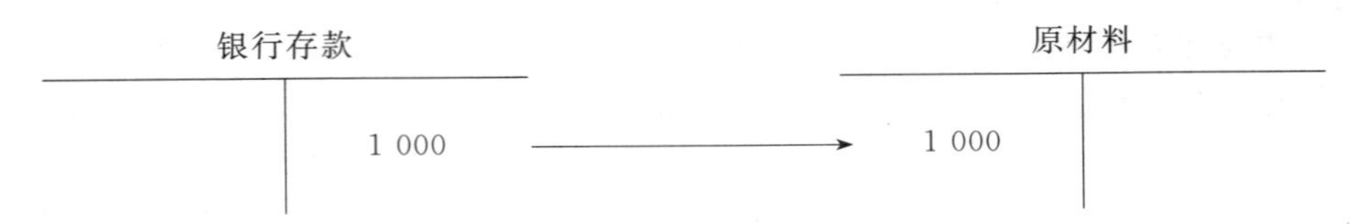

图 3-5　复式记账

可见，复式记账是一种科学的记账方法，账户间对应关系清楚，试算平衡简便，目前世界各国都广泛采用这种方法。新中国成立后，采用的复式方法有增减记账法、收付记账法和借贷记账法。由于前两种方法各有其不足之处，而借贷记账法最为科学，且国际上通用，我国 2006 年颁布的《企业会计准则》明确规定，企业应当采用借贷记账法记账。

二、借贷记账法

借贷记账法是以“借”和“贷”为记账符号，以“有借必有贷，借贷必相等”为记账规则的一种复式记账法。借贷记账法产生于十二三世纪资本主义开始萌芽的意大利。1494 年意大利人卢卡 · 帕乔利第一次在他的著作中系统阐述了借贷记账法，也是目前世界通用的记账方法。

（一）借贷记账法的记账符号

记账符号是指在经济业务发生后，用账户来记载所发生的具体内容时，用来表示应记入账户的左边还是右边的符号。借方(debit，简写为 Dr)是指账户的左边，贷方(Credit，简写为 Cr)是指账户的右边，即借贷只是用来指明账户的左右标记。

为什么用“借”和“贷”而不用其他的词，是有其历史的原因。借贷记账法最早起源于意大利。13 世纪初，意大利的商品经济，特别是地中海沿岸城市的海上贸易，已经有相当大规模的发展，出现了资本主义生产的最初萌芽。尽管当时银钱业较为发达，但当时流行货币不统一的交易障碍使得货币兑换和折算很不方便，于是通过“银行”进行转账结算受到了商人们的普遍欢迎。这些“银行”对每个客户商人开始设置两个记账部位：贷方记录借入(或存入)的款项，借方记录贷出(或支付)的款项。时间长了，人们就习惯于用“借”、“贷”来表示账户的左右，并且这个习惯一直保留至今。

因此，现在讲的“借”、“贷”已失去原来的字面含义，只作为记账符号使用，用以标明记账的方向。在借贷记账法下，它们只是两个抽象的符号，而且在不同性质的账户中，“借”、“贷”所反映的经济业务的内容是不同的。一个账户中究竟是借方记录表示增加还是贷方记录表示增加，这得由账户的性质来决定。

（二）借贷记账法下账户的结构

借贷记账法账户的结构是指账户的借方登记什么内容，贷方登记什么内容，余额应在哪一方。究竟哪一方记增加、哪一方记减少，是由账户所反映的经济内容所决定。

1. 资产类账户

在资产类账户中，借方表示增加，贷方表示减少，期初与期末的余额一般在借方，反映资产的结存情况。其账户结构如图 3-6 所示。

资产类账户

借方		贷方	
期初余额	×××		
本期增加额	×××	本期减少额	×××
	×××		×××
本期发生额合计	×××	本期发生额合计	×××
期末余额	×××		

图 3-6 资产类账户结构

资产类账户期末余额的计算公式如下：

资产类账户期末余额＝期初余额＋本期借方发生额(增加额)
－本期贷方发生额(减少额)

例 3-2 恒兴公司库存现金期初有 1 万元，本期收到 6 万元，支付 5.5 万元。问：库存现金的期末余额是多少？在库存现金账户中如何反映？

库存现金期末余额＝1＋6－5.5＝1.5(万元)，账户记载如图 3-7 所示。

库存现金

期初余额	10 000		
本期增加额	60 000	本期减少额	55 000
期末余额	15 000		

图 3-7 记录库存现金

2. 负债和所有者权益类账户

权益类账户包括负债类账户和所有者权益类账户。权益类账户的结构与资产类结构正好相反，权益类账户的贷方表示增加，借方表示减少，期初与期末余额一般在贷方。其账户结构如图 3-8 所示。

负债和所有者权益类账户

借方		贷方	
		期初余额	×××
本期减少额	×××	本期增加额	×××
	×××		×××
本期发生额合计	×××	本期发生额合计	×××
		期末余额	×××

图 3-8　负债和所有者权益类账户结构

负债和所有者权益类账户期末余额的计算公式如下：

负债和所有者权益类账户期末余额＝期初余额＋本期贷方发生额（增加额）－本期借方发生额（减少额）

例 3-3　恒兴公司期初有应交的税费2万元，本期增加应交税费7万元，并支付上期和本期部分税款6万元。问：期末应交税费为多少？在账户上如何表示？

期末应付税款＝2＋7－6＝3（万元），账户记录如图3-9所示。

应交税费

		期初余额	20 000
本期减少额	60 000	本期增加额	70 000
		期末余额	30 000

图 3-9　记录应交税费

3. 收入类账户

在生产经营过程中，企业可以通过销售产品或提供劳务获得各项收入，收入会使企业的利润增加，从而增加所有者的权益。所以收入类账户的结构与所有者权益类账户的结构相似，即收入类账户的贷方登记收入的增加，借方登记收入的减少。与所有者权益类不同的是，收入类账户是一定期间的经营成果，而经营成果就体现在所有者权益中，所以当期的收入的余额到期末应全部转出到利润账户。转出后，收入类账户期末是没有余额的。其账户结构如图3-10所示。

收入类账户

借方		贷方	
本期减少额	×××	本期增加额	×××
			×××
转销额	×××		
本期发生额合计	×××	本期发生额合计	×××

图 3-10　收入类账户的结构

例 3-4　恒兴公司本期共实现主营业务收入100万元，因质量原因被退回5万元，月末将净收入转到所有者权益。问：本月净收入是多少？在收入账户中如何反映？

本月净收入＝100－5＝95（万元）

主营业务收入的账户记录如图3-11所示。注意期末无余额。

主营业务收入

本期减少额 50 000	本期增加额 1 000 000
转销额 950 000	

图 3-11　记录主营业务收入

4. 费用类账户

费用是企业为了取得收入所发生的经济利润的流出，费用的发生会冲减企业的利润，最终使所有者权益减少，因此费用的结构与收入正好相反。费用的增加额记在账户的借方，减少额记在账户的贷方。期末要将本期费用的余额转出到利润账户，因此费用账户期末是没有余额的。其账户结构如图 3-12 所示。

费用类账户

借方			贷方
本期增加额	××× ×××	本期减少额	×××
		转销额	×××
本期发生额合计	×××	本期发生额合计	×××

图 3-12　费用类账户结构

例 3-5　恒兴公司本期因销售发出商品的成本为 60 万元，因质量原因退回商品 3 万元。问：本期主营业务成本为多少？

本期主营业务成本＝60－3＝57(万元)

主营业务成本的账户记录如图 3-13 所示。

主营业务成本

本期增加额 600 000	本期减少额 30 000
	转销额 570 000

图 3-13　记录主营业务成本

收入类账户和费用账户合称损益类账户。

5. 利润类账户

利润是收入减去费用后的结果，企业实现的利润最终归所有者所有，当然，企业出现亏损时，损失也是由所有者承担。因此，利润账户的性质与所有者权益账户的性质是一样的，可将利润类账户归为特殊的所有者权益类账户。利润账户的贷方记录转入的收入，借方登记转入的费用，如果余额在贷方，即企业实现利润，增加所有者权益；如果余额在借方，即企业出现亏损，减少所有者权益。利润类账户只有一个，即“本年利润”，在年末，本年利润的余额，转入所有者权益账户的“利润分配—未分配利润”中。其账户结构如图 3-14 所示。

本年利润

借方		贷方	
本期减少额 （费用转入）	×××	本期增加额 （收入转入）	××× ×××
本期发生额合计	×××	本期发生额合计	×××
		期末余额（年末转入未分配利润）	

图 3-14　本年利润的结构图

例 3-6　恒兴公司本年利润从年初，截至上月底，共实现利润 30 万元，本月转入收入 95 万元，费用 57 万元。问：本月末，本年利润余额是多少？账户中如何反映？

截至本月末，本年利润的余额＝30＋95－57＝68（万元）。账户记录如图 3-15 所示。

本年利润

本期减少额	570 000	期初余额 本期增加额	300 000 950 000
		期末余额	680 000

图 3-15　记录本年利润

6. 成本类账户

成本类账户指的是产品生产成本的账户，是处于生产过程中的特殊资产，因此成本类账户与资产类账户的结构一样，可将成本类账户归为特殊的资产类账户。成本类账户的期初余额是指上期未完成生产全过程的在产品，本期继续增加材料、人工等成本投入，记在成本类账户的借方；本期完工的产品，从成本类贷方转出；期末如有余额，是指本期未完工的在产品生产成本。其账户结构如图 3-16 所示。

成本类账户

借方		贷方	
期初余额（上期在产品） 本期增加额 （材料、人工等投入）	××× ××× ×××	本期减少额 （完工转成品库）	××× ×××
本期发生额合计	×××	本期发生额合计	×××
期末余额（本期在产品）	×××		

图 3-16　成本类账户结构图

表 3-2 概括了借贷记账法下各类账户的结构。

表 3-2 各账户的结构汇总

账户的类别	借方	贷方	余额
资产类账户	增加	减少	一般在借方
负债、所有者权益类账户	减少	增加	一般在贷方
收入类账户	减少	增加	一般无余额
费用类账户	增加	减少	一般无余额
利润类账户	减少	增加	实现利润,余额在贷方;发生亏损,余额在借方;年末转入所有者权益后,无余额
成本类账户	增加	减少	一般在借方,表示没有完工的在产品

(三)借贷记账法的记账规则

记账规则是指运用一定的记账方法对经济业务进行登记时所遵循的规律和原则。借贷记账法的规则是“有借必有贷,借贷必相等”。在借贷记账法下,根据复式记账原理,对发生的每一笔经济业务都以相等的金额、相反的方向,同时在两个或两个以上的相互联系的账户中进行记录,即按照经济业务的内容,一方面记入一个或几个有关账户的借方,另一方面记入一个或几个账户的贷方,并且记入借方与记入贷方的金额必须相等。

在运用借贷记账法登记经济业务时,一般按以下步骤进行:首先,分析所发生的经济业务涉及哪些账户,并判断账户的性质;其次,分析涉及账户的金额是增加还是减少;最后,根据账户的结构确定记入账户的借方或是贷方。下面通过举例说明借贷记账法的记账规则。

业务 1 企业接受投资者追加投资 600 000 元,存入银行。

该项经济交易发生后,一方面使得资产要素中的“银行存款”项目增加600 000元,另一方面使得所有者权益要素中的“实收资本”项目增加600 000元。按借贷记账法,应当记录“银行存款”账户的借方和“实收资本”账户的贷方。记录结果如图 3-17 所示。

图 3-17 业务 1 账户记录

业务 2 企业从银行取得 6 个月借款 200 000 元,存入银行。

该项经济交易发生后,一方面使得资产要素中的“银行存款”项目增加20 000元,另一方面使得负债要素中的“短期借款”项目增加 20 000 元。按借贷记账法,应当记录“银行存款”账户的借方和“短期借款”账户的贷方。记录结果如图 3-18 所示。

银行存款

借方	贷方
200 000	

短期借款

借方	贷方
	200 000

图 3-18　业务 2 账户记录

业务 3　企业以银行存款 100 000 元购买机器设备一台。

该项经济交易发生后，一方面使得资产要素中的“银行存款”项目减少100 000 元，另一方面使得资产要素中的“固定资产”项目增加 100 000 元。按借贷记账法，应当记录“银行存款”账户的贷方和“固定资产”账户的借方。记录结果如图 3-19 所示。

银行存款

借方	贷方
	100 000

固定资产

借方	贷方
100 000	

图 3-19　业务 3 账户记录

业务 4　企业从银行取现 800 元备用。

该项经济交易发生后，一方面使得资产要素中的“库存现金”项目增加 800 元，另一方面使得资产要素中的“银行存款”项目减少 800 元。按借贷记账法，应当记录“库存现金”账户的借方和“银行存款”账户的贷方。记录结果如图3-20所示。

库存现金

借方	贷方
800	

银行存款

借方	贷方
	800

图 3-20　业务 4 账户记录

业务 5　企业采购商品一批，货款 30 000 元以银行存款支付。

该项经济交易发生后，一方面使得资产要素中的“银行存款”项目减少 30 000 元，另一方面使得资产要素中的“库存商品”项目增加 30 000 元。按借贷记账法，应当记录“银行存款”账户的贷方和“库存商品”账户的借方。记录结果如图 3-21所示。

银行存款

借方	贷方
	30 000

库存商品

借方	贷方
30 000	

图 3-21　业务 5 账户记录

业务6　企业采购商品一批，货款80 000元，其中以银行存款支付50 000元，其余30 000元未支付。

该项经济交易发生后，使得资产要素中的“库存商品”项目增加80 000元，资产要素中的“银行存款”项目减少50 000元，负债要素中的“应付账款”增加30 000元。按借贷记账法，应当记录“库存商品”账户的借方、“银行存款”账户的贷方和“应付账款”账户的贷方。记录结果如图3-22所示。

图3-22　业务6账户记录

业务7　企业以银行存款支付上述未付购货款。

该项经济交易发生后，一方面使得资产要素中的“银行存款”项目减少30 000元，另一方面使得负债要素中的“应付账款”项目减少30 000元。按借贷记账法，应当记录“银行存款”账户的贷方和“应付账款”账户的借方。记录结果如图3-23所示。

图3-23　业务7账户记录

业务8　企业销售商品一批，售价120 000元，款项收到存入银行。

该项经济交易发生后，一方面使得资产要素中的“银行存款”项目增加120 000元，另一方面使得收入要素中的“主营业务收入”项目增加120 000元。按借贷记账法，应当记录“银行存款”账户的借方和“主营业务收入”账户的贷方。记录结果如图3-24所示。

图3-24　业务8账户记录

业务9　结转上述销售商品的成本80 000元。

该项经济交易发生后，一方面使得资产要素中的“库存商品”项目减少80 000

元，另一方面使得费用要素中的“主营业务成本”项目增加 80 000 元。按借贷记账法，应当记录“库存商品”账户的贷方和“主营业务成本”账户的借方。记录结果如图 3-25 所示。

图 3-25　业务 9 账户记录

业务 10　企业以现金购买办公用品 600 元。

该项经济交易发生后，一方面使得资产要素中的“库存现金”项目减少 600 元，另一方面使得费用要素中的“管理费用”项目增加 600 元。按借贷记账法，应当记录“库存现金”账户的贷方和“管理费用”账户的借方。记录结果如图 3-26 所示。

图 3-26　业务 10 账户记录

对于以上发生的各项业务，在进行账户登记时，都严格遵守了借贷记账法的记账规则：有借必有贷，借贷必相等。

（四）账户的对应关系与会计分录

1. 账户的对应关系

账户的对应关系是指采用借贷记账法对每笔交易或事项进行记录时，相关账户之间形成的应借、应贷的相互关系。存在对应关系的账户称为对应账户。如在销售过程中，主营业务收入对应的账户主要是银行存款或应收账款；在采购过程中，材料采购对应的账户主要是银行存款或应付账款等。

通过账户对应关系，可以了解经济业务内容及其所引起的资金增减变动情况；可以检查账务处理是否合理合法，发现对经济业务的处理是否符合有关经济法规和财务会计制度。

2. 会计分录

在登记账户的过程中，会计人员并不是直接将经济业务直接登记到相关账户，而是先将经济业务按要求编制成会计分录，然后根据会计分录的内容再登记到账户中。

1）会计分录的含义

会计分录，简称分录，是对每项经济业务列示出应借、应贷的账户名称（科目）及其金额的一种记录。会计分录由应借应贷方向、相互对应的科目及其金额三个要素构成。

会计分录的编制过程就是对相关经济业务的会计处理过程。当一项经济业务发生后，用会计分录可以完整、简洁地描述已经发生的经济业务内容。

2)会计分录的书写格式

会计分录的格式如下：

借：账户名称　　　　××××××（经济业务发生额）

　　贷：账户名称　　　　××××××（经济业务发生额）

具体要求如下：

(1)先借后贷，分行列示，“借”和“贷”字后均加冒号，其后紧跟会计科目，各科目的金额列在其后适当位置。“贷”字与借方科目的首个文字对齐，贷方金额与借方金额适当错开。

如业务1，企业接受投资者追加投资600 000万元，存入银行的会计分录：

借：银行存款　　　　600 000

　　贷：实收资本　　　　600 000

(2)会计分录中，“借”和“贷”通常只列示在第一个借方科目和第一个贷方科目前，其他科目前不再列示“借”或“贷”。所有借方、贷方一级科目的首个文字各自保持对齐；所有借方、贷方金额的个位数各自保持右对齐。

(3)当分录中需要列示明细科目时，应按科目级次高低从左向右列示，二级科目前加破折号，三级科目放在一对小圆括号中，即“一级科目——二级科目（三级科目）”。

(4)借方或贷方会计科目中有两个或两个以上的二级科目同属于一个一级科目时，所属一级科目只在第一个二级科目前列出，其余省略。每个二级科目各占一行，其前均应保留破折号，且保持左对齐 。需注意的是，如果这些二级科目分别列示于借方和贷方，应在借方和贷方分别列出一个该一级科目；处于同一个方向的每两个二级科目之间均不能列示其他一级科目。具体如下：

借：一级科目　　　　××

　　一级科目——二级科目　　　　×××

　　　　　　——二级科目　　　　××

　　贷：一级科目——二级科目　　　　××

　　　　　　　　——二级科目　　　　××

　　　　一级科目——二级科目（三级科目）　　　　×××

3)会计分录的分类

会计分录包括简单分录和复合分录两种，其中简单分录即一借一贷的分录，复合分录则是一借多贷分录、多借一贷以及多借多贷分录。

业务5简单分录，会计分录如下：

借：库存商品　　　　30 000

　　贷：银行存款　　　　30 000

业务6是复合分录，会计分录如下：

借：库存商品　　　　80 000

贷:银行存款　　　　　　50 000
　　应付账款　　　　　　30 000

需要指出的是,为了保持账户对应关系的清楚,一般不宜把不同经济业务合并在一起,编制多借多贷的会计分录。但在某些特殊情况下为了反映经济业务的全貌,也可以编制多借多贷的会计分录。

4)会计分录的编制步骤

会计分录的编写,可以按以下步骤进行:

(1)分析经济业务所涉及的会计科目;

(2)确定经济业务使相关会计科目增加或减少的金额;

(3)确定会计科目应借或应贷及其金额,金额是增加还是减少,即相关账户应记到借方或是贷方,根据账户的性质确定。

(4)填写会计分录,并检查格式。

(五)借贷记账法的试算平衡法

企业在一定期间所发生的所有经济业务,通过借贷记账法进行登记,在期末报账前,要核对所有账户的记录是否正确。试算平衡,就是根据"资产=负债+所有者权益"的恒等关系以及借贷记账法的记账规则,对本期账户记录进行汇总和比较,以检查和验证账户记录是否正确的一种方法。试算平衡包括发生额试算平衡法和余额试算平衡法两种。

1. 发生额试算平衡法

发生额试算平衡法是根据所有账户借方发生额合计数与贷方发生额合计数的恒等关系,检验本期发生额记录是否正确的方法。检验公式为

本期全部账户借方发生额合计=本期全部账户贷方发生额合计

由于借贷记账法对每项业务的记录都按"有借必有贷,借贷必相等"的规则进行的,这样在一定期间内,会计主体的全部账户的借方发生额与贷方发生额合计数就一定相等,否则就说明记账过程中出现错误。

2. 余额试算平衡法

余额试算平衡法是根据所有账户借方余额合计数与贷方余额合计数的恒等关系,检验账簿记录是否正确的方法。检验公式为

全部账户期末(期初)借方余额合计=全部账户期末(期初)贷方余额合计

这种方法是根据会计等式"资产=负债+所有者权益"的原理进行的。由于账户的借方余额表示资产性质,账户的贷方余额表示负债或所有者权益性质,因此,全部账户的期末借方余额合计就是期末资产合计,全部账户的期末贷方余额合计就是期末负债和所有者权益合计。余额试算平衡法实质上就是资产等于负债加所有者权益。

我们可以通过编制试算平衡表来检查账簿的记录。假定所有账户期初无余额,本期共发生上述10笔经济业务,对其账簿记录编制试算平衡表。

首先将上述10笔经济业务的账簿记录情况进行汇总,如图3-27所示。

库存现金

借方		贷方	
④	800	⑩	600
发生额	800	发生额	600
余额	200		

银行存款

借方		贷方	
①	600 000	③	100 000
②	200 000	④	800
⑧	120 000	⑤	30 000
		⑥	50 000
		⑦	30 000
发生额	920 000	发生额	210 800
余额	709 200		

库存商品

借方		贷方	
⑤	30 000	⑩	80 000
⑥	80 000		
发生额	110 000	发生额	80 000
余额	30 000		

固定资产

借方		贷方	
③	100 000		
发生额	100 000	发生额	0
余额	100 000		

实收资本

借方		贷方	
		①	600 000
发生额	0	发生额	600 000
		余额	600 000

短期借款

借方		贷方	
		②	200 000
发生额	0	发生额	200 000
		余额	200 000

应付账款

借方		贷方	
⑦	30 000	⑥	30 000
发生额	30 000	发生额	30 000
		余额	0

主营业务收入

借方		贷方	
		⑧	120 000
发生额	0	发生额	120 000
		余额	120 000

主营业务成本

借方		贷方	
⑨	80 000		
发生额	80 000	发生额	0
余额	80 000		

管理费用

借方		贷方	
④	600		
发生额	600	发生额	0
余额	600		

图 3-27 各账户记录明细

根据以上全部账户的本期发生额和期末余额编制的试算平衡表如表 3-3 所示。

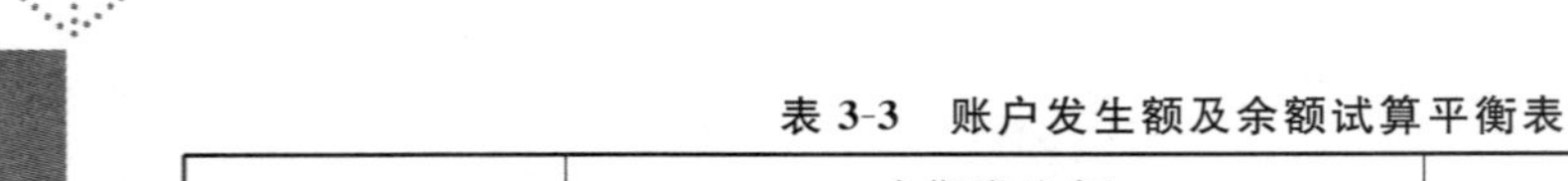

表 3-3　账户发生额及余额试算平衡表　　单位：元

账户名称	本期发生额		期末余额	
	借　　方	贷　　方	借　　方	贷　　方
库存现金	800	600	200	
银行存款	920 000	210 800	709 200	
库存商品	110 000	80 000	30 000	
固定资产	100 000		100 000	
短期借款		200 000		200 000
应付账款	30 000	30 000		0
实收资本		600 000		600 000
主营业务收入		120 000		120 000
主营业务成本	80 000		80 000	
管理费用	600		600	
合　　计	1 241 400	1 241 400	920 000	920 000

在编制试算平衡表时，要注意以下几个问题。

首先，必须将所有账户的发生额或余额都要记入试算平衡表中，如果有遗漏，就会造成本期发生额或期末余额的借方与贷方不相等的情况。

其次，如果试算平衡表的借贷不相等，说明账户记录一定有错误，要仔细查找原因，使试算平衡表能够平衡。

最后，如果试算平衡表经过试算是平衡的，也不能说明账户记录就一定正确。比如，记录经济业务的相关账户，借贷金额正好记反了，或者漏记或重记某项业务，或者会计科目用错等。这些错误发生后，借贷仍然平衡。因此，在试算平衡表之后，也一定要认真核对有关账户的记录，避免出现上述问题。

不影响借贷双方平衡关系的错误通常有：

(1)漏记某项经济业务，使本期借贷双方的发生额等额减少；

(2)重记某项经济业务，使本期借贷双方的发生额等额虚增；

(3)某项经济业务记录的应借应贷科目正确，但借贷双方金额同时多记或少记，且金额一致；

(4)某项经济业务记错有关账户；

(5)某项经济业务在账户记录中，颠倒了记账方向；

(6)某借方或贷方发生额中，偶然发生多记和少记并相互抵消，借贷仍然平衡。

本章小结

会计要素是将会计对象进行的抽象概括，而会计科目是对会计要素具体内容进行的科学分类。通过设置会计科目，可以对会计要素具体项目进行分类，更为重要的是，它规范了相同类别业务的核算范围、核算内容、核算方法和核算要求。

会计科目的设置必须结合会计要素的特点，全面反映会计对象的内容；符合会计目标的要求；既要保持统一性，又要考虑灵活性；既要保持相对的稳定性，又要适应社会经济发展的需要。

具体会计科目的设置一般是从会计要素出发，将会计科目分为资产、负债、共同、所有者权益、成本、损益六大类。我国《企业会计准则——应用指南》(2006)的附录中，对会计科目的名称、编号和第一个会计科目的主要账务处理有了明确的规定。

会计科目根据不同会计信息使用者的要求，按提供信息的详细程度进行分级，一般分为总分类科目和明细分类科目。总分类科目也称一级科目或总账科目，是对会计要素的具体内容进行总括分类的科目。明细分类科目，也称为明细科目，是对总分类科目所含内容再作详细分类的会计科目，所提供的是详细、具体的核算资料。

设置会计账户是会计核算的重要方法之一。会计账户是根据会计科目设置的，具有一定格式和结构，用于分类反映会计要素增加变动情况及其结果的载体，是会计科目的具体运用。现行的账户是左右结构，一方登记增加，另一方登记减少。账户一般需要提供会计科目的期初余额、本期增加额、本期减少额和期末余额四个方面的数据。

账户是专门记录经济业务的工具，能够全面、系统地反映各有关项目的增减变动情况及结果。单式记账法是指对发生的经济业务一般只在一个账户中登记的记账方法。复式记账法是对每一项经济业务，都以相等的金额，同时在互相对应的两个或两个以上的账户中进行记录的记账方法。

借贷记账法是指以“借”和“贷”为记账符号的一种复式记账方法。借贷记账法下账户的结构是指不同性质的账户借方登记什么内容、贷方登记什么内容、余额应在哪一方。

借贷记账法下的账户，其左方一律称为“借方”，右方一律称为“贷方”。至于哪一方登记增加数、哪一方登记减少数，需要根据经济业务的内容和会计账户的性质而定。

借贷记账法的规则是“有借必有贷，借贷必相等”。在借贷记账法下，根据复式记账原理，对发生的每一笔经济业务都以相等的金额、相反的方向，同时在两个或两个以上的相互联系的账户中进行记录，即按照经济业务的内容，一方面记入一个或几个有关账户的借方，另一方面记入一个或几个账户的贷方，并且记入借方与记入贷方的金额必须相等。

在运用借贷记账法登记经济业务时要编制会计分录。首先，分析所发生的经济业务涉及哪些账户，并判断账户的性质；其次，分析涉及账户的金额是增加还是减少；最后，根据账户的结构确定记入账户的借方或是贷方。

借贷记账法的试算平衡，就是根据“资产＝负债＋所有者权益”的恒等关系，以及借贷记账法的记账规则，对本期账户记录进行汇总和比较，以检查和验证账户记录是否正确的一种方法。试算平衡包括发生额试算平衡法和余额试算平衡法两种。

思考与练习题

【思考题】

1. 什么是会计科目？设置会计科目要遵循什么原则？
2. 会计科目的级次如何划分？常用的会计科目有哪些？
3. 什么是会计账户？会计账户的基本结构是什么？
4. 会计科目与会计账户的区别与联系是什么？
5. 什么是总分类账户？什么是明细分类账户？两者的区别与联系是什么？
6. 什么是复式记账法？复式记账法有什么优点？
7. 什么是借贷记账法？借贷记账法的记账规则是什么？
8. 什么是会计分录？编制会计分录的步骤是什么？
9. 什么是试算平衡？试算平衡包括哪些方法？

【练习题】

一、单项选择题

1. 会计科目是对（　　）具体内容进行的科学分类。

A. 会计对象　B. 会计主体　C. 会计要素　D. 会计账户

2. 会计科目的设置（　　）。

A. 允许企业根据需要自行设置　B. 允许有个别的重合

C. 要经常变化　D. 应遵守财政部的规定

3. 会计科目是（　　）的名称。

A. 会计账户　B. 会计等式　C. 会计对象　D. 会计要素

4. 下列各项中属于会计科目的是（　　）。

A. 预收购货单位款项　B. 实收资本

C. 会计凭证的名称　D. 接受捐赠资本

5. 下列各项目中不属于资产的会计科目是（　　）。

A. 预付账款　B. 专利权　C. 应收账款　D. 预收账款

6. 按所反映的经济内容分，制造费用属于（　　）科目。

A. 资产类　B. 负债类　C. 损益类　D. 成本类

7. 下列会计科目中，属于所有者权益类的科目是（　　）。

A. 待摊费用　B. 预提费用　C. 应付利润　D. 盈余公积

8. 下列会计科目中，属于损益类的科目是（　　）。

A. 营业收入　B. 生产成本　C. 应收账款　D. 应付利润

9. 下列会计科目不属于成本类的科目是（　　）。

A. 制造费用　B. 研发支出　C. 财务费用　D. 生产成本

10. 账户是根据（　　）开设的，用来连续、系统地记载各项经济业务的一种手段。

A. 会计凭证　B. 会计对象　C. 会计科目　D. 财务指标

11. 账户的基本结构一般分为(　　)。

A. 上、下两部分　　B. 左、右两部分

C. 前、后两部分　　D. 发生额和余额两部分

12. 在借贷记账法中,账户的哪一方记录增加、哪一方记录减少是由(　　)决定的。

A. 账户的性质　B. 记账规则　C. 账户的结构　D. 业务的性质

13. 会计科目与账户之间的区别在于(　　)。

A. 反映的经济内容不同　　B. 账户有结构而会计科目无结构

C. 分类的对象不同　　D. 反映的结果不同

14. 用来记录费用的账户期末(　　)。

A. 无余额　　B. 余额在借方

C. 余额在贷方　　D. 余额不固定

15. 账户借方登记增加额的是(　　)。

A. 所有者权益　　B. 负债

C. 成本　　D. 收入

16. 损益类账户的期末余额及方向表现为(　　)。

A. 有借方余额　　B. 有贷方余额

C. 有借贷方余额　　D. 期末结转后无余额

17. 复式记账法是指对每一笔业务都要以相等的金额在相互联系的(　　)中进行登记的记账方法。

A. 一个账户　　B. 两个账户

C. 三个账户　　D. 两个或两个以上的账户

18. 目前我国会计制度规定,企业会计采用的记账方法是(　　)。

A. 增减记账法　　B. 现金收付记账法

C. 借贷记账法　　D. 财产收付记账法

19. 采用复式记账的方法,主要为了(　　)。

A. 便于登记账簿

B. 全面地、相互联系地反映资金运动的来龙去脉

C. 提高会计工作效率

D. 便于会计人员的分工协作

20. 借贷记账法中的“借”、“贷”所表示的含义是(　　)。

A. 借表示借入,贷表示贷出　　B. 记账符号

C. 借表示增加,贷表示减少　　D. 借表示债权,贷表示债务

21. 对实账户来说,期末余额(　　)。

A. 只能在借方　　B. 没有余额

C. 只能在贷方　　D. 可能在借方或贷方

22. 负债类账户的基本结构是(　　)。

A. 借方登记增加,贷方登记减少

B. 借方登记减少,贷方登记增加

C. 借方登记减少或增加,贷方登记与借方登记相反

D. 借方登记减少或贷方登记增加

23. 按照借贷记账法的记录方法，下列账户中，增加额均记在贷方的是（　　）。

A. 资产类和负债类　　B. 负债类和所有者权益类

C. 成本类和损益类　　D. 损益类中的收入和支出类

24. 按照借贷记账法的记录方法，下列账户中，账户的借方登记增加额的是（　　）。

A. 实收资本　　B. 应付工资　　C. 累计折旧　　D. 所得税

25. 借贷记账法中资产类账户的余额一般（　　）。

A. 无余额　　B. 在借方　　C. 在贷方　　D. 在借方或贷方

26. 借贷记账法下的余额试算平衡是由（　　）决定的。

A. “有借必有贷，借贷必相等”的规则

B. “资产＝负债＋所有者权益”的会计等式

C. 平行登记要点

D. 账户的结构

27. 某项经济业务的会计分录如下：

借：资本公积　　30 000

　贷：实收资本　　30 000

该分录表示（　　）。

A. 所有者权益项目减少 30 000 元，另一所有者权益项目增加 30 000 元

B. 资产项目增加 30 000 元，另一资产项目减少 30 000 元

C. 负债项目减少 30 000 元，另一负债项目增加 30 000 元

D. 所有者权益项目减少 30 000 元，一负债项目增加 30 000 元

28. 某企业材料总分类账户本期借方发生额为 3 200 元，本期贷方发生额为 3 000 元，其有关明细分类账户的发生额分别为：甲材料本期借方发生额 700 元，贷方发生额 900 元；乙材料本期借方发生额 2 100 元，贷方发生额 1 800 元；丙材料本期（　　）。

A. 借方发生额 2 700 元，贷方发生额 2 800 元

B. 借方发生额 400 元，贷方发生额 300 元

C. 借方发生额 200 元，贷方发生额 400 元

D. 因不知各账户期初余额，故无法计算

29. 某企业资产总额为 100 万元，发生下列三笔经济业务：①向银行借款 20 万元存入银行；②用银行存款偿还债务 5 万元；③收回应收账款 4 万元存入银行。此时其资产总额为（　　）万元。

A. 115　　B. 119　　C. 111　　D. 71

30. 某公司期初资产总额为 200 万元，当期期末负债总额比期初减少 20 万元，期末所有者权益比期初增加 25 万元，则该企业期末资产总额为（　　）万元。

A. 180　　B. 205　　C. 190　　D. 240

31. 应收账款账户的期初余额为借方 2 000 元，本期借方发生额 8 000 元，本期贷方发生额 6 000 元，该账户的期末余额为（　　）。

A. 借方 4 000 元　　B. 贷方 8 000 元

C. 借方5 000元　　D. 贷方5 000元

二、多项选择题

1. 设置会计科目应遵循的原则是(　　)。

A. 合法性　B. 相关性　C. 实用性　D. 可靠性

2. 会计账户基本结构一般应包括的内容有(　　)。

A. 账户的名称　　B. 账户的增加与减少金额

C. 账户的余额　　D. 账户的使用年限

3. 下列会计科目中,属于损益类科目的有(　　)。

A. 应收账款　　B. 投资收益

C. 主营业务成本　　D. 生产成本

4. 下列会计科目,属于流动资产类的有(　　)。

A. 无形资产　B. 原材料　C. 生产成本　D. 管理费用

5. 在借贷记账法下,账户的借方登记(　　)。

A. 资产的增加　　B. 成本费用的增加

C. 收入的增加　　D. 所有者权益的增加

6. 属于成本类科目的是(　　)。

A. 主营业务成本　　B. 生产成本

C. 制造费用　　D. 管理费用

7. 下列表述正确的是(　　)。

A. 会计科目只是账户的名称

B. 会计科目与账户是同一个概念

C. 会计科目无结构,账户有结构

D. 会计科目与账户反映的内容相同

8. 会计科目的数量和明细程度应根据(　　)而定。

A. 单位规模大小　　B. 企业利税多少

C. 核算的需要　　D. 管理的需要

9. 复式记账法的优点是(　　)。

A. 初学者容易理解　　B. 记账科学

C. 对应关系清楚　　D. 试算平衡简便

10. 下列账户期末余额应在贷方的有(　　)。

A. 固定资产　B. 预付账款　C. 预收账款　D. 盈余公积

11. 下列账户期末余额应在借方的有(　　)。

A. 银行存款　B. 预付账款　C. 生产成本　D. 无形资产

12. 下列各个账户中,期末可能有借方余额的是(　　)。

A. 材料　B. 短期借款　C. 实收资本　D. 生产成本

13. 下列账户期末余额应在贷方的有(　　)。

A. 累计折旧　B. 实收资本　C. 库存现金　D. 短期借款

14. 下列有关借贷记账法记账规则的说法中,正确的是(　　)。

A. 对任何类型的经济业务,都一律采用“有借必有贷,借贷必相等”的规则

B. 无论是一借多贷、一贷多借,还是多借多贷,借贷双方的金额必须相等

C. 运用借贷记账法记账，在有关账户之间都会形成应借、应贷的相互关系

D. 按照这一记账规则登账的结果是：账户的借方发生额合计与贷方发生额合计必然相等

15. 借贷记账法的试算平衡方法有（　　）。

A. 发生额平衡　　B. 余额平衡

C. 会计要素平衡　　D. 借贷平衡

16. 借贷记账法的试算平衡公式是（　　）。

A. 所有账户的本期借方发生额之和＝所有账户本期贷方发生额之和

B. 所有资产账户的本期借方发生额之和＝所有负债和所有者权益账户本期贷方发生额之和

C. 所有账户的期末借方余额之和＝所有账户期末贷方余额之和

D. 收入账户的本期发生额＝费用账户的本期发生额

17. 下列错误中，不能通过试算平衡发现的是（　　）。

A. 某些经济业务未登记入账

B. 只登记借方金额，未登记贷方金额

C. 应借应贷的账户中借贷方向相反

D. 借贷双方同时多记了相等的金额

三、判断题

1. 会计科目是按照会计要素的具体内容进行进一步科学分类的标志。（　　）

2. 为了保证会计核算指标在一个部门，乃至全国范围内综合汇总，所有会计科目及其核算内容都应由国家统一规定。（　　）

3. 为了保证会计核算的质量，会计科目设置得越多越好。（　　）

4. 在所有总分类科目下均应设置明细分类科目。（　　）

5. 所有的会计账户都是依据会计科目开设的。（　　）

6. 会计账户是用来分类记录企业的交易、事项，反映各会计要素增减变动情况的一种工具。（　　）

7. 在所有账户中，左方均登记增加额，右方均登记减少额。（　　）

8. 会计账户的左右两方是按相反方向来登记增加额和减少额的。（　　）

9. 会计科目与会计账户的经济内容和分类是完全一致的，所以会计科目也就是会计账户，会计账户也就是会计科目。（　　）

10. 单式记账法下，对任何一项经济业务都不用两个或两个以上的账户进行记录反映。（　　）

11. 在借贷记账法下，每一项经济业务发生都要记入在一个或一个以上的账户中。（　　）

12. 现代借贷记账法中的“借”和“贷”分别是债权和债务之意。（　　）

13. 在借贷记账法下，损益类科目期末无余额。（　　）

14. 账户的期末余额方向通常和记录增加的发生额一方在同一方向。（　　）

15. 应收账款是一个资产类账户，其余额在借方，因此它不能出现贷方余额。否则，必然是记账错误所致。（　　）

16. 所有账户期末借方余额合计一定等于贷方余额合计。（　　）

17. 借贷记账法下进行发生额试算平衡，若借贷双方不平衡，说明记账肯定是错误的；若借贷双方平衡了，说明记账没有错误。（　　）

18. 发生额试算平衡是根据资产与权益的恒等关系，检验本期发生额记录是否正确的方法。（　　）

19. 我国会计制度规定，所有单位的记账都采用复式借贷记账法。（　　）

20. 账户之间的相互对立而又相互依存的关系称为对应关系。（　　）

四、实务题

1. 计算确定表 3-4 中五个空格的数值。

表 3-4　某业务账户记录　　单位：元

账户名称	期初余额		本期发生额		期末余额	
	借方	贷方	借方	贷方	借方	贷方
库存现金	400 000		220 000	10 000	（①）	
银行存款	60 000		（②）	80 000	90 000	
应付账款		80 000	70 000	60 000		（③）
短期借款		45 000	（④）	10 000		30 000
应收账款	（⑤）		30 000	50 000	20 000	

2. A 公司 2019 年 3 月 1 日开业，国家以固定资产投资 100 万元；外商投资 20 万元，其中银行存款 5 万元，原材料 5 万元，设备 10 万元；向银行取得借款 30 万元，已转入存款户。该公司开业后发生下列经济业务：

（1）用银行存款购买价值 6 万元的材料一批，材料已入库。

（2）按原价出售新设备一台，价值 8 万元，款已存入银行。

（3）接受另一企业以价值 10 万元的设备和价值 5 万元的原材料进行的投资。

要求：

（1）计算 A 公司开业时的资产数、负债数和所有者权益数各为多少。

（2）计算三笔经济业务发生以后的“实收资本”、“固定资产”、“原材料”、“银行存款”账户的余额各为多少。

3. 根据下述经济业务采用借贷记账法登记相关账户，期末进行发生额试算平衡：

（1）向银行申请三个月临时借款 200 000 元，借款已划入企业银行存款账户。

（2）出纳到银行取现金 2 000 元。

（3）购入材料一批，金额 5 000 元，材料已验收入库，货款尚未支付（不考虑增值税）。

（4）职工张明报销差旅费 940 元，现金支付。

（5）购买设备一台，买价 80 000 元，款项已通过银行存款支付。

（6）收到某公司的投资款 300 000 元，存入银行。

（7）以银行存款发放本月工资 30 000 元。

（8）购买汽车一辆，买价 60 000 元，款项已通过银行存款支付。

（9）向大兴工厂购进 A 材料一批，货款 30 000 元，已由银行存款支付，材料已验收入库。

（10）通过银行向华星公司预付材料货款 50 000 元。

4. 江城股份有限公司于 2019 年 5 月 1 日有关账户余额如表 3-5 所示：

表 3-5　江城股份有限公司账户发生额表　　单位：元

资产		权益	
账户名称	金额	账户名称	金额
库存现金	1 000	短期借款	20 000
银行存款	20 000	应付账款	6 000
应收账款	5 000	其他应付款	4 000
其他应收款	2 000	应交税金	2 000
原材料	30 000	实收资本	80 000
生产成本	2 000	资本公积	5 000
产成品	10 000	盈余公积	3 000
固定资产	50 000		
资产合计	120 000	权益合计	120 000

2019 年 5 月发生如下经济业务：

(1) 从银行提取现金 2 000 元，以备零用。

(2) 收到投资人投入的资金 50 000 元，存入银行。

(3) 以银行存款 2 000 元缴纳应交税金。

(4) 购买材料一批，价款 5 000 元，材料已经入库，货款未付。

(5) 以银行存款偿还前欠材料款 6 000 元。

(6) 收到购货单位偿付的前欠货款 5 000 元，存入银行。

(7) 从银行取得借款 20 000 元存入银行。

(8) 以银行存款 10 000 元购买设备一台。

(9) 将资本公积 4 000 元转增资本。

(10) 采购员预借差旅费 1 000 元以现金支付。

(11) 销售产品一批，价款 6 000 元，收到款项存入银行。同时发给对方产成品，成本 4 000 元

(12) 将多余现金 1 000 元存入银行。

要求：

(1) 根据 5 月 1 日账户余额开设账户，并登记期初余额。

(2) 根据发生的业务登记相关账户。

(3) 计算每个账户的本期发生额和期末余额。

(4) 根据全部账户的期初余额、本期发生额和期末余额编制试算平衡表，进行试算平衡。

第四章 筹资活动的会计处理

学习目的

通过本章的学习，要求了解企业在生产经营中主要发生的经济业务及类型，掌握在筹资过程中涉及的主要账户以及各账户的性质，掌握所有者权益筹资过程一般业务的会计处理，掌握负债筹资过程一般业务的会计处理。

导入案例

创业从筹资开始——老文办加工厂

已经进入中年的老文以前一直从事五金的批发兼零售业务。从初中毕业后，老文就在自家开的一个小五金店干活，一直与钳子、扳手、螺丝等金属物件打交道。凭着自己的辛苦与灵活，到如今家里原来的小店已经发展成为当地颇具规模的五金批发公司，并有一家自己的五金超市。但最近老文有点头痛，因为他发现竞争对手越来越多了，再加上网络直销的冲击，五金销售的利润越来越低，必须想办法改变。

老文在做生意的时候，发现当前房地产特别火，带动房屋装修用的工具卖的非常好。由于做五金的生意时间比较长，老文对一些五金配件的成本是比较清楚的，有空的时候也研究了那些装修用的工具，估算了生产成本，感觉利润特别高，于是老文想开一家工厂，生产切管机和焊机。

开厂需要很多钱，虽然老文自己这些年也积累了一些资金，但要办厂，还远远不够。于是老文找到了和自己一起做了多年生意的两个铁哥们，把自己的想法说了出来。没想到这两哥们早有这个想法，于是一拍即合，每家出资 150 万，工厂的名字也很快想好了，一个非常响亮的名字——强力机械厂！

老文琢磨着启动的资金有了，如果凭着这些启动资金的底子再向银行借些钱，那厂子就可以开起来了！

为了使初学者掌握主要会计科目及账户的运用，从本章开始，将以生产型企业的经济活动为基础，对相关的会计处理作详细的说明。

第一节　企业主要经济活动

企业的主要经济活动大体可分为三类:筹资活动、投资活动和经营活动。

1. 筹资活动

筹资活动是企业为达到生产经营的目的而进行的筹集资金的活动。企业从事生产经营活动的基本条件是拥有一定数量的资金,通过资金的运用,如买进原材料和机器设备、雇用职工等进行产品生产与销售,达到盈利的目的。因此,筹集资金是企业进行经营活动的首要环节。企业的资金来源主要有两条渠道,一是企业投资者的投入,包括直接的投入和历年利润的留存;二是企业从外部获得的借款。

企业投资者的投入,主要以货币方式投入,也可以非货币方式,如以存货或机器设备等折算为股本,进行权益性投资。企业的借款,按偿还的期限分为短期借款和长期借款。借款的对象一般是金融机构,如银行、保险公司等,其他企业与个人也可作为借款人。此外,企业还可以在公开市场上发行债券来取得长期资金,债券的偿还期限一般较长。无论是投资者的投入还是借款,都是要有回报的,也就是资金使用的成本。借款的成本,就是定期要支付的利息,利息可以作为费用在利润中抵扣。投资者的回报是股利,股利的支付只能在支付所得税之后分派。

2. 投资活动

投资活动是指企业长期资产的购建和不包括在现金等价物范围的投资及其处置活动。企业筹资一定的资金后,就要开始进行投资以取得利润。投资活动按对象可分为对内投资和对外投资两类。对内投资主要包括长期资产的投资,如土地、房屋、设备等基本生产条件的取得、产品的研究与开发投资等。对外的投资分为短期与长期的投资:短期的投资,在会计上称为交易性金融资产;长期的投资有持有至到期的投资、可供出售的金融资产和长期股权投资。投资的对象主要是各种长、短期的债券,以及股票和基金等。对内投资的资产的处理,对外投资的成本与利息或股利的收取,也是投资活动的内容。

3. 经营活动

经营活动是指企业投资活动和筹资活动以外的所有交易和事项。经营活动是企业的基本经济活动,相对于筹资活动与投资活动,它构成企业经济活动的主要内容。制造业的经营活动,主要包括原料的采购、产品的生产、产成品入库、产品销售、收回销售款,即完成了采购、生产和销售三个过程。另外,在采购、生产和销售的过程中,还涉及税收的计算与交纳,此部分的内容将在第六章仔细介绍。

第二节　筹资活动的会计处理

一、投资者投入资本的会计处理

投资者对企业进行投资,形成企业的初始资本。投资者可以货币资金、存货、设备等方式进行投资,企业在确认所获资产的同时,也要确认投资者的权益。筹资活动涉及的主要账户有银行存款、实收资本、资本公积。

(一)投入资本业务涉及的主要账户

1.“库存现金”账户

“库存现金”账户是资产类账户,用来核算企业资产中流动性最强的库存现金的收、付、结存情况。“库存现金”账户的借方登记企业库存现金的增加,贷方登记库存现金的减少,期末余额一般都在借方,反映企业期末实际持有的库存现金数额。在账户设置上,要有“库存现金”总分类账户,也要设置现金日记账。现金日记账要求逐笔填列现金业务,日结日清。期末时,要将现金日记账余额与总分类账户余额相核对,做到账账相符;同时,盘查现金实物,做到账实相符。

企业在经济活动中,要保证有足够的现金以支付日常的支出。同时,库存现金的金额也不能太大,一方面有被盗的风险,另一方面不能产生收益。因此,企业收到的现金较多时,除保证3～5天日常支出所需现金外,其余要及时存入银行。

“库存现金”账户的结构如图4-1所示。

库存现金

借方	贷方
期初余额:反映企业期初实际持有的库存现金。 本期借方发生额:反映本期库存现金的增加额。	本期贷方发生额:反映本期库存现金的减少额。
期末余额:反映企业期末实际持有的库存现金。	

图4-1 库存现金账户结构图

2.“银行存款”账户

“银行存款”账户是资产类账户,用来核算企业存放在各开户银行的存款增减变动情况。该账户的借方登记企业存入银行的款项,贷方登记企业从银行提取或支付的款项,期末余额在借方,反映企业期末实际存在银行的款项。按国家有关规定,企业的款项收付,除属于现金允许的收支范围,都应该通过银行办理转账结算。结算方式有现金支票、转账支票、银行本票、银行汇票等。

在账户的设置上,要有“银行存款”总分类账户和银行存款日记账,期末时,企业要将“银行存款”的总分类账与日记账核对。每月末要与开户银行的对账单核对。总分类账户可以根据“银行存款”汇总数填列,也可逐笔记录。日记账要求按开户银行,逐笔填列。“银行存款”账户的结构如图4-2所示。

银行存款

借方	贷方
期初余额:反映企业期初存放于银行的款项。 本期借方发生额:反映本期银行存款的增加额。	本期贷方发生额:反映本期银行存款的减少额。
期末余额:反映企业期末实际存在银行的款项。	

图4-2 银行存款账户结构图

3.“实收资本”账户

“实收资本”账户是所有者权益账户，用来核算企业投资者投入的注册资本。股份有限公司将此账户称为“股本”，核算企业接受股东投入的股本。“实收资本”贷方反映企业实际收到的资本金，及由资本公积和留存收益等转增的资本金，账户的借方反映投资者提取的本金。期末余额在贷方，反映期末企业实有的资本金数额。

该账户要设“实收资本”总分类账户，同时按各投资者开设明细账。“实收资本”账户的结构如图 4-3 所示。

实收资本（或股本）

借方	贷方
本期借方发生额：反映本期注销的注册资本或股本。	期初余额：反映企业期初实有的资本金额。 本期贷方发生额：反映本期投资者投入的注册资本或股本。
	期末余额：反映企业期末实有的注册资本或股本总额。

图 4-3　实收资本（或股本）账户结构图

4.“资本公积”账户

“资本公积”账户是所有者权益类账户，用来核算企业收到的投资者出资额超出其在注册资本或股本中所占份额的部分，以及直接计入所有者权益的利得和损失。“资本公积”账户的贷方反映企业实际收到的投入资本超过其注册资本或股本所占的份额的差额，借方反映资本公积转增资本的金额，期末余额在贷方，反映企业期末实有的资本公积数额。资本公积主要反映的是股份的溢价，是不同时间股票的价值变动的反映。

该账户设“资本公积”总分类账户，并按照资本溢价或股本溢价、其他资本公积设置明细账，进行明细分类核算。具体结构见图 4-4。

资本公积

借方	贷方
本期借方发生额：登记资本公积转为实收资本的金额。	期初余额：反映企业期初资本公积金额。 本期贷方发生额：反映本期投入资本超过其在注册资本中所占份额的差额。
	期末余额：反映企业期末资本公积总额。

图 4-4　资本公积账户结构图

（二）投入资本的会计处理

例 4-1　2018 年 1 月 1 日，恒兴公司与另外两家公司——明达公司和昌盛公司，各投资 150 万元，组建强力机械厂，注册资本 450 万元，对应 450 万股权。公司生产切管机和焊机。明达公司和昌盛公司以现金出资；恒兴公司以其拥有的一块土地使用权出资，土地使用权经评估，作价 150 万元，使用期 20 年。1 月 2 日，强力机械厂收到明达公司和昌盛公司的投资款，计 300 万元，通过中国银行收讫。

业务分析：该项业务发生，使强力机械厂的银行存款增加 300 万元，同时实收资本增加 300 万元。编制会计分录如下：

借:银行存款——中国银行　　3 000 000
　贷:实收资本——明达公司　　1 500 000
　　实收资本——昌盛公司　　1 500 000

例 4-2　2018 年 1 月 3 日,强力机械厂与恒兴公司办理好土地使用权的移交手续。

业务分析:土地使用权属于无形资产,能为企业带来经济利润的流入。该项业务发生,使强力机械厂的无形资产增加 150 万元,同时实收资本增加 150 万元。编制会计分录如下:

借:无形资产——土地使用权　　1 500 000
　贷:实收资本——恒兴公司　　1 500 000

例 4-3　2018 年 1 月 5 日,强力机械厂从中国银行账户中提取现金 5 000 元用于日常的开办费用支出。

业务分析:从银行提取现金是企业在日常经济活动中经常发生的业务,该项业务一方面使银行存款减少,另一方面增加了库存现金。会计分录如下:

借:库存现金　　5 000
　贷:银行存款——中国银行　　5 000

例 4-4　2019 年 1 月 1 日,公司欲扩大规模,吸收开元公司投资。由于公司已运营一年,市场前景良好,经协商,开元公司出资 200 万元,取得 150 万股股权。

业务分析:开元公司出资前,强力机械厂的注册资本为 450 万元,因此开元公司虽然出资 200 万元,获得的股权为 150 万元,超过注册资本之外 50 万元的部分,作为资本公积。会计分录如下:

借:银行存款　　2 000 000
　贷:实收资本——开元公司　　1 500 000
　　资产公积——资本溢价　　500 000

例 4-5　华泰公司为股份有限公司,经批准,向社会公众发行普通股 2 000 万股,每股面值 1 元,每股发行价格为 3 元,发行费用占发行总额的 2%,发行费用从股本发行溢价中扣除,款项通过银行收讫。

业务分析:股票发行总额为 6 000 万元(即 2 000 万股×3 元/股),发行费用为 120 万元(即 6 000 万元×2%),华泰公司实际收到的股票发行款为 5 880 万元。发行股本为 2 000 万元,因此产生股本溢价 3 880 万元。该业务使华泰的银行存款增加 5 880 万元,股本增加 2 000 万元,资本公积增加 3 880 万元。

借:银行存款　　58 800 000
　贷:股本——普通股　　20 000 000
　　资本公积——股本溢价　　38 800 000

二、向债权人筹集资金的会计处理

企业可根据需要向银行或非银行的金融机构、其他企业或个人借入各项款项,也可向公开市场发行债券,以筹集资金。按借款的偿还期的长短,借款可分为短期借款、长期借款。短期借款一般指企业借入的期限在 1 年以下(含 1 年)的各种借款。长期借款是指企业借入的期限在 1 年以上的各种借款。短期借款主要是满足企业临时性资金的需要，如材料的采购、费用的支付等；长期借款主要是用于企业长期资产的投资，如固定资产购建、改建和扩建等。

（一）借款业务涉及的主要账户

除了筹资业务涉及的“库存现金”、“银行存款”等资产类账户外，还涉及“短期借款”、“长期借款”、“应付债券”、“应付利息”、“财务费用”等。

1.“短期借款”账户

“短期借款”是负债类账户，记录企业向银行或其他金融机构等借入的期限在1年内（含1年）的各种借款。该账户的贷方登记本期借入的短期借款，借方登记归还的借款，期末余额在贷方，反映企业尚未偿还的短期借款的本金。借款发生的利息，借记“财务费用”账户，贷记“应付利息”账户。归还短期借款时，借记“短期借款”账户，贷记“银行存款”账户。

在账户设置上，“短期借款”账户应设总分类账户，同时按债权人、币种设置明细账。账户的具体结构见图4-5。

短期借款

借方	贷方
	期初余额：反映企业尚未偿还的各种短期借款本金。
本期借方发生额：反映本期归还的各种短期借款。	本期贷方发生额：反映本期借入的各种短期借款。
	期末余额：反映企业期末尚未偿还的各种短期借款本金。

图4-5　短期借款账户结构图

2.“长期借款”账户

“长期借款”账户是负债类账户，记录企业向银行或其他金融机构等借入的期限在1年以上的各种借款。该账户的贷方登记本期借入的长期借款，借方登记归还的长期借款，期末余额在贷方，反映企业尚未偿还的长期借款。长期借款按实际利率计算所发生的利息，借记“财务费用”或“在建工程”（如果借款用于在建工程）账户，贷记“应付利息”账户。

在账户设置上，设“长期借款”账户总分类账户，同时按贷款人各贷款本金、利息调整设置明细账。账户的具体结构见图4-6。

长期借款

借方	贷方
	期初余额：反映企业应偿还的长期借款本金及利息调整额。
本期借方发生额：反映本期归还的长期借款本金及利息调整额。	本期贷方发生额：反映本期借入长期借款本金及利息调整额。
	期末余额：反映企业期末尚未偿还的长期借款摊余成本。

图4-6　长期借款账户结构图

3. “应付债券”账户

“应付债券”账户是负债类账户，核算企业为筹集长期资金而发行的债券的本金及利息。该账户按面值、利息调整、应计利息设置明细账户。发行债券时，按实际收到的款项借记“银行存款”账户，贷记“应付债券——面值”，实际收到的款项与债券面值之间的差额，借记或贷记“应付债券——利息调整”。应付债券的利息按实际利率法计算，相关内容将在后续课程学习。

4. “应付利息”账户

“应付利息”账户是负债类账户，核算企业按照合同约定应支付的利息，包括短期借款、长期借款、应付债券等应支付的利息。到期一次还本付息的债券利息不在此账户发映。在期末，不论是否支付利息，企业都应按权责发生制的原则，计算当期应付的利息，借记“财务费用”或“在建工程”，贷记应付利息。

账户设置上，设“应付利息”总分类账户，核算企业应付未付的利息。账户的结构见图 4-7。

应付利息

借方	贷方
本期借方发生额：反映本期支付的应付的利息。	期初余额：反映企业应付而未付的利息费用。 本期贷方发生额：反映本期增加的应付的利息。
	期末余额：反映企业期末应付而未付的利息。

图 4-7　应付利息账户结构图

5. “财务费用”账户

“财务费用”账户是费用类账户，核算企业为筹集生产经营所需资金等而发生的费用，包括利息支出(减利息收入)、汇兑损失(减汇兑收益)以及相关的手续费，但不包括为购建固定资产而发生的可资本化的利息支出。该账户借方登记企业为筹集资金而发生的利息支出、汇兑损失和手续费等；贷方登记发生的利息收入、汇总收益及期末结转到“本年利润”账户的财务费用净额；期末结转后该账户无余额。

该账户应设置“财务费用”总账户科目，并按费用项目设明细账，进行明细分类核算。“财务费用”账户结构如图 4-8 所示。

财务费用

借方	贷方
本期借方发生额：反映本期发生的利息支出、汇兑损失及相关手续费。	本期贷方发生额：反映本期发生的利息收入、汇总收益。 期末结转到“本年利润”账户借方的数额。

图 4-8　财务费用账户结构图

（二）借款业务会计处理

例 4-6　2018 年 7 月 1 日，强力机械厂因流动资金紧张，向中国银行借款 20 万元，利息为 6%，期限为 6 个月，每个季度末支付利息。款项当天已通过中国银行账户收讫。

业务分析：该项业务的发生，一方面使银行存款增加 20 万元，另一方面流动负债"短期借款"增加 20 万元。会计分录如下：

借：银行存款——中行账户　　200 000
　　贷：短期借款——中国银行　　200 000

例 4-7　2018 年 7 月 31 日，计提当月中国银行的短期借款利息。

业务分析：虽然期末不用支付利息给中国银行，但根据权责发生制原则，强力机械厂要计提当月应承担的短期借款利息 1 000 元(即 20 万×6%÷12)。该业务的发生使"财务费用"增加，"应付利息"也增加。会计分录为

借：财务费用——利息支出　　1 000
　　贷：应付利息——中行贷款　　1 000

例 4-8　2018 年 8 月 1 日，强力机械厂因扩展产能的需要，向工商银行贷款 50 万元，购买机器设备。贷款期限为 3 年，贷款利息为 7.8%，每年 2 月 1 日支付年贷款利息。款项已于当日通过工商银行户头收讫。

业务分析：期限为 3 年的借款为长期借款。该业务使银行存款增加 50 万元，同时增加长期负债。会计分录为

借：银行存款——工商银行　　500 000
　　贷：长期借款——工商银行　　500 000

例 4-9　2018 年 8 月 31 日，计提当月应承担的利息费用。

业务分析：强力机械厂目前有短期借款 20 万元，每月应承担利息 1 000 元；长期借款 50 万元，每月应承担利息 3 250 元(即 50 万×7.8%÷12)，因此当月应确认的财务费用为 4 250 元，借记"财务费用"4 250 元，贷记"应付利息"4 250 元。会计分录为

借：财务费用——利息支出　　4 250
　　贷：应付利息——中行贷款　　1 000
　　　　应付利息——工行贷款　　3 250

例 4-10　2018 年 9 月 30 日，支付短期贷款利息，并计提长期借款利息。

业务分析：中行短期借款利息要支付一个季度，即三个月 3 000 元，而通过 7、8 月份计提了当月的利息费用，"应付利息——中行贷款"账户现在有 2 000 元的贷方余额。因此，在本月只需要再确认一个月的利息费用即可，在支付总计3 000 元的利息费用时，冲销"应付利息——中行贷款"2 000 元。会计分录如下：

借：财务费用　　1 000
　　应付利息——中行贷款　　2 000
　　贷：银行存款　　3 000

长期借款的利息计提，如上月末：

借：财务费用——利息支出　　3 250

贷:应付利息——工行贷款　　　　　　　　　　3 250

"应付利息"总分类账户如图 4-9 所示,应付利息明细账"应付利息——中行贷款"和"应付利息——工行贷款"的明细账户如图 4-10 所示。

应付利息

借方			贷方
		2018-7-31	1 000
		2018-8-31	4 250
2018-9-30	2 000	2018-9-30	3 250
		期末余额	6 500

图 4-9　应付利息总分类账户

应付利息——中行贷款

借方			贷方
		2018-7-31	1 000
2018-9-30	2 000	2018-8-31	1 000
		期末余额	0

应付利息——工行贷款

借方			贷方
		2018-8-31	3 250
		2018-9-30	3 250
		期末余额	6 500

图 4-10　应付利息明细分类账户

本章小结

企业的主要经济活动大体可分为三类:筹资活动、投资活动和经营活动。筹资活动是企业为达到生产经营的目的而进行的筹集资金的活动。投资活动是指企业长期资产的购建和不包括在现金等价物范围的投资及其处置活动。经营活动是指企业投资活动和筹资活动以外的所有交易和事项。

筹集资金是企业进行经营活动的首要环节。企业的资金来源主要有两条渠道:一是企业投资者的投入,包括直接的投入和历年利润的留存;二是企业从外部获得的借款。

投资者对企业进行投资,形成企业的初始资本。所筹资金的形式包括货币资金、存货、固定资产、无形资产等。"库存现金"账户是资产类账户,用来核算企业资产中流动性最强的库存现金的收、付、结存情况。"银行存款"账户是资产类账户,用来核算企业存放在各开户银行的存款增减变动情况。"实收资本"账户是所有者权益账户,用来核算企业投资者投入的注册资本。股份有限公司将此账户称为"股本",核算企业接受股东投入的股本。"资本公积"账户是所有者权益类账户,用来核算企业收到的投资者出资额超出其在注册资本或股本中所占份额的部分,以及直接计入所有者权益的利得和损失。

对外借款是企业在经营过程中解决资金短缺问题的另一种方式。根据所借款项的时间长短，借款分为短期借款和长期借款两类。短期借款是指企业借入的期限在1年以下(含1年)的各种借款。长期借款是指企业借入的期限在1年以上的各种借款。短期借款主要满足企业临时性资金的需要，如材料的采购、费用的支付等；长期借款主要用于企业长期资产的投资，如固定资产购建、改建和扩建等。

思考与练习题

【思考题】

1. 企业在生产经营过程中有哪几种主要的活动？
2. 企业筹集资金的方式有哪几种？
3. 投资者在投入资金时，要涉及哪些账户？
4. 实收资本与资本公积账户各自核算的内容是什么？
5. 企业在进行债务性筹资时，会涉及哪些账户？

【练习题】

一、单项选择题

1. 企业实际收到投资者投入的资金属于企业所有者权益中的(　　)。

A. 固定资产　B. 银行存款　C. 实收资本　D. 资本公积

2. 企业为筹集生产经营所需资金而发生的费用属于(　　)。

A. 财务费用　B. 管理费用　C. 营业费用　D. 制造费用

3. 属于企业所有者权益的账户有(　　)。

A. 库存现金　B. 银行存款　C. 固定资产　D. 资本公积

4. 属于企业资产的账户有(　　)。

A. 实收资本　B. 财务费用　C. 银行存款　D. 资本公积

5. 在增资扩股时，如有新加入的投资者，其缴纳的出资额大于按约定比例计算的其在注册资本中所占份额部分，应记入贷方的账户是(　　)。

A. 实收资本　B. 财务费用　C. 银行存款　D. 资本公积

6. 企业为维持正常的生产经营所需资金而向银行等金融机构临时借入的款项称为(　　)。

A. 长期借款　B. 短期借款　C. 应付账款　D. 应付利息

7. 企业计提短期借款的利息支出时应借记的账户是(　　)。

A. 预提费用　B. 短期借款　C. 财务费用　D. 应付利息

8. 企业因购建长期资产而借入的3年期的借款称为(　　)。

A. 应付账款　B. 短期借款　C. 长期借款　D. 应付债券

9. 某企业向银行借款20万元，期限4年，年利率10%，按复利计算的到期本利和是(　　)元。

A. 282 920　B. 290 820　C. 292 280　D. 292 820

10. 按照我国《企业会计准则——现金流量表》中对现金流量分类和项目归属的规定,“分配股利或利润所支付的现金”项目所属的类别是(　　)。

A. 经营活动　B. 投资活动　C. 筹资活动　D. 销售活动

二、多项选择题

1. 企业筹集资金的渠道主要有(　　)。

A. 扣留职工的工资　B. 向债权人借入资金

C. 接受投资者投资　D. 每年的利润留成

2. 企业的资本金按照投资主体的不同可分为(　　)。

A. 国家投入资本　B. 法人投入资本

C. 个人投入资本　D. 外商投入资本

3. 接受投资者投资会引起(　　)。

A. 负债的增加　B. 收入的增加

C. 资产的增加　D. 所有者权益的增加

4. “实收资本”账户核算内容中不包括(　　)。

A. 经营收入　B. 经营费用

C. 资产盘盈　D. 投资者投入资本

5. “短期借款”账户的结构是(　　)。

A. 借方登记借款的增加数　B. 期末余额在贷方

C. 贷方登记借款的增加数　D. 借方登记借款的归还数

6. 下列属于资本公积的内容是(　　)。

A. 企业销售产品取得的收入　B. 股本溢价

C. 投资收益　D. 资本溢价

7. 接受投资入股时,可能借记(　　)账户。

A. 现金或银行存款　B. 固定资产

C. 无形资产　D. 生产成本

8. 企业生产经营活动主要包括(　　)。

A. 筹资活动　B. 投资活动　C. 经营活动　D. 集体活动

9. 下列能引起资产和所有者权益同时增加的业务有(　　)。

A. 收到投资者的投资款　B. 对外增发股票

C. 将资本公积转赠资本　D. 收到向银行借入的贷款

10. 在会计上,一般将债权人的要求权和投资人的要求权统称为权益,但这两种权益又存在着一定的区别:(　　)。

A. 二者的性质不同　B. 二者的要求权不同

C. 二者的金额不同　D. 二者享有的权利不同

三、判断题

1. 企业向银行或其他金融机构借入的各种款项所发生的利息均应计入财务费用,包括长期工程项目的借款利息。(　　)

2. 企业在日常活动中形成的利润会增加所有者权益。(　　)

3. 在按面值发行股票的情况下,公司发行股票支付的手续费、佣金等发行费用,直接计入当期财务费用。(　　)

4. 以研发为主的公司在筹资时，考虑研发投资回收期长，所以采用长期负债的筹资方式。 （ ）

5. 接受投资的企业与投资的企业是债权和债务的关系。 （ ）

6. 短期借款的利息不可以预提，应在实际支付时直接计入当期损益。 （ ）

7. 相对发行债券，企业从银行借款的最大优势在于时间短，容易取得。 （ ）

8. 由于银行利息是固定的，所以相对而言这一筹资方式弹性比较小。 （ ）

9. 通过发行股票筹资，可以不计利息，因此其筹资成本比借款的成本低。 （ ）

10. 企业采用借款资金方式筹资比采用自用资金方式筹资付出的资金成本低，但是承担的风险大。 （ ）

四、实务题

1. 江城永利公司2018年7月发生如下各项经济业务：

（1）收到国家投入资金400 000元，存入银行。

（2）收到某单位投资的机器设备一台，原价6 000元，评估确认价4 000元。

（3）收到外商投资材料一批，价值100 000元。

（4）向银行借入临时借款50 000元存入银行，借款期为3个月。

（5）计提本月应负担的借款利息3 500元。

（6）以银行存款归还到期的临时借款50 000元，并支付借款利息5 000元。其中，借款利息已预提3 500元。

要求：根据上列各项经济业务编制会计分录。

2. 江城永利公司2018年10月发生如下经济业务：

（1）收到大力公司投资60 000元存入银行。

（2）收到强生公司投资。其中，设备估价70 000元，交付使用；材料价值15 000元，验收入库。

（3）自银行取得期限为6个月的借款200 000元，存入银行。

（4）上述借款年利率7.2%，计算提取本月的借款利息。

（5）经有关部门批准将资本公积金30 000元转增资本。

（6）以银行存款归还到期的临时借款30 000元，并支付借款利息540元。

要求：根据上列各项经济业务编制会计分录。

第五章 投资活动的会计处理

学习目的

通过本章的学习，要求了解企业在生产经营中发生的对内投资和对外投资的主要内容，掌握固定资产和无形资产投资业务的账户处理，掌握交易性金融资产投资业务的会计处理，了解持有到期投资业务的会计处理。

导入案例

投资要谨慎

说到巨人集团，有的人可能没有听说过，但是说到“脑白金”，估计全中国没几个人不知道了，脑袋里还会出现个场景：一对老年夫妇在中央电视台最贵的黄金时段——天气预报之前，边唱边跳——今年过节不收礼，收礼只收脑白金呐。“脑白金”就是巨人集团旗下的一款产品。此外“黄金酒”、“征途”也是。这个成功的公司的创始人就是史玉柱——一个顽强的、充满传奇色彩的安徽人。

1989 年，史玉柱第一笔投资就是将自己东拼西凑的仅有的 4 000 元资金赌博式地全部投入到广告中，以推销自己研发的桌面排版印刷系统软件。2 个月后，他赚进了 10 万元，他把这笔钱又一股脑全部投进了广告。4 个月后，他成了一个年轻的百万富翁。1991 年，巨人公司成立，同年实现利润 3 500 万元。1993 年，巨人公司仅中文手写电脑和软件的当年销售额即达到 3.6 亿元，成为位居四通之后的中国第二大民营高科技企业。

其后，由于国外电脑巨头的挤压，巨人谋求转型，开始朝着多元化方向发展。这时只有 1 亿元流动资金的史玉柱，却要建造一个总预算 12 亿元的巨人大厦，这注定是一个过热的举动，随后而来的是资金链断裂。由于巨人大厦出现投资失误，几乎是一夜间，巨人集团轰然倒塌。1997 年，史玉柱陷入人生低谷，负债 2.5 亿元成为“中国首负”。

史玉柱正是从那时开始了长达数年的隐身岁月。“最难忘的噩梦就是债主追债”，史玉柱回忆起那段岁月时这样讲。好在噩梦并不算太长，做保健品时的产品储备给史玉柱留下了最后一根救命稻草：当时脑白金已经进入报批阶段。

史玉柱依靠 50 万元的启动资金及新产品“脑白金”，在江阴开始了巨人的第二次起飞。还是依靠广告的投入，2000 年，脑白金获得全国保健品单品销售冠军，创造了年销售 10 亿元的奇迹。2001 年，史玉柱还清了 2.5 亿元债务。史玉柱并不满足于此，在 2003 年投资银行业后，2004 年，史玉柱又转战网络游戏业。2007 年 11

月 1 日，由史玉柱控股的巨人网络在美国纽交所挂牌上市。如今，巨人网络和盛大网络一起，成为中国市值最大的两大网游厂商。

在巨人的二次腾飞中，为了有效控制自己的投资欲望，史玉柱在巨人内部建立了 7 人决策委员会，通过投票的方式来决定提名的项目。曾经有手机、汽车等投资机会诱惑着史玉柱，但他都因决策委员会的反对而克制住了。

投资做生意的目的就是要赚钱，而赚钱是有风险的，这一点老文毫不怀疑。这二十多年来，周围做生意的人中有抓住市场机遇成为大款的，也有输掉全部家当成为街头流浪汉的，老文心中早有准备，巨人集团的沉浮史更是时常提醒老文投资要谨慎。

老文他们办厂的资金及场地都已经准备好了，接下来的工作就是建厂房、买设备、招员工等事情。在商场上打拼了这多年，老文深知经营的风险，特别是这前期的投资，一定要规划好。

首先就是厂房的规模。厂房做大点吧，占用的资金会很多，影响之后的生产运营。厂房做小点吧，资金压力小一点，但是会影响工厂今后的发展；如果将来产品卖得好，就要重新建厂房，这需要时间，而市场的机会稍纵即逝。

再就是设备的问题。买最好的设备、生产最新的产品吧，资金需要大，生产出来的新产品还需时间及广告投入去培养新客户；买一般的设备、生产最常用的产品，竞争必然是很激烈，利润也很低。

老文想着这些事就头疼，投资一定要慎之又慎！

企业通过投资者投入及对外借款取得一定的资金后，要将这些资金进行合理的运用，以取得相应的报酬。投资活动即指企业长期资产的购建和不包括在现金等价物范围的投资及其处置活动。

第一节　投资活动的分类

企业的投资活动可以分为对内投资和对外投资。对内的投资主要是指企业对一些长期资产的投资，如购买厂房、机器设备、专利权、专营权等。有关材料的采购、产品的生产与销售活动，属于企业经营活动的范围。对外的投资主要指企业购买股票、债券和基金。对内投资形成的资产及其处理，对外投资的成本及其处置，以及持有期间利息或股利的收取，也是企业投资活动的内容。

企业对内的投资，是企业运用筹集的资金获取厂房、设备、技术等长期资产来生产或加工产品。对内投资形成的长期资产主要分为两类。一类是具有实物形态的固定资产，如厂房、设备等生产资料。土地虽然也是具有实物形态，但在我国土地国有，企业使用的土地只具有使用权而没有所有权，因此土地的价值体现在土地的使用权、使用期限上。另一类是不具有实物形态的无形资产，如土地使用权、专利权、非专利技术、商标权、特许权等。虽然无形资产不具备实物形态，但都可以为企业带来经济利润的流入。在知识经济的环境下，企业越来越重视无形资产的价值。

对内投资形成的长期资产与原材料和库存商品不同，其价值的转移要经过较长的时间。商品通过出售可以一次性地得到价值的补偿，而长期资产需要超过一年以上的时间，如机器设备可以在其使用寿命内反复地使用，因此其价值应在其正常的使用寿命内，采用一定的方法，通过计入所生产的产品成本而逐步回收。

第二节　对内投资的会计处理

一、固定资产会计处理

固定资产是企业长期资产的重要组成部分，是指企业为生产商品、提供劳务、出租或经营管理而持有的，使用寿命超过一个会计年度的有形资产，包括建筑物、机器设备、运输工具等。固定资产是企业生产经营的基本条件，企业必须取得一定数量和规模的固定资产才能保证生产经营的正常进行。

固定资产在生产经营中反复使用，其实物形态保持不变，但其价值会随着使用时间及次数的增加而逐渐减少。因此在固定资产投入使用后，应根据其预计的使用寿命，将其全部价值在一定时期内进行分摊，即折旧。用于产品生产的固定资产，其折旧计入制造费用，然后转入产品成本，最后构成产品成本价值的一部分；用于非生产的固定资产，折旧计入当期费用。固定资产报废和提前变卖时，应将扣除累计折旧后的固定资产净值从变卖收入中扣除。变卖收入大于其净值的，形成营业外收入；变卖收入小于其净值的，形成营业外支出。

（一）固定资产业务涉及的主要账户

固定资产的取得有外购和自制两个途径。外购固定资产的成本，包括在购买过程中所发生的各项支出，如买价、相关税费，以及使固定资产达到预定可使用状态前所发生的可归属于该项资产的运输费、装卸费、安装费等必要支出。自制固定资产的成本包括材料成本、人工成本及其他相关支出。在固定资产取得的次月，要按一定的方法计提折旧。管理部门使用的固定资产，其折旧计入管理费用；生产部门使用的固定资产，其折旧计入制造费用。

1.“固定资产”账户

“固定资产”账户是资产类账户，反映和监督企业固定资产的增减变动和结存情况。企业外购不需要安装的固定资产，以及自建工程达到预定可使用状态时，计入“固定资产”账户的借方，贷方登记减少的固定资产的原始价值，期末余额在借方，反映期末结存固定资产的原始价值。

企业应设置固定资产总分类账户，同时按类别、使用部门分设固定资产明细账，并制作固定资产卡片，加强对固定资产的管理。固定资产账户结构如图5-1所示。

固定资产

借方	贷方
期初余额：反映企业期初固定资产原始价值。 本期借方发生额：反映本期增加的固定资产成本。	本期贷方发生额：反映本期减少固定资产原始价值。
期末余额：反映企业期末结存固定资产原始价值。	

图5-1　“固定资产”账户结构

2.“在建工程”账户

“在建工程”账户是资产类账户，核算企业外购需要安装的固定资产，以及企业正在建设的固定资产等发生的实际支出。该账户借方登记安装固定资产过程中发生的安装成本，以及在建固定资产项目发生的各项支出，贷方登记工程完工转入固定资产的成本，期末余额反映正在安装或正在建设的固定资产实际支出金额。

该账户可按项目设明细账，进行在建项目的明细核算。“在建工程”账户的结构如图 5-2 所示。

在建工程

借方	贷方
期初余额：反映企业期初在建工程的成本。 本期借方发生额：反映本期增加的在建工程的成本。	本期贷方发生额：反映本期完工并转入固定资产工程成本。
期末余额：反映企业在期末未完工、处于建设阶段的各项工程的成本。	

图 5-2 “在建工程”账户结构

3.“工程物资”账户

“工程物资”账户是资产类账户，是核算企业为建造各项工程而准备的物资的成本，如固定资产的基建工程、更改工程和大修理工程等。该账户借方登记企业购入的工程物资的实际成本，贷方登记领用工程物资的实际成本，期末余额在借方，反映企业为工程购入但尚未领用的工程物资的实际成本。

“工程物资”账户可按工程物资的类别设明细账，账户结构如图 5-3 所示。

工程物资

借方	贷方
期初余额：反映企业期初为工程建设购入但尚未领用的工程物资的实际成本。 本期借方发生额：反映本期购入的工程物资的成本。	本期贷方发生额：反映本期领用的工程物资的实际成本。
期末余额：反映企业在期末未领用工程物资的实际成本。	

图 5-3 “工程物资”账户结构

4.“应交税费——应交增值税”账户

“应交税费”账户是负债类账户，反映企业在生产经营过程中，按税法规定应交给国家的税费。增值税是对我国境内销售货物、进口货物，或提供加工、修理修配劳务的增值额征收的一种流转税。随着我国“营改增”税制改革，增值税的征税范围进一步扩大，增值税成为国内税收收入最大的税种。

企业作为一般纳税人，在销售商品时，除了收取所售商品的销货款，还要按销售额的 13%收取增值税的销项税额。而企业在购买材料或商品时，除了支付所购材料或商品的购货款外，还要按购买材料或商品价款的 13%支付增值税的进项税额。期末按增值税的销项税额减去进项税额的余额当期应交纳增值税。

“应交税费——应交增值税”科目下设“进项税额”、“销项税额”、“已交税金”等明细科目，对应交的增值税进行明细核算。“应交税费——应交增值税”账户结构如图 5-4 所示。

应交税费——应交增值税

借方	贷方
进项税额 已交税金	销项税额

图 5-4 “应交税费——应交增值税”账户结构

增值税的进项税额，是指企业购买原材料或商品时支付的款项而形成的增值税借项；增值税的销项税额，是指企业销售商品时收取的款项而形成的增值税贷项。应纳税额＝当期销项税额－当期进项税额。

5.“累计折旧”账户

“累计折旧”账户是一个较特殊的资产类账户，是用来反映企业固定资产累计损耗程度的账户。固定资产在使用中，不断发生有形和无形的损失，因此必须通过折旧的方式，即将固定资产的取得成本系统地分配到各个会计期间的产品成本和当期费用中，将固定资产的成本在使用期内逐渐收回。

最常用的折旧方法是平均年限法，即通过估计固定资产的使用年限，将固定资产的成本，扣除预计的净残值后，平均分摊到各年、各月。当期新增的固定资产，当月不提折旧，下月开始计提折旧。年折旧额和月折旧额的计算公式分别为

$$年折旧额=\frac{原始成本-预计净残值}{预计折旧年限}$$

$$月折旧额=\frac{年折旧额}{12}$$

“累计折旧”账户的贷方逐月登记固定资产折旧的金额，借方登记处置固定资产时应转销的已提折旧的金额。期末余额在贷方，表示现有固定资产已提取累计折旧额。通过“固定资产”的借方余额(初始成本)减去“累计折旧”账户的贷方余额，就得到固定资产的净值。

企业应设置累计折旧总分类账户，同时按各资产类别设置累计折旧明细账，计算各项资产的折旧情况。累计折旧账户结构如图 5-5 所示。

累计折旧

借方	贷方
	期初余额：反映企业期初固定资产累计折旧金额。
本期借方发生额：反映本期处理固定资产的累计折旧转销金额。	本期贷方发生额：反映本期计提的固定资产的折旧额。
	期末余额：反映企业期末固定资产累计折旧金额。

图 5-5 “累计折旧”账户结构

（二）固定资产业务会计处理

例 5-1　强力机械厂于 2018 年 2 月 5 日，购买了不需要安装的设备一台，发票价格为 10 万元，另外还有增值税进项税额 1.3 万元，款项通过工商银行支付。设备购回后，投入使用，用于生产焊接机。

业务分析：该项业务，使企业的固定资产增加 10 万元，增加增值税进项税额 1.3 万元，同时银行存款减少 11.3 万元。会计分录为

借：固定资产——设备　　100 000
　应交税费——应交增值税（进项税额）　　13 000
　贷：银行存款——工行　　113 000

例 5-2　强力机械厂于 5 月 5 日购入一台需要安装的设备，设备价格 29 万元，增值税进项税额 3.77 万元，发生运输与装卸费计 3 000 元，保险费 1 000 元。安装过程中支付材料、机器费等各项费用 6 000 元，10 日安装完成并投入使用。以上款项均通过强力机械厂的工商银行户头支付。

业务分析：购入需要安装的设备，应首先计入“在建工程”账户。设备的买价及运输、保险等与购建设备有关的支出，也计入“在建工程”。安装过程中发生的安装费用，按发生的金额记入“在建工程”账户。待安装完工后，将“在建工程”所归集的各项支出，转入“固定资产”账户。

5 月 5 日购入设备时，会计分录为

借：在建工程——设备　　294 000
　应交税费——应交增值税（进项税额）　　37 700
　贷：银行存款——工商银行　　331 700

安装过程发生的支出，会计分录为

借：在建工程——设备　　6 000
　贷：银行存款——工商银行　　6 000

安装完工后，转入固定资产的会计分录为

借：固定资产——设备　　300 000
　贷：在建工程——设备　　300 000

“在建工程”、“固定资产”账户的记录如图 5-6 所示。

在建工程（借方）	在建工程（贷方）	固定资产（借方）	固定资产（贷方）
5 月 5 日　294 000	5 月 10 日安装完工转出	在建工程完工转入	
安装中　6 000	300 000	300 000	

图 5-6　“在建工程”与“固定资产”账户记录

例 5-3　2018 年 6 月 1 日，强力机械厂为扩大生产，计划自建厂房一幢，购买各项物资计 20 万元，同时支付增值税进项税额 2.6 万元，款项通过工商银行支付。

分析：企业用于建设不动产的各项物资用于自建工程，与一般的存货购入一样，在购买过程中支付的增值税进项税额，单独列示并抵扣。该项业务购入时借记“工

程物资"20 万元、进项税 2.6 万元，贷记"银行存款"22.6 万元。会计分录为

借：工程物资　　　　　　　　　　　200 000
　　应交税费——应交增值税（进项税额）　　26 000
　　贷：银行存款——工行存款　　　　　　　226 000

例 5-4　2018 年 6 月，共领用工程物资 10 万元，用于厂房的购建。此外，工程应承担参与建设的厂内职工的工资 3 000 元。

分析：当项目开始后，领用的物资和职工的工资，都构成该项工程的成本。该项业务使"在建工程"增加 10.3 万元，"工程物资"减少 10 万元，应付职工薪酬增加 3 千元。会计分录为

借：在建工程——厂房　　　　　　　103 000
　　贷：工程物资　　　　　　　　　　　100 000
　　　　应付职工薪酬　　　　　　　　　　3 000

例 5-5　2018 年 8 月末，强力机械厂共有固定资产 300 万元，已提折旧 70 万元。本月经计算，应计提固定资产的折旧共计 2 万元，其中管理部门的固定资产折旧 6 000元，生产部门的固定资产折旧 1.4 万元。

业务分析：管理部门的固定资产耗费，应计入"管理费用"；生产部门固定资产的耗费，应计入"制造费用"。计提固定资产折旧对"固定资产"账户的原值没有影响，仅增加固定资产的"累计折旧"账户贷方金额。固定资产的净值等于固定资产原值减去累计折旧，因此计提折旧后，会使固定资产的净值下降，从而体现了固定资产的损耗。

该项业务应借记"管理费用"6 000 元，"制造费用"1.4 万元，贷记"累计折旧"2 万元，会计分录为

借：管理费用　　　　　　　　6 000
　　制造费用　　　　　　　　14 000
　　贷：累计折旧　　　　　　　　20 000

固定资产及累计折旧账户的记录如图 5-7 所示。

固定资产	
期初余额：3 000 000	
期末余额：3 000 000	

累计折旧	
	期初余额：700 000
	本月计提：20 000
	期末余额：720 000

图 5-7　"固定资产"与"累计折旧"账户记录

二、无形资产会计处理

无形资产是另外一项重要的长期资产，是企业拥有或控制的没有实物形态的可辨认非货币性资产，主要包括专利权、非专利技术、商标权、著作权、土地使用权和特许权等。

无形资产的取得与固定资产类似，主要通过两个途径：一是外购；二是企业自己研发。外购的无形资产，其买价、相关费用（如律师费、注册费等）和税金等支出，计

入无形资产的成本，相关税费不包括增值税。而自身研发的无形资产，要区分两个阶段：研究阶段与开发阶段。处于研究阶段的无形资产支出，如研发人工的工资、材料费用等直接计入当期费用；处于开发阶段，即企业研发人员在研究过程中取得了突破性进展，所发生的各项支出形成无形资产的成本。

无形资产在投入使用后，要根据其使用寿命，将其全部价值在一定时间内进行分摊。用于产品生产的无形资产，其摊销额计入制造费用，其余的无形资产的摊销额计入管理费用等。无形资产从可供使用当月开始摊销。

（一）无形资产业务涉及的主要账户

1.“无形资产”账户

“无形资产”账户是资产类账户，反映和监督企业无形资产的实际成本和增减变动。借方登记外购无形资产的成本，包括买价、相关税费以及直接归属于使该项资产达到预定用途前所发生的其他支出，如律师费、法律登记费、无形资产评估费用等，以及企业自行研发的无形资产在开发阶段的各项支出，如材料、人工费用等。

企业可按“无形资产”的类别设明细账进行核算，账户的结构如图 5-8 所示。

无形资产

借方	贷方
期初余额：反映企业期初无形资产原始价值。 本期借方发生额：反映本期增加的无形资产成本。	本期贷方发生额：反映本期减少无形资产原始价值。
期末余额：反映企业期末无形资产原始价值。	

图 5-8 “无形资产”账户

2.“累计摊销”账户

无形资产在使用当月，就应进行摊销，摊销额计入“累计摊销”账户。无形资产的摊销应当采用直线法，即根据无形资产的法定年限（如专利权的保护年限）、合同年限（如特许经营权的许可经营年限）和预计使用年限，分期进行摊销。摊销费大多计入当期管理费用，如特许权的摊销，直接用于产品生产的，则计入制造费用，最终形成产品成本的一部分。

土地使用权是一项较特殊的无形资产，当其用于自行开发建造厂房等地上建筑物时，其账面价值不与地上建筑物合并计算成本，而仍然作为无形资产进行核算。外购的土地及建筑物所支付的价款应当在土地使用权及建筑物之间分配，难以分配的，应全部记入固定资产。

“累计摊销”账户与“累计折旧”账户类似，贷方登记无形资产逐月摊销的金额，借方登记处置无形资产时应转销的已摊销的金额。期末余额在贷方，表示现有无形资产已累计摊销额。通过“无形资产”的借方余额（初始成本）减去“累计摊销”账户的贷方余额，就得到无形资产的净值。该账户的结构如图 5-9 所示。

累计摊销

借方	贷方
本期借方发生额：反映本期处理无形资产的累计摊销转销金额。	期初余额：反映企业期初无形资产累计摊销金额。 本期贷方发生额：反映本期计提的无形资产的摊销额。
	期末余额：反映企业期末无形资产累计摊销金额。

图 5-9 “累计摊销”账户

（二）无形资产业务会计处理

例 5-6 强力机械厂于 2018 年 9 月，购入一项专营权，期限为 5 年，支付价款 10 万元，增值税 6 000 元，另外支付各项手续费用 2 000 元。款项通过中国银行支付。

业务分析：企业外购的专营权，增加了“无形资产”，同时“银行存款”减少，是资产内的一增一减。无形资产的成本包括买价和相关税费，该项专利的成本为 10.2 万元。

购买时的会计分录为

借：无形资产——专营权 102 000

  应交税费——应交增值税（进项税额） 6 000

  贷：银行存款——中国银行 108 000

当月购买的无形资产，当月进行摊销，月摊销额为 1 700 元（即 102 000÷5÷12）。当月摊销的会计分录为

借：管理费用 1 700

  贷：累计摊销——专营权 1 700

例 5-7 强力机械厂一直致力于环保焊接机的研究，于 2018 年 5 月完成研究阶段，进入开发阶段，到 9 月底向有关部门申请专利获批，有效保护期 10 年，预计产品有较好的市场前景。在开发阶段中，发生以下支出：材料 11.7 万元、职工工资 3.1 万元，其他支出 2 万元，通过中国银行支付。

业务分析：当企业自行研发的无形资产进入开发阶段时，相关的支出不再计入当期费用，而计入无形资产的成本。发生各项支出时，借记“无形资产”，贷记“原材料”、“应付职工薪酬”、“银行存款”等。

支付各项支出时，会计分录为

借：研发支出——资本化支出 168 000

  贷：原材料 117 000

    应付职工薪酬 31 000

    银行存款——中国银行 20 000

9 月份专利研发成功后，将开发支出资本化。

借：无形资产——专利 168 000

  贷：研发支出——资本化支出 168 000

例 5-8 强力机械厂9月份，计算本期的无形资产摊销金额。强力机械厂的无形资产只有三项，其中土地使用权150万元，期限20年，系2014年1月所有者投资时作价入股；外购专营权10.2万元，专营期限5年，于2015年2月购入；本月自行研发的专利权16.8万元，专利保护期10年，本月研发完成并开始使用。计算本月的无形资产应摊销金额，并编制会计分录。

业务分析：土地使用权每月应摊销的金额为6 250元（即1 500 000元÷20÷12），其中专营权每月1 700元（即102 000÷5÷12），专利权每月1 400元（即168 000÷10÷12）。土地使用权、专营权的摊销，记入管理费用，即借记“管理费用”，贷记“累计摊销”；专利权的摊销，记入制造费用，即借记“制造费用”，贷记“累计摊销——专利权”。会计分录为

借：制造费用　　　　　　　　　　1 400
　　管理费用　　　　　　　　　　7 950
　　贷：累计摊销——专营权　　　　　　1 700
　　　　　　　　——专利权　　　　　　1 400
　　　　　　　　——土地使用权　　　　6 250

“无形资产”与“累计摊销”账户记录如图5-10所示。

无形资产

借方	贷方
期初余额：1 602 000	
本月发生：　168 000	
期末余额：1 770 000	

累计摊销

借方	贷方
	期初余额：128 950
	本期计提：　9 350
	期末余额：138 300

图5-10　“无形资产”与“累计摊销”账户

注：本月提取前，土地使用权已累计摊销118 750元（即6 250×19），专营权已累计摊销10 200元（即1 700×6），因此无形资产的“累计摊销”期初余额为128 950元。

固定资产与无形资产的期末计量及处置的业务处理，在后续课程中详细说明。

第三节　对外投资的会计处理

企业对内的投资主要是满足自己生产经营的需要，对外投资则是使闲置资金效益最大化，或出于企业经营需要而对其他企业投资。企业对外投资形成金融资产，根据投资的目的和对象，可将这些金融资产分为交易性金融资产、可供出售的金融资产、持有至到期的投资和长期股权投资。由于可供出售的金融资产、持有至到期的投资、长期股权投资的业务比较复杂，这部分的内容将在《中级财务会计》中详细讲解。这里主要介绍有交易性金融资产和按面值购入的持有至到期投资的会计处理。

一、交易性金融资产会计处理

交易性金融资产主要是指企业为了近期内出售而持有的金融资产，如债权、股

权或其他金融工具的投资。其特点是持有时间短，准备随时出售；交易的产品一般都有公开交易场所，买进和卖出方便。

（一）交易性金融资产业务涉及的主要账户

1.“交易性金融资产”账户

“交易性金融资产”属于资产类账户，核算企业为交易目的而持有的债券投资、股票投资、基金投资等交易性金融资产的公允价值及其变动。购买交易性金融资产时，该账户的借方登记交易性金融资产的取得成本，取得成本不包括购买时已宣告未领的现金股利、到期未领的债券利息。交易时的相关费用计入当期损益（冲减投资收益）。持有期间收到的现金股利或债券利息，计入当期投资收益。期末市价变动时，按市价调整交易性金融资产的公允价值，其差额确认为当期的“公允价值变动损益”。

交易性金融资产可按投资的类别设明细账，对该项资产进行明细核算。账户的结构如图 5-11 所示。

交易性金融资产

借方	贷方
期初余额：反映企业期初持有交易性金融资产成本。 本期借方发生额：反映本期取得的交易性金融资产的公允价值，以及期末所持交易性金融资产公允价值高出其账面价值的差额。	本期贷方发生额：反映本期减少的交易性金融资产的成本，以及期末公允价值低于其账面价值的差额。
期末余额：反映企业期末交易性金融资产的公允价值。	

图 5-11 “交易性金融资产”账户

2.“公允价值变动损益”账户

“公允价值变动损益”账户属于利润表的一个项目，反映企业在期末所持交易性金融资产的变动，即利得与损失。当企业期末所持交易性金融资产的市场价值高于其账面价值时，一方面增加交易性金融资产的账面价值，即借记“交易性金融资产”，另一方面确认由于市价上升形成的利得，即贷记“公允价值变动损益”。反之，当期末所持交易性金融资产的市场价值低于其账面价值时，一方面减少交易性金融资产的账面价值，即贷记“交易性金融资产”，另一方面确认由于市价下降形成的损失，即借记“公允价值变动损益”。期末将账户的余额转入“本年利润”账户，结转后该账户没有余额。“公允价值变动损益”的账户结构见图 5-12。

公允价值变动损益

借方	贷方
本期借方发生额：反映期末所持交易性金融资产公允价值下降的金额。 结转本期余额到“本年利润”账户	本期贷方发生额：反映期末所持交易性金融资产公允价值上升的金额。 结转本期余额到“本年利润”账户

图 5-12 “公允价值变动”账户

3."投资收益"账户

"投资收益"账户是损益类账户，核算企业对外投资所取得的收益或发生的损失。企业对外进行权益性投资取得的利润或股利、债权性投资取得的利息，都是投资收益。取得收益时，贷记"投资收益"；发生亏损时，借记"投资收益"。期末，账户的余额转入"本年利润"账户，结转后无余额。"投资收益"账户结构如图5-13所示。

投资收益

借方	贷方
本期借方发生额：反映企业确认的投资损失。 结转本期余额到"本年利润"账户	本期贷方发生额：反映企业确认的投资收益。 结转本期余额到"本年利润"账户

图5-13 "投资收益"账户

（二）交易性金融资产业务会计处理

例5-9 强力机械厂于2018年6月2日，购买了在上海证券交易所交易的工商银行股票100手，每手100股，成交价为4.16元，交易费用共计160元；6月30日，工商银行的收盘价为4.06元；7月10日，收到工商银行的中期分红，每10股分派股利0.5元；9月16日将股票卖出，成交价4.30元。为简化核算，以上款项均通过"银行存款——中国银行"结算。

业务分析：购买时的投资成本为41 600元，交易费用记入当期的"投资收益"账户借方。6月30日公允价值为40 600元，此项投资要按公允价值进行调整，即交易性金融资产要调减1 000元，损失计入"公允价值变动损益"账户。7月10日收到股利，应确认为投资收益。9月16日出售，按账面价值与市价的差额确认为投资收益。会计分录如下：

2018年6月2日，购进股票。

借：交易性金融资产——股票　　41 600
　　投资收益　　160
　贷：银行存款——中国银行　　41 760

2018年6月30日，公允价值为40 600元。

借：公允价值变动损益　　1 000
　贷：交易性金融资产　　1 000

2018年7月10日，收到半年的股利500元。

借：银行存款——中国银行　　500
　贷：投资收益　　500

2018年9月16日，以每股4.30元出售所持工商银行股票。出售前工商银行股票的账面价值为40 600元(即41 600－1 000)，差额为2 400元。

借：银行存款　　43 000
　贷：交易性金融资产　　40 600
　　　投资收益　　2 400

“交易性金融资产”、“公允价值变动损益”及“投资收益”账户的记录如图5-14所示。

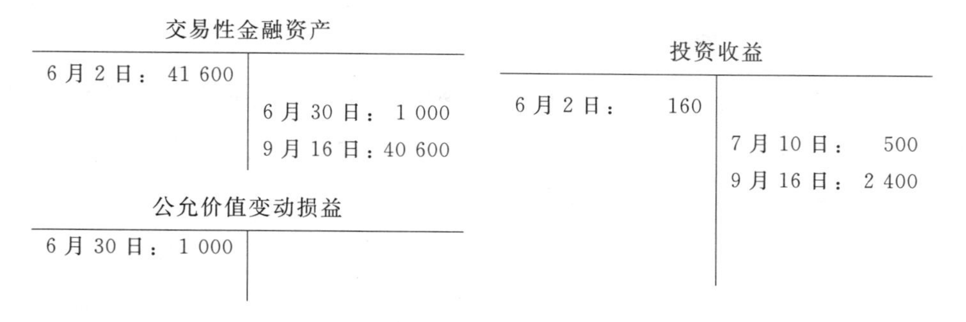

图 5-14　“交易性金融资产”相关账户登记图示

二、持有至到期的投资会计处理

持有至到期的投资是指到期日固定、回收金额固定或可确定，且有明确意图和能力持有至到期的金融资产。权益类的投资如股票等，没有到期日，所以持有至到期的投资主要包括长期债券投资，有长期国债投资和长期公司债券投资等。持有至到期的投资的特点是投资的到期日固定、回收金额固定或可确定，企业有明确意图和能力将该项投资持有至到期。

债券的票面金额和发行期以及票面的利率在向相关部门申请发行时就固定了，由于申请过程中需要一段时间，因此当债券审批合格、具体发行时，市场利率与票面利率会有些差别。当市场利率高于债券的利率时，债券只能折价发行，即购买者可以低于票面的金额购买债券；而当市场利率低于债券的利率时，债券可以溢价发行，即购买者必须以高于票面的金额购买债券；若债券的利率与市场利率相同时，购买者可以票面的金额购入债券，此时债券发行称为平价发行。我国企业会计准则规定，持有至到期的投资在持有期间应当采用实际利率法，按摊余成本确认投资收益。这里只介绍平价购入债券的会计处理，实际利率法在中级财务会计中详细讲解。

（一）持有至到期的投资业务涉及的主要账户

持有至到期的投资业务涉及的主要账户有“持有至到期投资”、“投资收益”、“应收利息”、“银行存款”等科目。

1.“持有至到期投资”账户

“持有至到期投资”账户属于资产类账户，核算企业的持有至到期投资资产的公允价值及利息调整事项。购买该资产时，借方登记所取得的“持有至到期投资”的公允价值及相关的交易费用。该项资产在持有期间所取得的收益记入当期投资收益，期末一般不考虑市价变动的影响。

持有至到期投资可按投资的对象设明细账，对该项资产进行明细核算。账户结构如图 5-15 所示。

持有至到期投资

借方	贷方
期初余额：反映企业期初持有的持有至到期投资的成本。 本期借方发生额：反映本期取得的持有至到期投资资产的公允价值及相关费用。	本期贷方发生额：反映本期减少的持有至到期投资的成本。
期末余额：反映企业期末持有至到期投资的成本。	

图 5-15 “持有至到期投资”账户

2.“应收利息”账户

“应收利息”属于资产类账户，核算企业所持有的债券到期应收而未收的利息。一般企业所持有的债券付息期为次年的年初，根据权责发生制的原则，当期的利息虽然没有收到，但相应的权益已经形成，因此应于当期一方面要确认投资收益，另一方面确认应收的利息。当实际收到利息时，借记“银行存款”等账户，贷记“应收利息”账户。

“应收利息”账户属于总分类账户，可按持有至到期的债券设明细账，对各项持有到期的债券应收的利息进行明细核算。账户结构如图 5-16 所示。

应收利息

借方	贷方
期初余额：反映企业上期持有债券到期应收的利息。 本期借方发生额：反映本期持有债券到期应收的利息。	本期贷方发生额：反映本期收到的持有债券应付的利息。
期末余额：反映企业期末“持有至到期投资”的到期应收的利息。	

图 5-16 “应收利息”账户

3.“投资收益”账户

“投资收益”账户属于损益类账户，在交易性资产的业务中已有所涉及。企业对外进行长期债券投资取得利息时，要按实际利率法，根据摊余成本确认投资收益。取得收益时，贷记“投资收益”，借记“应收利息”或“银行存款”；期末，账户的余额转入“本年利润”账户，结转后无余额。“投资收益”账户结构如图 5-17 所示。

投资收益

借方	贷方
本期借方发生额：结转本期确认的投资收益到“本年利润”账户。	本期贷方发生额：反映企业本期确认的投资收益。

图 5-17 “投资收益”账户

（二）持有至到期投资业务的会计处理

例 5-10 强力机械厂于 2018 年 1 月 1 日，平价购入 3 年期国债 10 万元，利率为 4.2%，利息于次年的 1 月 5 日支付，款项通过中国银行结算。该项投资强力机械厂准备长期持有。强力机械厂每季末计算应收的利息。

业务分析：购买该项长期债券时，一方面按实际成本增加“持有至到期投资”的账面价值，另一方面登记减少的“银行存款”的金额。

2018 年 1 月 1 日购入债券时的会计分录为

借：持有至到期投资——国债 100 000

贷：银行存款——中国银行 100 000

每季末确认该项投资的应收利息时：

借：应收利息——国债 1 050

贷：投资收益 1 050

2019 年 1 月 5 日收到国债的利息时：

借：银行存款——中国银行 4 200

贷：应收利息——国债 4 200

“持有至到期投资”、“应收利息”及“投资收益”账户的记录如图 5-18 所示。

持有至到期投资	
2018 年 1 月 1 日： 100 000	

应收利息	
2018 年 3 月 31 日：1 050 6 月 30 日：1 050 9 月 30 日：1 050 12 月 31 日：1 050	2019 年 1 月 5 日： 4 200

投资收益	
年末转入本年利润 4 200	2018 年 3 月 31 日：1 050 6 月 30 日：1 050 9 月 30 日：1 050 12 月 31 日：1 050

图 5-18 “持有至到期投资”业务相关账户登记图示

交易性金融资产和持有至到期投资只是企业金融资产的一部分，还有可供出售金融资产及长期股权投资等，这些金融资产的会计处理将在后续课程中介绍。

本章小结

投资活动即指企业长期资产的购建和不包括在现金等价物范围的投资及其处置活动。企业的投资活动可以分为对内投资和对外投资。对内的投资主要是指企业对一些长期资产的投资，对外的投资主要指企业将自身的资金和资产让渡给另一方并获取相应利益的一种行为。

对内投资主要包括固定资产和无形资产购置与处理。固定资产是企业长期资产的重要组成部分，是指企业为生产商品、提供劳务、出租或经营管理而持有的，使用寿命超过一个会计年度的有形资产，包括建筑物、机器设备、运输工具等。固定资产在生产经营中反复使用，其实物形态保持不变，但其价值会随着使用时间及次数的增加而逐渐减少。因此，在固定资产投入使用后，应根据其预计的使用寿命，将其全部价值在一定时期内进行分摊，即折旧。

无形资产是另外一项重要的长期资产，是企业拥有或控制的没有实物形态的可辨认非货币性资产，主要包括专利权、非专利技术、商标权、著作权、土地使用权和特许权等。无形资产在投入使用后，要根据其使用寿命，将其全部价值在一定时间内进行分摊。用于产品生产的无形资产，其摊销额计入制造费用，其余的无形资产的摊销额计入管理费用等。

企业对内的投资主要是满足自己生产经营的需要，对外投资则是使闲置资金效益最大化，或出于企业经营需要而对其他企业投资。企业对外投资形成金融资产，根据投资的目的和对象，可将这些金融资产分为交易性金融资产、可供出售的金融资产、持有至到期的投资和长期股权投资。

交易性金融资产主要是指企业为了近期内出售而持有的金融资产，如债权、股权或其他金融工具的投资。持有至到期的投资是指到期日固定、回收金额固定或可确定，且有明确意图和能力持有至到期的金融资产。

思考与练习题

【思考题】

1. 企业的投资活动主要类型有哪些？
2. 固定资产的成本构成有哪些？固定资产业务涉及哪些账户？
3. 固定资产折旧的意义是什么？累计折旧账户的性质是什么？
4. 简述无形资产的内容及摊销方法。
5. 简述交易性金融资产核算的内容及会计处理方法。
6. 简述持有至到期的投资核算的内容及会计处理方法。

【练习题】

一、单项选择题

1. 在下列活动中属于企业投资活动的是（　　）。

A. 吸收股东投资　　B. 银行贷款
C. 购买原材料　　D. 购买股票与债券

2. 固定资产账户是用来反映固定资产的（　　）。

A. 磨损价值　　B. 累计折旧　　C. 原始价值　　D. 净值

3. 下列属于企业投资活动的是（　　）。

A. 购买商品　　B. 现金存入银行
C. 购买设备　　D. 发行债券

4. 自创并经法律程序申请取得的无形资产，其申请登记费应列入（　　）。

A. 管理费用　　B. 无形资产　　C. 其他业务支出　D. 营业费用

5. 无形资产在进行摊销时,应贷计(　　)账户。

A. 累计折旧　　B. 管理费用　　C. 减值准备　　D. 累计摊销

6. 2018 年 2 月 2 日,甲公司支付 830 万元取得一项股权投资作为交易性的金融资产核算,支付价款中包括已宣告尚未领取的现金股利 20 万元,另外支付交易费用 5 万元。甲公司该项交易性金融资产的入账价值为(　　)万元。

A. 810　　B. 815　　C. 830　　D. 835

7. 甲公司 2018 年 10 月 10 日从证券市场购入乙公司发行的股票 100 万股,共支付价款 860 万元,其中包括交易费用 4 万元,购入时乙公司已宣告但尚未发放的现金股利为每股 0.16 元,甲公司将购入的乙公司股票作为交易性金融资产核算;2018 年 12 月 2 日,甲公司出售该交易性金融资产,收到的价款为 960 万元。甲公司 2018 年利润表中因该交易性金融资产应确认的投资收益为(　　)万元。

A. 100　　B. 116　　C. 120　　D. 132

8. 持有至到期的投资是指企业(　　)。

A. 短期持有准备出售的投资　　B. 购买的长期使用的机器设备

C. 长期股权投资　　D. 准备持有的到期日固定的债券

9. 企业按面值购入的债券,在持有期间应当按照(　　)计算确认利息收入,计入投资收益。

A. 实际利率　　B. 票面利率　　C. 市场利率　　D. 合同利率

10. 某企业从国外购入全新设备一台,原价为 85 000 元,运费 5 000 元,保险费 2 000 元,关税 4 300 元,试车费 1 600 元,该设备的原始价值应是(　　)元。

A. 85 000　　B. 92 000　　C. 97 900　　D. 96 300

11. 某企业自建厂房一幢,耗用工程物资 500 000 元,工程人员应计工资100 000 元,其他费用 50 000 元,该厂房的实际成本为(　　)元。

A. 500 000　　B. 600 000　　C. 650 000　　D. 700 000

二、多项选择题

1. 下列项目中,应计入外购固定资产入账价值中的是(　　)。

A. 场地整理费用　　B. 运输费

C. 差旅费用　　D. 装卸费

2. 下列项目中,应作为企业固定资产核算的有(　　)。

A. 生产用临时租入的设备

B. 已用于经营出租的机器设备

C. 已投入使用但未办理竣工手续的房产

D. 融资租入的生产设备

3. 无形资产主要包括(　　)。

A. 专利权与非专利技术　　B. 商标权与著作权

C. 土地使用权　　D. 特许权

4. 企业核算收到交易性金融资产的现金股利时,可能涉及的会计科目有(　　)。

A. 投资收益　　B. 交易性金融资产

C. 应收股利　　D. 银行存款

5. 企业在购买债券时，以高于债券面值的金额购入，其原因在于（　　）。

A. 市场利率高于票面利率　　B. 市场利率低于票面利率

C. 持有债券的未来收益高　　D. 持有债券的未来收益低

6. 下列说法中正确的有（　　）。

A. 购入的交易性金融资产实际支付的价款中包含的已宣告但尚未领取的现金股利或已到付息期但尚未领取的债券利息，应单独核算，不构成交易性金融资产的成本

B. 为购入交易性金融资产所支付的相关费用，不计入该资产的成本

C. 为购入交易性金融资产所支付的相关费用，应计入该资产的成本

D. 交易性金融资产在持有期间收到现金股利，应确认投资收益

7. 无形资产的特点有（　　）。

A. 无实物形态　　B. 有残值　　C. 有偿取得　　D. 收益不确定性

8. 固定资产的计价标准有（　　）。

A. 历史成本　　B. 公允价值　　C. 现值　　D. 重置价值

9. 企业从二级市场购入的债券，划分为交易性金融资产，其入账价值不应包括（　　）。

A. 支付给券商的佣金

B. 支付给代理机构的手续费

C. 实际支付的价款中包含的已到付息期但尚未领取的债券利息

D. 实际支付的价款中包含的尚未到付息期的债券利息

10. 企业作为交易性金融资产持有的股票投资，在持有期间对于被投资单位宣告发放的现金股利，不应当（　　）。

A. 确认为应收股利，并冲减交易性金融资产的初始确认金额

B. 确认为应收股利，并计入当期投资收益

C. 增加交易性金融资产的成本，并计入当期投资收益

D. 增加交易性金融资产的成本，并确认为公允价值变动损益

三、实务题

1. 甲公司为增值税一般纳税人。2018 年 3 月 12 日，甲公司购入一台不需要安装就可以投入使用的生产设备，取得的增值税专用发票上注明的设备价款为 600 000元，增值税税额为 78 000 元，运输费用结算单据上注明的运输费和保险费用合计 10 000 元，发生装卸费等其他杂费共 2 000 元，以上款项均通过银行转账支付。假定不考虑其他税费。

要求：

(1) 编制甲公司相关的账务处理。

(2) 假如该生产设备可使用 10 年，预计净残值为 0，计算设备年折旧额和月折旧额。

2. 2018 年 5 月 8 日，甲公司购入一台需要安装的生产设备，取得的增值税专用发票上注明的设备价款为 800 000 元，增值税税额为 104 000 元，发生装卸费 8 000 元，款项已通过银行转账支付。安装设备时，领用原材料一批，其账面成本为 30 000 元，购进该批材料时支付的增值税进项税额为 3 900 元，应支付本公司安装工人薪酬 6 000 元。假定不考虑其他税费。

要求：

(1) 编制甲公司相关的账务处理。

(2) 假如该生产设备可使用10年，预计净残值为4 000元，计算设备年折旧额和月折旧额。

3. 甲企业2018年1月1日从乙企业购入一项专利的所有权，以银行存款支付买价和有关费用共计60 000元。该专利的法定有效期限为10年，合同规定的法定有效期限为8年。

要求：

(1) 编制A企业购入专利权的会计分录。

(2) 计算该项专利权的年摊销额，并编制有关会计分录。

4. 2018年5月10日，甲公司以620万元(含已宣告但尚未领取的现金股利20万元)购入乙公司股票200万股作为交易性金融资产，另支付手续费6万元。5月30日，甲公司收到现金股利20万元。2018年6月30日该股票每股市价为3.2元。2018年8月10日，乙公司宣告分派现金股利，每股0.20元。8月20日，甲公司收到分派的现金股利。至12月31日，甲公司仍持有该交易性金融资产，期末每股市价为3.6元。2019年1月3日以630万元出售该交易性金融资产。假定甲公司每年6月30日和12月31日对外提供财务报告。

要求：编制上述经济业务的会计分录。

5. 2018年1月1日，甲公司购入丙公司当日发行的债券，支付价款合计2 000 000元。该债券面值是2 000 000元，期限为3年，票面年利率4%，每年付息一次，付息日为次年1月10日。甲公司计划将该债券持有至到期，将其划分为持有至到期投资。假定不考虑其他因素。

要求：

(1) 编制甲企业购入债券时的会计分录。

(2) 编制甲企业年末确认投资收益的会计分录，以及收到利息时的会计分录。

第六章 经营活动的会计处理

学习目的

通过本章的学习，要求了解企业在经营活动中发生的材料采购、产品的生产制造和对外销售的主要内容，掌握材料成本的核算及采购业务涉及的账户及各账户账务处理，掌握生产过程的成本计算及生产过程涉及的账户及各账户的账务处理，掌握销售过程涉及的账户及各账户的账务处理。

导入案例

老文的偶像——松下幸之助

松下幸之助是日本著名跨国公司"松下电器"的创始人，被人称为"经营之神"。少年时代的松下幸之助只受过4年小学教育，因父亲生意失败，曾离开家到大阪去当学徒，渐渐对电器感兴趣。1918年，23岁的松下在大阪建立了"松下电气器具制作所"。7年之后，松下幸之助成了日本收入最高的人。直到1989年他逝世时，留下了15亿多美元的遗产。

松下幸之助通过对经营实践的总结和自己的感悟思考，提出了一整套经营哲学。其一是"自来水哲学"，即企业的责任是"把大众需要的东西，变得像自来水一样便宜"，经营就是从"无"当中制造"有"，通过企业高效的生产活动给人类带来富足丰裕的生活。其二是"堤坝式经营"，堤坝在水多的时候蓄水，在水少的时候供水，除了可避免自然灾害对农田带来的影响，还可以发电。堤坝式经营的实质，是避免企业在经营过程中的风险，尽量减少不确定性对企业的冲击。对于企业来说，需要建立的堤坝主要有资金、设备、库存、产品、心理等方面。其三是"玻璃式经营"，要旨是公开和透明。这种公开和透明，建立在对员工信任的基础之上。所有的经营状况，都像玻璃一般清澈可见，不加掩饰。

经过前期的筹资与投资，强力机械厂逐步走上正轨，老文现在才发现，做实体公司比搞商品批发要复杂得多。从每颗螺丝的采购，到产品在车间的安装生产和完工入库，再到销售，一环都不能马虎。好在老文以前读了一些关于企业经营的书，特别是有关日本的经营之神——松下幸之助的书，对困难估计较足。工作忙是忙，但不乱。老文有时到厂里转的时候，心里也在想，咱现在和松下创业时差不多，说不定松下当初还不如咱，如果经营得当，前途真的是无量啊！

企业通过筹资活动，取得了生产经营所需资金，并利用这些资金进行长期资产的投资，如购买厂房、设备等，形成一定的生产能力，为生产经营做准备。在企业的生产经营过程中，经营活动构成企业经济活动的主要内容。不同类型的企业，经营活动的内容不同：服务型企业提供各种服务，商品流通型企业提供各种商品，制造型企业生产各种产品等来满足社会需求。

以制造型企业为例，其经营活动主要包括材料采购、产品生产、产品销售三个环节，三个环节依次展开、同时并存，就形成了企业的经营周期。企业经营活动如图 6-1 所示。

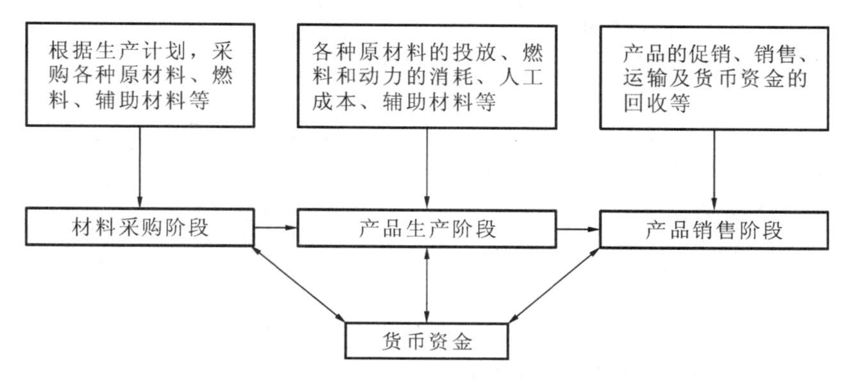

图 6-1　企业经营活动

企业在进行各项经济活动时，会计的作用就是对这些活动进行核算和监督。在材料采购阶段，一方面要登记原材料的增加，另一方面登记银行存款的减少或应付款项的增加；在生产阶段，要登记各项生产要素的投入，共同费用的分摊，以及产品完成入库的成本；在销售阶段，一方面要登记银行存款或应收款项的增加、销售过程中发生的费用，另一方面要确认当期的营业收入。

在经营过程中，企业还要向国家交纳各项税收。主要的税收包括两个方面：一是与生产过程相关的流转税，如增值税、消费税等；二是与收入相关的所得税。对于制造业企业，主要交纳增值税和企业所得税，其他税种将在后续课程中介绍。

第一节　材料采购的会计处理

材料采购是生产过程的准备阶段。企业要采购各种原材料、辅助材料、燃料等以备生产。在采购过程中还要支付与采购材料有关的运输费、装卸费等。企业要设置相应的账户如实反映企业各种材料物资的采购、入库及款项结算情况，核算采购成本，控制采购支出。

一、材料采购业务涉及的主要账户

为加强企业对材料采购业务的核算，反映监督库存材料的增减变动和结存情况，准确计算材料采购成本，以及因结算采购材料而与供应单位发生的各项债务，企业应设置以下账户。

1. “在途物资”账户

“在途物资”账户是资产类账户，用来核算和监督企业外购各种材料的买价和采购费用，并据以计算材料物资的采购成本。买价是指销售方的发票金额，采购费用包括相关税费、运输费、装卸费、保险费以及其他可归属于存货采购成本的费用。

该账户的借方登记购入材料的买价和采购费用，贷方登记已验收入库材料的实际成本，期末余额在借方，表示材料款已支付、尚未运达企业或已运达企业但尚未验收入库的在途材料的实际成本。

企业除设置“在途物资”总分类账外，还应按材料的种类、品种设明细账，进行材料明细分类核算。“在途物资”账户结构如图6-2所示。

在途物资

借方	贷方
期初余额：反映企业前期已付款但未运达企业，或已运达但未验收入库的在途材料实际成本。 本期借方发生额：反映企业本期购入材料的买价和相关采购费用。	本期贷方发生额：反映本期验收入库的材料的实际成本。
期末余额：反映企业期末已付款但未运达企业，或已运达但未验收入库的在途材料实际成本。	

图6-2 “在途物资”账户结构

2. “应交税费——应交增值税”账户

增值税是以商品（含应税劳务）在流转过程中产生的增值额作为计税依据而征收的一种流转税。“应交税费——应交增值税”账户是负债类账户，反映企业在产品的生产与销售中，有关增值税的应交、已交等情况的账户。在固定资产业务的会计处理中，曾经涉及应交增值税的处理。

在产品的流通环节，企业作为一般纳税人，在销售商品时，除了收取所售商品的销货款，还要按销售额的13%，收取增值税的销项税额。收到增值税销项税款时，贷记“应交税费——应交增值税（销项税额）”。而企业在购买材料或商品时，除了支付所购材料或商品的购货款外，还要按购买材料或商品价款的13%，支付增值税的进项税额。支付增值税进项税款时，借记“应交税费——应交增值税（进项税额）”。期末按增值税的销项税额减去进项税额的余额，就是当期应交给税务机关的增值税，即

$$\underset{\text{增值税}}{\text{企业应交}} = \underset{\text{（销项税额）}}{\text{销售额}\times\text{增值税税率}} - \underset{\text{（进项税额）}}{\text{购货额}\times\text{增值税税率}}$$

企业根据应交的增值税，向税务机关上交时，借记“应交税费——应交增值税（已交税金）”，贷记“银行存款”。

“应交税费——应交增值税”科目下设“进项税额”、“销项税额”、“已交税金”、

“进项税转出”等明细科目，对应交的增值税进行明细核算。“应交税费——应交增值税”账户结构如图 6-3 所示。

应交税费——应交增值税

借方	贷方
进项税额 已交税金	销项税额 进项税转出

图 6-3 “应交税费——应交增值税”账户结构

3. “原材料”账户

“原材料”账户是资产类账户，用来核算企业采购入库的各种材料的实际成本，包括原料及主要材料、辅助材料、外购半成品、修理用备件、包装材料、燃料等。这些材料入库后，有的用于产品生产，有的用于维护生产设备，有的还可能被管理和销售部门领用。生产用并构成产品实体的主要部分的材料，计入产品生产成本；生产过程中材料的一般耗用，计入制造费用；用于机器日常修理及管理部门领用的材料成本，计入管理费用；销售部门领用的材料成本，计入销售费用。

“原材料”账户的借方登记已验收入库的材料的实际成本，贷方登记发出材料的实际成本；期末余额在借方，反映企业库存原材料的实际成本。该账户应按材料的保管地点、材料的类别、品种和规格设置数量金额式明细账，进行材料的收、发明细核算。“原材料”账户结构如图 6-4 所示。

原材料

借方	贷方
期初余额：反映企业期初各种库存材料的实际成本。 本期借方发生额：反映本期验收入库材料的实际成本。	本期贷方发生额：反映本期发出材料的实际成本。
期末余额：反映企业期末库存材料的实际成本。	

图 6-4 “原材料”账户结构

4. “应付账款”账户

“应付账款”账户是负债类账户，核算企业因购买材料、商品或接受劳务等而应付给供货单位的款项。企业在购货过程中，可以直接用银行存款支付购货款；当流动资金出现暂时的紧张时，也可赊购材料，赊购材料时，使用“应付账款”账户。该账户的贷方登记应付给供货单位的款项，借方登记偿还供应单位的款项，期末余额在贷方，表示尚未偿还的应付账款的金额。“应付账款”账户应按供货单位设明细账，进行明细分类核算，账户结构如图 6-5 所示。

应付账款

借方	贷方
本期借方发生额：反映本期偿还供应单位的款项。	期初余额：反映企业期初尚未偿还的应付购货款。 本期贷方发生额：反映本期新增应付供货单位的款项。
	期末余额：反映企业期末尚未偿还的应付账款。

图 6-5 “应付账款”账户结构

5. “应付票据”账户

“应付票据”账户是负债类账户，核算企业在购买材料、商品和接受劳务等开出、承兑的商业汇票，包括银行承兑汇票和商业承兑汇票。承兑汇票是付款人在汇票上签章表示承诺将来在汇票到期时承担付款义务的一种票据，是一种远期的票据，分为带息票据和不带息票据两种。

该账户贷方登记企业开出、承兑的汇票，借方登记票据到期支付的票据本息，期末余额在贷方，反映企业持有的尚未到期的应付票据的票面价值和应付利息。企业应设置“应付票据备查簿”，详细登记每一应付票据的种类、号数、出票日期、到期日、票面金额、合同交易号、收款单位等资料。应付票据到期结清时，应当在备查账簿内逐笔注销。账户结构如图 6-6 所示。

应付票据

借方	贷方
本期借方发生额：反映本期偿还的到期应付票据本息。	期初余额：反映企业期初持有未到期的应付票据金额及利息。 本期贷方发生额：反映本期开出、承兑的商业汇票。
	期末余额：反映企业期末尚未偿还的应付账款。

图 6-6 “应付票据”账户结构

6. “预付账款”账户

“预付账款”账户是资产类账户，核算企业按照购货合同规定预先付给供应单位的款项。该账户借方登记企业因购货而预付的款项和收货后补付的款项，贷方登记企业收到所购货物后应冲销的预付款项，期末余额在借方，则反映企业实际预付的购货款。当企业实际收到的存货价值大于其预付货款时，“预付账款”账户余额会在贷方，反映企业尚未补付的购货款，其实质已是应付账款。

“预付账款”账户可按预付单位设明细账，进行明细分类核算。账户的结构如图 6-7 所示。

预付账款

借方	贷方
期初余额:反映企业期初实际预付给供货方的款项。 本期借方发生额:反映本期预付给供货方款项。	本期贷方发生额:反映本期收到供货方提供的货物价值。
期末余额:反映企业期末实际预付的款项。	

图 6-7 “预付账款”账户结构

二、材料采购业务的会计处理

例 6-1 强力机械厂于 2018 年 9 月 1 日,购入角钢、铸铁一批。其中角钢 20 吨,单价 3 500 元,价值 70 000 元,增值税进项税额 9 100 元;铸铁 60 吨,单价2 500 元,价值 150 000 元,增值税进项税额 19 500 元,款项通过工商银行支付。全部材料尚未运到。

业务分析:这是典型的采购业务。由于材料未到,因此一方面记“在途物资”增加,“应交税费——应交增值税(进项税额)”增加,另一方面,此项采购业务使银行存款减少,应贷记“银行存款”账户。会计分录如下:

借:在途物资——角钢　　70 000
　　　　　　——铸铁　　150 000
　应交税费——应交增值税(进项税额)　　28 600
　贷:银行存款——工商银行　　248 600

例 6-2 2018 年 9 月 2 日支付给长江运输公司角钢、铸铁运费合计 15 000 元,款项通过中国银行支付,运费按例 8-1 中货物的重量进行分配。

分析:材料在采购过程中发生的运费应计入该批材料的购入成本中,对于一些共同费用,如本例中的运费,要采用合理的方法进行分摊。该项业务使“在途物资”成本增加,“银行存款”减少。会计分录为

借:在途物资——角钢　　3 750
　　　　　　——铸铁　　11 250
　贷:银行存款——中国银行　　15 000

例 6-3 2018 年 9 月 3 日,企业材料采购人员赵金、刘银分别借支 2 000 元,用于采购业务中的差旅费等,款项通过现金支付。

业务分析:采购人员借支差旅费,一方面会使企业的库存现金减少,另一方面也增加了其他应收款,此项业务属于资产内的一增一减。会计分录为

借:其他应收款——赵金　　2 000
　其他应收款——刘银　　2 000
　贷:库存现金　　4 000

例 6-4 2018 年 9 月 5 日,所购角钢和铸铁运到企业,经验收入库。

业务分析：材料入库，一方面登记“原材料”增加，另一方面将“在途物资”账户记录的相关成本转入。会计分录为

借：原材料——角钢　　73 750

　　　　——铸铁　　161 250

　贷：在途物资　　235 000

“在途物资”与“原材料”总账登记见图 6-8，“在途物资”明细账见图 6-9，“原材料”明细账见图 6-10。

在途物资	
9月1日　220 000	
9月2日　15 000	9月5日　235 000

原材料	
9月5日　235 000	

图 6-8　“在途物资”与“原材料”总分类账

在途物资——角钢	
9月1日　70 000	
9月2日　3 750	9月5日　73 750

在途物资——铸铁	
9月1日　150 000	
9月2日　11 250	9月5日　161 250

图 6-9　“在途物资”明细分类账

原材料——角钢	
9月5日　73 750	

原材料——铸铁	
9月5日　161 250	

图 6-10　“原材料”明细分类账

例 6-5　2018 年 9 月 8 日向江北钢铁厂购买角钢 10 吨，单价 3 300 元，货款暂欠，发票和角钢已验收入库。

业务分析：当月采购并已验收入库的材料，可不通过“在途物资”账户，直接计入“原材料”账户，采用计划成本法的除外。货款未付，记入“应付账款”贷方。会计分录为

借：原材料——角钢　　33 000

　　应交税费——应交增值税（进项税额）　　4 290

　贷：应付账款——江北钢铁厂　　37 290

例 6-6　2018 年 9 月 10 日向江南铸铁厂购买铸铁 30 吨，单价 2 600 元，开出三月期的承兑汇票，发票收到，铸铁尚未运到。

业务分析：该项业务开出三月期的承兑汇票，增加“应付票据”金额，应贷记 88 140元（即 2 600×30×1.13），同时借记“在途物资”78 000 元，借记“应交税费——增值税（进项税额）”10 140 元。会计分录为

借：在途物资——铸铁　　78 000

　　应交税费——增值税（进项税额）　　10 140

　贷：应付票据——江南铸铁厂　　88 140

例 6-7 2018 年 9 月 21 日，采购人员赵金报销材料采购过程中的差旅费用，共计 1 500 元，并退回剩余 500 元。

业务分析：材料采购人员的差旅费本应计入相关材料采购的成本，但为了简化核算，实际发生时直接计入到当期的管理费用中。此外，采购人员每次外出采购并不一定就能采购到企业所需材料，这种情况下也只能将相关差旅费计入当期的管理费用中。

以上业务一方面增加本期的管理费用 1500 元，同时也收回现金 500 元，即库存现金增加 500 元，另一方面其他应收款应减少 2 000 元。会计分录为

借：管理费用——差旅费　　1 500

　　库存现金　　500

　　贷：其他应收款——赵金　　2 000

例 6-8 2018 年 12 月 10 日，用中国银行存款支付到期的承兑汇票。

业务分析：偿还承兑汇票，一方面解除到期应付票据的义务，另一方面银行存款减少。应借记“应付票据”88 140 元，贷记“银行存款”88 140 元。会计分录为

借：应付票据——江南铸铁厂　　88 140

　　贷：银行存款——中国银行　　88 140

例 6-9 2018 年 9 月 10 日，预付城西精密制钢厂 10 万元，用于采购所需要的特种角钢，款项通过中国银行存款支付。

业务分析：在材料采购中，有些需要预付购货款。当预付款项时，一方面银行存款会减少，另一方面增加“预付账款”的账面金额。会计分录为

借：预付账款——城西精密制钢厂　　100 000

　　贷：银行存款——中国银行　　100 000

例 6-10 2018 年 9 月 25 日，城西精密制钢厂将所需要特种角钢发运过来，共 25 吨，单价 4 100 元，并代垫运费 6 000 元，特种角钢已验收入库，26 日余款通过中国银行支付。

业务分析：该项业务，一方面登记材料的入库，成本 108 500 元(即 25×4 100＋6 000)，增值税的进项税为 13 325(即 25×4 100×13%)，同时冲减预付账款。

材料验收入库的分录为

借：原材料——特种角钢　　108 500

　　应交税费——应交增值税(进项税额)　　13 325

　　贷：预付账款——城西精密制钢厂　　121 825

补付余款时的分录为

借：预付账款——城西精密制钢厂　　21 825

　　贷：银行存款——中国银行　　21 825

“预付账款”和“银行存款”账户明细登记如图 6-11 所示。

预付账款（借）	预付账款（贷）	银行存款（借）	银行存款（贷）
9 月 10 日 100 000		* * *	
	10 月 25 日 121 825		9 月 10 日 100 000
9 月 26 日 21 825			9 月 26 日 21 825

图 6-11 “预付账款”与“银行存款”记录

第二节　生产过程的会计处理

产品的生产过程是指从原材料投入到产成品完工入库的过程,是制造企业比较重要的经营活动,会计处理较为复杂。

一、生产过程的主要业务

在生产过程中,企业要为生产的产品投入各种资源,如生产的组织、原材料的投入、人工的雇用、水电的耗费、机器设备的磨损、厂房的折旧等。这些生产中的耗费,都构成了产品的生产成本。因此,在生产过程中,会计核算的主要任务是反映实际发生的各种耗费,按一定的成本计算对象,归集和分配生产过程中的各种耗费,计算完工产品的生产成本。

在计算产品成本时,首先要确定计算的对象。如果只生产一种产品,那么在生产过程中所发生的各项费用支出,都可计入当期的产品成本,如发电厂。而生产两种及两种以上的产品时,会发生一些共同的费用,如生产不同型号或不同规格的家电、建材等。在生产过程中所发生的共同费用,就需要采用一定的方法把这些费用合理地分摊到不同的产品成本中,这就为产品的计算增加了难度。

二、生产过程中涉及的主要账户

1. “生产成本”账户

“生产成本”账户是成本类账户,反映在生产过程中发生的一些直接计入成本和期末转入的间接成本,如材料、人工、制造费用等。成本类账户是制造型企业所特有的账户,记录企业正处在生产加工中的产品成本,一般在资产负债表的存货项目中反映。

“生产成本”账户的借方归集构成产品成本的各项投入,包括直接材料、直接人工、其他直接支出和期末转入的制造费用;贷方登记结转完工验收入库产品的实际成本;期末余额在借方,反映企业尚未加工完成的各项在产品的实际成本。

“生产成本”账户应按产品的品种或类别设置明细账,并设直接材料、直接人工、制造费用等二级明细科目,具体核算不同产品的各项成本组成。“生产成本”账户结构如图6-12所示。

生产成本

借方	贷方
期初余额:反映企业期初尚未完工的各项在产品的实际生产成本。 本期借方发生额:反映本期发生的材料、人工、其他直接支出和转入的制造费用。	本期贷方发生额:反映本期完工并验收入库产品的实际成本。
期末余额:企业期末尚未完工的各项在产品的实际生产成本。	

图6-12　“生产成本”账户

2. “制造费用”账户

“制造费用”账户是成本类账户，核算企业在生产过程中发生的一些间接计入成本，如车间管理人员的工资、车间办公和水电费、机器和厂房的折旧、机物料的消耗、劳动保护费等。

制造费用应按车间或部门设多栏式明细账，进行制造费用的明细核算。“制造费用”账户结构如图 6-13 所示。

制造费用

借方	贷方
归集本期发生的一些间接费用： 固定资产折旧、机物料消耗、车间材料一般消耗、车间管理人员工资等。	期末将制造费用分配结转到各产品的生产成本。

图 6-13 “制造费用”账户

制造费用与生产成本相比，其特点主要表现在，当这些费用发生时，无法直接确定其应归属的产品对象。如车间管理人员，他们的职责是对生产进行管理，管理的对象是整个车间，而车间可能生产多个产品。因此，在这些费用发生时，先将它们归集到“制造费用”账户，期末再按一定的标准（如生产工时、产品的数量等），在各产品间进行分配，转入各具体产品的“生产成本”账户。

3. “管理费用”账户

“管理费用”账户是损益类账户，反映企业为组织、管理生产经营活动而发生的管理费用，包括企业在筹建期间发生的开办费、董事会和行政管理部门在企业的经营管理中发生的或者应由企业统一负担的公司经费（如行政管理人员的工资及福利费、物料消耗、办公费、差旅费等）、工会经费、董事会费、业务招待费、律师费、排污费等。“管理费用”账户的借方登记本期实际发生的各项管理费用，贷方登记本期期末转入“本年利润”的本期的管理费用合计数。结转后，“管理费用”账户应无余额。

“管理费用”账户应按费用项目设置多栏式明细账，对管理费用进行明细核算。其账户结构如图 6-14 所示。

管理费用

借方	贷方
归集本期发生的各项管理费用： 管理人员的工资、业务费、办公费、律师诉讼费等。	期末将本期管理费用的合计数结转到“本年利润”账户。

图 6-14 “管理费用”账户

4. “应付职工薪酬”账户

“应付职工薪酬”账户是负债类账户，核算企业根据有关规定应付给职工的各种薪酬，包括工资、奖金、津贴和补贴、职工福利费、社会保险费、住房公积金、工会经费、职工教育费等。该账户的贷方登记本期实际发生的应付职工薪酬，借方登记本

月实际发放给职工的薪酬，期末余额在贷方，表示应付而未付的职工薪酬。

“应付职工薪酬”账户可按工资、职工福利费、社会保险费、住房公积金、工会经费、职工教育费等项目设置明细账，进行薪酬的明细核算。“应付职工薪酬”账户的结构如图 6-15。

应付职工薪酬

借方	贷方
本期借方发生额：反映本期实际支付的职工金额。	期初余额：反映企业期初应付而未付的职工薪酬。 本期贷方发生额：反映本期应付的职工薪酬金额。
	期末余额：反映企业期末应付而未付的职工薪酬。

图 6-15 “应付职工薪酬”账户

5. “库存商品”账户

“库存商品”账户是资产类账户，反映企业库存的各种商品的实际成本，包括企业自己生产的产品、外购商品等。制造业的库存商品主要是自己生产的产成品。产成品是指企业已经完成全部生产过程并已验收入库的符合一定标准规格和技术条件的准备对外出售的产品。该账户借方登记生产完工并验收入库的产成品，贷方登记已销售产成品应结转的成本，期末余额在借方，反映企业期末各种库存商品的实际成本。

“库存商品”账户应按库存商品的种类、品种和规格设置数量金额式明细账，对库存的商品进行明细分类核算。“库存商品”账户结构如图 6-16 所示。

库存商品

借方	贷方
期初余额：反映企业期初各种库存商品的实际成本。 本期借方发生额：反映本期生产完工并验收入库的产成品实际成本。	本期贷方发生额：反映本期已出售产品并结转到销售成本账户的成本。
期末余额：企业期末尚未完工的各项在产品的实际生产成本。	

图 6-16 “库存商品”账户

三、产品生产过程的会计处理

例 6-11 2018 年 9 月 3 日，强力机械厂生产车间从物料仓库领用原材料一批，用来生产切管机和焊机。领用角钢 12 吨，成本 3 687.5 元/吨，其中生产切管机耗用 6 吨，生产焊机耗用 4 吨，车间一般性耗用 2 吨；领用铸铁 25 吨，成本 2 687.5 元/吨，其中生产切管机耗用 10 吨，生产焊机耗用 12 吨，车间一般耗用 3 吨。

业务分析：从物料仓库领用的材料直接用于产品生产，并形成具体产品的组成部分的材料，应将原材料成本从“原材料”账户的贷方转出，记入“生产成本”账户的借方。强力机械厂的生产产品有两个，因此在进行成本核算时，应按产品的种类设“切管机”和“焊机”明细账，对切管机和焊机的成本进行明细核算。不构成产品的实体，也不能明确材料的具体使用对象，如车间的一般耗用，将其材料耗费的成本计入“制造费用”中，待期末采用一定的方法分配转入生产成本。

领用角钢时，根据各受益对象做会计分录如下：

借：生产成本——切管机　　22 125
　　　　　　——焊机　　14 750
　　制造费用——车间　　7 375
　　贷：原材料——角钢　　44 250

领用铸铁时，根据各受益对象做会计分录如下：

借：生产成本——切管机　　26 875
　　　　　　——焊机　　32 250
　　制造费用——车间　　8 062.50
　　贷：原材料——铸铁　　67 187.50

例 6-12　2018 年 9 月 10 日，强力机械厂对厂部和车间的设备进行日常维修，共领用角钢和铸铁各 1 吨，成本分别为 3 687.5 元、2 687.5 元。

业务分析：对设备进行日常维修所发生的各项支出，均作为管理费用处理。该业务应借记“管理费用”6 375 元，贷记“原材料”合计 6 375 元。会计分录为

借：管理费用——材料　　6 375
　　贷：原材料——角钢　　3 687.5
　　　　　　——铸铁　　2 687.5

例 6-13　2018 年 9 月，强力机械厂支付本月的电费 11 800 元，计23 600度，每度电价格 0.5 元。其中，生产切管机耗电 8 000 度，生产焊机耗电6 000度，车间一般用电 2 000 度，管理部门用电 7 600 度。款项通过工商银行支付。

业务分析：生产过程中的动力支出，能分辨出具体的动力使用对象的，直接记入相关产品的生产成本中，即记入切管机的动力成本为 4 000 元(8 000×0.5)，记入焊机的动力成本为 3 000 元(6 000×0.5)。不能区分的车间动力费用，如车间一般用电，计入制造费用，即 1 000 元(2 000×0.5)，等月末时采用合理的方法将费用分配给各具体的产品。管理部门的用电记入管理费用，即 3 800 元(7 600×0.5)。以上会计分录为

借：生产成本——切管机　　4 000
　　　　　　——焊机　　3 000
　　制造费用——电费　　1 000
　　管理费用——电费　　3 800
　　贷：银行存款——工商银行　　11 800

例 6-14　2018 年 9 月，强力机械厂共使用 4 400 吨水，每吨水价格为 2 元。其中，生产车间用水 3 000 吨，厂部管理部门用水 1 400 吨。月末支付自来水公司水费计 8 800 元。

业务分析：生产车间用水，一般不能直接区分用水的对象，水费计入制造费用，

月末采用合理的方法分配记入具体产品的成本，本月应计入制造费用水费支出为6 000元(即3 000×2)。管理部门用水计入管理费用，本月应计入管理费用的水费为2 800元(即1 400×2)。以上会计分录为

借：制造费用——水费　　6 000
　　管理费用——水费　　2 800
　　贷：银行存款——工商银行　　8 800

例6-15　2018年9月，强力机械厂计提本月固定资产折旧23 580元，其中车间计提固定资产折旧17 580元，厂部计提固定资产折旧6 000元。

业务分析：固定资产折旧根据固定资产的使用部门来分配折旧费用，车间的固定资产的折旧费，计入制造费用。月末根据合理的方法，将折旧费等分配计入所生产的产品中。厂部的固定资产折旧计入管理费用。提取固定资产折旧时，借记相关的费用，贷记"累计折旧"，表示增加的折旧额。累计折旧可根据具体的固定资产项目设明细账户，进行明细核算。本例的会计分录为

借：制造费用——折旧费　　17 580
　　管理费用——折旧费　　6 000
　　贷：累计折旧　　23 580

例6-16　2018年9月，强力机械厂计算并分配本月的工资。本月工资总额为112 371.9元，其中生产切管机的生产工人工资为32 500元，生产焊机的生产工人工资为30 000元，车间管理人员的工资为15 871.9元，厂部行政管理人员的工资为22 000元，销售人员的工资为12 000元。按规定，下月5日为工资的实际发放日。

业务分析：生产人员的工资，能直接计入具体产品，计入产品的生产成本；不能直接计入具体产品的生产部门工资，如车间管理人员的工资，计入本月的制造费用。行政管理人员的工资计入当期管理费用。由于工资下月发放，因此先确认一项负债，贷记"应付职工薪酬——工资"账户。以上会计分录为

借：生产成本——切管机　　32 500
　　　　　　——焊机　　30 000
　　制造费用——工资　　15 871.9
　　管理费用——工资　　22 000
　　销售费用——工资　　12 000
　　贷：应付职工薪酬——工资　　112 371.9

例6-17　2018年9月30日，强力机械厂计算2018年9月的制造费用合计数，并按各产品生产耗用工时比例分配转入切管机、焊机的生产成本。9月份切管机耗用工时为2 450小时，焊机生产耗用工时为3 253小时。

业务分析：本月发生的制造费用明细如表6-1所示。

表6-1　强力机械厂9月份制造费用明细表　　单位：元

制造费用	材料		一般动力	水费	折旧费	工资	合计
	角钢	铸铁					
金额	7 375	8 062.5	1 000	6 000	17 580	15 871.9	55 889.40

9月份生产工时合计数:2 450+3 253=5 703(工时)。

每工时应分摊的制造费用:55 889.4÷5 703=9.8(元/工时)。

本月切管机应分摊的制造费用:2 450×9.8=24 010(元)。

本月焊机应分摊的制造费用:3 253×9.8=31 879.4(元)。

本月分摊制造费用的会计分录为

借:生产成本——切管机　　　　24 010
　　　　　　——焊机　　　　31 879.4
　贷:制造费用　　　　　　　　55 889.4

本月的制造费用总账记录如图6-17所示,结转后本期的制造费用没有余额。

制造费用

借方		贷方	
9月3日领用角钢:	7 375		
领用铸铁:	8 062.5		
9月份一般动力支出:	1 000	9月底转入切管机成本:	24 010
9月份水费支出:	6 000	9月底转入焊机成本:	31 879.4
9月份固定资产折旧:	17 580		
9月份车间管理人员工资:	15 871.9		
本月借方合计:	55 889.4	本月贷方合计:	55 889.4

图6-17 “制造费用”账户

例6-18 2018年9月30日,强力机械厂将本月生产的完工产品入库,9月份共生产切管机910台,全部完工;焊机1 140台,全部未完工,下月继续生产。

业务分析:将各项成本的支出汇总合计,切管机、焊机生产成本明细见表6-2、表6-3。

表6-2 切管机9月份产品成本明细表 单位:元

切管机	直接材料		直接动力	直接人工	制造费用	合计
	角钢	铸铁				
本月投入成本	22 125	26 875	4 000	32 500	24 010	109 510

表6-3 焊机9月份产品成本明细表 单位:元

焊　机	直接材料		直接动力	直接人工	制造费用	合计
	角钢	铸铁				
本月投入成本	14 750	32 250	3 000	30 000	31 879.4	111 879.4

其中,切管机全部完工,编制完工入库会计分录如下:

借:库存商品——切管机　　　　109 510
　贷:生产成本——切管机　　　　109 510

本月的切管机、焊机生产成本总账记录如图6-18、图6-19所示。本例中,“生产成本——切管机”账户结转后没有余额,是因为期末没有在产品,这种情况不多见;如果期末有在产品,生产成本应该有借方余额,如本月“生产成本——焊机”账户,期末余额表示尚处于加工阶段的在产品，在资产负债表的“存货——在产品”项目反映。有关产品成本的详细计算方法，将在《成本会计》中具体说明，本例仅是说明生产成本计算的基本账户与基本的会计处理。

生产成本——切管机

借方		贷方	
9月3日领用角钢：	22 125		
领用铸铁：	26 875		
9月份动力成本：	4 000	9月底完工转入库存商品：	109 510
9月份直接人工：	32 500		
9月份转入制造费用：	24 010		
本月借方合计：	109 510	本月贷方合计：	109 510
期末借方余额：	0		

图 6-18 “生产成本——切管机”账户

生产成本——焊机

借方		贷方	
9月3日领用角钢：	14 750		
领用铸铁：	32 250		
9月份动力成本：	3 000		
9月份直接人工：	30 000		
9月份转入制造费用：	31 879.4		
本月借方合计：	111 879.4	本月贷方合计：	0
期末借方余额：	111 879.4		

图 6-19 “生产成本——焊机”账户

第三节 销售过程的会计处理

产品的销售过程是制造企业生产经营活动的重要阶段，企业只有不断地取得销售收入，才能补偿日常的费用支出并形成利润，从而维持企业的生存与发展。通过产品的销售，将产品资金转化为货币资金，使产品的成本得到补偿。在销售过程中，还会发生广告费、包装费、装卸费、运输费、销售人员工资等销售费用，此外，根据国家税法的相关规定，还要交纳增值税、企业所得税等。

一、收入的定义与分类

1. 收入的定义

根据我国会计准则，收入是指企业在日常活动中形成的、会导致所有者权益增加、与所有者投入资本无关的经济利润的总流入，包括商品销售收入、劳务收入、让渡资产使用权的收入(利息、股利等)。收入的确认要同时满足两个条件：一是商品或服务已经提供给顾客，即收入已赚得；二是现金或实质上可转化为现金的某项资产确保能够收到，即收入可实现。

收入会导致所有者权益增加。收入的实现，一方面往往伴随着货币资金和应收款项的增加，或者是负债的减少；另一方面所有者权益也会增加。导致所有者权益增加除了收入外，还有投资者的投入。投资者投入的资金不是收入产生的，所以不能列入收入的内容。

“日常经营活动”是指企业为完成其经营目标所从事的经常性活动，具有经常性、重复性和可预见性等特点。如企业销售自己生产的产品，具有经常性、重复性，并且根据历史的数据还可对未来的销售作出预测。至于企业发生的一些非日常经营活动，如处置固定资产、无形资产，就不是企业的经常性收入。对于这些偶发的交易，在会计处理上将其列为“营业外收入”，以区别一般的营业收入。

2. 收入的分类

企业在经营过程中的收入一般分为主营业务收入和其他业务收入。

主营业务收入一般是指企业为完成其经营目标所从事的经常性活动所实现的收入。其他业务收入是指在日常经营活动中，除主营业务收入以外的与经常性活动相关的活动实现的收入。例如，原材料的销售收入就属于其他业务收入。制造业企业购入原材料主要是用于产品的生产，当原材料过剩或产品转型而使部分原材料出现剩余时，企业可以对外出售这些原材料。出租固定资产、出租无形资产等，也属于其他业务收入，其原因在于固定资产或无形资产在购建或买入时，主要是自用，当这些资产闲置时，企业可以对外出租资产以取得收益。企业对外进行权益性投资或债权性投资，取得的现金股利、利息也属于其他业务收入。

其他业务收入与营业外收入的主要不同在于，其他业务收入派生于企业正常的经营活动中，并且可经常、重复发生，有完整的经营过程。而营业外收入则来自于企业正常的生产经营活动之外，不是经常和重复发生，也没有经营过程。

二、产品销售过程涉及的主要账户

产品销售过程中，涉及银行存款、应收账款、应收票据、预收账款、主营业务收入、其他业务收入、应交税费、主营业务成本、销售费用等账户。

1. “主营业务收入”账户

“主营业务收入”账户属于损益类账户，核算企业确认的销售商品、提供劳务等主营业务的收入。该账户的贷方登记企业已经实现的主营业务收入；借方登记发生的销售退回和销售折让时，应冲减的本期主营业务收入，以及期末本期收入净额转入“本年利润”账户的金额。结转后，本账户没有余额。

“主营业务收入”账户可根据主营业务的种类设置明细账，也可根据销售的区域或销售部门设置明细账，进行明细分类核算。其账户结构如图 6-20 所示。

主营业务收入

借方	贷方
本期发生的销售退回和销售折让。 本期期末结转到"本年利润"账户的主营业务收入净额。	本期实现的主营业务收入。

图 6-20 "主营业务收入"账户

2. "其他业务收入"账户

"其他业务收入"账户属于损益类账户，核算企业在从事与经营性活动(即主营业务收入)相关的活动中实现的收入。该账户的贷方登记企业实现的原材料销售收入、包装物租金收入、固定资产租金收入、无形资产使用费收入等收入，借方登记本期发生的其他业务收入的销售退回与销售折让，以及期末转入"本年利润"账户其他业务收入净额。结转后，该账户期末没有余额。其账户结构如图 6-21 所示。

其他业务收入

借方	贷方
本期发生的其他业务收入的销售退回和销售折让。 本期期末结转到"本年利润"账户的其他业务收入净额。	本期实现的其他业务收入。

图 6-21 "其他业务收入"账户

企业进行权益性投资或债权性投资取得的现金股利收入和利息收入，虽然也属于企业的其他业务收入的范围，但通过"投资收益"账户核算。

3. "应交税费——应交增值税"账户

"应交税费——应交增值税"账户是负债类科目，在购买固定资产及原材料的业务中都曾涉及。在购买固定资产及原材料的业务中，主要是涉及增值税的进项税额的处理；而在产品销售过程中，主要是涉及增值税的销项税额的处理。

在产品的销售过程中，企业作为一般纳税人，除了收取所售商品的销货款，还要按销售额的 13%，收取增值税的销项税额。收到增值税销项税款时，贷记"应交税费——应交增值税(销项税额)"。期末按增值税的销项税额减去税法规定可抵减的进项税额，就是当期应交给税务机关的增值税，即

企业应交增值税＝本期销项税额－本期进项税额

"应交税费——应交增值税"账户结构如图 6-22 所示。

应交税费——应交增值税

借方	贷方
进项税额 已交税金	销项税额 进项税转出

图 6-22 "应交税费——应交增值税"账户结构

4. “应收账款”账户

企业在销售过程中，除了收到的现款外，还有一些没有收到现款的销售业务，如赊销。“应收账款”账户属于资产类账户，是核算企业在销售产品、提供劳务等经营活动中形成的应收取的款项。“应收账款”账户借方登记由于销售产品或提供劳务而发生的应收款项，贷方登记已经收回或转销的应收账款，期末余额在借方，反映尚未收回的应收账款。

“应收账款”账户应按债务人设置明细账，进行明细分类核算。“应收账款”账户如图6-23所示。

应收账款

借方	贷方
期初余额：反映企业期初尚未收回的应收账款。 本期借方发生额：反映本期发生的由于销售产品或提供劳务而形成的应收账款。	本期贷方发生额：反映本期已经收回的应收账款。
期末余额：企业期末尚未收回的应收账款。	

图6-23 “应收账款”账户结构

5. “应收票据”账户

“应收票据”账户属于资产类账户，核算企业因销售产品、提供劳务而收到的商业汇票。商业汇票是承兑人承诺在未来指定时间支付确定金额给收款人的一种远期票据。我国规定商业汇票的承兑期限不能超过6个月。该账户的借方登记取得的应收票据的面值，贷方登记到期收回票款的应收票据的票面余额，期末余额在借方，反映企业持有的商业汇票的票面金额。

“应收票据”账户可按承兑商业汇票的单位设明细账进行明细核算，应设置“应收票据的备查簿”，登记商业汇票的具体内容，商业汇票到期结清票款后，在备查簿中注销。“应收票据”账户具体结构如图6-24所示。

应收票据

借方	贷方
期初余额：反映企业期初尚未收回的应收票据。 本期借方发生额：反映本期发生的由于销售产品或提供劳务而形成的应收票据。	本期贷方发生额：反映本期已经收回的应收票据。
期末余额：企业期末尚未收回的应收票据。	

图6-24 “应收票据”账户结构

6. “预收账款”账户

“预收账款”账户属于负债类账户，核算企业按照合同规定向购货方预收的款项。购销双方为确保购销行为的执行，在合同中会规定由购买方预付一定金额的款项给售货方。企业根据合同规定收到购货方预付货款时，一方面借记“银行存款”等科目，另一方面贷记“预收账款”；发出商品时，一方面确认销售收入贷记“主营业务收入”等，另一方面借记“预收账款”，将“预收账款”冲销。

“预收账款”账户按照购货单位设置明细科目进行明细核算。“预收账款”账户结构如图 6-25 所示。

预收账款

借方	贷方
本期借方发生额：反映企业本期发出商品实现收入时，应抵消的预收款项，以及退回多收的预收款项。	期初余额：反映企业期初向购货单位预收的款项。 本期贷方发生额：反映企业本期向购货单位预收的款项，以及由于预付款不足而收到的购货方补付的购货款。
	期末余额：企业期末向购货单位预收的购货款。

图 6-25 “预收账款”账户结构

7. “主营业务成本”账户

“主营业务成本”账户属于损益类账户，核算企业确认销售商品、提供劳务等主营业务收入时应结转的成本。该账户的借方登记应结转的本期已销售产品的实际成本；贷方登记期末结转到“本年利润”账户的主营业务成本；期末结转后该账户没有余额。该账户应按主营业务的种类设置明细账进行明细核算。“主营业务成本”账户结构如图 6-26 所示。

主营业务成本

借方	贷方
本期已销售商品的成本。	期末结转到“本年利润”账户的主营业务成本的合计数。

图 6-26 “主营业务成本”账户结构

8. “其他业务成本”账户

“其他业务成本”账户属于损益类账户，核算企业当期实现的原材料销售收入的材料成本、出租包装物的成本摊销、出租固定资产的折旧、出租无形资产的摊销等。其账户结构参见“主营业务成本”账户结构。

9. “销售费用”账户

“销售费用”账户是损益类账户，核算企业在销售商品、提供劳务过程中发生的各项费用，包括企业在销售商品过程中发生的包装费、保险费、展览费和广告费、商品维修费、运输费、装卸费等费用，以及企业为销售商品而专设的销售机构的职工薪酬、业务费、固定资产的折旧费和修理费等。

“销售费用”账户的借方登记本期发生的各项销售费用，贷方登记期末结转入“本年利润”账户的销售费用合计数，结转后期末无余额。该账户可按销售费用大的种类设明细账进行明细核算。账户结构见图 6-27。

销售费用

借方	贷方
本期已销售商品的过程中发生的各项费用,如广告费、运输费等。	期末结转到"本年利润"账户的销售费用的合计数。

图 6-27 "销售费用"账户结构

10. "税金及附加"账户

"税金及附加"账户属于损益类账户,核算企业在经营过程中发生的消费税、城市维护建设税、资源税和教育费附加等相关税费。该账户的借方登记企业按规定计算确定的与经营活动相关的税费,贷方登记期末结转到"本年利润"账户的税金及附加的合计数,结转后该账户无余额。账户结构如图 6-28 所示。

税金及附加

借方	贷方
本期经营中,按税法规定计算确定的相关税费。	期末结转到"本年利润"账户的税金及附加的合计数。

图 6-28 "税金及附加"账户结构

三、产品销售过程的会计处理

企业销售产品或提供劳务,应在符合收入确认条件的情况下确认收入,记入"主营业务收入"等账户的贷方。收到货款的,借记"银行存款",未收到货款的,借记"应收账款",收到商业汇票,借记"应收票据"。同时要结转成本,贷记"主营业务成本"等。销售过程中发生的各项费用,记入"销售费用"账户的借方。有关的税费,记入"税金及附加"账户。

例 6-19 2018 年 9 月 5 日,强力机械厂向泰山机械设备公司销售切管机 500 台,单价 180 元,切管机单位成本 120 元。款项通过工商银行收讫。销售过程中支付运输费及装卸费 3 000 元,款项通过工商银行支付。

业务分析:此项业务为典型的收款销售业务,一方面要确认产品销售收入90 000 元(即 500×180),贷记"主营业务收入",并计算与收入一起收到的增值税销项税额 11 700 元(即 90 000×13%);另一方面,确认收到的销售款及增值税的销项税款,共计 10 5300 元。在确认收入的同时,要结转成本。如果销售时不能准确地计算所售商品的成本,如对库存商品采用一次加权平均法计算成本,则可在月末时再确认销售成本。确认销售成本时,借记"主营业务成本"60 000 元(500×120),贷记"库存商品"60 000 元。

确认收入,会计分录为

借:银行存款——工商银行　　　　101 700

　贷:主营业务收入——切管机　　　　90 000

应交税费——应交增值税（销项税额）　　11 700

结转成本，会计分录为

借：主营业务成本　　60 000

　贷：库存商品——切管机　　60 000

支付销售过程中发生的运输费及装卸费 3 000 元，会计分录为

借：销售费用——运杂费　　3 000

　贷：银行存款——工商银行　　3 000

例 6-20　2018 年 9 月 10 日，强力机械厂向华山机械设备公司销售焊机 800 台，单价 165 元，焊机单位成本 100 元。焊机已发出，货款尚未收到。

业务分析：此项业务为企业的赊销业务。一方面要确认焊机的销售收入，贷记“主营业务收入”132 000 元（即 800×165），并计算应收取的增值税销项税额 17 160 元（即 132 000×13%）；另一方面确认应收取的货款和税款合计数，借记“应收账款”149 160 元（132 000＋17 160）。会计分录如下：

借：应收账款——华山机械设备公司　　149 160

　贷：主营业务收入——焊机　　132 000

　　应交税费——应交增值税（销项税额）　　17 160

结转成本，会计分录为

借：主营业务成本　　80 000

　贷：库存商品　　80 000

例 6-21　2018 年 9 月 12 日，恒山机械设备公司向强力机械厂订制 200 件特制切管机，并预先支付 2 万元，款项已通过中国银行收讫。9 月 26 日，强力机械厂将特制切管机交付，价税合计 56 500 元，另支付 2 000 元的运输费和装卸费。9 月 28 日，恒山机械设备公司将余款补付，款项通过中国银行收讫。强力机械厂生产该批产品的成本为 160 元/件。

业务分析：企业收到购货方预先支付的货款，应借记“银行存款”，贷记“预收账款”。不能确认为收入，等将货物发给购货方时，再确认收入。

收到购货方预付的货款时，会计分录为

借：银行存款——中国银行　　20 000

　贷：预收账款　　20 000

发出货物时，强力机械厂应确认收入，即贷记“主营业务收入”，同时借记“预收账款”，即将预收的账款确认为收入。预收的款项不足的，要及时收回；多收的款项，也要退还给购货方。发出货物的会计分录为

借：预收账款　　56 500

　贷：主营业务收入　　50 000

　　应交税费——应交增值税（销项税额）　　6 500

结转成本的会计分录为

借：主营业务成本　　32 000

　贷：库存商品　　32 000

销售过程中发生的运输费和装卸费，应确认为销售费用，会计分录为

借：销售费用　　2 000

贷:银行存款——中国银行　　　　　　　　　　2 000

9 月 28 日,收到补付的货款时的会计分录为

借:银行存款——中国银行　　　　　　　　36 500

贷:预收账款　　　　　　　　　　　　　　36 500

例 6-22　2018 年 9 月 15 日,强力机械厂向本市广播电台支付 8 000 元的广告费,支付销售过程中的业务招待费 2 000 元,款项通过工商银行付出。

业务分析:支付的广告费及业务招待费都属于企业销售过程中发生的费用,计入“销售费用”账户。会计分录为

借:销售费用——广告费　　　　　　　　　8 000

——业务招待费　　　　　　　　　　　　2 000

贷:银行存款——工商银行　　　　　　　　10 000

例 6-23　2018 年 9 月 20 日,强力机械厂向庐山机械设备公司销售产品一批,其中切管机 500 台,单价 190 元/台;焊机 500 台,单价 170 元/台。切管机和焊机的成本分别为 120 元/台、100 元/台。销售过程中支付运输费及装卸费4 000元,通过工商银行支付。同时收到庐山机械设备公司开出的银行承兑汇票一张,金额203 400元。

业务分析:销售产品时确认“主营业务收入”,同时收到的远期银行汇票,记入“应收票据”账户。会计分录为

借:应收票据——庐山机械设备公司　　　　203 400

贷:主营业务收入　　　　　　　　　　　　180 000

应交税费——应交增值税(销项税额)　　　23 400

结转成本,会计分录为

借:主营业务成本　　　　　　　　　　　110 000

贷:库存商品——切管机　　　　　　　　　60 000

——焊机　　　　　　　　　　　　　　　50 000

支付运输费及装卸费的会计分录为

借:销售费用——运杂费　　　　　　　　4 000

贷:银行存款——工商银行　　　　　　　　4 000

例 6-24　2018 年 9 月 25 日,强力机械厂将生产用原材料铸铁对外零售 5 吨,售价 3 200 元/吨,共收到现金 18 080 元,当日存入企业的中国银行账户。铸铁的成本为 2 687.5 元/吨。

业务分析:企业销售原材料应记入“其他业务收入”账户,销售过程中收到的现金应及时存入银行,企业可根据现金缴款单回执借记“银行存款”科目,同时结转其他业务成本。以上业务会计分录为

借:银行存款——中国银行　　　　　　　18 080

贷:其他业务收入　　　　　　　　　　　　16 000

应交税费——应交增值税(销项税额)　　　2 080

借:其他业务成本　　　　　　　　　　13 437.50

贷:原材料——铸铁　　　　　　　　　　13 437.50

例 6-25　2018 年 9 月 27 号,销售人员马利报销业务费 2 000 元,办公室刘倩报

销各项办公支出 1 000 元，以上款项均用现金支付。

业务分析：销售过程发生的业务费用，一般是客户往来的招待费用，发生时，记入本期的销售费用中；办公室的各项支出，均记入本期的管理费用中。以上业务会计分录为

借：销售费用——业务费　　2 000
　管理费用——办公费　　1 000
　贷：库存现金　　3 000

例 6-26　2018 年 9 月 30 日，强力机械厂计算本月应交的增值税，并按应交增值税的 7%和 3%，分别计算本月应交的城市维护建设税和教育费附加。

业务分析：本月应交的增值税为增值税的销项税额减去可抵减的进项税额，根据 9 月份的销售业务统计，本月增值税的销项税额合计为 60 840 元(即11 700＋17 160＋6 500＋23 400＋2 080)，本月增值税的进项税额合计为 56 355 元(即28 600＋4 290＋10 140＋13 325)，本月应上缴的增值税为 4 485 元(即 60 840－56 355)。本月应交的城市维护建设税为 313.95 元(即4 485×7%)，教育费附加为 134.55 元(即 4 485×3%)。“城市维护建设税”简称“城建税”，它与“教育费附加”都属于“税金及附加”账户。“税金及附加”账户属于损益类账户，其下要设具体二级科目核算。企业在计算当月的营业税金及附加时，会计分录如下：

借：营业税金及附加　　448.50
　贷：应交税费——应交城建税　　313.95
　　　　　　——教育费附加　　134.55

本章小结

在企业的生产经营过程中，经营活动构成企业经济活动的主要内容。制造型企业经营活动主要包括材料采购、产品生产、产品销售三个环节。

材料采购是生产过程的准备阶段。材料采购的成本主要包括买价和采购费用，买价是指销售方的发票金额，采购费用包括相关税费、运输费、装卸费、保险费以及其他可归属于存货采购成本的费用。企业要设置相应的账户如实反映企业各种材料物资的采购、入库及款项结算情况，核算采购成本，控制采购支出。“在途物资”、“原材料”与“应交税金——应交增值税”是采购过程中常用的账户。

产品的生产过程是指从原材料投入到产成品完工入库的过程。在生产过程中，企业要为生产的产品投入各种资源，如生产的组织、原材料的投入、人工的雇用、水电的耗费、机器设备的磨损、厂房的折旧等。这些生产中的耗费，都构成了产品的生产成本。因此，在生产过程中，会计核算的主要任务是反映实际发生的各种耗费，按一定的成本计算对象，归集和分配生产过程中的各种耗费，计算完工产品的生产成本。“生产成本”与“制造费用”是计算成本时要设立的账户。

产品的销售过程是制造企业生产经营活动的重要阶段，企业只有不断地取得销售收入，才能补偿日常的费用支出并形成利润，从而维持企业的生存与发展。通过产品的销售，将产品资金转化为货币资金，使产品的成本得到补偿。在销售过程中，

还会发生广告费、包装费、装卸费、运输费、销售人员工资等销售费用；此外，根据国家税法的相关规定，还要交纳增值税、营业税、企业所得税等。

收入是企业在日常活动中形成的、会导致所有者权益增加、与所有者投入资本无关的经济利润的总流入。企业在经营过程中的收入一般分为主营业务收入和其他业务收入。收入的判断、营业税金及附加的计算是销售过程中应掌握的内容。销售过程中常用的会计账户有银行存款、应收账款、应收票据、预收账款、主营业务收入、其他业务收入、应交税费、主营业务成本、销售费用等账户。

思考与练习题

【思考题】

1. 企业的经营活动有哪些内容？
2. 企业外购材料成本由哪些部分构成？材料采购涉及哪些账户？
3. 简述增值税的主要征税对象及计算方法。
4. 成本类账户有哪些？各账户核算的内容是什么？
5. 简述收入的定义和收入的分类。
6. 销售过程中涉及哪些账户？

【练习题】

一、单项选择题

1. 通过材料采购，工业企业的资金（　　）。

A. 由货币资金转化为储备资金和固定资金

B. 由储备资金转化为生产资金

C. 由生产资金转化为成品资金

D. 由成品资金转化为货币资金

2. 为了反映企业库存材料的增减变化及其结存情况，应设置（　　）账户。

A. 物资采购　　B. 原材料　　C. 存货　　D. 库存材料

3. 企业因采购材料而发生的装卸搬运费，支付时应计入（　　）。

A. “原材料”账户　　B. 在途物资

C. “管理费用”账户　　D. “营业外支出”账户

4. 下列项目中不构成材料采购的实际成本的是（　　）。

A. 材料买价　　B. 运输费　　C. 保险费　　D. 增值税

5. 期间费用不包括（　　）。

A. 管理费用　　B. 销售费用　　C. 财务费用　　D. 制造费用

6. 下列项目中，不属于管理费用的是（　　）。

A. 车间管理人员工资　　B. 厂部管理人员工资

C. 厂部耗用材料　　D. 厂部办公用房的租金

7. 下列应计入产品成本的费用是（　　）。

A. 车间机器设备的折旧费　　B. 工会经费

C. 企业行政管理部门设备的折旧费 D. 业务招待费

8. 下列费用中，不应计入产品成本的是（　　）。

A. 直接材料费　B. 直接人工费

C. 期间费用　D. 制造费用

9. 需要按照一定标准分配计入有关产品成本的费用称为（　　）。

A. 财务费用　B. 间接费用　C. 直接费用　D. 期间费用

10. “累计折旧”账户的贷方余额表示（　　）。

A. 折旧的增加数　B. 折旧的减少数

C. 折旧的累计数　D. 折旧的转销数

11. “累计折旧”账户属于（　　）类账户。

A. 资产　B. 负债　C. 费用　D. 成本

12. 生产成本账户月末余额表示（　　）。

A. 产品生产成本　B. 自制半成品成本

C. 主营业务成本　D. 在产品成本

13. 下列费用属于制造费用的是（　　）。

A. 车间办公费　B. 厂部办公费

C. 直接材料　D. 直接人工

14. 下列不属于产品成本项目的是（　　）。

A. 直接材料　B. 直接人工　C. 制造费用　D. 管理费用

15. 月末对“制造费用”进行分配并转账，应转入（　　）账户。

A. 生产成本　B. 管理费用

C. 主营业务成本　D. 财务费用

16. 企业生产完工验收入库的产成品，应于月末确定其实际生产成本，从（　　）账户结转到“库存商品”账户。

A. 生产成本　B. 制造费用

C. 主营业务成本　D. 本年利润

17. 收入的入账金额一般是按销售产品的（　　）确认。

A. 售价　B. 进价　C. 销售成本　D. 制造成本

18. “主营业务成本”账户的借方登记（　　）。

A. 产品成本　B. 产品生产成本

C. 已销售产品成本　D. 已销售产品生产成本

19. “主营业务成本”账户的借方登记从（　　）账户中结转的本期已售商品的生产成本。

A. 生产成本　B. 库存商品　C. 管理费用　D. 原材料

20. 期末结算工资时，应贷记（　　）科目。

A. 应付职工薪酬　B. 现金

C. 生产成本　D. 管理费用

21. 下列不应计入当期损益的是（　　）。

A. 管理费用　B. 财务费用　C. 所得税　D. 制造费用

二、多项选择题

1. 材料供应过程的业务有(　　)。
A. 支付采购材料的货款
B. 支付购货时应付的增值税进项税额
C. 支付采购材料的各种运杂费
D. 生产领用材料

2. 下列费用中不应计入外购材料采购成本的有(　　)。
A. 买价　　B. 运杂费
C. 材料储备保管费　　D. 一般纳税人支付增值税的进项税额

3. 在途物资是指(　　)。
A. 款已付、尚未到达企业的材料　　B. 已经到达企业、但款未付的材料
C. 已经到达企业、但尚未验收入库的材料
D. 已被生产领用的材料

4. 企业生产过程中的业务包括(　　)。
A. 计提和支付生产工人的工资　　B. 生产领用材料
C. 计提生产用固定资产的折旧费　　D. 支付广告费用

5. 生产过程中应该设置的主要账户有(　　)。
A. 制造费用　　B. 管理费用　　C. 生产成本　　D. 营业费用

6. 产品生产成本计算的一般程序包括(　　)。
A. 确定成本计算对象　　B. 按成本项目归集生产费用
C. 分配间接生产费用　　D. 计算完工产品和在产品的生产成本

7. 产品的制造成本包括下列内容(　　)。
A. 为制造产品发生的材料费用
B. 为制造产品发生的人工费用
C. 为制造产品发生的固定资产折旧费用
D. 自然灾害造成的材料毁损

8. 在商品销售过程中应设置的主要账户有(　　)。
A. 主营业务收入　　B. 营业费用
C. 其他业务收入　　D. 制造费用

9. 下列各项在“主营业务收入”账户中核算的有(　　)。
A. 销售产品所取得的收入
B. 出售多余材料所取得的收入
C. 月末转入“本年利润”账户的当月主营业务收入
D. 出售废旧物资取得的收入

10. 计入“税金及附加”借方的内容是(　　)。
A. 计算应交所得税　　B. 计算应交城市维护建设税
C. 计算应交教育费用附加　　D. 计算应交增值税

11. 关于“制造费用”账户，下列说法中正确的有(　　)。
A. 借方登记分配转入产品成本的制造费用
B. 贷方登记分配转入产品成本的制造费用

C. 期末余额在借方,表示在产品的制造费用

D. 期末结转“生产成本”账户后没有余额

12. 影响本月完工产品成本的因素有(　　)。

A. 月初在产品成本　　B. 本月发生的生产费用

C. 本月已销产品成本　　D. 月末在产品成本

13. 企业预付材料款时,可以(　　)科目。

A. 借记“预付账款”　　B. 借记“应付账款”

C. 贷记“预付账款”　　D. 贷记“银行存款”

14. 管理费用包括下列内容(　　)。

A. 厂部固定资产折旧费　　B. 厂部办公费

C. 销售费用　　D. 材料采购费用

15. 下列经济业务,属于资产和权益同时减少的有(　　)。

A. 购入固定资产　　B. 上缴税款

C. 用存款归还银行借款　　D. 用存款归还应付账款

16. 在借贷记账法下,期末结账后,一般没有余额的账户有(　　)。

A. 收入账户　　B. 负债账户

C. 所有者权益账户　　D. 费用账户

17. 福利费是企业用于职工福利方面的耗费,计提时,借方可能记入(　　)。

A. “生产成本”账户　　B. “制造费用”账户

C. “管理费用”账户　　D. “应付职工薪酬”账户

18. 企业购入材料的采购成本包括(　　)。

A. 材料买价　　B. 增值税进项税额

C. 采购费用　　D. 采购人员差旅费

三、判断题

1. 制造企业的生产经营过程包括供应过程、生产过程和销售过程,而商业企业只包括前后两个过程,没有生产过程。(　　)

2. 一般纳税人企业,采购材料时支付的进项税额应构成材料的成本。(　　)

3. 在供应过程中支付的各项采购费用,不构成材料的采购成本,故将其记入“期间费用”账户。(　　)

4. “原材料”账户是用来核算企业所购入材料的买价和采购费用,以确定在途物资成本的账户。(　　)

5. 购进两种以上材料发生的共同费用,不能直接计入每种材料的采购成本时,应按照材料的重量、体积或价值比例分配计入各种材料的采购成本。(　　)

6. 构成产品制造成本的是“直接材料”、“直接人工”两个项目,“制造费用”属于管理费用,不构成产品成本。(　　)

7. 企业预付货款时,应记入“预付账款”账户的借方。(　　)

8. “生产成本”账户的借方登记生产过程中发生的各项生产费用,期末借方余额表示期末尚未加工的在产品实际生产成本。(　　)

9. 制造费用是指企业行政管理部门为组织和管理生产经营活动而发生的各项费用。(　　)

10. 由于“累计折旧”账户属于资产类账户，故其余额一般在借方，表明企业现有固定资产累计已提的折旧。 ( )

11. 库存商品明细账一般按生产车间设置。 ( )

12. 结转已销售产品的生产成本，应借记“库存商品”账户，贷记“主营业务成本”账户。 ( )

13. 增值税是与企业损益相关的税费。 ( )

14. 企业购入货物或接受劳务而向提供劳务方支付的增值税，称为增值税的“进项税额”，应记入“应交税费——应交增值税”账户的借方。 ( )

15. 企业在销售货物时，应按销售额和适用税率计算并向购货方收取的增值税“销项税额”，应通过“税金及附加”账户核算。 ( )

四、实务题

1. 世纪创业工厂为一般纳税人，7 月份发生以下有关在途物资的经济业务。

(1) 4 日，采购员王明预借差旅费 1 500 元，以现金支付。

(2) 6 日，向东方工厂购进甲、乙材料，已验收入库(见表 6-4)，货款尚未支付。增值税税率 13%。同时，以现金支付上述材料运费 480 元，运达仓库的装卸费 240 元。材料按实际成本转账。

表 6-4 东方工厂材料入库单

	重 量	单 价	总 价
甲材料	1 600 千克	10 元/千克	16 000 元
乙材料	800 千克	16 元/千克	12 800 元
合 计			28 800 元

(3) 15 日，以银行存款归还前欠东方工厂材料款及增值税款。

(4) 17 日，从外地光明工厂购入材料 11 100 元，其中甲材料 550 千克，单价 10 元/千克；乙材料 350 千克，单价 16 元/千克。货款以银行存款支付，材料未到(增值税税率 13%)。

(5) 20 日，上述材料运到，以现金支付运费 180 元，以银行存款支付装卸搬运费 540 元。

(6) 上述材料验收入库，按实际成本转账。

(7) 23 日，采购员王明出差归来，报销差旅费 1 350 元，退还现金 150 元。

要求：

(1) 根据上列材料采购的经济业务，编制会计分录；

(2) 登记“在途物资”和“原材料”总分类账户以及“在途物资”明细分类账户(运费和装卸搬运费按材料质量比例计入材料采购成本)。

2. 新华工厂 5 月份发生下列经济业务。

(1) 用现金购买办公用品 450 元，其中车间办公用品 150 元，企业管理部门办公用品 300 元。

(2) 以银行存款支付水电费 1 000 元，其中车间水电费 700 元，企业管理部门水电费 300 元。

(3) 领用材料6 000元，其中车间一般消耗5 500元，企业管理部门消耗500元。

(4) 分配管理人员工资4 000元，其中车间管理人员工资2 500元，企业管理部门人员工资1 500元。

(5) 按上述工资的14%的比例计提职工福利费。

(6) 开出转账支票支付固定资产日常修理费4 000元，其中车间设备的修理费3 000元，企业管理部门设备的修理费1 000元。

(7) 提取本月固定资产折旧12 000元，其中车间使用固定资产应提折旧7 000元，企业管理部门用固定资产应计提折旧5 000元。

(8) 假定上述车间发生的间接费用是为了管理和组织A、B两种产品生产而发生的。将本月发生的制造费用按A、B两种产品生产工时比例进行分配，已知A、B两种产品所耗工时分别为10 000小时、5 000小时。

要求：根据资料编制会计分录。

3. 某工厂7月份发生以下各项经济业务。

(1) 生产车间从仓库领用各种原材料进行产品生产。其中用于生产A产品的甲材料150千克，单价10.50元/千克，乙材料100千克，单价16.50元/千克；用于生产B产品的甲材料120千克，单价10.50元/千克，乙材料80千克，单价16.50元/千克。

(2) 结算本月份应付职工工资，按用途归集如下：

A产品生产工人工资	5 000元
B产品生产工人工资	4 000元
车间职工工资	2 000元
行政管理部门职工工资	3 000元

(3) 按规定根据职工工资总额14%计提职工福利费。

(4) 计提本月份固定资产折旧，计车间使用的固定资产折旧600元，管理部门固定资产折旧300元。

(5) 本月份发生车间设备的修理费200元，以银行存款支付。

(6) 车间报销办公费及其他零星开支400元，以现金支付。

(7) 车间管理人员出差报销差旅费237元，原预支300元，余额归还现金。

(8) 将制造费用总额如数转入“生产成本”账户，按生产工人工资的比例分配计入A、B两种产品成本中去。

(9) 结算本月份A、B两种产品的生产成本。本月A产品100件，B产品80件，均已全部制造完成，并已验收入库，按其实际成本入账。

要求：

(1) 根据上列产品生产的经济业务编制会计分录；

(2) 编制“产品生产成本计算表”。

4. 某工厂2018年7月份发生有关销售经济业务如下。

(1) 4日，向甲工厂出售A产品500件，每件售价60元，增值税税率13%。货款已收到，存入银行。

(2) 7日，向乙公司出售B产品300件，每件售价150元，增值税税率13%。货款尚未收到；同时，以现金代垫运费250元。

(3) 8 日,以银行存款支付上述 A、B 两种产品在销售过程中的运输费 800 元、包装费 200 元。

(4) 15 日,收到乙公司支付的 B 产品的货款和增值税款,存入银行。

(5) 30 日,按出售的两种产品的实际销售成本转账(A 产品每件 40 元,B 产品每件 115 元)。

(6) 30 日,按本月流转税的一定比例计提应交城建税 1 050 元,应交教育费附加 460 元。

要求:根据上列各项经济业务编制会计分录。

五、综合题

永兴公司为一般纳税人企业,生产加工产品出售,当月发生以下业务。

1. 5 日,向阳光公司购入 A 材料 38 000 元,增值税额为 4 940 元,款已预付,材料验收入库。

2. 10 日,公司销售甲产品价税款合计 282 500 元,已收款。

3. 10 日,从银行提取现金 30 000 元直接发放工资。

4. 11 日,用现金购买厂部办公用品 780 元。

5. 16 日,提取本月固定资产折旧,其中车间 8 100 元,厂部 3 200 元。

6. 18 日,公司购买一台车床,买价 240 000 元,增值税 31 200 元,运杂费 1 000 元,款项暂未支付,设备交付使用。

7. 30 日,分配工资费用,其中甲产品工人工资 12 000 元,乙产品工人工资 8 000 元,车间管理人员工资 6 000 元,行政管理人员工资 4 000 元。

8. 30 日,按 14%的比例计提本月职工福利费。

9. 30 日,股东追加投资 60 000 元。

10. 31 日,汇总本月材料发出情况如下(A 材料 7 600 元,B 材料 12 300 元):甲产品生产领用 6 000 元;乙产品生产领用 5 000 元;车间一般耗用 5 900 元;行政管理部门耗用 3 000 元。

11. 31 日,按本月生产工时比例,将发生的制造费用分配给甲、乙产品。(甲产品 6 000 工时,乙产品 4 000 工时)

12. 31 日,甲、乙产品均全部完工入库,结转其实际生产成本。

13. 31 日,结转本月已销甲产品的销售成本 138 000 元。

14. 结转本月损益类账户。

要求:

(1) 计算本月甲、乙产品生产成本;

(2) 编制相关会计分录。

第七章 利润与所得税的会计处理

学习目的

通过本章的学习，要求了解企业利润形成的过程，掌握营业利润、利润总额及净利润的计算方法，熟悉所得税费用与应交所得税的区别，掌握永久性差异的会计处理，熟悉利润分配的顺序，掌握利润分配的会计处理。

导入案例

老文的机械厂要交什么税?

我国现行税收法律体系是在原有税制的基础上，经过 1994 年工商税制改革逐渐完善形成的，按其性质和作用大致分为五类。

（1）流转税类。包括增值税、消费税和营业税，主要在生产、流通或者服务业中发挥调节作用。

（2）资源税类。包括资源税、城镇土地使用税，主要是对因开发和利用自然资源差异而形成的级差收入发挥调节作用。

（3）所得税类。包括企业所得税、外商投资企业和外国企业所得税、个人所得税，主要是在国民收入形成后，对生产经营者的利润和个人的纯收入发挥调节作用。

（4）特定目的税类。包括固定资产投资方向调节税、筵席税、城市维护建设税、土地增值税、耕地占用税，主要是为了达到特定目的，对特定对象和特定行为发挥调节作用。

（5）财产和行为税类。包括房产税、城市房地产税、车船使用税、车船使用牌照税、印花税、屠宰税、契税，主要是对某些财产和行为发挥调节作用。

税收已经成为国家财政收入的主要来源，国家统计局发布的《2018 年国民经济和社会发展统计公报》显示，全年公共财政收入 183 352 亿元，财政收入占当年 GDP 的比重达到了 20.37%。我国的财政实力得到了进一步增强，其中税收 156 401 亿元，税收占财政收入的比重达到 85.3%。

老文比照以上的税制，结合加工厂的主要业务，确定要交的税主要是流转税和所得税，即增值税和企业所得税，当然还有代扣代缴的个人所得税，其他小税种也有一些，如城建税、印花税等。

企业的经济活动分为经营活动、投资活动与筹资活动三大类，在这些经济活动中会发生一些收入与费用、利得与损失，在每个会计期末，需要将这些活动产生的收入与费用进行配比，计算出差额，加上利得并减去损失后，得到利润总额，在扣除所得税费用后，得到净利润。整个计算过程要以利润表的形式反映，年末还要将形成的利润按要求进行分配。

第一节　利润的形成及会计处理

利润是指企业在一定会计期间的经营成果。它包括收入减去费用后的净额、直接计入当期利润的利得与损失等。营业利润是企业正常经营的成果，营业利润加上非正常经营的收益就形成利润总额。

一、营业利润

营业利润是以营业收入为基础，减去营业成本、税金及附加、销售费用、管理费用、财务费用、信用减值损失、资产减值损失，加上公允价值变动收益和投资收益、其他收益，加上资产处置收益，减去公允价值变动损失和投资损失计算而得。

1. 营业收入

企业的营业收入按交易的性质可分为销售商品收入、提供劳务收入、让渡资产使用权收入。销售商品收入是指企业销售商品、产成品、自制半成品等取得的收入，如商品流通企业、生产制造企业在经营中所取得的收入。提供劳务收入是指企业通过提供劳务作业而取得的收入，如服务业、建筑业的企业在经营中取得的收入。让渡资产使用权收入是指企业通过让渡资产使用权而取得的收入，如投资取得的利息、出租固定资产或无形资产收取的租金等。

按企业经营业务的主次分类，营业收入可分为主营业务收入和其他业务收入。主营业务收入是企业的基本业务收入，是企业为完成其经营目标所从事的主要经营活动取得的收入。其他业务收入是企业除主要经营业务以外的其他经营活动实现的收入。如商品流通企业在销售商品的同时，向外提供运输服务；生产制造企业在生产经营过程中，出售原材料等。

主营业务收入与其他业务收入构成了企业的营业收入。

2. 营业成本

营业成本是指企业所销售商品或所提供劳务的成本。根据配比原则，企业确认营业收入的同时，要计算相应的成本。提供商品取得的收入，要计算并确认商品的购入成本；提供劳务取得的收入，要计算并确认在提供劳务过程中发生的各项成本。

3. 税金及附加

税金及附加是指核算企业在经营过程中发生的营业税、消费税、城市维护建设税、资源税和教育费附加等相关税费。

4. 期间费用

期间费用是指企业在经营活动中发生的销售费用、管理费用和财务费用。

（1）销售费用是指企业在销售商品、提供劳务过程中发生的各项费用，包括企业在销售商品过程中发生的包装费、保险费、展览费和广告费、商品维修费、运输费、装卸费等费用，以及企业为销售商品而专设的销售机构的职工薪酬、业务费、固定资产的折旧费和修理费等。

(2) 管理费用是指企业为组织、管理生产经营活动而发生的各项费用,包括企业在筹建期间发生的开办费、董事会和行政管理部门在企业的经营管理中发生的或应由企业统一负担的公司经费(如行政管理人员的工资及福利费、物料消耗、办公费、差旅费等)、工会经费、董事会费、业务招待费、律师费、排污费等。

(3) 财务费用是指企业为筹集生产经营所需资金而发生的费用,包括利息支出(减利息收入)、汇兑损失(减汇兑收益)及相关的手续费,但不包括为购建固定资产而发生的可资本化的利息支出。

5. 资产减值损失

资产减值损失是指企业在资产负债表日(一般是年末),经过对现有资产的测试,判断资产的可收回金额低于其账面价值而计提资产减值损失准备所确认的相应损失。此部分的内容,将在《中级财务会计》课程作详细说明。

6. 公允价值变动净收益

公允价值变动净收益是指企业对以公允价值计量的资产,在期末以资产负债表日的公允价值,对前期入账时的公允价值的调整。公允价值增加时,确认为利得;公允价值减少时,确认为损失,如交易性金融资产。

7. 投资净收益

投资净收益是指企业投资收益减去投资损失后的净额。投资收益和投资损失是指企业对外投资所取得的收益或发生的损失。

投资收益包括对外投资分得的利润、股利和债券利息,投资到期收回或中途转让取得款项大于账面价值的差额,以及按照权益法记账的股票投资、其他投资在被投资单位增加的净资产中所拥有的数额等。投资损失包括对外投资到期收回或中途转让取得款项少于账面价值的差额,以及按照权益法记账的股票投资、其他投资在被投资单位减少的净资产中所分担的数额等。

二、利润总额

利润总额是指企业在一定会计期间的营业利润与营业外收支净额的合计总额,也是所得税前的利润总额。

利润总额=营业利润+营业外收入-营业外支出

1. 营业外收入

营业外收入是指企业发生的与企业生产经营活动无直接关系的各项利得,主要包括非流动资产毁损报废收益、盘盈利得、捐赠利得、非货币性资产交换利得、债务重组利得等。

与营业收入相比,营业外收入一般没有完整的经营过程,或是属于偶发的不可持续的经济行为。如商品流通企业,在正常的营业过程中,为了获取利润,对商品有购进和销售的过程。又如,在经营过程中获得的捐赠,虽然企业为此获得了收益,但是没有相应的成本,因此它没有一个完整的营业过程。再如处置企业的机器设备,处置完的机器设备不可能再去处置一次,即这种经济行为不可持续。

例 7-1 企业因研发高科技产品,收到政府补助 50 000 元,确认为营业外收入,应编制的会计分录如下:

借：银行存款　　　　　　　50 000

　　贷：营业外收入　　　　　　　50 000

2. 营业外支出

营业外支出是企业发生的与企业生产经营活动无直接关系的各项损失，主要包括非流动资产报废损失（固定资产、无形资产）、公允性捐赠支出、盘亏损失、非常损失、罚款支出、非货币资产交换损失、债务重组损失等。

营业外支出与营业费用相比，也是没有完整的经营过程或是偶发的不可持续的经济行为。如自然灾害造成的商品损失。

例 7-2　企业财务人员因工作失误导致被税务部门罚款 30 000 元，用银行存款支付，应编制的会计分录如下：

借：营业外支出　　　　　　　30 000

　　贷：银行存款　　　　　　　30 000

三、利润形成的会计处理

企业应设置“本年利润”账户，用于核算企业当期实现的利润或发生的亏损。会计期末，会计人员应先将损益类账户的本期发生额进行汇总，计算无误后，将收入与利得类账户的余额转入该“本年利润”的贷方，同时将费用与损失类账户的余额转入“本年利润”的借方，用来汇总本期所有的损益。借方与贷方相抵后，“本年利润”账户的余额在贷方表示产生了利润，余额在借方则说明了亏损。收入类账户有“主营业务收入”、“其他业务收入”、“投资收益”；属于企业经营过程中的利得有“公允价值变动损益（贷方）”、“营业外收入”等。而费用类账户有“主营业务成本”、“其他业务成本”、“营业税金及附加”、“管理费用”、“销售费用”、“财务费用”等；属于企业经营过程中的损失有“资产差值损失”、“公允价值变动损益（借方）”。

“本年利润”账户每月月末都要将各损益类科目结转过来，其余额为截止到当月累积获取的利润或发生的亏损。在年末，还要按国家规定计算所得税费用，并将所得税费用转入“本年利润”的借方，得到净利润。最后将该账户的余额（即净利润）转入“利润分配——未分配利润”。年末结转后“本年利润”没有余额。

例 7-3　强力机械厂 9 月份的损益类账户的科目汇总表如表 7-1 所示，将各损益类账户的余额转入“本年利润”账户，计算出利润总额。

表 7-1　强力机械厂 9 月份损益类科目本期发生额汇总　　单位：元

会计科目	借方发生额	贷方发生额
财务费用	4 250	
公允价值变动损益		1 000
管理费用	56 025	
其他业务成本	13 437.5	
其他业务收入		16 000
投资收益*	1 000	3 450
销售费用	33 000	
营业税金及附加	935	

续表

会计科目	借方发生额	贷方发生额
主营业务成本	282 000	
主营业务收入		452 000
合　　计	390 647.5	472 450

* 投资收益账户的余额为贷方 2 450 元。

业务分析：在结转损益类账户余额时，都是将其反向结转。即对于“主营业务收入”、“投资收益”等余额在贷方的账户，借方登记该账户的贷方合计金额，同时贷记“本年利润”；而将“主营业务成本”、“管理费用”等余额在借方的账户，贷方登记该账户的借方合计数，同时借记“本年利润”。损益类账户经结转后，月末余额为零。根据以上的资料，应编制会计分录如下：

借：主营业务收入　　452 000
　　其他业务收入　　16 000
　　投资收益　　2 450
　　公允价值变动损益　　1 000
　　贷：本年利润　　471 450
借：本年利润　　389 647.5
　　贷：主营业务成本　　282 000
　　　　其他业务成本　　13 437.5
　　　　营业税金及附加　　935
　　　　管理费用　　56 025
　　　　销售费用　　33 000
　　　　财务费用　　4 250

通过对损益类账户的结转，“本年利润”账户增加 9 月份的利润（贷方增加）81 802. 5元。

本年利润减去所得税费用后，就得到净利润了。

第二节　所得税费用与应交所得税

在年末企业应按国家有关规定计算并上缴所得税。由于利润总额（也称会计利润）是依据会计准则而确认的税前利润，而应税所得（也称应税利润）是依据相关税法而确定的应纳税所得额，两者计算的依据不同，因此结果常常不一致。

一、所得税费用

所得税费用是指根据《企业会计准则》的要求确认的应从当期利润总额中扣除的所得税费用，它包括当期所得税费用和递延所得税费用。我国现行会计准则规定，所得税费用的确认采用资产负债表债务法，既要确认当期所得税费用，也要确认递延所得税费用。

如果当期不存在调整事项，企业计算出来的所得税费用与应交所得税相等，所

得税的计算公式为

所得税费用＝利润总额×所得税税率

企业在计算出所得税费用后，应借记“所得税费用”，贷记“应交税费——应交所得税”。目前我国所得税税率一般为25％。

例 7-4 强力机械厂2018年全年的利润总额为100万元，不存在调整事项，按税法规定的税率25％计算应纳所得税额，并编制有关所得税会计分录。

业务分析：计算企业本期所得税费用如下。

所得税费用＝100万元×25％＝25万元

会计分录为

借：所得税费用　　250 000

　贷：应交税费——应交所得税　　250 000

注：在实务中往往存在调整事项，因此所得税费用与应交所得税往往不相等。

在计算出当年应交的所得税后，还应将所得税费用结转到“本年利润”账户，结转后，“本年利润”会计分录如下。

借：本年利润　　250 000

　贷：所得税费用　　250 000

同时将本年净利润转入“利润分配——未分配利润”账户，结转后“本年利润”账户没有余额。

借：本年利润　　750 000

　贷：利润分配——未分配利润　　750 000

二、应交所得税

企业的利润总额是根据会计准则的规定计算得到的，而企业当期计算的应税所得是根据我国相关税法的规定，以及资产负债表日的资产与负债的计税基础，在企业利润总额的基础上，进行调整计算而得。计算出应税所得后，就可以得出本期应交的所得税，计算公式如下：

应交所得税＝应税所得×所得税税率

我国的企业会计准则与相关税法对收入与费用的确认在时间上有所不同，因此企业计算出来的所得税与企业当期应交纳的所得税的结果不同。所得税费用的计算依据是权责发生制原则，即根据本期确认的利润总额乘以税率计算而得；而根据我国税法相关规定所计算的应交所得税，基本上是依据收付实现制来计算的。所得税费用与应交所得税两者的差异有永久性差异和暂时性差异两种，暂时性差异将在后续课程介绍。

永久性差异是指在某一会计期间，由于企业会计准则和税法在计算收入与利得、费用或损失的规定不一致，所产生的利润总额与应税所得之间的差异，这种差异在本期发生，不在以后期间转回。

在收入确认方面，企业取得的国债利息收入，以及符合条件的企业之间的股息、红利等权益性投资收益，企业根据会计准则要确认投资收益。而国家为鼓励民间资金支持国家建设、多买国债，在相关税法中规定：对企业购买国债收益的利息收入部分，准许不交所得税。因此这部分收益在计算应税所得时，应予扣除。

在费用确认方面，企业超标准的公益性捐赠及赞助支出、违法经营罚款及税收滞纳金、超标准的业务招待费、超过合理工资薪金的部分等，企业根据会计准则作为费用或损失处理。而国家为限制企业各项不合理的支出而理性经营，对以上支出，相关税法中规定：在企业计算应税所得时不允许扣减。因此这部分费用或损失，应剔除出来，不得作为应税所得的减项。

例 7-5 强力机械厂 2018 年的全年利润总额为 100 万元，其中包括 2018 年 1 月 1 日购买的持有至到期的国债 10 万元，确认的投资收益为 4 200 元，计算本期的所得税费用和应交所得税，并编制会计分录。

业务分析：投资国债的利息收入，根据相关税法规定可以从应税所得中扣除，因此本期的应税所得为

应税所得＝1 000 000－4 200＝995 800（元）

应交所得税＝995 800×25％＝248 950（元）

当年有关所得税的会计分录为

借：所得税费用　　248 950

　贷：应交税费——应交所得税　　248 950

同时将所得税费用转入本年利润：

借：本年利润　　248 950

　贷：所得税费用　　248 950

第三节　利 润 分 配

企业在一定期间的利润总额减去所得税费用后得到当期的净利润。企业当期实现的净利润，加上年初未分配利润（或减去年初未弥补亏损）后的余额为可供分配的利润。企业的所有者可根据企业的具体情况进行利润分配，当企业处于发展阶段需要更多的资金时，可考虑少分配现金利润，将剩余利润用于扩大再生产；而当企业处于成熟阶段时，可考虑多分配现金利润，以回报投资者。

企业应当设置“利润分配”账户，核算利润的分配，并在“利润分配”账户下设明细科目“提取法定盈余公积”、“提取任意盈余公积”、“应付现金股利或利润”、“未分配利润”等进行利润分配的明细核算。如果用盈余公积补充往年的亏损，可以设“盈余公积补亏”明细科目。

一、利润分配的顺序

根据我国公司法等相关法规的规定，可供分配的利润应按以下顺序分配。

1. 弥补以前年度亏损

企业发生的年度经营亏损，可以用下一年度实现的税前利润弥补；下一年度税前利润不足弥补的，可以在税法规定年限（5 年）内延续弥补；税法规定年限（5 年）内仍不足弥补的，可以用盈余公积及资本公积弥补。如果 5 年内仍未弥补完毕，应当用税后利润弥补。企业用税前利润弥补以前年度亏损不需要另做会计分录，直接将“利润总额”账户的余额转入“利润分配——未分配利润”即可。

例 7-6 宝丽公司截至 2016 年末累积净利润为 500 万元，而 2017 年亏损 100 万元，2018 年税前利润 60 万元，2019 年税前利润 70 万元，计算 2017 至 2019 每年的所得税。

业务分析：2017 年亏损 100 万元，应该用 2017 年以后的税前利润弥补亏损，企业不应用以前累积的净利润补亏，因为以前年度净利润是税后的利润，用来弥补税法规定可以抵扣的亏损显然是不合理的。

(1) 2017 年，亏损 100 万元，当年的应交所得税为 0，当年将"本年利润"亏损金额结转到"利润分配——未分配利润"后，不需要再进行会计处理。

借：利润分配——未分配利润　　1 000 000

　贷：本年利润　　1 000 000

(2) 2018 年，税前利润 60 万元，抵减 2018 年的亏损 100 万元后，还有 40 万元可以抵扣，当年的应交所得税也为 0，当年将"本年利润"盈利 60 万元结转到"利润分配——未分配利润"后，不需要再进行会计处理。

借：本年利润　　600 000

　贷：利润分配——未分配利润　　600 000

(3) 2019 年，税前利润 70 万元，抵减 2018 年的亏损的剩余 40 万元后，还有 30 万元就应该按税法规定缴纳所得税，则当年应交所得税＝[70－(100－60)]×25%＝7.5 万元。

借：所得税费用　　75 000

　贷：应交所得税　　75 000

将所得税费用转入本年利润账户。

借：本年利润　　75 000

　贷：所得税费用　　75 000

将剩余的本年利润转入"利润分配"账户。

借：本年利润　　625 000

　贷：利润分配——未分配利润　　625 000

例 7-7 宝丽公司截至 2012 年末累积净利润为 500 万元，而 2013 年亏损 100 万元，2014—2018 年，企业每年税前利润都是 12 万元，2019 年税前利润 30 万元，计算每年的所得税。

分析：2013 年亏损，当年不交所得税。2014—2018 年，每年的税前利润都不足以弥补 2008 年的亏损，因此 5 年期间都不用交所得税。5 年间用税前利润累计弥补了 60 万元的亏损，虽然还剩下 40 万元未弥补的亏损，以后就不能用税前利润弥补，而只能用税后利润弥补了。

(1) 2013 年，亏损 100 万元，当年的应交所得税为 0 元，当年将"本年利润"亏损金额结转到"利润分配——未分配利润"后，不需要再进行会计处理。

借：利润分配——未分配利润　　1 000 000

　贷：本年利润　　1 000 000

(2) 2014—2018 年，税前利润 12 万元，当年将"本年利润"盈利 60 万元结转到"利润分配——未分配利润"后，当年的应交所得税也为 0 元，不需要再进行会计处理。

借:本年利润　　　　　　　　　　　12 000
　　贷:利润分配——未分配利润　　　　　12 000

(3) 2014 年,税前利润 30 万元,当年利润全额缴纳所得税(300 000×25%=75 000)。

借:所得税费用　　　　　　　　　　75 000
　　贷:应交所得税　　　　　　　　　　75 000

将所得税费用转入本年利润账户。

借:本年利润　　　　　　　　　　　75 000
　　贷:所得税费用　　　　　　　　　　75 000

将剩余的本年利润转入"利润分配"账户。

借:本年利润　　　　　　　　　　　225 000
　　贷:利润分配——未分配利润　　　　　225 000

2. 提取法定盈余公积

企业根据有关法律规定,应按照本年净利润的 10%提取,或按照本年净利润弥补以前亏损后余额的 10%提取。企业提取的法定盈余公积累计达到注册资本的 50%时,可以不再提取。盈余公积是公司按规定从税后利润中提取的累积资金,主要是限制股利的分派,以满足将来企业发展的需要,或弥补可能发生的亏损。

3. 提取任意盈余公积

企业可按股东大会或类似决策机构决议提取任意盈余公积。提取比例和金额由企业自己拟定。

4. 向投资者分配利润或股利

企业弥补亏损或提取盈余公积后的剩余利润,股份制公司可根据股东大会的决议向股东分配现金股利,非股份制公司可以按资本的出资比例向投资者分配利润。

二、利润分配的会计处理

提取法定盈余公积时,借记"利润分配——提取法定盈余公积"账户,贷记"盈余公积——法定盈余公积"账户。

提取任意盈余公积时,借记"利润分配——提取任意盈余公积"账户,贷记"盈余公积——任意盈余公积"账户。

分配利润或股利时,借记"利润分配——应付现金股利或利润"账户,贷记"应付股利"。

期末,企业要将"利润分配"账户所属其他明细账户余额转入"未分配利润"明细账户,结转后,除"未分配利润"明细账户外,其他明细账户应无余额。

例 7-8　强力机械厂当年的净利润为 100 万元,按净利润的 10%提取法定盈余公积,按净利润的 5%提取任意盈余公积,向股东分配现金股利 30 万元。编制利润分配的会计分录。

业务分析:法定盈余公积提取金额为 10 万元,任意盈余公积提取金额为 5 万元,分配现金股利 30 万元。

提取盈余公积的会计分录:

借:利润分配——提取法定盈余公积　　100 000

——提取任意盈余公积　　50 000

　贷：盈余公积——法定盈余公积　　100 000

　　　　　　　——任意盈余公积　　50 000

分配现金股利的会计分录：

借：利润分配——应付现金股利　　300 000

　贷：应付股利　　300 000

结转“利润分配”其他明细账户余额的会计分录：

借：利润分配——未分配利润　　450 000

　贷：利润分配——提取法定盈余公积　　100 000

　　　　　　　——提取任意盈余公积　　50 000

　　　　　　　——应付现金股利　　300 000

年末通过计算利润总额及所得税后，企业就可以根据相关资料编制年度会计报告了。

本章小结

利润是指企业在一定会计期间的经营成果。它包括收入减去费用后的净额、直接计入当期利润的利得与损失等。营业利润是以营业收入为基础，减去营业成本、税金及附加、销售费用、管理费用、财务费用、资产减值损失，加上公允价值变动收益（或减去公允价值变动损失）和投资收益（或减去投资损失）计算而得。利润总额是指企业在一定会计期间的营业利润与营业外收支净额的合计总额，也是所得税前的利润总额。

所得税费用是指根据《企业会计准则》的要求确认的应从当期利润总额中扣除的所得税费用，它包括当期所得税费用和递延所得税费用。我国现行会计准则规定，所得税费用的确认采用资产负债表债务法，既要确认当期所得税费用，也要确认递延所得税费用。

企业当期计算的应税所得是根据《税法》的规定，以及资产负债表日的资产与负债的计税基础，在企业利润总额的基础上，进行调整计算而得。

永久性差异是指在某一会计期间，由于会计准则和税法在计算收入与利得、费用或损失的规定不一致，所产生的利润总额与应税所得之间的差异，这种差异在本期发生，不在以后期间转回。

企业当期实现的净利润，加上年初未分配利润（或减去年初未弥补亏损）后的余额为可供分配的利润。根据我国公司法等相关法规的规定，可供分配的利润应按以下顺序分配：弥补以前年度亏损、提取法定盈余公积、提取任意盈余公积、向投资者分配利润或股利。

思考与练习题

【思考题】

1. 什么是利润？企业的营业利润、利润总额如何计算？
2. 利润形成的会计处理有哪些内容？
3. 什么是所得税费用？所得税费用是如何计算的？
4. 什么是应税所得？应交所得税是如何计算的？
5. 永久性差异与暂时性差异的内容是什么？如何进行会计处理？
6. 利润分配的顺序是什么？利润分配的会计处理有哪些内容？

【练习题】

一、单项选择题

1. 根据《企业会计准则》的规定，企业支付的税务罚款应当计入（　　）。

A. 销售费用　　B. 其他业务成本
C. 营业外支出　　D. 管理费用

2. 不属于营业利润计算的科目是（　　）。

A. 主营业务收入　　B. 其他业务成本
C. 管理费用　　D. 营业外支出

3. 属于营业外收入的项目有（　　）。

A. 固定资产盘亏　　B. 捐赠支出
C. 政府补助　　D. 投资收益

4. 所得税费用与应交所得税的关系是（　　）。

A. 相等　　B. 所得税费用大于应交所得税
C. 所得税费用小于应交所得税　　D. 两者的依据不同

5. 永久性差异产生的原因在于（　　）。

A. 税法规定产生　　B. 会计准则规定产生
C. 税法与会计准则的规定相同　　D. 税法与会计准则的规定不相同

6. 暂时性差异产生后，将在以后的会计年度（　　）。

A. 转回　　B. 不转回　　C. 不作处理　　D. 不影响

7. 可以进行利润分配的是（　　）。

A. 营业利润　　B. 营业收入
C. 投资收益　　D. 净利润

8. 某企业当年度利润总额为 1 800 万元，其中本年度国债利息收入 200 万元，已计入营业外支出的税收滞纳金 6 万元，企业所得税税率为 25%。假定不考虑其他因素，该企业当年度所得税费用为（　　）万元。

A. 400　　B. 401.5　　C. 450　　D. 498.5

9. 甲企业 2017 年发生亏损 100 万元，2018 年实现税前会计利润 600 万元，其中包括国债利息收入50万元；在营业外支出中有税收罚款70万元；所得税税率25%。假定不考虑其他因素，该企业2015年所得税费用为(　　)万元。

A. 130　　B. 171.6　　C. 155　　D. 520

10. 某企业本期营业利润为200万元，管理费用为15万元，投资收益为30万元，营业外支出5万元，所得税费用为30万元。假定不考虑其他因素，该企业本期净利润为(　　)万元。

A. 160　　B. 165　　C. 200　　D. 210

11. 下列项目中不属于利润分配形式的是(　　)。

A. 应付投资者利润　　B. 提取公积金

C. 所得税　　D. 未分配利润

12. 年末结账时，"利润分配"账户的贷方余额表示(　　)。

A. 本年实现的利润总额　　B. 本年实现的净利润额

C. 本年利润分配总额　　D. 年末未分配利润额

二、多项选择题

1. 下列各科目中，年末应无余额的有(　　)。

A. 所得税费用　　B. 无形资产

C. 本年利润　　D. 累计折旧

2. 下列各项中，按规定应计入企业营业外收入的有(　　)。

A. 无法归还的应付账款　　B. 出售材料收入

C. 固定资产盘亏净损失　　D. 非流动资产处置利得

3. 下列各项中，影响企业营业利润的有(　　)。

A. 营业外收入　　B. 财务费用

C. 所得税费用　　D. 资产减值损失

4. 下列各项中，年度终了需要转入"利润分配——未分配利润"科目的有(　　)。

A. 本年利润　　B. 利润分配——应付现金股利

C. 利润分配——盈余公积补亏　　D. 利润分配——提取法定盈余公积

5. 下列各科目的余额，期末应结转到"本年利润"科目的有(　　)。

A. 公允价值变动损益　　B. 财务费用

C. 所得税费用　　D. 资产减值损失

6. 下列各项中，影响当期利润表中利润总额的有(　　)。

A. 营业税金及附加　　B. 销售费用

C. 所得税费用　　D. 营业收入

7. 期末结转到"本年利润"账户借方的发生额有(　　)。

A. 主营业务收入　　B. 主营业务成本

C. 所得税　　D. 销售费用

8. 属于营业利润构成要素的项目有(　　)。

A. 主营业务收入　　B. 投资收益

C. 销售费用　　D. 主营业务成本

9. "盈余公积"账户的借方登记盈余公积金的支用，如(　　)。

A. 支付给投资者利润　　B. 转增资本金

C. 弥补亏损　　D. 留作以后继续分配

10. 属于利润分配内容的有(　　)。

A. 缴纳所得税　　B. 提取盈余公积

C. 提取资本公积　　D. 向投资者分配利润

11. 应由企业负担,不记入“营业税金及附加”账户的税费有(　　)。

A. 教育费附加　　B. 增值税

C. 城建税　　D. 所得税

12. 企业实现的净利润应进行下列分配(　　)。

A. 计算缴纳所得税　　B. 支付银行借款利息

C. 提取法定盈余公积金　　D. 提取任意盈余公积金

13. 为了具体核算企业利润分配及未分配利润情况,“利润分配”账户应设置相应的明细账户。下列属于“利润分配”明细账户的有(　　)。

A. 盈余公积补亏　　B. 提取资本公积金

C. 应付现金股利或利润　　D. 法定盈余公积

14. “本年利润”账户,下列说法中正确的有(　　)。

A. 借方登记期末转入的各项支出额

B. 贷方登记期末转入的各项收入

C. 借方余额为实现的累计净利润额

D. 贷方余额为发生的亏损额

15. 企业的实收资本,下列说法中正确的有(　　)。

A. 实收资本是企业实际收到投资人投入的资本金

B. 实收资本是企业进行正常经营的条件

C. 实收资本是企业向外投出的资产

D. 实收资本应按照实际投资数额入账

16. 股份公司形成的可供投资者分配的利润,按要求还要进行以下顺序的分配(　　)。

A. 提取法定盈余公积金　　B. 提取资本公积金

C. 支付优先股股利　　D. 支付普通股股利

三、判断题

1. “本年利润”账户,在年度中间余额保留在本账户,不予转账。年末将余额转入“利润分配——未分配利润”,结转后应无余额。(　　)

2. 本期所得税费用与本期递延所得税费用相等。(　　)

3. 年度终了,“利润分配”各明细科目均无余额。(　　)

4. 利润总额扣除本期应交所得税,即为本期净利润。(　　)

5. 永久性差异应在以后的会计期间内调整。(　　)

6. “利润分配”账户借方登记实际分配的利润数额,贷方平时一般不作登记,因而在年度中间该账户的期末借方余额表示企业本期已分配的利润数额。(　　)

7. 盈余公积是按利润总额的一定比例计算提取的。(　　)

8. 向投资者分配利润,应借记“利润分配”账户。(　　)

9. 投资净收益是企业购买股票或债券等对外投资所获得的收益。 （ ）

10. “资本公积”账户的贷方余额表示投入资本的结余额。 （ ）

11. 企业以当年实现的利润弥补以前年度结转的未弥补亏损时，不需要进行专门的账务处理。 （ ）

12. 企业从税后利润中提取盈余公积金不属于利润分配的内容。 （ ）

四、实务题

1. 江城商业股份有限公司当年发生以下经济业务：

（1）销售产品总价为 1 150 000 元，80％为赊销。售出产品的实际成本为800 000 元。

（2）本年广告费支出 100 000 元，销售运杂费 9 000 元。

（3）本年发生短期借款利息支出共计 5 000 元。

（4）本年管理费用共计 35 000 元。

（5）本年付营业税金 25 000 元。

（6）本年投资国债的利息收入为 6 000 元。

（7）年末支付交通违规罚款 1 000 元。

（8）公司适用的企业所得税率为 25％。

要求：计算江城商业股份有限公司当年的营业利润、利润总额、所得税费用、应交所得税、净利润。

2. 根据业务题 1 的资料，江城商业股份有限公司年末按规定提取 10％的法定盈余公积，并以现金的形式向投资者分配利润 50 000 元。分配利润和结账之前，公司的“利润分配——未分配利润”账户余额为 10 000 元。

要求：编制利润分配业务的会计分录。登记“利润分配”账户及所属明细账户，结出年末余额。

3. 江城贸易股份有限公司当年末有关损益类账户的余额见表 7-2。

表 7-2 江城贸易股份有限公司损益类账户余额表

单位：元

收入科目	期末余额	费用科目	期末余额
主营业务收入	950 000	主营业务成本	650 000
其他业务收入	200 000	其他业务成本	150 000
投资收益	15 000	营业税金及附加	36 000
营业外收入	40 000	销售费用	40 000
		管理费用	120 000
		财务费用	25 000
		营业外支出	70 000

经过账户检查，发现以下事项：

（1）公司营业外支出中有 1 000 元为税务罚款；

（2）经核查公司该年超过工资合理支出数额 3 500 元；

（3）本年确认的投资收益有 4 000 元为国债利息收入，已收到利息。

要求：

（1）将损益类科目结转“本年利润”科目。

（2）计算公司当年应交所得税并编制有关会计分录(所得税税率为25%，除上述事项外，不考虑其他纳税调整因素)。

（3）计算当年公司净利润。

4. 南江实业公司适用的企业所得税率为25%，该公司2019年11月份的利润表如表7-3所示。

表7-3　南江实业公司利润表

项目	本期金额	本年累计
一、营业收入	略	6 850 000
减：营业成本		4 200 000
销售费用		320 000
管理费用		400 000
财务费用		20 000
二、营业利润(损失以“－”填列)		1 910 000
加：营业外收入		5 000
减：营业外支出		15 000
三、利润总额(损失以“－”填列)		1 900 000
减：所得税费用		475 000
四、净利润(亏损以“－”填列)		1 425 000

公司12月份发生以下经济业务：

（1）对外销售甲商品5 000件，单价80元，增值税率17%，已办妥银行托收货款手续；

（2）通过银行转账支付上述销售商品的运杂费用3 000元；

（3）计算分配本月应付职工薪酬共计45 000元，其中管理部门25 000元，专设销售机构人员工资20 000元；

（4）结转已销售的5 000件甲商品的销售成本300 000元；

（5）将本月实现的损益结转至“本年利润”账户。

要求：计算南江实业公司2019年度利润表的报表项目营业收入、营业成本、营业利润、利润总额、所得税费用和净利润的金额。

第八章 财产清查

学习目的

通过本章的学习，要求了解财产清查的内容与意义，掌握货币资金、实物财产、往来款项等资产清查的内容与方法，熟悉财产清查的程序，掌握财产清查过程中所涉及的凭证与账户及出现盈亏时的会计处理。

导入案例

中国A股史上财务造假巅峰巨制——康得新的百亿财务造假事件

中国证监会2019年7月5日公告：经查，康得新涉嫌在2015年至2018年期间，通过虚构销售业务等方式虚增营业收入，并通过虚构采购、生产、研发费用和产品运输费用等方式虚增营业成本、研发费用和销售费用。通过上述方式，康得新共虚增利润总额达119亿元。

康得新成立于2001年，主要产品为光学膜、预涂膜等膜材料，公司还涉足裸眼3D、碳纤维等一系列颠覆性产品。2010—2017年，康得新的营业收入增长率和净利润增长率每年均超过20%，成为A股曾经鼎鼎有名的白马股。自2010年上市以来，公司股价最高涨幅近十倍，并在2017年跻身千亿市值公司之列。

2018年开始，有关公司财务造假传闻不断出现，公司股价不断下跌，到如今已跌去84%，市值仅余125亿元。

2019年1月，康得新曝出15亿元债务违约，公司手握150亿元资金却无法偿还15亿元债务，引发市场轩然大波。

4月30日，康得新披露2018年年报，又爆出在北京银行的122亿存款“不翼而飞”。

5月12日，公司大股东及实控人钟玉因涉嫌犯罪被警方采取刑事强制措施。

公司对利润造假，常用的手法是虚增收入，虚增应收款，同时还要做假的出库。另外，大股东经常侵占上市公司的现金，为逃避检查，会使用“过桥”资金掩人耳目。从目前的调查来看，公司的银行存款、应收账款、存货都存在问题，账面数和实际数有较大的区别。可见财产清查有多么重要。

第一节　财产清查概述

一、财产清查的概念

企业单位日常发生经济业务之后，要相应地填制和审核会计凭证，并依据会计凭证的记录登记有关的会计账簿。应该说，账簿记录能够反映企业单位各项财产物资的增减变动及其结存情况，为经济管理提供会计信息。账簿记录是否正确和完整，直接影响会计信息的客观真实性。为了保证会计信息的客观真实性，就要进行账证核对、账账核对和账实核对，而这里的账实核对就是财产清查的主要内容。

所谓财产清查(take stock of property)就是指对企业单位的各项财产物资、货币资金及债权债务进行盘点和核对，以查明各项财产物资、货币资金及债权债务的实存数，并与账面数进行核对，从而确证账实是否相符的一种专门方法。财产清查不仅是会计核算的一种重要的核算方法，而且也是财产物资管理制度的一个重要组成内容。通过财产清查，一旦发现账实不符，则应采取相应的方法进行处理，从而做到账实相符，也就从一定程度上保证了会计信息的客观真实性。

二、财产清查的意义

（一）造成账实不符的原因

为了保证会计账簿记录的真实、准确，建立健全财产物资的管理制度，确保财产物资的安全与完整，就必须运用财产清查这一行之有效的会计核算方法，对企业的各项财产物资进行定期或不定期的清查，以保证账实相符，提高各项财产物资的使用效果。根据财务管理的要求，各企业单位应通过账簿记录来反映和监督各项财产物资、货币资金及债权债务的增减变化及结存情况。为了保证账簿记录的正确，应加强会计凭证的日常审核，定期核对账簿记录，做到账证相符、账账相符。但是，仅仅账簿记录正确还不能说明账簿记录内容的真实可靠，因为有很多主观或客观原因致使各项财产的账面数额与实际结存数额发生差异，造成账实不符，具体原因包括以下几个方面：

(1) 在管理和核算方面，由于手续不健全或不严密造成计算上或登记上的错误，如凭证或账簿中出现漏记、重记、错记或计算错误；

(2) 在收发财产物资时，由于计量或检验不准确，造成品种、数量或质量上的差错；

(3) 由于管理不善或责任者的过失，造成财产物资毁损、短缺等；

(4) 由于财产物资保管中发生自然损耗或遭受自然灾害造成财产物资损失；

(5) 由于不法分子贪污盗窃、营私舞弊而发生财产物资损失。

通过上述内容可以看出，造成账实不符的原因既有主观原因，也有客观原因，而对于客观原因又是不能完全避免的。因此，为了保证会计账簿记录真实、可靠，就需要企事业单位在编制会计报表以前，对各项财产物资进行清查，做到账实相符。特别是在编制年度会计报表之前，必须进行财产清查，并对账实不符的问题根据有关规定正确进行会计处理。

（二）财产清查的作用

财产清查作为会计核算的一种专门方法，在会计核算过程中具有十分重要的作用。

1. 提高会计核算资料的质量，保证会计核算资料的真实可靠

通过财产清查，可以确定各项财产物资、货币资金及债权债务的实存数，将实存数与账存数进行对比，寻找差异，确定盘盈、盘亏并及时调整账簿记录，做到账实相符，以保证账簿记录的真实、可靠，为经济管理提供正确的数据资料。

2. 揭示财产物资的使用情况，促进企业改善经营管理，挖掘各项财产物资的潜力，加速资金周转

通过财产清查查明各项财产物资盘盈、盘亏的原因和责任，从而找出财产物资管理过程中存在的问题，以便改善经营管理。在财产清查过程中可以查明各项财产物资的储备、保管和使用情况，查明各项财产物资占用资金的合理程度，以便挖掘各项财产物资的潜力，加速资金周转，提高资金使用效率。

3. 防止人为原因造成账实不符

通过财产清查，发现贪污盗窃等犯罪行为，及时进行调查，追究责任，加以处理。防止人为原因造成财产物资损失浪费或被非法挪用等情况，以确保企业财产物资的安全完整。

4. 促使财产物资保管人员加强责任感，以保证各项财产物资的安全与完整

通过财产清查，建立、健全财产物资保管的岗位责任制，保证各项财产物资的安全完整；促使经办人员自觉遵守结算纪律和国家财政、信贷的有关规定，及时结清债权债务，避免发生坏账损失，确保企业对外经济往来的正常进行。

三、财产清查的种类

企业财产清查的对象和范围往往是不同的，在时间上也有区别，由此就产生了财产清查的不同种类。

（一）按财产清查的范围和对象划分

财产清查按其清查范围和对象划分，可以分为全面清查和局部清查。

1. 全面清查

全面清查是指对企业所有的财产物资、货币资金和债权债务进行彻底的盘点和核对。对于制造业企业而言，全面清查的对象一般包括：库存现金、银行存款和银行借款等货币资金；固定资产、原材料、在产品、产成品及其他物资、在途物资、委托其他单位加工保管的物资；债权债务等。

从上述内容可以看出，全面清查的范围广，时间长，参加的部门和人员也多，所以全面清查要慎重，一般不能轻易进行。但在以下几种情况下需要进行全面清查。

（1）年终决算前，需要进行一次全面清查；

（2）单位撤销、合并或改变隶属关系时，需要进行全面清查，以明确经济责任；

(3) 中外合资、国内联营，需要进行全面清查；

(4) 开展清产核资，需要进行全面清查，摸清家底，准确地核定资金；

(5) 单位主要负责人调离工作，需要进行全面清查。

2. 局部清查

局部清查是指根据需要对一部分财产物资、货币资金及债权债务进行的清查。由于全部清查的工作量较大，不能经常进行，所以平时可以根据管理的需要进行局部清查。局部清查的范围小，专业性也比较强，因而其清查的主要对象一般是流动性较大又易于损坏的物资。局部清查具体包括以下内容：

(1) 对于库存现金应由出纳人员在每日业务终了时盘点一次，做到日清月结；

(2) 对于银行存款和银行借款等应由出纳人员每月同银行至少核对一次；

(3) 对于原材料、在产品和产成品等除年终清查外，应有计划地每月重点抽查，对于贵重的财产物资应每月至少清查盘点一次；

(4) 对于债权债务应在年度内同有关单位至少核对一次。

（二）按财产清查的时间划分

财产清查按其清查时间划分，可以分为定期清查和不定期清查。

1. 定期清查

定期清查是指根据管理制度的规定或预先计划安排的时间对财产物资、货币资金和债权债务进行的清查。这种清查的对象不固定，可以是全面清查也可以是局部清查。其清查的目的在于保证会计核算资料的真实正确。定期清查一般是在年末、季末或月末结账时进行。

2. 不定期清查

不定期清查是指事先并不规定清查日期而临时根据需要所进行的清查。其清查的对象既可以是全面清查的内容，也可以是局部清查的内容。一般在以下几种情况下可以进行不定期清查：

(1) 更换出纳员时对库存现金、银行存款所进行的清查；

(2) 更换仓库保管员时对其所保管的财产物资所进行的清查；

(3) 发生自然灾害时，对受灾损失的有关实物财产所进行的清查；

(4) 有关单位对企业进行会计检查或进行临时性的清产核资工作时所进行的清查。

（三）按财产清查的执行单位划分

财产清查按执行单位划分，可以分为内部清查和外部清查。

1. 内部清查

内部清查是指由本企业的有关人员组成清查工作组对本企业的财产所进行的清查。这种清查也称为自查，可以是全面清查，也可以是局部清查；可以是定期清查，也可以是不定期清查，应根据实际情况和具体要求加以确定。

2. 外部清查

外部清查是指由企业外部的有关部门或人员根据国家法律或制度的规定对企业所进行的财产清查。

四、财产清查前的准备工作

财产清查是改善企业经营管理和加强会计核算的重要手段，也是一项涉及面广、工作量大、非常复杂细致的工作。它不仅涉及有关物资保管部门，而且涉及各个车间和职能部门。为了做好财产清查工作，使它发挥应有的积极作用，在进行财产清查之前，必须做好充分的准备工作，包括组织上的准备和物资及业务上的准备。

（一）组织上的准备

财产清查，尤其是全面清查，必须专门成立清查组织。清查组织应在有关主管厂长和总会计师的领导下，成立由财务部门牵头，有生产、技术、设备、行政及各有关部门参加的财产清查领导小组，具体负责财产清查的领导和组织工作。其主要任务是：

（1）在财产清查前，研究制定财产清查计划，确定清查的对象和范围，安排清查工作的进度，配备清查人员，确定清查方法；

（2）在清查过程中，做好具体组织、检查和督促工作，及时研究和处理清查中出现的问题；

（3）在清查结束后，将清查结果和处理意见上报领导和有关部门审批。

（二）物资及业务上的准备

物资及业务上的准备是做好财产清查工作的前提条件，各有关业务部门务必引起充分的重视，特别是会计部门和财产物资保管部门的相关人员应积极主动配合，做好各方面的准备工作。主要内容有以下几个方面。

（1）会计部门和会计人员，应在财产清查之前，将有关账目登记齐全，结出余额，做到账簿记录完整、计算准确、账证相符、账账相符，为账实核对提供正确的账簿资料。

（2）财产物资保管部门和保管人员，应在财产清查之前，登记好所经管的各种财产物资明细账，结出余额。将所保管和使用的物资整理好，挂上标签，标明品种、规格、结存数量，以便盘点核对。

（3）准备好必要的计量器具，进行检查和校正，保证计量的准确性。

（4）银行存款、银行借款、结算款项及债权债务的清查，需要取得对账单及有关的函证资料等。

（5）印制好各种清查登记的表册，如库存现金盘点报告表、盘存单、实存账存对比表等。

第二节 财产清查的内容与方法

财产清查是一项涉及面广、工作量大的工作，为了保证财产清查工作的质量，提高工作效率，达到财产清查的目的，确定各项财产物资清查的方法是很有必要的。

一、货币资金的清查

货币资金的清查包括对库存现金的清查、对银行存款的清查和对其他货币资金等款项的清查。

(一) 库存现金的清查

库存现金清查的基本方法是实地盘点法。它是通过对库存现金的盘点实有数与库存现金日记账的余额进行核对的方法,来查明账实是否相符。具体可分为以下两种情况。

(1) 在日常的工作中,出纳员每日清点库存现金实有数额,并及时与库存现金日记账的余额相核对。这种清查方法实际上是现金出纳员的分内职责。

(2) 在由专门清查人员进行的清查工作中,为了明确经济责任,清查时出纳人员必须在场。清查人员要认真审核收付款凭证和账簿记录,检查经济业务的合理性和合法性。此外,清查人员还应检查企业是否以"白条"或"借据"抵充库存现金。

库存现金盘点结束后,应根据盘点的结果,填制"库存现金盘点报告表"。"库存现金盘点报告表"是重要的原始凭证,它既有实物财产清查的"盘存单"的作用,又有"实存账存对比表"的作用。"库存现金盘点报告表"填制完毕,应由盘点人员和出纳员共同签章方能生效。"库存现金盘点报告表"的格式见表8-1。

表8-1 库存现金盘点报告表

单位名称: 年 月 日

实存金额	账存金额	实存与账存对比		备 注
		盘 盈	盘 亏	

负责人: 盘点人: 出纳员:

(二) 银行存款的清查

银行存款清查的基本方法是采用银行存款日记账与开户银行的"对账单"相核对的方法。核对前,首先把截止清查日所有银行存款的收、付业务都登记入账,对发生的错账、漏账应及时查清更正,然后再与银行的对账单逐笔核对。如果发现二者余额相符,一般说明无错误;如果发现二者不相符,可能是企业或银行某一方记账过程有错误或者存在未达账项。

所谓未达账项是指在企业和银行之间,由于凭证的传递时间不同,导致记账时间不一致,即一方已接到有关结算凭证并已经登记入账,另一方由于尚未接到有关结算凭证而尚未入账的款项。未达账项总的来说有两大类型:一是企业已经入账而银行尚未入账的款项;二是银行已经入账而企业尚未入账的款项。具体来讲有以下四种情况。

(1) 企业已收款入账,而银行尚未收款入账。例如企业将销售产品收到的支票未能及时送存银行,企业已登记收款入账,而银行则不能马上入账。如果此时对账,则形成企业已收,银行尚未收款入账。

(2) 企业已付款入账,而银行尚未付款入账。例如企业开出一张支票购进货物,企业根据支票存根、发货票及入库单等凭证,登记付款入账;而持票人此时尚未到银行兑现,银行因尚未收到付款凭证,没有付款入账。如果此时对账,则形成企业已付,银行尚未付款入账。

(3) 银行已收款入账,企业尚未收款入账。例如外地某单位给企业汇来货款,银行收到汇款后登记入账,而企业由于尚未收到汇款凭证则未登记入账。如果此时对账,则形成银行已收,企业尚未收款入账。

(4) 银行已付款入账,企业尚未付款入账。例如银行在季末已将短期借款利息划出,并已付款入账,而企业尚未接到付款通知,则未付款入账。如果此时对账,则形成银行已付,企业尚未付款入账。

上述任何一种未达账项的存在,都会使企业银行存款日记账的余额与银行开出的对账单的余额不符。当发生(1)、(4)两种情况时,企业的银行存款日记账的账面余额将大于银行对账单余额;当发生(2)、(3)两种情况时,企业的银行存款日记账账面余额将小于银行对账单余额。所以,在与银行对账时首先应查明是否存在未达账项,如果存在未达账项,就应该编制银行存款余额调节表对有关的账项进行调整。银行存款余额调节表是在企业银行存款日记账余额和银行对账单余额的基础上,分别加减未达账项,确定调节后余额。如果调节后双方余额相符,就说明企业和银行双方记账过程基本正确,而且这个调节后余额是企业当时可以实际动用的银行存款的限额。如果调节后余额不符,企业和开户银行双方记账过程可能存在错误,属于开户银行错误,应当由银行核查更正;属于企业错误,应查明错误所在,区别漏记、重记、错记或串记等情况,分别采用不同的方法进行更正。其计算公式如下:

企业的银行存款日记账余额＋银行收款企业未收款的账项－银行付款企业未付款的账项＝银行对账单的余额＋企业收款银行未收款的账项－企业付款银行未付款的账项

以下举例说明银行存款余额调节表的具体编制方法。

例 8-1 某企业 2018 年 6 月 30 日,银行存款日记账的账面余额为130 350元,银行对账单余额为 127 000 元,经查实发现有以下未达账项:

(1) 委托银行收款 12 500 元,银行已入企业账户,企业尚未收到收款通知;

(2) 企业开出现金支票一张,计 400 元,企业已入账,银行未入账;

(3) 银行已代付电费 250 元,企业尚未收到付款通知;

(4) 企业收到外单位转账支票一张,计 16 000 元,企业已收款入账,银行尚未记账。

根据以上未达账项,编制银行存款余额调节表,见表 8-2。

表 8-2 银行存款余额调节表

20××年 1 月 31 日　　单位:元

项　目	金　额	项　目	金　额
企业银行存款日记账余额	130 350	银行对账单余额	127 000

续表

项　　目	金　额	项　　目	金　额
加：银行已收企业未收款	12 500	加：企业已收银行未收款	16 000
减：银行已付企业未付款	250	减：企业已付银行未付款	400
调整后余额	142 600	调整后余额	142 600

表8-2的编制方法是企业与银行双方都在本身余额的基础上，补记对方已记账、本身未记账的未达账项。经调整后，双方余额相等，说明双方记账相符，调整后余额理论上是企业当时实际可以动用的存款数额。如果调节后的余额仍然不等，则说明有错误存在，应进一步查明原因，采取相应的方法进行更正。

在进行银行存款核对时需要注意以下几点：一是"银行存款余额调节表"左右两侧调节后的金额是企业银行存款的真正数，应该相等，但在调节后不能据以调节账面金额，必须等到收到银行收款或付款通知后才能调整会计账面金额；二是在财产清查中，要特别注意长期存在的未达账项，这样的款项可能是错账，应对时间较长的未达账项进行分析，查明原因。应注意的是，编制"银行存款余额调节表"只起对账作用，不能作为调节账面余额的凭证，应等待有关结算凭证到达后，再登记银行存款日记账。

上述银行存款的清查方法也适用于其他货币资金的清查。

二、实物财产的清查

实物财产是指具有实物形态的各种财产，包括原材料、半成品、在产品、产成品、低值易耗品、包装物和固定资产等。对于实物财产的清查，特别是存货的清查，首先应确定实物财产的账面结存额，再确定实际结存额，然后对两者进行比较以确定差异并寻找产生差异的原因，进行账务处理。

（一）确定实物财产账面结存的盘存制度

实物财产清查的重要环节是盘点实物财产的实存数量，为使盘点工作顺利进行，应建立一定的盘存制度。实物财产的盘存制度一般有两种：永续盘存制和实地盘存制。

1. 永续盘存制

永续盘存制（perpetual inventory system）又称账面盘存制。在会计核算过程中采用这种盘存制度，是通过设置存货明细账，并根据会计凭证逐笔登记存货的收入数（增加）和发出数（减少），随时可结出存货结存数的一种方法。从永续盘存制的含义可以看出，采用这种方法，对于存货的增加和减少，平时都要在账簿中连续地进行记录，因而随时可结算出各类存货的账面结存数。尽管如此，由于各种原因，账面结存数与实存数之间仍有不符的可能。所以，采用永续盘存制仍需定期或不定期地、全部或局部地对财产进行实地盘点，且至少每年实地盘点一次，以验证账实是否相符。

在永续盘存制下，存货明细分类账能随时反映存货的结存数量和销售数量，其

计算公式为

账面期末结存存货成本＝账面期初结存存货成本＋本期存货增加成本－本期存货减少成本

按照《企业会计准则》的规定，采用永续盘存制，每年至少应对存货进行一次全面盘点，对于有些价值较高的物品，或者记录内容容易发生差错的物品，还需要对它们经常进行实物盘点。永续盘存制下的实物盘点，一般可以不定期进行，通常在生产经营的间歇时间盘点部分或全部存货，但为了确保期末财务报告的正确性，在会计期间终了时，如同实地盘存制一样，进行一次全面的实物盘点。

2. 实地盘存制

实地盘存制(Periodic Inventory System)又称以存计耗制或以存计销制，是指平时根据会计凭证在有关账簿中只登记存货的增加数，不登记减少数，月末通过实地盘点，将盘点的实存数作为账面结存数，然后逆向推算出本期发出数的一种存货核算方法。其计算公式为

期初结存存货成本＋本期收入存货成本＝本期耗用或销售存货成本＋期末结存存货成本

期末结存存货成本＝实际库存数量×存货单位成本

实际库存数量＝实地盘点数量＋已提未销数量－已销未提数量＋在途数量

本期发出存货成本＝期初结存存货成本＋本期收入存货成本－期末结存存货成本

这样期末实地盘点数，就成为有关账簿登记减少数的唯一根据。采用实地盘存制，虽然平时能简化记账工作，但核算手续不严密，不能通过账簿随时反映和监督各项存货的增加、减少和结余情况，工作中如出现差错、毁损、盗窃、丢失等情况，均计入本期发出数，从而不利于发挥账簿记录对存货的控制作用，不利于加强存货的管理和保护财产的安全。因此，实地盘存制一般只适用于一些价值低、品种杂、进出频繁的材料物资及鲜活、零售商品。其他存货一般不宜采用实地盘存制。

由以上所述可以看出，不论是永续盘存制还是实地盘存制，都要每年至少一次对存货进行实物盘点，所以，在实际工作中一个企业往往不是单一地使用永续盘存制或实地盘存制，更为实际的选择是在永续盘存制的基础上对存货进行定期盘存，把两种盘存制度结合起来使用，使之优势互补。

(二) 实物财产的清查方法

1. 实物财产的清查方法

不同品种的实物财产，由于其实物形态、体积、重量、堆放方式等方面各有不同，因而对其进行清查所采用的方法也有所不同。常用的实物财产的清查方法包括以下几种。

(1) 实地盘点法。实地盘点法是指通过点数、过磅、量尺等方法来确定实物财产的实有数额。这种方法一般适用于机器设备、包装好的原材料、产成品和库存商品等的清查。

(2) 技术推算法。技术推算法是指利用技术方法对财产的实存数进行推算的一种方法。这种方法一般适用于散装的、大量成堆的化肥、饲料等物资的清查。

(3) 抽样盘存法。抽样盘存法是指对于数量多、重量均匀的实物财产，可以采用抽样盘点的方法，确定财产的实有数额。

(4) 函证核对法。函证核对法是指对于委托外单位加工或保管的物资，可以采用向对方单位发函调查，并与本单位的账存数相核对的方法。

2. 实物财产清查使用的凭证

为了明确经济责任，进行财产清查时，有关实物财产的保管人员必须在场，并参加盘点工作。对各项实物财产的盘点结果，应如实准确地登记在“盘存单”上，并由有关参加盘点人员同时签章生效。“盘存单”是实物财产盘点结果的书面证明，也是反映实物财产实有数额的原始凭证。“盘存单”的一般格式见表8-3。

表 8-3　盘存单

单位名称：　　　　　　　　　　　　　　　　　　编号：

盘点时间：　　　　　　　　财产类别：　　　　　　存放地点：

编号	名称	规格	计量单位	盘点数量	单价	金额	备注

盘点人签章：×××　　　　　　　　　　　　　　　　保管人签章：×××

盘点完毕，将“盘存单”中所记录的实存数与账面结存数相核对，如发现实物盘点结果与账面结存结果不相符时，应根据“盘存单”和有关账簿记录，填制“实存账存对比表”，以确定实物财产的盘盈数或盘亏数。“实存账存对比表”是财产清查的重要报表，是调整账面记录的原始凭证，也是分析盈亏原因、明确经济责任的重要依据。“实存账存对比表”的格式见表8-4。

表 8-4　实存账存对比表

单位名称：　　　　　　　　　　年　　月　　日

<table>
<tr><td rowspan="3">编号</td><td rowspan="3" colspan="2">类别及名称</td><td rowspan="3">计量单位</td><td rowspan="3">单价</td><td rowspan="2" colspan="2">实　存</td><td rowspan="2" colspan="2">账　存</td><td colspan="4">差　异</td></tr>
<tr><td colspan="2">盘盈</td><td colspan="2">盘亏</td></tr>
<tr><td>数量</td><td>金额</td><td>数量</td><td>金额</td><td>金额</td><td>数量</td><td>金额</td><td>数量</td></tr>
<tr><td></td><td></td><td></td><td></td><td></td><td></td><td></td><td></td><td></td><td></td><td></td><td></td><td></td></tr>
<tr><td></td><td></td><td></td><td></td><td></td><td></td><td></td><td></td><td></td><td></td><td></td><td></td><td></td></tr>
<tr><td></td><td></td><td></td><td></td><td></td><td></td><td></td><td></td><td></td><td></td><td></td><td></td><td></td></tr>
</table>

主管人员：　　　　　　　　　　会计：　　　　　　　　　　制表：

三、往来款项的清查

企业与其他单位的各种结算往来款项的清查应采用同对方核对账目的方法进行。一般采取函证核对法进行清查，也称“询证核对法”，即通过证件同往来单位核对账目。企业应按每一个经济往来单位编制“往来款项对账单”一式两联，送往各经济往来单位，对方经过核对相符后，在回联单上加盖公章后退回，表示已核对；如果经核对数字不相符，对方应在回单上注明情况，进一步查明原因，再进行核对，直到相符为止。对于查出的错账，应予以更正。通过往来账项的清查，要及时催收该收回的账款，并偿还该偿还的欠款，对呆账和坏账也应及时处理。“往来款项对账单”的格式和内容见图 8-1。

往来款项对账单

××单位：

你单位××××年×月×日购入我单位×产品××台，已付货款×××元，尚有×××元货款未付，请核对后将回单联寄回。

核查单位：(盖章)

××××年×月×日

沿此虚线裁开，将以下回单联寄回！

………………………………………………………………………………………

往来款项对账单(回联)

核查单位：

你单位寄来的“往来款项对账单”已经收到，经核对相符无误(或不符，应注明具体内容)。

××单位(盖章)

××××年×月×日

图 8-1 往来款项对账单

在对往来款项进行清查后，应根据结果及时填写“结算资金清查结果报告单”(见表 8-5)或“应收应付款项清查报告表”。表内除所列各项应收或应付款项的余额外，对于未达账项、双方有争议的款项以及没有希望收回的款项、无须支付的款项也应在备注中加以说明，并报请单位主管人员进行处理。

表 8-5 结算资金清查结果报告单

清查日期： 制表日期：

总分类账户名称： 总账结余金额：

明细账户名称	账面结存金额	清 查 结 果		核对不符的原因和金额		备注
		核对相符金额	核对不符金额	未达账项	合计	

制单人：

第三节 财产清查的处理

财产清查的处理一般是指对账实不符的内容的处理，包括盘盈、盘亏等有关内容的处理。财产清查后，如实存数与账存数不一致，会出现两种情况：一是实存数大于账存数，称为盘盈；二是实存数小于账存数，称为盘亏。当实存数与账存数一致，但实存的财产物资有质量问题，不能按正常的财产物资使用，称为毁损。不论是盘盈，还是盘亏或毁损，都需要进行账务处理，调整账存数，使账存数与实存数一致，以保证账实相符。因此，一旦发现账存数与实存数不一致时，应该核准数字，分析产生差异的原因，明确经济责任，提出相应的处理意见，按规定的程序批准后，才能对差异进行处理。

一、财产清查处理的基本步骤

在财产清查处理上，对账实不符的差异的具体处理分以下两个步骤进行：

第一步，在审批前根据“实存账存对比表”等原始凭证中列明的财产盘盈或盘亏，编制有关记账凭证，登记有关账簿，调整账面结存数，从而使账实相符；

第二步，审批后，根据发生差异的原因和批复意见，编制记账凭证，并据以登记入账，转销盘盈或盘亏。

二、财产清查的具体处理

（一）财产清查处理应设置的账户

为了核算和监督企业在财产清查中查明的财产盘盈、盘亏或毁损及其处理情况，应设置“待处理财产损溢”账户，该账户下设两个明细账户，即“待处理固定资产损溢”和“待处理流动资产损溢”。“待处理财产损溢”账户属双重性质账户，借方用来登记各项财产发生的盘亏、毁损数和经批准处理盘盈财产的转销数；贷方登记各项财产发生的盘盈数和经批准处理的盘亏、毁损财产转销数。期末如为借方余额，表示尚待处理的净损失；如为贷方余额，表示尚待处理的净溢余。对于等待批准处理的财产盘盈、盘亏，会计年终前应处理完毕。会计年度终了，该账户无余额。

“待处理财产损溢”账户的结构可表示如下：

待处理财产损溢

借方	贷方
清查时发现的盘亏数 经批准后盘盈的转销数	清查时发现的盘盈数 经批准后盘亏的转销数
尚待处理的净损失	尚待处理的净溢余

对于“待处理财产损溢”这个账户，需要注意三点：一是只有各种实物财产和库存现金清查盘盈或盘亏时用到该账户，而债权债务的盈亏余缺不在该账户中核算；二是该账户的具体运用要分批准前和批准后两个步骤；三是盘盈或盘亏的实物资产如果在会计期末尚未批准的，应在对外提供财务报告时先按有关规定进行处理，并在会计报表附注中做出说明，如果其后批准处理的金额与已处理的金额不一致，应按其差额调整会计报表相关项目的年初数。

（二）财产清查的会计处理

财产清查的对象不同，所采取的处理方法也不同。

1. 库存现金清查的处理

库存现金清查过程中发现的长款(溢余)或短款(盘亏),应根据“库存现金盘点报告表”以及有关的批准文件进行批准前和批准后的账务处理。库存现金长款、短款通过“待处理财产损溢——待处理流动资产损溢”账户进行核算。

库存现金长款、短款在批准前的处理是:以实际存在的库存现金为准,当库存现金长款时,增加库存现金账户的记录,以保证账实相符,同时记入“待处理财产损溢——待处理流动资产损溢”账户贷方,等待批准处理;当库存现金短款时,应冲减库存现金账户的记录,以保证账实相符,同时记入“待处理财产损溢——待处理流动资产损溢”账户借方,等待批准处理。

库存现金长款、短款在批准后应视不同的原因采取不同的方法进行处理。一般来说,对于无法查明原因的库存现金长款,其批准后的处理是增加营业外收入,对于应付其他单位或个人的长款,应记入“其他应付款——××单位或个人”账户。对于库存现金短款,如果是应由责任人赔偿或由保险公司赔偿的,应转记入“其他应收款——××赔偿人”或“其他应收款——应收保险赔款”账户;如果是经营管理不善造成的损失、非常损失或无法查明原因的损失,应增加企业的管理费用。下面举例说明库存现金长款、短款批准前后的账务处理。

例 8-2 企业在现金清查中发现现金盘亏 1 000 元,经核查,是由于××出纳员的责任造成,应由××出纳员赔偿。其账务处理如下:

(1) 批准前

借:待处理财产损溢——待处理流动资产损溢 1 000

  贷:库存现金 1 000

(2) 批准后

借:其他应收款——××出纳员 1 000

  贷:待处理财产损溢——待处理流动资产损溢 1 000

例 8-3 企业在现金清查时发现库存现金长款 1 200 元,经反复核查,无法查明原因,报经批准转作营业外收入处理。其账务处理如下:

(1) 批准前

借:库存现金 1 200

  贷:待处理财产损溢——待处理流动资产损溢 1 200

(2) 批准后

借:待处理财产损溢——待处理流动资产损溢 1 200

  贷:营业外收入 1 200

例 8-4 企业在现金清查中发现库存现金短款 200 元,经反复核查,无法查明原因,报经批准转作管理费用处理。其账务处理如下:

(1) 批准前

借:待处理财产损溢——待处理流动资产损溢 200

  贷:库存现金 200

(2) 批准后

借:管理费用——库存现金短款 200

  贷:待处理财产损溢——待处理流动资产损溢 200

2. 实物财产清查的处理

企业的实物财产主要包括流动资产和固定资产两部分。企业在财产清查过程中发现的流动资产盘盈、盘亏，报经批准以前应先通过“待处理财产损溢”账户核算。对于盘盈的流动资产，一方面增加有关的流动资产账户，另一方面记入“待处理财产损溢”账户的贷方；对于盘亏的流动资产，一方面记入“待处理财产损溢”账户的借方，另一方面冲减有关的流动资产账户。报经有关部门批准之后，再根据不同的情况进行相应的处理。批准后一般的处理办法是：属于管理不善、收发计量不准确、自然损耗而产生的定额内的损耗，转作管理费用；属于超定额的短缺毁损所造成的损失，应由过失人负责赔偿；属于非常损失造成的短缺毁损，在扣除保险公司的赔偿和残料价值后的净损失，列作营业外支出。对于盘盈的流动资产（一般由于收发计量不准或自然升溢等原因造成），经批准后冲减管理费用。

企业在财产清查中盘亏的固定资产，通过“待处理财产损溢——待处理固定资产损溢”科目核算，盘亏造成的损失，通过“营业外支出——盘亏损失”科目核算，应当计入当期损益。

企业在财产清查中盘盈的固定资产，作为前期差错处理。盘盈的固定资产通过“以前年度损益调整”科目核算。（相关内容在以后专业课程中详细学习）

例 8-5 企业在财产清查过程中发现盘亏机器一台，账面原值 60 000 元，已提折旧 48 000 元。盘亏材料 1 000 元（属于责任者失职造成），盘亏库存商品 2 000 元（属于收发计量不准确造成）。

（1）在批准前，根据“实存账存对比表”所确定的机器盘亏数字，编制如下会计分录：

借：待处理财产损溢——待处理固定资产损溢　　12 000
　　累计折旧　　48 000
　　贷：固定资产　　60 000

（2）在批准前，根据“实存账存对比表”所确定的材料和商品盘亏数额，编制如下会计分录：

借：待处理财产损溢——待处理流动资产损溢　　3 000
　　贷：原材料　　1 000
　　　　库存商品　　2 000

（3）经批准后，根据不同的原因进行不同的会计处理。其中盘亏固定资产的净值 12 000 元作为营业外支出，记入“营业外支出”账户的借方；对盘亏的原材料，应由责任者赔偿，记入“其他应收款”账户，对盘亏的商品，应记入“管理费用”账户。根据以上情况，编制如下会计分录：

借：营业外支出　　12 000
　　贷：待处理财产损溢——待处理固定资产损溢　　12 000
借：管理费用　　2 000
　　其他应收款　　1 000
　　贷：待处理财产损溢——待处理流动资产损溢　　3 000

例 8-6 企业在财产清查过程中发现盘盈甲材料 500 千克，价值 5 000 元。经调查处理意见报批后，冲减管理费用，会计处理如下：

（1）批准前

借:原材料　　5 000
　贷:待处理财产损溢——待处理流动资产损溢　　5 000
(2) 批准后
借:待处理财产损溢——待处理流动资产损溢　　5 000
　贷:管理费用　　5 000

3. 应收、应付款项清查的会计处理

1) 应收账款清查的处理

在财产清查过程中,发现确实无法收回的应收账款,不通过“待处理财产损溢”账户核算,而是在原来账面记录的基础上,按规定程序报经批准后直接处理。无法收回的应收账款称为坏账,由于发生坏账而给企业造成的损失称为坏账损失。对于坏账损失的核算,有直接转销法和备抵法两种核算方法。

(1) 直接转销法,是在实际发生坏账时,作为一种损失直接计入期间费用,同时冲销应收账款,其账务处理为借记“资产减值损失”账户,贷记“应收账款”账户。这种核算方法的账务处理比较简单,但是不符合权责发生制的要求,哪个会计期间发生坏账损失,哪个期间的利润会处于较低的水平,在没有实际发生坏账的会计期末,会夸大资产负债表中应收账款的可实现价值。

(2) 备抵法,是按期估计坏账损失,计入期间费用,同时建立坏账准备金,待实际发生坏账时,冲销已经提取的坏账准备金。采用备抵法核算坏账损失就避免了直接转销法的缺点。企业在会计核算过程中遵循谨慎性原则的要求,对应收账款提取坏账准备金,可以将预计未来不能收回的应收账款作为坏账损失计入期间费用,既保持了成本费用和利润的稳定性,避免虚盈实亏,又在一定程度上消除或减少了坏账损失给企业带来的风险,在会计报表上列示应收账款净额,使企业应收账款可能发生的坏账损失得到及时的反映,从而会计信息使用者能更加清楚地了解企业真实的财务状况。

按照我国现行会计制度的要求,我国企业单位应该采用备抵法核算坏账损失,计提坏账准备金。

例 8-7　企业在 2012 年应收某单位货款 100 000 元,至 2014 年 12 月 31 日还无法收回。2015 年 1 月经查确属无法收回的款项,经批准转作坏账损失,该企业坏账准备计提方法为按年末应收账款余额 2%提取。

企业采用备抵法核算,其会计处理如下。

2012 年 12 月 31 日会计处理如下:

借:资产减值损失　　2 000
　贷:坏账准备　　2 000

2013 年、2014 年不做处理,2015 年 1 月会计处理如下:

借:坏账准备　　100 000
　贷:应收账款　　100 000
借:资产减值损失　　98 000
　贷:坏账准备　　98 000

2) 应付账款清查的处理

由于债权单位撤销或不存在等原因造成的长期应付而无法支付的款项,经批准直接转销冲账。无法支付的款项在批准前不做账务处理，即不需通过“待处理财产损溢”科目进行核算，按规定的程序批准后，作为利得直接转作“营业外收入”。

例 8-8 企业在财产清查中，查明乙单位已经解散，应付其货款 5 000 元确实无法支付，经批准转作营业外收入。

经批准转销时，编制会计分录如下：

借：应付账款　　　　5 000

　　贷：营业外收入——无法支付的款项利得　　　　5 000

本章小结

财产清查是指对企业单位的各项财产物资、货币资金及债权债务进行盘点和核对，以查明各项财产物资、货币资金及债权债务的实存数，并与账面数进行核对，从而确证账实是否相符的一种专门方法。在进行财产清查之前，必须做好充分的准备工作，包括组织上的准备和物资及业务上的准备两个方面。

货币资金的清查包括对库存现金的清查、对银行存款的清查和对其他货币资金的清查。库存现金清查的基本方法是实地盘点法，银行存款清查的基本方法是采用银行存款日记账与开户银行的“对账单”相核对。

实物财产是指具有实物形态的各种财产，包括原材料、半成品、在产品、产成品、低值易耗品、包装物和固定资产等。对于实物财产的清查首先应确定实物财产的账面结存额，再确定实际结存额，然后对两者进行比较以确定差异并寻找产生差异的原因，进行账务处理。实物财产的盘存制度一般有两种：永续盘存制和实地盘存制。

企业与其他单位的各种结算往来款项的清查应采用同对方核对账目的方法进行。一般采取函证核对法进行清查，即通过证件同往来单位核对账目。

财产清查的处理一般是指对账实不符的内容的处理，包括盘盈、盘亏等有关内容的处理。为了核算和监督企业在财产清查中查明的财产盘盈、盘亏或毁损及其处理情况，应设置“待处理财产损溢”账户。

思考与练习题

【思考题】

1. 财产清查的内容与意义是什么？财产清查的分类有哪些？

2. 在进行财产清查前要做好哪些准备工作？

3. 货币资金清查的内容是什么？“库存现金盘点报告表”的内容与作用有哪些？

4. 银行存款余额调节表的主要内容是什么？未达账项的分类有哪些？银行存款余额调节表的调整方法是什么？

5. 永续盘存制和实地盘存制的区别有哪些？各自适用的对象有哪些？

6. 实物财产盘存的内容及方法有哪些？

7. 往来款项盘存的内容及方法有哪些？

8. 财产清查处理的步骤及账务处理方法有哪些？

【练习题】

一、单项选择题

1. 在盘点财产物资时，应将各项财产物资的盘点结果登记在(　　)。

A. 盘存单　　B. 实存账存对比表

C. 银行对账单　　D. 现金盘点报告表

2. 银行存款的清查的方法，就是将(　　)进行核对。

A. 银行存款日记账和总分类账

B. 银行存款日记账和银行存款的收、付款凭证

C. 银行存款日记账和银行对账单

D. 银行存款总分类账与银行存款的收、付款凭证

3. 在记账无误的情况下，银行对账单与银行存款日记账账面余额不一致的原因是有(　　)。

A. 应付账款　　B. 应收账款

C. 外埠存款　　D. 未达账项

4. “现金盘点报告表”应由(　　)签章方能生效。

A. 经理和出纳　　B. 会计和盘点人员

C. 盘点人员和出纳　　D. 会计和出纳

5. 盘亏和毁损财产物资的数额中属于责任者个人赔偿的，应记入(　　)。

A. “其他应收款”账户的借方　　B. “营业外支出”账户的借方

C. “管理费用”账户的借方　　D. “其他应收款”账户的贷方

二、多项选择题

1. 核对账目的方法适用于(　　)。

A. 固定资产的清查　　B. 现金的清查

C. 银行存款的清查　　D. 往来款项的清查

E. 材料的清查

2. 采用实地盘点法进行清查的是(　　)。

A. 固定资产　　B. 库存商品

C. 现金　　D. 银行存款

E. 应收账款

3. 财产物资的盘存制度有(　　)。

A. 实地盘点法　　B. 技术推算盘点

C. 永续盘存制　　D. 实地盘存制

E. 对账制

4. 流动资产的盘亏和毁损，经批准后转账，所编制的会计分录涉及的账户有(　　)。

A. “管理费用”账户的借方

B. “营业外支出”账户的借方

C. “待处理财产损溢”账户的贷方

D. “其他应收款”账户的借方

E. “库存商品”账户的贷方

5. 下列属于未达账项的有（　　）。

A. 企业收到支票存入银行，并已记银行存款增加，而银行尚未记账

B. 银行代企业付电话费，而企业尚未入账

C. 企业开出一张支票支付购料款，并记银行存款减少，而银行未接到支票

D. 银行收到某单位给企业的汇款，已记银行存款增加，而企业尚未收到通知

6. “银行存款余额调节表”的作用是（　　）。

A. 可调节账面余额

B. 确定企业可实际动用的款项

C. 调解后双方余额相等，说明双方记账相符

D. 通过对未达账项调整后才能确定双方记账是否一致

三、判断题

1. 全面清查既可以是定期清查，也可以是不定期清查。（　　）

2. 局部清查一般适用于对流动性较大的财产物资和货币资金的清查。（　　）

3. 采用永续盘存制的企业，对财产物资一般不需进行实地盘点清查。（　　）

4. 采用实地盘存制，对存货盘点的结果应当编制账存实存对比表。（　　）

5. 未达账项是由于企、事业单位的财会人员不及时登账所造成的。（　　）

6. 对于未达账项应编制银行存款余额调节表进行调节，同时将未达账项编制记账凭证调整入账。（　　）

7. “待处理财产损溢”账户的借方发生额表示财产物资的盘亏数。（　　）

8. 账存实存对比表是财产清查中的一张重要原始凭证。（　　）

9. 某企业仓库被盗，为查明损失决定立即进行盘点，按照财产清查的范围应属于局部清查，按照清查的时间应属于不定期清查。（　　）

10. 对企业债权债务的清查，一般适用实地盘点法。（　　）

四、实务题

1. 目的：练习银行存款余额调节表的编制。

资料：某企业 2014 年 10 月银行存款日记账与对账单的资料如下（假定 28 日以前的记录都是正确的）。

华兴公司的银行存款日记账的记录如下：

将银行存款日记账与银行对账单逐笔核对，发现有些情况不符（银行对账单记录无差错），如表 8-6 所示。

表 8-6　华兴公司银行存款日记账　　单位：元

日　期	摘　　要	金　额
29 日	开出转账支票＃312，支付供货方账款	31 500
30 日	收到购货方转账支票＃1212，存入银行	20 500
30 日	开出转账支票＃313，支付运杂费	1 710
31 日	存入购货方转账支票＃430	9 700
	银行存款日记账期末余额	24 440

银行对账单的记录见表 8-7。

表 8-7 华兴公司银行对账单

单位：元

日 期	摘 要	金 额
30 日	开出转账支票＃312	31 800
30 日	代付电费	400
31 日	存入转账支票＃1212	20 300
31 日	存款利息	310
31 日	收回托收货款	1 200
	银行对账单余额	17 060

（1）29 日开出转账支票＃312 的金额应为 31 800 元，但在存款日记账中误记为 31 500 元。

（2）30 日存入购货方转账支票＃1212 应为 20 300 元，但在存款日记账中误记为 20 500 元。

要求：

（1）更正错账记录，编制更正分录，求得银行存款的准确余额。

（2）根据更正后的银行存款日记账记录和银行对账单记录，寻找未达账项，编制银行存款余额调节表。

2. 目的：练习流动资产清查结果的处理。

资料：某企业 2014 年 10 月末对材料进行清查，清查结果如下：

（1）甲材料账面余额 455 千克，价值 19 110 元。盘点实际存量为 450 千克，经查明其中 3 千克为定额损耗，2 千克为日常收发计量差错。

（2）乙材料盘盈 25 千克，单价 30 元，经查明其中 20 千克为代兄弟厂加工的剩余材料，该厂未及提回，其余属日常收发计量差错。

（3）丙材料账面余额 166 千克，价值 5 312 元，盘点实际存量为 161 千克，缺少数为保管人员失职所致。

（以上甲、乙、丙材料购入时的进项税税率均为 17%）

上列各项材料的盘盈、盘亏，经查原因属实，报请领导批准，作如下处理：

（1）材料定额内损耗及材料收发计量错误，均列入管理费用处理。

（2）保管人员失职导致材料短缺损失，责成过失人赔偿。

要求：

（1）根据上列清查结果，编制审批前的会计分录。

（2）根据报请批准处理的结果，编制审批后的会计分录。

第九章 财产报告

学习目的

通过本章的学习，要求了解财务报告的内容、分类、编制要求。掌握利润表的格式及编制方法；熟悉资产负债表的内容和格式，掌握资产负债表的各项目的填制方法；熟悉现金流量表的内容和格式，掌握现金流量表的各主要项目的填列方法；熟悉所有者权益变动表的内容和格式，掌握所有者权益变动表的编制方法。

导入案例

花开两朵，各表一枝——财务报表发展简介

会计随着人类生产的发展而发展，其提供财务信息的方式也不断地完善。作为当前提供财务信息的主要方式——财务报告，随着商业社会对会计信息披露程度要求越来越高而不断发展。财务报表主要有资产负债表、利润表、所有者权益变动表、现金流量表，这些报表并不是同时产生，而是随着人们的需求逐步发展起来。

最早出现的报表是资产负债表，它是总括地反映会计主体在特定日期(如年末、季末、月末)财务状况的报表。资产负债表的雏形产生于古意大利，随着商业的发展，商人们对商业融资的需求日益加强，高利贷放贷者出于对贷款本金安全性的考虑，开始关注商贾们的自有资产状况，资产负债表于是孕育而生。

其次是利润表，它是总括反映企业在某一会计期间(如年度、季度、月份)内经营及其分配(或弥补)情况的一种会计报表。随着近代商业竞争不断加剧，商业社会对企业的信息披露要求越来越高，静态的、局限于时点的会计报表——资产负债表已无法满足信息披露的要求，人们日益关注的是企业持续生存能力，即企业的盈利能力，于是，期间报表——损益表开始走上历史舞台。同时，近代税务体系的发展对企业的利润也提出了要求。

以现金为基础编制的财务状况变动表叫做现金流量表，它是反映在一定会计期间现金收入和现金支出的会计报表。其目的在于提示偿债能力和变现能力。现金流量表的前身是资金表，最早出现于英国。自 20 世纪 70 年代后，资金表成为西方企业对外编报的财务报表之一。

我国长期以来实行计划经济，国有企业的资金由财政部和银行管理，企业只需编制资产负债表及损益表。1985 年财政部颁布了《中外合资企业会计制度》及 1992 年 1 月 1 日起执行的《股份制试点企业会计制度》，要求合资企业和股份制试点企业

必须编制“财务状况变动表”。1992 年财政部颁布了《企业会计准则》，规定企业必须编制财务状况变动表或现金流量表。1998 年 3 月，财政部颁布了具体会计准则《现金流量表》，规定以现金流量表代替财务状况变动表。2006 年 2 月，《企业会计准则》规定，财务报告包括所有者权益变动表。

老文在办厂初期还记得机械厂发生的一些业务，对厂里的资产和负债都记得清楚。但随着工厂的生产展开，发生的业务太多，老文于是放弃努力记住每一笔业务，开始尝试使用会计报表从总体上来了解和掌握机械厂的财务状况。

企业的经济活动中发生的各项经济业务，即经营活动、投资活动和筹资活动中所发生的经济业务，通过会计信息系统的确认和计量，并于期末进行利润的结转与分配后，最后需要以报告的形式反映出来，以反映经营者受托责任的履行情况，以及便于信息的使用者作出经济决策。

第一节 财务报告概述

一、财务报告的内容

财务报告(financial report)是综合反映企业某一特定日期的财务状况和某一会计期间的经营成果、现金流量等会计信息的文件，主要由财务报表和其他应当在财务报告中披露的相关信息和资料组成。财务报告也称财务会计报告。

在日常的会计核算中，企业通过填制和审核会计凭证，登记会计账簿，把各项经济业务完整、连续、分类地登记在会计账簿中，形成了分类汇总的财务信息。这些分类汇总的信息虽然比会计凭证反映的信息更加系统化，但账簿记录独立分散，仍不能集中反映会计期间的财务状况和经营成果的全貌。因此，在每个会计期末，必须根据账簿上记录的资料，按照规定的报表格式、内容和编制方法，作进一步的归集、加工和汇总，编制成相应的会计报表，以全面、综合地反映企业的财务状况、经营成果和现金流动情况，为有关各方提供全面的信息。

1. 财务报表

财务报表是财务报告的主要部分，企业对外提供的财务报表包括资产负债表、利润表、现金流量表、所有者权益变动表。

资产负债表是反映企业在某一选定日期财务状况的报表；利润表是反映企业在某一会计期间经营成本的报表；现金流量表是反映企业在某一会计期间现金和现金等价物流入和流出的报表；所有者权益变动表是反映企业在某一会计期间所有者权益各组成部分增减变动的报表。

2. 财务报表附注

财务报表附注(notes to financial statements)是为了便于财务报表使用者而对财务报表的编制基础、编制依据、编制原理和方法及主要项目等所作的解释，还包括对未能在这些报表中列示的项目的说明等。

财务报表附注一般要披露财务报表的编制基础、遵循企业会计准则的说明、重要会计政策的说明、重要会计估计的说明、会计政策和会计估计变更以及差错更正的说明、财务报表中的重要项目的进一步说明、或有和承诺事项及资产负债表日后非调整事项的说明、关联方关系及其交易，等等。

3. 财务情况说明书

企业财务情况说明书至少应当对下列情况作出说明：

(1) 企业生产经营的基本情况；

(2)利润实现和分配情况；

(3) 资金增减和周转情况；

(4) 对企业财务状况、经营成果和现金流量有重大影响的其他事项。

我国现行企业财务报告体系及其结构如图 9-1 所示。

<table>
<tr><th colspan="4">我国现行企业财务报告体系及其结构</th></tr>
<tr><td rowspan="8">财务报告</td><td rowspan="5">财务报表</td><td rowspan="4">基本报表</td><td>资产负债表</td></tr>
<tr><td>利润表</td></tr>
<tr><td>现金流量表</td></tr>
<tr><td>所有者权益变动表</td></tr>
<tr><td>附表</td><td>利润分配表和分部门报表、应交增值税明细表、资产减值准备明细表等</td></tr>
<tr><td colspan="2">财务报表附注</td><td>会计政策与会计估计及其变动与影响、关联方及关联交易、或有事项与承诺事项、重要资产转让与出售、重要项目的注释与说明等</td></tr>
<tr><td colspan="2">财务情况说明书</td><td>生产经营与利润等情况、影响财务状况的重要事项说明、资产负债表日后事项说明等</td></tr>
</table>

图 9-1　财务报告结构图

二、财务报告的分类

财务报告分为年度和中期财务报告。年度财务报告是每一个会计年度必须编制的报告。中期财务报告是以中期为基础编制的财务报告，中期是指短于一个完整的会计年度的报告期间，如半年度、季度和月度。半年度、季度和月度财务会计报告统称为中期财务会计报告。

月报要求简明扼要、及时反映；年报要求揭示完整、全面反映；季报与半年报在会计信息的详细程度方面，则介于二者之间。

各期间财务会计报告编制的时间要求和基本内容如下。

(1) 月度财务会计报告。月度财务会计报告在每月终了时编制，应于月份终了后 6 天内报出，至少应当包括资产负债表和利润表。会计制度规定需要编制会计报表附注的，从其规定。

(2) 季度财务会计报告。季度财务会计报告在季度终了时编制，应于季度终了后的 15 日内报出，包括的内容与月度的基本相同。

(3) 半年度财务会计报告。半年度财务会计报告在半年度终了时编制，应于中期结束(6 月末)后的 60 日内报出，一般包括基本会计报表、利润分配表等附表以及财务情况说明书。

(4) 年度财务会计报告。年度财务会计报告在年度终了时编制，应于年度终了后的 4 个月内报出，包括财务会计报告的全部内容。

三、财务报告的编制要求

我国《会计基础工作规范》规定，会计报表应当根据登记完整、核对无误的会计账簿记录和其他有关资料编制，做到数字真实、计算准确、内容完整、说明清楚。任何人不得篡改或者授意、指使、强令他人篡改财务报告数字。编制财务报告的基本要求如下。

1. 数字真实

财务报告应当与单位的财务状况和经营成果相一致。要求一切会计资料必须真实反映单位经济活动的实际，每一项会计记录都要有合法的会计凭证为依据，会计的计量、记录和确认必须根据国家统一会计制度和相关法规的规定处理；编制财务报告，必须以登记完整、核对无误的会计记录和其他有关资料为依据。任何弄虚作假、隐瞒财务状况的行为，都是编制财务报告所不能允许的。

2. 计算准确

在会计账簿和其他有关资料真实可靠的前提下，严格按照国家统一会计制度规定的会计报表编制说明来编制会计报表；做到表内各项目之间、报表与报表之间相互衔接，本期报表与上期报表之间有关数字应当相互衔接；严禁任何人用任何方式篡改财务报告数字。

3. 内容完整

财务报告各项目的内容必须严格按照国家统一会计制度规定的内容编制，要能满足各方面对财务信息的需要；不能任意改变报表项目的内容，不能增列或减并报表项目，更不能漏报或谎报。

4. 说明清楚

财务报告是按照规定的格式编写，而财务报告所附的财务状况说明书，必须准确、简明、清晰地说明各个重要会计事项，如会计方法的变动及其影响、有关表内的综合项目(货币资金、存货等)构成情况说明，等等。通过说明，使财务报告使用者增强对财务报告的理解和掌握。

企业对外提供的财务会计报告应当依次编定页数，加具封面，装订成册，加盖公章。封面上应当注明企业名称、企业统一代码、组织形式、地址、报表所属年度或者月份、报出日期，并由企业负责人和主管会计工作的负责人、会计机构负责人(会计主管人员)签名并盖章；设置总会计师的企业，还应当由总会计师签名并盖章。

四、财务报告编制前的准备工作

1. 全面财产清查

企业在编制年度财务会计报告前，应当按照下列规定，全面清查资产、核实债务：

(1) 结算款项，包括应收款项、应付款项、应交税金等是否存在，与债务、债权单位的相应债务、债权金额是否一致；

(2) 原材料、在产品、自制半成品、库存商品等各项存货的实存数量与账面数量是否一致，是否有报废损失和积压物资等；

(3) 各项投资是否存在，投资收益是否按照国家统一的会计制度规定进行确认和计量；

（4）房屋建筑物、机器设备、运输工具等各项固定资产的实存数量与账面数量是否一致；

（5）在建工程的实际发生额与账面记录是否一致；

（6）需要清查、核实的其他内容。

企业通过以上项目的清查、核实，查明财产物资的实存数量与账面数量是否一致、各项结算款项的拖欠情况及其原因、材料物资的实际储备情况、各项投资是否达到预期目的、固定资产的使用情况及其完好程度等。企业清查、核实后，应当将清查、核实的结果及其处理办法向企业的董事会或者相应机构报告，并根据国家统一的会计制度的规定进行相应的会计处理。

企业应当在年度中间根据具体情况，对各项财产物资和结算款项进行重点抽查、轮流清查或者定期清查。

2. 检查会计工作

企业在编制财务会计报告前，除应当全面清查资产、核实债务外，还应当完成下列工作：

（1）核对各会计账簿记录与会计凭证的内容、金额等是否一致，记账方向是否相符；

（2）依照《企业财务会计报告条例》规定的结账日进行结账，结出有关会计账簿的余额和发生额，并核对各会计账簿之间的余额；

（3）检查相关的会计核算是否按照国家统一的会计制度的规定进行；

（4）对于国家统一的会计制度没有规定统一核算方法的交易、事项，检查其是否按照会计核算的一般原则进行确认和计量，以及相关账务处理是否合理；

（5）检查是否存在因会计差错、会计政策变更等原因需要调整前期或者本期相关项目。

企业编制年度和半年度财务会计报告时，对经查实后的资产、负债有变动的，应当按照资产、负债的确认和计量标准进行确认和计量，并按照国家统一的会计制度的规定进行相应的会计处理。

第二节　利　润　表

一、利润表的概念和意义

利润表（income statement），是反映企业一定会计期间经营成果的财务报表（financial report）。利润表是根据会计核算的配比原则，把一定时期内的收入和对应的成本费用配比，加上利得与损失后，从而计算出企业一定时期的各项利润指标。在会计实务中，会计人员一般首先要完成的是利润表。

通过利润表可以从总体上了解企业收入、费用及净利润的实现和构成情况；同时，通过利润表提供的不同时期的比较数字，如每月实现的利润、本年数与上年数等，可以分析企业获利能力及利润的未来发展趋势，了解投资者投入资本的保值增值情况。由于利润表是企业经营业绩的综合体现，又是企业进行利润分配的主要依据，因此，利润表是财务会计报表中的一张基本报表。

二、利润表的格式

利润表由表头、表身和表尾等部分组成。表头部分应列明报表名称、编表单位名称、编制期间和金额计量单位；表身部分反映利润的构成内容；表尾部分为补充说明。其中，表身为利润表的主体和核心。

利润表的格式主要有多步式利润表和单步式利润表两种。根据我国企业会计准则的规定，我国企业的利润表采用多步式利润表。企业可以分如下三步骤编制利润表。

1. 计算营业利润

以营业收入为基础，减去营业成本、税金及附加、销售费用、管理费用、财务费用、资产减值损失，加公允价值变动收益（减去公允价值变动损失），加投资收益（减去投资损失），计算出营业利润。公式为

营业利润＝营业收入－营业成本－税金及附加－销售费用－管理费用
－财务费用－资产减值损失＋公允价值变动收益(－公允价值变动损失)
＋投资收益(－投资损失)

2. 计算利润总额

以营业利润为基础，加上营业外收入，减去营业外支出，计算出利润总额。公式为

利润总额＝营业利润＋营业外收入－营业外支出

3. 计算净利润

以利润总额为基础，减去所得税费用，计算出净利润（或净亏损）。公式为

净利润＝利润总额－所得税费用

多步式利润表通过以上步骤可以反映营业利润、利润总额、净利润的各项要素的情况，有助于报表的使用者从不同利润类别中了解企业经营成果的不同来源。

月度利润表的每个项目通常分为“本月数”和“本年累计数”两栏分别填列。“本月数”栏反映各项目的本月实际发生数；在编报其他中期财务会计报表时，填列上年同期累计实际发生数；在编报年度财务会计报告时，填列上年全年累计实际发生数。年度利润表的基本格式如表 9-1 所示。

表 9-1　年度利润表格式

利　润　表

会企 02 表

编制单位：　　　　年　　月　　单位：元

项　　目	行次	本年金额	上年金额
一、营业收入			
减：营业成本			
营业税费			
销售费用			
管理费用			

续表

项　　目	行次	本年金额	上年金额
财务费用(收益以“－”号填列)			
资产减值损失			
信用减值损失			
加:公允价值变动净收益(净损失以“－”号填列)			
投资净收益(净损失以“－”号填列)			
二、营业利润(亏损以“－”号填列)			
加:营业外收入			
减:营业外支出			
其中:非流动资产处置净损失(净收益以“－”号填列)			
三、利润总额(亏损总额以“－”号填列)			
减:所得税			
四、净利润(净亏损以“－”号填列)			
五、每股收益			
(一)基本每股收益			
(二)稀释每股收益			
注:			

三、利润表的编制方法

利润表中各项目的数据来源主要是根据各损益类科目的发生额分析填列。月度利润表的数据栏分为“本月数”和“本年累计数”。“本月数”根据本期损益类账户的发生额填列;“本年累计数”根据上月利润表的“本年累计数”加上本月利润表的“本月数”填列,反映年初到本月末止的各损益类账户的累计发生额。

年度利润表数据分为“本年金额”和“上年金额”,这与月份利润表的栏目不同。年底利润表“本年金额”是第12月份的月利润报表的“本年累计数”,直接转抄。“上年金额”根据上年的年度利润表的“本年金额”填列。

利润表的各项目的具体列报方法如下。

(1)“营业收入”项目,反映企业经营主要业务和其他业务所确认的收入总额,本项目应根据“主营业务收入”和“其他业务收入”科目的发生额分析填列。

(2)“营业成本”项目,反映企业经营主要业务和其他业务所发生的成本总额,本项目应根据“主营业务成本”和“其他业务成本”科目的发生额分析填列。

(3)“营业税金及附加”项目,反映企业经营业务应负担的消费税、营业税、城市建设维护税、资源税、土地增值税和教育费附加等，本项目应根据“营业税金及附加”科目的发生额分析填列。

(4)“销售费用”项目，反映企业在销售商品过程中发生的包装费、广告费等费用以及为销售本企业商品而专设的销售机构的职工薪酬、业务费等经营费用，本项目应根据销售费用科目的发生额分析填列。

(5)“管理费用”项目，反映企业为组织和管理生产经营发生的管理费用，本项目应根据“管理费用”的发生额分析填列。

(6)“财务费用”项目，反映企业筹集生产经营所需资金等而发生的筹资费用，本项目应根据“财务费用”科目的发生额分析填列。

(7)“资产减值损失”项目，反映企业各项资产发生的减值损失，本项目应根据“资产减值损失”科目的发生额分析填列。

(8)“公允价值变动收益”项目，反映企业应当计入当期损益的资产或负债公允价值变动收益，本项目应根据“公允价值变动损益”科目的发生额分析填列。如为净损失，本项目以负号填列。

(9)“投资收益”项目，反映企业以各种方式对外投资所取得的收益，本项目应根据“投资收益”科目的发生额分析填列。如为投资损失，本项目以负号填列。

(10)“营业利润”项目，反映企业实现的营业利润。如为亏损，本项目以负号填列。

(11)“营业外收入”项目，反映企业发生的与经营业务无直接关系的各项收入，本项目应根据“营业外收入”科目的发生额分析填列。

(12)“营业外支出”项目，反映企业发生的与经营业务无直接关系的各项支出，本项目应根据“营业外支出”科目的发生额分析填列。

(13)“利润总额”项目，反映企业实现的利润。如为亏损，本项目以负号填列。

(14)“所得税费用”项目，反映企业应从当期利润总额中扣除的所得税费用，本项目应根据“所得税费用”科目的发生额分析填列。

(15)“净利润”项目，反映企业实现的净利润。如为亏损，本项目以负号填列。

(16)“基本每股收益”和“稀释每股收益”项目，反映普通股股东每持有一股所能享有的企业利润或需承担的企业亏损。不存在稀释性潜在普通股的企业，应当单独列示基本每股收益；存在稀释性潜在普通股的企业，应当单独列示基本每股收益和稀释股收益。

第三节 资产负债表

一、资产负债表的概念和意义

资产负债表又称财务状况表，是反映企业某一特定日期(如月末、季末、年末等)的资产、负债、所有者权益的会计报表。它是根据“资产＝负债＋所有者权益”这一会计等式，依照一定的分类标准和顺序，将企业特定日期的全部资产、负债和所有者权益项目进行分类、汇总、排列后编制而成。资产负债表是企业基本会计报表之一，是所有独立核算的企业单位都必须对外报送的财务会计报表。

资产负债表的主要内容是资产、负债、所有者权益(三个会计要素)。

1. 资产

资产反映过去的交易或事项形成并由企业控制或拥有的、预期会给企业带来经济利润的资源。资产类项目按变现能力的强弱,分为流动资产和非流动资产两大类。

流动资产是指在一年或超过一年的营业周期内变现或耗用的资产,流动资产项目包括货币资金、交易性金融资产、应收账款、应收票据、应收股利、应收利息、预付账款、其他应收款、存货及一年内到期的非流动资产等。非流动资产项目包括可供出售的金融资产、持有至到期投资、长期应收款、长期股权投资、投资性房地产、固定资产、在建工程、工程物资、无形资产、商誉、长期待摊费用、递延所得税资产等。

2. 负债

负债反映企业在过去交易或事项形成的预期会导致经济利润流出企业的现时义务。负债类项目按偿还时间的长短,分为流动负债和非流动负债。

流动负债是指将在一年或超过一年的一个营业周期内偿还的债务,流动负债项目包括短期借款、交易性金融负债、应付票据、应付账款、预收账款、应付职工薪酬、应交税金、应付股利、其他应付款等;非流动负债的偿还期在一年以上,其项目包括长期借款、应付债券、长期应付款、预计负债等。

3. 所有者权益

所有者权益是反映所在者拥有的、企业的资产减去负债后的剩余权益。所有者权益类项目按形成来源不同,分为股本(实收资本)、资本公积、盈余公积和未分配利润。

通过编制资产负债表,可以反映企业资产的构成及其状况,分析企业在报告日所拥有的经济资源及其分布情况;可以反映企业在报告日的负债总额及其结构,分析企业目前与未来的需要支付的债务数额;可以反映企业所有者权益的情况,了解企业现有的投资者在企业资产总额中所占的比例。通过对资产负债表各项目金额及其相关比率分析,可以帮助报表使用者全面了解企业的资产状况、资产增值能力、债务结构比例等,从而为决策者提供经济决策的信息。

二、资产负债表的格式

资产负债表一般有表头、表身、表尾三部分。表头应列明报表名称、编制单位、编制日期、报表编号、金额计量单位等。表身是资产负债表的主体,列示了用以说明企业财务状况的资产、负债及所有者权益的各个项目。表尾为补充说明。其中,表身(也称正表)部分是资产负债表的主体和核心。

资产负债表一般有两种:报告式资产负债表和账户式资产负债表。报告式资产负债表是上下结构,上半部列示资产,下半部列示负债和所有者权益。账户式资产负债表是左右结构,左边列示资产,右边列示负债和所有者权益。不管采取什么格式,资产各项目的合计等于负债和所有者权益各项目的合计这一等式不变。

在我国,资产负债表采用账户式。每个项目又分为“期末余额”和“年初余额”两栏分别填列。资产负债表格式如表 9-2 所示。

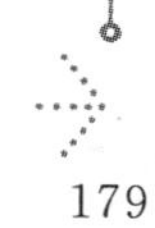

表 9-2　资产负债表基本格式

资产负债表

会企 01 表

编制单位：　　　　　　　　年　　月　　日　　　　　　　　单位：元

资　　产	行次	期末余额	年初余额	负债和所有者权益（或股东权益）	行次	期末余额	年初余额
流动资产：	1			流动负债：	36		
货币资金	2			短期借款	37		
交易性金融资产	3			交易性金融负债	38		
应收票据	4			应付票据	39		
应收账款	5			应付账款	40		
预付账款	6			预收账款	41		
应收股利	7			应付职工薪酬	42		
应收利息	8			应交税费	43		
其他应收款	9			应付利息	44		
存货	10			应付股利	45		
其中：消耗性生物资产	11			其他应付款	46		
待摊费用	12			预提费用	47		
一年内到期的非流动资产	13			预计负债	48		
其他流动资产	14			一年内到期的非流动负债	49		
流动资产合计	15			其他流动负债	50		
非流动资产：	16			流动负债合计	51		
可供出售金融资产	17			非流动负债：	52		
持有至到期投资	18			长期借款	53		
投资性房地产	19			应付债券	54		
长期股权投资	20			长期应付款	55		
长期应收款	21			专项应付款	56		
固定资产	22			递延所得税负债	57		
在建工程	23			其他非流动负债	58		
工程物资	24			非流动负债合计	59		
固定资产清理	25			负债合计	60		
生产性生物资产	26			所有者权益（或股东权益）：	61		
油气资产	27			实收资本（或股本）	62		
无形资产	28			资本公积	63		
开发支出	29			盈余公积	64		
商誉	30			未分配利润	65		
长期待摊费用	31			减：库存股	66		
递延所得税资产	32			所有者权益（或股东权益）合计	67		
其他非流动资产	33				68		
非流动资产合计	34				69		
资产总计	35			负债和所有者权益（或股东权益）合计	70		

注：以人民币以外的货币作为记账本位币的企业，可能在“所有者权益合计”项目前增设“外向报表折算差额”。

三、资产负债表的编制方法

我国资产负债表主体部分的各项目都列有"年初数"和"期末数"两个栏目，表中各项目数据主要来源于会计账簿的资产、负债和所有者权益等账户的余额记录。其中，大多数项目可以直接根据总账账户的余额填列，但由于报表项目和账簿记录并不完全是一一对应关系，有一部分项目的数据必须经过合并、分拆等整理才能进入资产负债表。具体而言，资产负债表的数据有以下几种填列方法。

1. 资产负债表"年初数"的填列方法

资产负债表"年初数"栏内各项数字，应根据上年末资产负债表"期末数"栏内所列数字填列。如果本年度资产负债表规定的各个项目的名称和内容同上年度不相一致，应对上年末资产负债表各项目的名称和数字按照本年度的规定进行调整，填入表中"年初数"栏内。

2. 资产负债表"期末数"的填列方法

(1) 根据总账账户的期末余额直接填列。资产负债表中的大多数项目的数据来源，主要是根据总账账户期末余额填列。这些项目包括"应收股利"、"应收利息"、"应付票据"、"应付职工薪酬"、"应交税费"、"其他应交款"、"其他应付款"、"实收资本"、"资本公积"、"盈余公积"等项目。

(2) 根据多个总账账户期末余额计算填列。资产负债表中有些项目需要根据若干个总账账户期末余额的合计数填列。这些项目包括"货币资金"、"存货"等项目。

(3) 根据若干明细账余额计算填列。资产负债表中有些项目需要根据若干个明细账账户期末余额的合计数填列。这些项目包括"应收账款"、"预付账款"、"应付账款"、"预收账款"等项目。

(4) 根据总账账户和明细账账户期末余额分析计算填列。资产负债表中某些项目不能根据有关总账账户的期末余额直接或计算填列，也不能根据有关账户所属的明细账户的期末余额计算填列，而需要根据总账账户和明细账账户余额分析填列。这些项目包括"长期借款"、"应付债券"等项目。

(5) 根据账户余额减去其备抵项目后的净额填列。由于公允价值的引入，企业的一些实物资产和非实物的长期资产在报告日要根据资产的公允价值计提减值准备。这些项目包括"应收账款"、"长期股权投资"、"固定资产"、"无形资产"及存货类的项目。

(6) 根据资产负债表中相关项目金额计算填列。这些项目包括"流动资产合计"、"非流动资产合计"、"资产总计"、"流动负债合计"、"非流动负债合计"、"负债合计"、"所有者权益(或股东权益)合计"、"负债及所有者权益总计"等项目。

3. 资产负债表中常用项目的具体填列方法

(1) "货币资金"项目，反映企业库存现金、银行结算户存款、外埠存款、银行汇票存款、银行本票存款、信用卡存款、信用证保证金存款等的合计数。本项目应根据"库存现金"、"银行存款"、"其他货币资金"等科目的期末余额合计填列。

(2) "交易性金融资产"项目，反映企业持有的以公允价值计量且其变动计入当期损益的金融资产，包括为交易目的所持有的债券投资、股票投资、基金投资、权证投资等和直接指定为以公允价值计量且其变动计入当期损益的金融资产。本项目应根据“交易性金融资产”科目的期末余额填列。

(3)“应收票据”项目，反映企业收到的未到期收款也未向银行贴现的应收票据，包括商业承兑汇票和银行承兑汇票。本项目应根据“应收票据”科目的期末余额填列。已向银行贴现和已背书转让的应收票据不包括在本项目内，其中已贴现的商业承兑汇票应在会计报表附注中单独披露。

(4)“应收账款”项目，反映企业因销售商品、产品和提供劳务等而应向购买单位收取的各种款项，减去已计提的坏账准备后的净额。本项目应根据“应收账款”科目所属各明细科目的期末借方余额合计，减去“坏账准备”科目中有关应收账款计提的坏账准备期末余额后的金额填列。如“应收账款”科目所属明细科目期末有贷方余额，应在本表“预收账款”项目内填列。

企业与同一客户在购销商品结算过程中形成的债权债务关系，应当单独列示，不应当相互抵消。即应收账款不能与预收账款相互抵消、预付账款不能与应付账款相互抵消、应付账款不能与应收账款相互抵消、预收账款不能与预付账款相互抵消。

(5)“预付款项”项目，反映企业预付给供应单位的款项。本项目应根据“预付账款”科目所属各明细科目的期末借方余额合计填列，如“预付账款”科目所属有关明细科目期末有贷方余额的，应在本表“应付账款”项目内填列。若“应付账款”科目所属明细科目有借方余额的，也应包括在本项目内。

(6)“应收股利”项目，反映企业应收取的现金股利和应收其他单位分配的利润。本项目应根据“应收股利”科目的期末余额填列。

(7)“应收利息”项目，反映企业所持有的持有至到期投资、可供出售金融资产等应收取的利息。企业购入到期还本付息的持有至到期投资持有期间确认的利息收入，不包括在本项目内。本项目应根据“应收利息”科目的期末余额填列。

(8)“其他应收款”项目，反映企业对其他单位和个人的应收和暂付的款项，减去已计提的坏账准备后的净额。本项目应根据“其他应收款”科目的期末余额，减去“坏账准备”科目中有关其他应收款计提的坏账准备期末余额后的金额填列。

(9)“存货”项目，反映企业期末在库、在途和在加工中的各项存货的实际成本，包括原材料、周转材料等。本项目应根据“材料采购”、“在途物资”、“原材料”、“库存商品”、“发出商品”、“委托加工物资”、“周转材料”、“消耗性生物资产”、“生产成本”等科目的期末余额合计，减去“存货跌价准备”科目期末余额后的金额填列。

(10)“一年内到期的非流动资产”项目，反映企业将于一年内到期的非流动资产。本项目应根据有关科目的期末余额分析填列。

(11)“其他流动资产”项目，反映企业除以上流动资产项目外的其他流动资产，如企业“衍生工具”、“套期工具”、“被套期工具”的借方余额。本项目应根据有关科目的期末余额填列。如其他流动资产价值较大的，应在会计报表附注中披露其内容和金额。

(12)“可供出售金融资产”项目，反映企业持有的划分为可供出售金融资产的证券。本项目根据“可供出售金融资产”科目的期末余额填列。

(13)“持有至到期投资”项目，反映企业持有的划分为持有至到期投资的证券。本项目根据“持有至到期投资”科目期末余额减去“持有至到期投资减值准备”科目的期末余额后填列。

(14)“长期应收款”项目,反映企业持有的长期应收款的可收回金额。本项目应根据“长期应收款”科目的期末余额,减去“坏账准备”科目所属相关明细科目余额,再减去“未确认融资收益”科目期末余额后的金额分析填列。

(15)“长期股权投资”项目,反映企业不准备在1年内(含1年)变现的各种股权性质的投资的可收回金额。本项目应根据“长期股权投资”科目的期末余额,减去“长期股权投资减值准备”科目期末余额后的金额填列。

(16)“投资性房地产”项目,反映企业持有的投资性房地产。本项目应根据“投资性房地产”科目的期末余额,减去“累计折旧(或累计摊销)”、“固定资产减值准备(或无形资产减值准备)”科目期末余额后的金额分析计算填列。

(17)“固定资产”项目,反映企业的各种固定资产期末的实际价值。本项目应根据“固定资产”科目的期末余额,减去“累计折旧”、“固定资产减值准备”科目期末余额后的金额分析计算填列。

(18)“在建工程”项目,反映企业期末各项未完工程的实际支出,包括:支付安装的设备价款,未完建筑安装工程已经耗用的材料、工资和费用支出,预付出包工程的价款,已经建筑安装完毕但尚未交付使用的工程等的可收回金额。本项目应根据“在建工程”科目的期末余额,减去“在建工程减值准备”科目期末余额后的金额填列。

(19)“工程物资”项目,反映企业各项工程尚未使用的工程物资的实际成本。本项目应根据“工程物资”科目的期末余额填列。

(20)“固定资产清理”项目,反映企业因出售、毁损、报废、对外投资、非货币性资产交换、债务重组等原因转入清理但尚未清理完毕的固定资产的账面价值,以及固定资产清理过程中所发生的清理费用和变价收入等各项金额的差额。本项目应根据“固定资产清理”科目的期末借方余额填列;如“固定资产清理”科目期末为贷方余额,以“ —”号填列。

(21)“无形资产”项目,反映企业各项无形资产的期末可收回金额。本项目应根据“无形资产”科目的期末余额,减去“累计摊销”、“无形资产减值准备”科目期末余额后的金额填列。

(22)“开发支出”项目,反映的是公司正在进行研究开发项目中满足资本化条件的支出。根据“开发支出”科目的期末余额填列。

(23)“长期待摊费用”项目,反映企业尚未摊销的摊销期限在1年以上(不含1年)的各种费用,如租入固定资产改良支出、大修理支出以及摊销期限在1年以上(不含1年)的其他待摊费用。本项目应根据“长期待摊费用”科目的期末余额减去1年内(含1年)摊销的数额后的金额填列。

(24)“递延所得税资产”项目,反映企业已确认的递延所得税资产的余额。本项目应根据“递延所得税资产”科目的期末借方余额填列。

(25)“其他非流动资产”项目,反映企业除以上资产以外的其他非流动资产。本项目应根据有关科目的期末余额填列。

(26)“短期借款”项目,反映企业借入尚未归还的1年期以下(含1年)的借款本金。本项目应根据“短期借款”科目的期末余额填列。

(27)“交易性金融负债”项目,反映企业承担的交易性金融负债的公允价值。包括企业持有以公允价值计量且其变动计入当期损益的金融负债和直接指定为以公允价值计量且其变动计入当期损益的金融负债。本项目应根据“交易性金融负债”期末余额填列。

(28)“应付票据”项目,反映企业为了抵付货款等而开出、承兑的尚未到期付款的应付票据,包括银行承兑汇票和商业承兑汇票。本项目应根据“应付票据”科目的期末余额填列。

(29)“应付账款”项目,反映企业购买原材料、商品和接受劳务供应等而应付给供应单位的款项。本项目应根据“应付账款”科目所属各有关明细科目的期末贷方余额合计填列;如“应付账款”科目所属各明细科目期末有借方余额,应在本表“预付账款”项目内填列。

建造承包商的“工程施工”期末余额小于“工程结算”期末余额的差额,应在“应付账款”项目中反映。

(30)“预收款项”项目,反映企业预收购买单位的账款。本项目应根据“预收账款”科目所属各有关明细科目的期末贷方余额合计填列。如“预收账款”科目所属有关明细科目期末有借方余额的,应在本表“应收账款”项目内填列;如“应收账款”科目所属明细科目有贷方余额的,也应包括在本项目内。

(31)“应付职工薪酬”项目,反映企业应付职工各种薪酬的结余。本项目应根据“应付职工薪酬”科目期末贷方余额填列。如“应付职工薪酬”科目期末为借方余额,以“—”号填列。

(32)“应交税费”项目,反映企业期末尚未交纳的各种税费。本项目应根据“应交税费”科目的期末贷方余额填列;如“应交税费”科目期末为借方余额,以“—”号填列。

(33)“应付利息”项目,反映企业按照合同约定应支付但尚未支付的利息。本项目应根据“应付利息”科目的期末余额填列。

(34)“应付股利”项目,反映企业尚未支付的现金股利或利润。本项目应根据“应付股利”科目的期末余额填列。

(35)“其他应付款”项目,反映企业所有应付和暂收其他单位和个人的款项。本项目应根据“其他应付款”科目的期末余额填列。

(36)“一年内到期的非流动负债”项目,反映企业承担的一年内到期的非流动负债。本项目应根据有关非流动负债科目的期末余额分析填列。

(37)“其他流动负债”项目,反映企业除上述流动负债以外的其他流动负债。本项目应根据有关科目的期末余额填列,如“递延收益”科目的期末余额可在本项目内反映。如其他流动负债价值较大的,应在会计报表附注中披露其内容及金额。

(38)“长期借款”项目,反映企业借入尚未归还的 1 年期以上(不含 1 年)的借款本息。本项目应根据“长期借款”科目的期末余额填列。

(39)“应付债券”项目,反映企业发行的尚未偿还的各种长期债券的本息。本项目应根据“应付债券”科目的期末余额填列。

(40)“长期应付款”项目,反映企业除长期借款和应付债券以外的其他各种长期应付款。本项目应根据“长期应付款”科目的期末余额,减去“未确认融资费用”科目期末余额后的金额填列。

(41)“预计负债”项目,反映企业已预计尚未清偿的债务,包括对外提供担保、未决诉讼、产品质量保证等有可能产生的负债。本项目应根据“预计负债”科目的期末余额填列。

(42)“递延所得税负债”项目,反映企业确认的递延所得税负债。本项目应根据“递延所得税负债”科目的期末余额分析填列。

(43)“其他非流动负债”项目,反映企业除以上的非流动负债以外的其他非流动负债。本项目应根据有关科目的期末余额填列。其他非流动负债价值较大的,应在附注中披露其内容和金额。其中将于1年内(含1年)到期的非流动负债,应在流动负债类下“1年内到期的非流动负债”项目内单独反映。

(44)“实收资本(或股本)”项目,反映企业投资者实际投入的资本(或股本)的总额。本项目应根据“实收资本(或股本)”科目的期末余额填列。中外合作经营企业“实收资本”按扣除“已归还投资”后的净额填列。

(45)“资本公积”项目,反映企业资本公积的期末余额。本项目应根据“资本公积”科目的期末余额填列。

(46)“库存股”项目,反映企业收购的尚未转让或注销的本公司股份金额。本项目应根据“库存股”科目余额填列。

(47)“盈余公积”项目,反映企业盈余公积的期末余额。本项目应根据“盈余公积”科目的期末余额填列。

(48)“未分配利润”项目,反映企业尚未分配的利润。本项目应根据“本年利润”科目和“利润分配”科目的余额计算填列。未弥补的亏损,在本项目内以“—”号填列。

(49)“外币报表折算差额”项目,反映将外币表示的资产负债表折算为本位币表示的资产负债表时,由于报表项目采用不同的折算汇率所产生的差额。

第四节 现金流量表

资产负债表和利润表是企业根据权责发生制,通过会计的确认、计量和报告形成的两种财务会计报表。随着现代企业的发展,报表的使用者(尤其是银行)发现企业现金的流量对企业的生存与发展至关重要,现金流量表愈来愈受到关注。到如今,现金流量表已成为企业财务会计报表中不可缺少的部分。

一、现金流量表的概念和意义

现金流量表,是反映企业在一定会计期间现金和现金等价物流入和流出的报表。现金是指企业库存现金以及可以随时用于支付的存款,现金等价物是指企业持有的期限短、流动性强、易于转换为已知金额现金、价值变动风险很小的投资。

现金流量表的编制原则是收付实现制,即将权责发生制下的盈利信息调为收付实现制下的现金流量信息。收付实现制(cash basis/accounting on the cash basis/cash basis of accounting)又称现金制或实收实付制,是以现金收到或付出为标准,来记录收入的实现和费用的发生。按照收付实现制，收入和费用的归属期间将与现金收支行为的发生与否，紧密地联系在一起。换言之，现金收支行为在其发生的期间全部记作收入和费用，而不考虑与现金收支行为相连的经济业务实质上是否发生。如企业赊销商品，根据权责发生制要确认收入，而根据收付实现制不确认为收入。

通过现金流量表，报表使用者能够了解企业净利润的质量，使报表使用者能够了解现金流量的影响因素，评价企业的支付能力、偿债能力和现金的周转能力，预测企业未来现金流量，为决策提供有力的依据。

二、现金流量表的格式

现金流量表分为正表和补充资料两部分，各部分又分为各具体项目，这些项目从不同的角度反映企业业务活动的现金流入与流出，弥补了资产负债表和利润表提供信息的不足。

1. 现金流量表正表

现金流量表正表采用报告式的结构，分类反映经营活动产生的现金流量、投资活动产生的现金流量和筹资活动产生的现金流量，最后汇总反映企业现金及现金等价物净增加额。在有外币现金流量及境外子公司的现金流量折算为人民币的企业，正表中还应单设"汇率变动对现金的影响"项目。

2. 现金流量表补充资料

补充资料包括三部分内容：① 将净利润调节为经营活动的现金流量；② 不涉及现金收支的投资和筹资活动；③ 现金及现金等价物净增加情况。

现金流量表的格式如表 9-3 所示。

表 9-3 现金流量表格式

现金流量表

会企 03 表

编制单位： 年度 单位：元

项　　目	行次	本年金额	上年金额
一、经营活动产生的现金流量	1		
销售商品、提供劳务收到的现金	2		
收到的税费返还	3		
收到其他与经营活动有关的现金	4		
经营活动现金流入小计	5		
购买商品、接受劳务支付的现金	6		
支付给职工以及为职工支付的现金	7		
支付的各项税费	8		
支付其他与经营活动有关的现金	9		
经营活动现金流出小计	10		
经营活动产生的现金流量净额	11		
二、投资活动产生的现金流量	12		

续表

项　　目	行次	本年金额	上年金额
收回投资收到的现金	13		
取得投资收益收到的现金	14		
处置固定资产、无形资产和其他长期资产收回的现金净额	15		
处置子公司及其他营业单位收到的现金净额	16		
收到其他与投资活动有关的现金	17		
投资活动现金流入小计	18		
购建固定资产、无形资产和其他长期资产支付的现金	19		
投资支付的现金	20		
取得子公司及其他营业单位支付的现金净额	21		
支付其他与投资活动有关的现金	22		
投资活动现金流出小计	23		
投资活动产生的现金流量净额	24		
三、筹资活动产生的现金流量	25		
吸收投资收到的现金	26		
取得借款收到的现金	27		
收到其他与筹资活动有关的现金	28		
筹资活动现金流入小计	29		
偿还债务支付的现金	30		
分配股利、利润或偿付利息支付的现金	31		
支付其他与筹资活动有关的现金	32		
筹资活动现金流出小计	33		
筹资活动产生的现金流量净额	34		
四、汇率变动对现金的影响	35		
五、现金及现金等价物净增加额	36		
期初现金及现金等价物余额	37		
期末现金及现金等价物余额	38		
补 充 资 料	行次	本年金额	上年金额
1. 将净利润调节为经营活动现金流量	39		
净利润	40		
加：资产减值准备	41		
固定资产折旧、油气资产折耗、生产性生物资产折旧	42		
无形资产摊销	43		
长期待摊费用摊销	44		
待摊费用减少（增加以“－”号填列）	45		
预提费用增加（减少以“－”号填列）	46		

续表

补 充 资 料	行次	本年金额	上年金额
处置固定资产、无形资产和其他长期资产的损失(收益以“一”号填列)	47		
固定资产报废损失(收益以“一”号填列)	48		
公允价值变动损失(收益以“一”号填列)	49		
财务费用(收益以“一”号填列)	50		
投资损失(收益以“一”号填列)	51		
递延所得税资产减少(增加以“一”号填列)	52		
递延所得税负债增加(减少以“一”号填列)	53		
存货的减少(增加以“一”号填列)	54		
经营性应收项目的减少(增加以“一”号填列)	55		
经营性应付项目的增加(减少以“一”号填列)	56		
其他	57		
经营活动产生的现金流量净额	58		
2. 不涉及现金收支的重大投资和筹资活动	59		
债务转为资本	60		
一年内到期的可转换公司债券	61		
融资租入固定资产	62		
3. 现金及现金等价物净变动情况	63		
现金的期末余额	64		
减:现金的期初余额	65		
加:现金等价物的期末余额	66		
减:现金等价物的期初余额	67		
现金及现金等价物净增加额	68		

三、现金流量表的编制方法

现金流量表的编制方法有直接法和间接法两种,其中直接法以营业收入为起点。现金流量表的正表采用直接法,按现金收入和现金支出的主要类别直接反映企业经营活动产生的现金流量。采用直接法编制经营活动的现金流量时,一般以利润表中的营业收入为起算点,调整与经营活动有关项目的增减变动,然后计算出经营活动现金流量。现金流量的数据可根据企业会计记录直接填列,也可根据资产负债表和利润表有关资料分析填列。

间接法以净利润为起点。补充资料采用间接法,以净利润为起点,调整不涉及现金收支的收入、费用和营业外收支等有关项目,据此计算出经营活动产生的现金流量。

正表和补充资料中各主要项目的具体填列方法如下。

1. 经营活动产生的现金流量

(1)“销售商品、提供劳务收到的现金”项目,反映企业销售商品、提供劳务实际收到的现金（含销售收入和应向购买者收取的增值税额），包括本期销售商品、提供劳务收到的现金，以及前期销售和前期提供劳务本期收到的现金和本期预收的账款，减去本期退回本期销售的商品和前期销售本期退回的商品支付的现金。企业销售材料等业务收到的现金，也在本项目反映。本项目可以根据“现金”、“银行存款”、“应收账款”、“应收票据”、“主营业务收入”、“其他业务收入”等账户的记录分析填列。

（2）“收到的其他与经营活动有关的现金”项目，反映企业除了销售商品、提供劳务收到的现金以外的其他与经营活动有关的现金流入，如罚款收入、流动资产损失中由个人赔偿的现金收入等。其他现金流入如价值较大的，应单列项目反映。本项目可以根据“现金”、“银行存款”、“营业外收入”等账户的记录分析填列。

（3）“购买商品、接受劳务支付的现金”项目，反映企业购买材料、商品、接受劳务实际支付的现金，包括本期购入材料、商品、接受劳务支付的现金（包括增值税进项税额），以及本期支付前期购入商品、接受劳务的未付款项和本期预付款项。本期发生的购货退回收到的现金应从本项目内减去。本项目可以根据“现金”、“银行存款”、“应付账款”、“应付票据”、“主营业务成本”等账户的记录分析填列。

（4）“支付给职工以及为职工支付的现金”项目，反映企业实际支付给职工，以及为职工支付的现金，包括本期实际支付给职工的工资、奖金、各种津贴和补贴等，以及为职工支付的其他费用。支付的在建工程人员的工资，在“购建固定资产、无形资产和其他长期资产所支付的现金”项目反映。本项目可以根据“应付职工薪酬”、“现金”、“银行存款”等账户的记录分析填列。

企业为职工支付的养老、失业等社会保险基金、补充养老保险、住房公积金、支付给职工的住房困难补助，以及支付给职工或为职工支付的其他福利费用等，应按职工的工作性质和服务对象，分别在本项目和在“购建固定资产、无形资产和其他长期资产所支付的现金”项目反映。

（5）“支付的各项税费”项目，反映企业按规定支付的各种税费，包括本期发生并支付的税费，以及本期支付以前各期发生的税费和预交的税金，如支付的教育费附加、矿产资源补偿费、印花税、房产税、土地增值税、车船使用税、预交的营业税等。不包括计入固定资产价值的税费、实际支付的耕地占用税等，也不包括因多计等原因于本期退回的各项税费。本项目可以根据“应交税费”、“现金”、“银行存款”等账户的记录分析填列。

（6）“支付的其他与经营活动有关的现金”项目，反映企业除上述各项目外，支付的其他与经营活动有关的现金流出，如罚款支出、支付的差旅费、业务招待费现金支出、支付的保险费等，其他现金流出如价值较大的，应单列项目反映。本项目可以根据有关账户的记录分析填列。

2. 投资活动产生的现金流量

（1）“收回投资所收到的现金”项目，反映企业出售、转让或到期收回除现金等价物以外的交易性金融资产、长期股权投资而收到的现金，以及收回长期债权投资本金而收到的现金。不包括长期债权投资收回的利息，以及收回的非现金资产。本项目可以根据“交易性金融资产”、“长期股权投资”、“现金”、“银行存款”等账户的记录分析填列。

（2）“取得投资收益所收到的现金”项目，反映企业因股权性投资和债权性投资而取得的现金股利、利息，不包括股票股利。本项目可以根据“现金”、“银行存款”、“投资收益”等账户的记录分析填列。

（3）“处置固定资产、无形资产和其他长期资产所收回的现金净额”项目，反映企业处置固定资产、无形资产和其他长期资产所取得的现金，减去为处置这些资产而支付的有关费用后的净额。本项目可以根据“固定资产清理”、“现金”、“银行存款”等账户的记录分析填列。

（4）“收到的其他与投资活动有关的现金”项目，反映企业除了上述各项以外，收到的其他与投资活动有关的现金流入。其他现金流入如价值较大的，应单列项目反映。本项目可以根据有关账户的记录分析填列。

（5）“购建固定资产、无形资产和其他长期资产所支付的现金”项目，反映企业购买、建造固定资产，取得无形资产和其他长期资产所支付的现金，不包括为购建固定资产而发生的借款利息资本化的部分，以及融资租入固定资产支付的租赁费。借款利息和融资租入固定资产支付的租赁费，在筹资活动产生的现金流量中反映。本项目可以根据“固定资产”、“在建工程”、“无形资产”、“现金”、“银行存款”等账户的记录分析填列。

（6）“投资所支付的现金”项目，反映企业进行权益性投资和债权性投资支付的现金，包括企业取得的除现金等价物以外的短期股票投资、短期债券投资、长期股权投资、长期债权投资支付的现金以及支付的佣金、手续费等附加费用。本项目可以根据“长期股权投资”、“交易性金融资产”、“现金”、“银行存款”等账户的记录分析填列。

（7）“支付的其他与投资活动有关的现金”项目，反映企业除了上述各项以外，支付的其他与投资活动有关的现金流出。其他现金流出如价值较大的，应单列项目反映。本项目可以根据有关账户的记录分析填列。

3. 筹资活动产生的现金流量

（1）“吸收投资所收到的现金”项目，反映企业收到的投资者投入的现金，本项目可以根据“实收资本”、“现金”、“银行存款”等账户的记录分析填列。

（2）“借款所收到的现金”项目，反映企业举借各种短期、长期借款所收到的现金。本项目可以根据“短期借款”、“长期借款”、“现金”、“银行存款”等账户的记录分析填列。

（3）“收到的其他与筹资活动有关的现金”项目，反映企业除上述各项目外，收到的其他与筹资活动有关的现金流入，如接受现金捐赠等。本项目可以根据有关账户的记录分析填列。

（4）“偿还债务所支付的现金”项目，反映企业以现金偿还债务的本金，包括偿还金融企业的借款本金等。企业偿还的借款利息，在“分配股利、利润或偿付利息所支付的现金”项目反映，不包括在本项目内。本项目可以根据“短期借款”、“长期借款”、“现金”、“银行存款”等账户的记录分析填列。

（5）“分配股利、利润或偿付利息所支付的现金”项目，反映企业实际支付的现金股利，支付给其他投资单位的利润以及支付的借款利息等。本项目可以根据“应付利润”、“财务费用”、“长期借款”、“现金”、“银行存款”等账户的记录分析填列。

（6）“支付的其他与筹资活动有关的现金”项目，反映企业除了上述各项外，支付的其他与筹资活动有关的现金流出，如捐赠现金支出、融资租入固定资产支付的租赁费等。本项目可以根据有关账户的记录分析填列。

表中“本年数”栏反映各项目自年初起至报告期末止的累计实际发生数或本年实际发生数。在编制年度财务报表时，还应在“上年数”填列上年全年累计实际发生数。如果上年度现金流量表与本年度现金流量表的项目名称和内容不一致，应对上年度现金流量表项目的名称和数字按本年度的规定进行调整，填入本表“上年数”栏。

第五节　所有者权益变动表

所有者权益变动表（statement of owners's equity）是根据2006年《企业会计准则》的规定新增的报表，显示了当前使用者对所有者权益关注的提高。所有者权益变动表是反映企业在某一会计期间实收资本、资本公积、盈余公积和未分配利润等所有者权益各组成部分增减变动的报表。

通过所有者权益变动表可以了解企业的所有者权益以下内容：所有者权益总量的增减变动；所有者权益增减变动的重要结构性信息；直接计入所有者权益的利得和损失。

在所有者权益变动表中，企业应当单独列示反映下列信息：

(1) 净利润；

(2) 直接计入所有者权益的利得和损失项目及其总额；

(3) 会计政策变更和差错更正的累积影响金额；

(4) 所有者投入资本和向所有者分配利润等；

(5) 提取的盈余公积；

(6) 实收资本或股本、资本公积、盈余公积、未分配利润的期初和期末余额及其调节情况。

所有者权益变动表的具体格式如表9-4所示。

表9-4　所有者权益变动表

会企04表

编制单位：　　　　　　　　年　　月　　　　　　　　单位：元

项　　目	行次	本年金额					上年金额				
		实收资本（或股本）	资本公积	盈余公积	未分配利润	所有者权益合计	实收资本（或股本）	资本公积	盈余公积	未分配利润	所有者权益合计
一、上年年末余额											
1. 会计政策变更											
2. 前期差错更正											
二、本年年初余额											
三、本年增减变动金额（减少以“－”号填列）											
（一）本年净利润											

续表

项目	行次	本年金额					上年金额				
		实收资本（或股本）	资本公积	盈余公积	未分配利润	所有者权益合计	实收资本（或股本）	资本公积	盈余公积	未分配利润	所有者权益合计
（二）直接计入所有者权益的利得和损失											
1. 可供出售金融资产公允价值变动净额											
2. 现金流量套期工具公允价值变动净额											
3. 与计入所有者权益项目相关的所得税影响											
4. 其他											
小计											
（三）所有者投入资本											
1. 所有者本期投入资本											
2. 本年购回库存股											
3. 股份支付计入所有者权益的金额											
（四）本年利润分配											
1. 对所有者（或股东）的分配											
2. 提取盈余公积											
（五）所有者权益内部结转											
1. 资本公积转增资本											
2. 盈余公积转增资本											
3. 盈余公积弥补亏损											
四、本年年末余额											

本章小结

财务报告是综合反映企业一定时期财务状况、经营成果以及现金流量情况的书面文件，主要由财务报表和财务报表附注组成。

财务报表是财务报告的主要部分，企业对外提供的财务报表包括资产负债表、利润表、现金流量表、所有者权益变动表。财务报表附注是为了便于财务报表使用者而对财务报表的编制基础、编制依据、编制原理和方法及主要项目等所作的解释，还包括对未能在这些报表中列示的项目的说明等。财务报告分为年度和中期财务报告。我国《会计基础工作规范》规定，会计报表应当根据登记完整、核对无误的会计账簿记录和其他有关资料编制，做到数字真实、计算准确、内容完整、说明清楚。

利润表是反映企业一定会计期间经营成果的财务报表。利润表是根据会计核算的配比原则，把一定时期内的收入和对应的成本费用配比，加上利得与损失后，从而计算出企业一定时期的各项利润指标。在会计实务中，会计人员一般首先要完成的是利润表。

资产负债表又称财务状况表，是反映企业某一特定日期(如月末、季末、年末等)的资产、负债、所有者权益的会计报表。资产负债表的主要内容是资产、负债、所有者权益。

现金流量表，是反映企业在一定会计期间现金和现金等价物流入和流出的报表。现金流量表的编制原则是收付实现制，即将权责发生制下的盈利信息调为收付实现制下的现金流量信息。

所有者权益变动表是反映企业在某一会计期间实收资本、资本公积、盈余公积和未分配利润等所有者权益各组成部分增减变动的报表。是根据 2006 年《企业会计准则》的规定新增的报表。

思考与练习题

【思考题】

1. 财务报告的内容？财务报告的分类和编制要求？
2. 企业在编制财务报告前要做好哪些准备工作？
3. 利润表要反映的内容与格式？各具体项目的编制方法？
4. 资产负债表要反映的内容与格式？各具体项目的编制方法？
5. 现金流量表要反映的内容与格式？各具体项目的编制方法？
6. 所有者权益变动表要反映的内容与格式？各具体项目的编制方法？

【练习题】

一、单项选择题

1. 会计报表编制的根据是(　　)。

A. 原始凭证　B. 记账凭证　C. 转账凭证　D. 账簿记录

2. 依照我国的会计准则，资产负债表采用的格式为(　　)。

A. 单步报告式　B. 多步报告式　C. 账户式　D. 混合式

3. 依照我国的会计准则，利润表所采用的格式为(　　)。

A. 单步报告式　B. 多步报告式　C. 账户式　D. 混合式

4. 某企业为新开办的企业，本年度实现利润总额为 90 万元，其中有 10 万元是向外单位进行长期投资分得的税后利润，属于纳税前应扣除的项目，该企业按 25% 计算所得税，按税后利润的 10% 提取法定盈余公积金，按税后利润 5% 提取法定公益金，分得投资者利润为 30 万元，则该企业在利润分配表中“年末未分配利润”数额为（　　）。

A. 300 000 元　　B. 295 000 元　　C. 300 400 元　　D. 305 000 元

5. 资产负债表是反映企业（　　）财务状况的会计报表。

A. 某一特定日期 B. 一定时期内　　C. 某一年份内　　D. 某一月份内

6. 在下列各个会计报表中，属于反映企业对外的静态报表的是（　　）。

A. 利润表　　B. 利润分配表　　C. 现金流量表　　D. 资产负债表

7. 利润分配情况在（　　）中体现。

A. 利润表　　B. 资产负债表

C. 现金流量表　　D. 所有者权益变动表

8. 期末“预提费用”账户的借方余额，应在资产负债表中（　　）。

A. 以负数列示在预提费用项目中

B. 用红字列示在预提费用项目中

C. 不作反映，而在利润表中列示

D. 与“待摊费用”账户借方余额相加后列示在待摊费用项目中

9. “应收账款”科目所属明细科目如有贷方余额，应在资产负债表（　　）项目中反映。

A. 预付账款　　B. 预收账款　　C. 应收账款　　D. 应付账款

10. 编制会计报表时，以“资产＝负债＋所有者权益”这一会计等式作为编制依据的会计报表是（　　）。

A. 利润表　　B. 所有者权益变动表

C. 资产负债表　　D. 现金流量表

11. 编制会计报表时，以“收入－费用＝利润”这一会计等式作为编制依据的会计报表是（　　）。

A. 利润表　　B. 所有者权益变动表

C. 资产负债表　　D. 现金流量表

12. 在编制资产负债表时，资产类备抵调整账户应列示在（　　）。

A. 权益方　　B. 资产方　　C. 借方　　D. 贷方

13. 某企业“应付账款”明细账期末余额情况如下：W 企业贷方余额为200 000 元，Y 企业借方余额为 180 000 元，Z 企业贷方余额为 300 000 元。假如该企业“预付账款”明细账均为借方余额，则根据以上数据计算的反映在资产负债表上应付账款项目的数额为（　　）。

A. 680 000　　B. 320 000　　C. 500 000　　D. 80 000

14. 在利润表中，对主营业务要求详细列示其收入、成本费用，而对其他业务只列示其利润，这一做法体现了（　　）。

A. 真实性原则　　B. 配比原则

C. 权责发生制原则　　D. 重要性原则

15. 填列资产负债表“期末数”栏各个项目时，下列说法正确的是(　　)。

A. 主要是根据有关账户的期末余额记录填列

B. 主要是根据有关账户的本期发生额记录填列

C. 大多数项目根据有关账户的期末余额记录填列，少数项目则根据有关账户的本期发生额记录填列

D. 少数项目根据有关账户的期末余额记录填列，大多数项目则根据有关账户的本期发生额记录填列

16. 不能通过资产负债表了解的会计信息是(　　)。

A. 企业固定资产的新旧程度

B. 企业资金的来源渠道和构成

C. 企业所掌握的经济资源及其分布情况

D. 企业在一定期间内现金的流入和流出的信息及其现金增减变动的原因

17. 按照会计报表反映的经济内容分类，资产负债表属于(　　)。

A. 财务状况报表　B. 经营成果表　C. 对外报表　D. 月报

18. 资产负债表的下列项目中，需要根据几个总账账户的期末余额进行汇总填列的是(　　)。

A. 短期投资　B. 短期借款　C. 货币资金　D. 累计折旧

19. 下列各项中，可以通过资产负债表反映的有(　　)。

A. 某一时点的财务状况　B. 某一时期的财务状况

C. 某一时期的经营成果　D. 某一时期的获利能力

20. 资产负债表中的“存货”项目，应根据(　　)。

A. “存货”账户的期末借方余额直接填列

B. “原材料”账户的期末借方余额直接填列

C. “原材料”、“生产成本”和“库存商品”等账户的期末借方余额之和，减去“存货跌价准备”科目期末余额后的金额填列

D. “原材料”、“在产品”和“库存商品”等账户的期末借方余额之和填列

21. 下列可引起现金流量净额变动的项目是(　　)。

A. 将现金存入银行

B. 用银行存款购买1个月到期的债券

C. 用固定资产抵偿债务

D. 用银行存款清偿10万元债务

22. 下列经济业务产生的现金流量中，属于“经营活动产生的现金流量”的是(　　)。

A. 出售固定资产收到的现金　B. 销售材料收到的现金

C. 取得债券利息收入收到的现金　D. 向投资者支付现金股利

23. 下列项目中，应在所有者权益变动表中反映的是(　　)。

A. 支付业务招待费　B. 盈余公积转增股本

C. 赊销商品　D. 购买商品支付的现金

二、多项选择题

1. 下列各项中,影响企业营业利润的项目有(　　)。

A. 营业外支出　B. 管理费用　C. 投资收益　D. 所得税费用

2. 在利润表中,应列入"主营业务税金及附加"项目中的税金有(　　)。

A. 增值税　B. 消费税

C. 城市维护建设税　D. 教育费附加

3. 利润表提供的信息包括(　　)。

A. 实现的营业收入　B. 发生的营业成本

C. 企业的财务状况　D. 利润或亏损总额

4. 企业的下列报表中,属于对外的会计报表的有(　　)。

A. 资产负债表　B. 利润表

C. 制造成本表　D. 现金流量表

5. 下列各项目中,属于资产负债表中的流动资产项目的有(　　)。

A. 货币资金　B. 预付账款　C. 应收账款　D. 预收账款

6. 下列报表中,反映企业财务状况及其现金流量变动情况的报表是(　　)。

A. 资产负债表　B. 利润表

C. 所有者权益变动表　D. 现金流量表

7. 按照会计报表所反映的经济内容不同,可分为(　　)。

A. 反映财务状况的报表　B. 反映财务成果的报表

C. 个别会计报表　D. 合并会计报表

8. 会计报表的使用者包括(　　)。

A. 债权人　B. 企业内部管理层

C. 投资者　D. 潜在的投资者

9. 资产负债表的"存货"项目应根据下列总账科目的合计数填列的有(　　)。

A. 库存商品　B. 自制半成品

C. 在建工程　D. 低值易耗品

10. 在编制资产负债表中,应根据总账科目的期末借方余额直接填列的项目有(　　)。

A. 固定资产原价　B. 应收票据

C. 短期借款　D. 累计折旧

三、判断题

1. 会计报表是综合反映企业资产、负债和所有者权益的情况及一定时期的经营成果和现金流量的书面文件。(　　)

2. 会计报表按其反映的内容,可以分为动态会计报表和静态会计报表。资产负债表是反映在某一特定时期内企业财务状况的会计报表,属于静态会计报表。(　　)

3. 利润表中"营业税金及附加"项目包括增值税。(　　)

4. 资产负债表中"应付账款"、"预付账款"项目应直接根据该科目的总账余额填列。(　　)

5. 目前国际上比较普遍的利润表的格式主要有多步式损益表和单步式损益表两种。为简便明晰起见，我国企业采用的是单步式损益表格式。 （　　）

6. 资产负债表的“期末数”栏中各项目主要是根据总账或有关明细账本期发生额直接填列的。 （　　）

7. “无形资产”项目，应根据“无形资产”科目期末余额填列。 （　　）

8. 资产负债表中“货币资金”项目，应主要根据“银行存款”各种结算账户的期末余额填列。 （　　）

9. 资产负债表中“应收账款”项目，应根据“应收账款” 账户所属各明细账户的期末借方余额合计填列。如“预付账款” 账户所属有关明细账户有借方余额的，也应包括在本项目内。如“应收账款” 账户所属明细账户有贷方余额，应包括在“预付账款”项目内填列。 （　　）

10. 利润表中“主营业务成本”项目，反映企业销售产品和提供劳务等主要经营业务的各项销售费用和实际成本。 （　　）

四、实务题

1. 某企业发生下列经济业务，要求根据发生的经济业务编制会计分录，并编制该企业当月的利润表(凡能确定二级或明细账户名称的，应同时列明二级或明细账户)。

(1) 企业销售甲产品 1 000 件，每件售价 80 元，增值税 13 600 元，货款已通过银行收讫。

(2) 企业销售给红星厂乙产品 900 件，每件售价 50 元，增值税为 7 650 元，但货款尚未收到。

(3) 结转已售甲、乙产品的生产成本，其中甲产品生产成本 65 400 元，乙产品生产成本 36 000 元。

(4) 以银行存款支付本月销售甲、乙两种产品的销售费 1 520 元。

(5) 根据规定计算应交纳城市维护建设税 8 750 元。

(6) 王建设外出归来报销因公务出差的差旅费 350 元(原已预支 400 元)。

(7) 以现金 1 000 元支付厂部办公费。

(8) 企业收到红星厂前欠货款 45 000 元，并存入银行。

(9) 没收某单位逾期未退回的包装物押金 6 020 元。

(10) 年初，用银行存款支付全厂全年材料仓库的租赁费 2 400 元。

(11) 摊销应由本月负担的预付材料仓库租赁费。

(12) 根据上述有关经济业务，结转本期主营业务收入、其他业务收入、营业外收入。

(13) 根据上述有关经济业务结转本月主营业务成本、营业费用、主营业务税金及管理费用。

(14) 根据本期实现的利润总额，按 25%税率计算应交所得税。

(15) 以银行存款上交本月增值税、城建税(按应交增值税的 7%计算)、所得税。

(16) 编制本月的利润表(见表 9-5)。

表 9-5 利润表

会企 02 表

编制单位： 年 月 单位：元

项 目	行次	本月金额	本年累计
一、营业收入			
减：营业成本			
营业税费			
销售费用			
管理费用			
财务费用(收益以“－”号填列)			
资产减值损失			
加：公允价值变动净收益(净损失以“－”号填列)			
投资净收益(净损失以“－”号填列)			
二、营业利润(亏损以“－”号填列)			
加：营业外收入			
减：营业外支出			
其中：非流动资产处置净损失(净收益以“－”号填列)			
三、利润总额(亏损总额以“－”号填列)			
减：所得税			
四、净利润(净亏损以“－”号填列)			
五、每股收益			
(一) 基本每股收益			
(二) 稀释每股收益			
注：			

2. 某厂 1 月 31 日有关账户余额如表 9-6 所示。

表 9-6 账户余额表

单位：元

账 户	余 额	
	借 方	贷 方
库存现金	800	
银行存款	220 000	
预付账款	1 000	
库存商品	6 000	
固定资产	500 000	
累计折旧		100 000
本年利润		28 140
利润分配——提取盈余公积	5 628	
利润分配——应付利润	9 000	

要求：根据以上科目的余额，计算资产负债表中的货币资金、固定资产、预付款项和未分配利润项目的金额。

3. 某企业部分账户余额表如表 9-7 所示。

表 9-7　账户余额表

单位：元

账　户	余　额	
	借　方	贷　方
原材料	213 460	
生产成本	63 750	
产成品	37 260	
应收账款——东城商贸	75 000	
应收账款——西城商贸		30 000
应付账款——西乡商贸		80 000
应付账款——北乡商贸	20 000	

要求：根据以上账户及明细账的余额，计算资产负债表中应收账款、预收账款、应付账款、预付账款和存货项目的金额。

4. 江城商贸有限责任公司 2018 年 3 月 31 日结账前有关账户余额如表 9-8 所示。

表 9-8　江城商贸有限责任公司账户余额表

单位：元

账　户	借方金额	账　户	贷方金额
库存现金	236	短期借款	76 000
银行存款	74 052	应付账款	37 350
交易性金融资产	12 200	其他应付款	3 780
应收账款	31 900	应付职工薪酬	27 550
其他应收款	300	应交税费	8 290
原材料	176 570	应付利润	12 100
生产成本	30 182	应付利息	1 400
产成品	16 270	长期借款	50 000
周转材料	1 000	累计折旧	181 500
长期股权投资	60 000	实收资本	491 500
固定资产	500 000	盈余公积	25 000
无形资产	15 000	本年利润	36 000
利润分配	32 760		
合　计	950 470	合　计	950 470

其中：“应收账款”账户明细：东城商贸有限责任公司 51 900 元(借方)，西城商贸有限责任公司 20 000 元(贷方)。

“应付账款”账户明细：南乡商贸有限责任公司 10 000 元(借方)，北乡商贸有限责任公司 47 350 元(贷方)。

要求：编制江城商贸有限责任公司 2018 年 3 月 31 日的资产负债表(见表 9-9)。

表 9-9 资产负债表

会企 01 表

编制单位： 年 月 日 单位：元

资产	行次	期末余额	年初余额	负债和所有者权益（或股东权益）	行次	期末余额	年初余额
流动资产：	1			流动负债：	36		
货币资金	2			短期借款	37		
交易性金融资产	3			交易性金融负债	38		
应收票据	4			应付票据	39		
应收账款	5			应付账款	40		
预付账款	6			预收账款	41		
应收股利	7			应付职工薪酬	42		
应收利息	8			应交税费	43		
其他应收款	9			应付利息	44		
存货	10			应付股利	45		
其中：消耗性生物资产	11			其他应付款	46		
待摊费用	12			预提费用	47		
一年内到期的非流动资产	13			预计负债	48		
其他流动资产	14			一年内到期的非流动负债	49		
流动资产合计	15			其他流动负债	50		
非流动资产：	16			流动负债合计	51		
可供出售金融资产	17			非流动负债：	52		
持有至到期投资	18			长期借款	53		
投资性房地产	19			应付债券	54		
长期股权投资	20			长期应付款	55		
长期应收款	21			专项应付款	56		
固定资产	22			递延所得税负债	57		
在建工程	23			其他非流动负债	58		
工程物资	24			非流动负债合计	59		
固定资产清理	25			负债合计	60		
生产性生物资产	26			所有者权益(或股东权益)：	61		
油气资产	27			实收资本(或股本)	62		
无形资产	28			资本公积	63		
开发支出	29			盈余公积	64		
商誉	30			未分配利润	65		
长摊待摊费用	31			减：库存股	66		
递延所得税资产	32			所有者权益(或股东权益)合计	67		
其他非流动资产	33				68		

续表

资　　产	行次	期末余额	年初余额	负债和所有者权益（或股东权益）	行次	期末余额	年初余额
非流动资产合计	34				69		
资产总计	35			负债和所有者权益（或股东权益）合计	70		

注：以人民币以外的货币作为记账本位币的企业，可能在“所有者权益合计”项目前增设“外币折算差额”项目。

5. 滨江有限责任公司 2018 年 4 月发生以下经济业务。

(1) 销售商品取得销售收入 1 300 000 元，其中 300 000 元尚未收到。

(2) 收回客户前欠货款 250 000 元。

(3) 归还银行分期付款本金 800 000 元，并支付利息 48 000 元。

(4) 购买机器设备支付款项 160 000 元。

(5) 购买原材料 700 000 元，其中 200 000 元尚未支付。

(6) 偿还前欠货款 380 000 元。

(7) 缴纳所得税 99 000 元。

(8) 分配利润支付现金 50 000 元。

(9) 支付职工工资 68 000 元。

(10) 接受企业所有者以现金形式追加投入的资本 400 000 元。

(11) 从银行取得贷款 600 000 元。

(12) 收到出租设备的租金 20 000 元。

要求：

(1) 将上述经济业务按照经营活动、投资活动和筹资活动归类。

(2) 计算各类活动产生的现金流量净额（表 9-10）。

表 9-10　现金流量表

会企 03 表

编制单位：　　　　　　　　　　年度　　　　　　　　　　单位：元

项　　目	行次	本年金额	上年金额
一、经营活动产生的现金流量：	1		
销售商品、提供劳务收到的现金	2		
收到的税费返还	3		
收到其他与经营活动有关的现金	4		
经营活动现金流入小计	5		
购买商品、接受劳务支付的现金	6		
支付给职工以及为职工支付的现金	7		
支付的各项税费	8		
支付其他与经营活动有关的现金	9		
经营活动现金流出小计	10		
经营活动产生的现金流量净额	11		
二、投资活动产生的现金流量：	12		
收回投资收到的现金	13		

续表

项目	行次	本年金额	上年金额
取得投资收益收到的现金	14		
处置固定资产、无形资产和其他长期资产收回的现金净额	15		
处置子公司及其他营业单位收到的现金净额	16		
收到其他与投资活动有关的现金	17		
投资活动现金流入小计	18		
购建固定资产、无形资产和其他长期资产支付的现金	19		
投资支付的现金	20		
取得子公司及其他营业单位支付的现金净额	21		
支付其他与投资活动有关的现金	22		
投资活动现金流出小计	23		
投资活动产生的现金流量净额	24		
三、筹资活动产生的现金流量:	25		
吸收投资收到的现金	26		
取得借款收到的现金	27		
收到其他与筹资活动有关的现金	28		
筹资活动现金流入小计	29		
偿还债务支付的现金	30		
分配股利、利润或偿付利息支付的现金	31		
支付其他与筹资活动有关的现金	32		
筹资活动现金流出小计	33		
筹资活动产生的现金流量净额	34		
四、汇率变动对现金的影响	35		
五、现金及现金等价物净增加额	36		
期初现金及现金等价物余额	37		
期末现金及现金等价物余额	38		

第十章 会计循环（上）

学习目的

通过本章的学习，要求了解会计循环的概念和基本步骤，熟悉在一般经济业务中取得的原始凭证的内容与分类，熟练掌握会计分录的编制，了解记账凭证的作用与分类，掌握记账凭证的填制方法，了解会计账簿的作用及分类，掌握会计账簿的登记方法。

导入案例

开始记账——日常业务的处理

通过学习，诗诗她们已经知道了奶茶店的会计准备工作——建账，以及登记账簿的方法——借贷记账法，现在会计老师告诉她们可以开始会计记录了。可是该拿什么作为登记账簿的依据呢？诗诗她们又有点昏了。

首先是开店时的筹集的本金2万元，由于大家是同学，相互熟悉又相互信任，诗诗收到同学的钱时，没写收条。老师说现在奶茶店就是一个独立的会计实体，凡是有关奶茶店的经济业务就应该有凭证，收到的投资款项应该跟各位投资者补开一个收款单，包括诗诗自己投的钱。收款单一式三联，第一联是存根，第二联是给投资者留为凭证，第三联是用来做账的依据，也称为原始凭证。该项业务使奶茶店的现金增加2万元，登记账簿时应借记“库存现金”账户；实收资本增加2万元，登记账簿时应贷记“实收资本”账户。但是，在正式登记账簿前，要将以上业务形成会计分录，并制成记账凭证。

听了老师的讲述，诗诗她们顿时清楚了，买的冰箱、搅拌器等设备都有发票，那些发票就是原始凭证，买的果汁、奶粉等存货也有发票，都是做账的凭证。那每天卖出去的奶茶，都不用开发票，收到的是现金，这样的业务又该怎么做账呢？总不能把现金作为原始凭证吧！诗诗有点疑惑了，大家给想想办法吧！

企业为了实现经营目标，持续不断地进行生产经营活动。为了反映和监督这些经济活动，会计信息系统利用账户和借贷记账法，将企业所发生的经济业务记录下来，经分析整理后以报表的形式定期向使用者提供所需财务信息。企业经济活动连续不断，会计反映和监督的活动也循环不止。

第一节 会计循环的概念与基本程序

会计循环(accounting cycle),是指企业在一个会计期间相互衔接的会计工作步骤。为了保证信息的及时性,一般要求一个月报告一次企业的财务信息。会计循环包括从经济业务分析到财务报表编制的全过程。由于这些步骤在每一个会计期间循环往复、周而复始,因此称之为会计循环。图10-1显示了会计循环所包含的步骤。

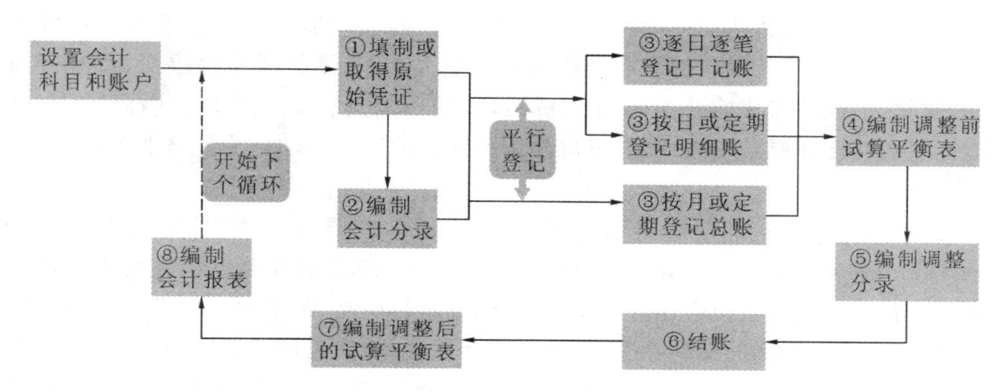

图10-1 会计循环流程图

会计循环是会计信息产生的步骤,也是会计核算的基本过程。在会计实务中,企业的规模、业务的内容、会计组织形式各有不同,但会计处理的过程基本是一致的。在进行会计核算工作之前,要设置会计科目和账户。设置会计科目和账户是进行会计循环的准备工作。会计人员要根据会计对象的特点,设置相应的会计科目,并将上期末的资产、负债、所有者权益账户的余额结转到本期。

完整的会计循环应包括以下基本步骤。

(1) 填制或取得原始凭证。经济业务发生后,业务人员将相关凭证交与会计部门,会计人员要审核凭证并分析业务对会计要素的影响。

(2) 编制会计分录。根据审核的凭证,确认相关会计科目,并按照借贷记账法的规则,编制会计分录,确认借记和贷记的金额,并将结果填入记账凭证内。

(3) 登记账簿。也称记账、过账,是将记账凭证的会计分录,平行登记于总分类账户和明细分类账户。

(4) 编制调整前试算平衡表。将各分类账户的借方和贷方发生额或余额汇总列表,以验证分录或记账是否正确。

(5) 编制调整分录。在会计期末,根据权责发生制和配比原则,对一些会计事项进行调整,并编制会计分录、记账。

(6) 结账。将收入与费用账户结转到利润账户,计算本期利润,年末将利润总额转入所有者权益账户。年末启用新账本时,还要将资产、负债、所有者权益类账户结转入到新账本中。

(7) 编制调整后的试算平衡表。在前期试算平衡表的基础上,根据调整分录和结账分录的影响，编制调整后的试算平衡表。

（8）编制会计报表。根据调整后的试算平衡表，编制资产负债表、利润表、所有者权益变动表、现金流量表，以综合反映企业的财务状况。

第二节　经济业务与原始凭证

一、经济业务

企业在日常经营活动中，会发生各种各样的经济活动，但并不是所有的经济活动都可以进行会计处理。如企业经营战略的重大调整、营销策略的改变、市场占用率的变化、达成的未来合作意向等经济活动，就不能进行会计处理。因此，在会计上，把能引起会计要素增减变化、可以确认和计量的经济活动称为经济业务，或会计事项。

经济业务的类型分为交易与事项，而交易主要分为外部交易（external transactions）与内部交易（internal transactions）。外部交易是指发生在两个企业之间的价值交换，它们会使会计等式发生变化，如销售商品、采购原材料等。内部交易是指发生在企业内部的交换，它同样会影响会计等式，如生产过程中使用原材料、销售部门领用自己生产的产品等。事项（events）是指对企业的会计等式产生影响并且能可靠计量的事件，如新产品的出现导致存货价值的贬值、股价的变动对投资价值的影响、自然灾害造成的损失等。但签订服务协议或产品购销合同不属于事项，因为服务和产品并没有真正的提供，签订合同本身并不影响会计等式。

企业在确定经济业务时，还要明确会计主体，即会计为之服务的特定对象。此外，还要明确哪些是企业的经济业务，哪些是业主私人的业务。如投资者投入资金办厂，在经营期间，向工厂取款用于家庭的消费，企业就不能将费用入账。企业与业主是不同的主体，企业会计核算的主体是企业。

现代会计将企业的经济活动主要分为经营活动、投资活动与筹资活动三类，这三类活动形成具体的经济业务，如商品购销业务、股权与债权的投资、向股东或金融机构融资等业务。

二、原始凭证

为了保证会计信息的可靠性和可稽核性，当经济业务发生后，企业会计人员必须根据经济业务发生时填制或取得的书面文件进行会计处理。

原始凭证又称单据，是在经济业务发生或完成时取得或填制的，用以记录或证明经济业务的发生或完成情况的文字凭据。凭据有外来的，如购货的发票，有些是自制的，如领料单等，称为原始凭证。任何单位在办理经济业务时，都要由经办人员或有关部门填制或取得能证明经济业务的内容、数量、金额的凭证。

原始凭证非常重要。首先，它是表明经济业务已经发生和完成的书面证据，如企业人员外出办事时取得的车票及住宿费发票；其次，它是明确经济责任、具有法律效力的书面证明。经办业务的单位或个人，必须在填制的原始凭证上盖章或签名，以表示对会计凭证的真实性和正确性承担全部责任。原始凭证是会计人员记账的依据。

1. 原始凭证的内容

经济业务的内容是多种多样的，记录这些业务的原始凭证的名称、内容和格式也是各不相同。归纳起来，作为记账凭证依据的原始凭证，必须包括以下一些基本要素：①原始凭证名称；②填制原始凭证的日期；③接受原始凭证的单位名称；④经济业务内容（含数量、单价、金额等）；⑤填制单位名称和签章；⑥经办人员的签名或者签章；⑦凭证附件。

常见的原始凭证有购买商品时销售方开具的发票（增值税专用发票，见图10-2），收款单（见图10-3），材料收发时的入库单（见图10-4）和出库单，各种费用发票等。

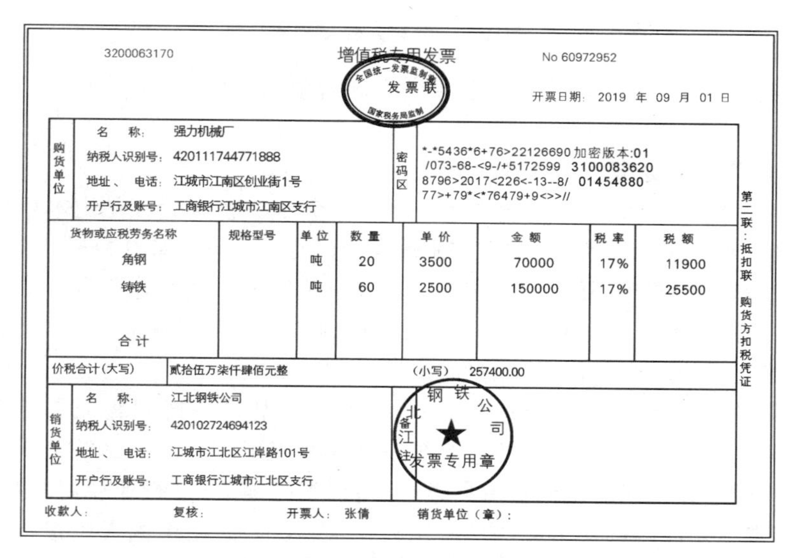

3200063170　　增值税专用发票　　No 60972952

全国统一发票监制章　发票联　国家税务局监制

开票日期：2019 年 09 月 01 日

购货单位　名　称：强力机械厂
纳税人识别号：420111744771888
地址、电话：江城市江南区创业街1号
开户行及账号：工商银行江城市江南区支行

密码区：
*-*5436*6+76>22126690 加密版本:01
/073-68-<9-/+5172599 3100083620
8796>2017<226<-13--8/ 01454880
77>+79*<*76479+9<>>//

货物或应税劳务名称	规格型号	单位	数量	单价	金额	税率	税额
角钢		吨	20	3500	70000	17%	11900
铸铁		吨	60	2500	150000	17%	25500
合计							

价税合计（大写）　贰拾伍万柒仟肆佰元整　　（小写）　257400.00

销货单位　名　称：江北钢铁公司
纳税人识别号：420102724694123
地址、电话：江城市江北区江岸路101号
开户行及账号：工商银行江城市江北区支行

备注：江北钢铁公司 发票专用章

收款人：　复核：　开票人：张倩　销货单位（章）：

第二联：抵扣联　购货方扣税凭证

图 10-2　增值税专用发票票样

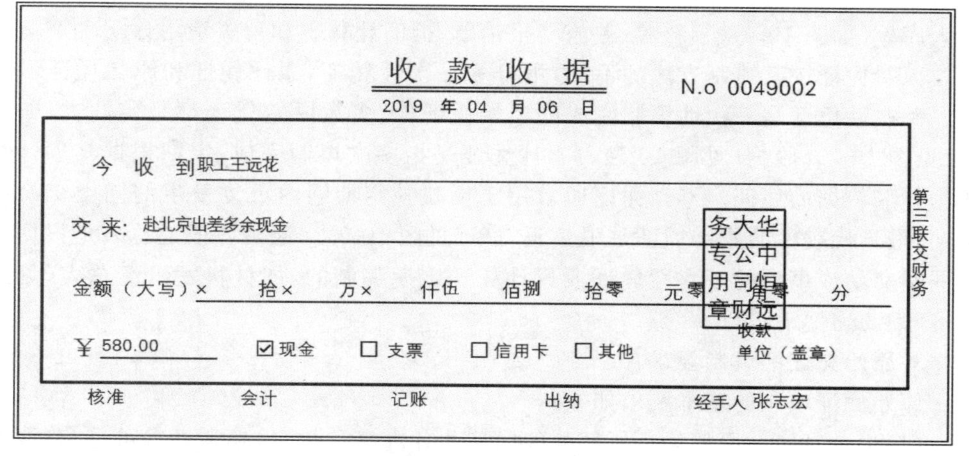

收　款　收　据　　N.o 0049002

2019 年 04 月 06 日

今　收　到 职工王远花

交　来：赴北京出差多余现金

金额（大写）× 拾 × 万 × 仟 伍 佰 捌 拾 零 元 零 角 零 分

¥ 580.00　☑现金　☐支票　☐信用卡　☐其他　　收款单位（盖章）　华中大公司财务专用章

核准　会计　记账　出纳　经手人 张志宏

第三联交财务

图 10-3　收据样本

物资类别：钢材

入 库 单

N.o 0028501

2018 年09 月 05 日

连续号001

交来单位及部门	江北钢铁厂		发票号码或生产单号码		60972952	验收仓库		入库日期	20100905
编号	名称及规格	单位	数量		实际价格		计划价格		价格差异
			交库	实收	单价	金额	单价	金额	
	角钢	吨	20	20	3500	70000			
	铸铁	吨	60	60	2500	150000			
合计									

强力机械厂 仓库专用章

（三）记账联

财务部门主管　记账 宋晓薇　保管部门主管 孙永利　验收 王惠芳　单位部门主管　缴库

图 10-4　材料入库单样本

以上这些凭证，都是证明经济业务发生时所使用的凭证，是企业进行会计核算的依据。

2. 原始凭证的分类

原始凭证按其来源，可分为自制凭证和外来凭证。自制凭证是由本单位的经办人员，在执行或完成某项交易或事项时所填制的原始凭证，如材料验收入库单（见图 10-4）、材料领用单等；外来凭证是在交易和事项完成时从其他单位或个人取得的原始凭证，如购货发票（见图 10-2）。无论是自制的还是外来的凭证，都能证明交易或事项已经完成，审核后可作为记账的依据。

原始凭证按格式的不同可分为通用凭证和专用凭证。通用凭证是指由有关部门统一印刷、在一定范围内使用的具有统一格式和使用方法的原始凭证。通用凭证的使用范围因制作部门的不同而有所差异，可以是分地区、分行业使用，也可以全国通用，如某省（市）印刷的在该省（市）通用的发票、收据等；由中国人民银行制作的在全国通用的银行转账结算凭证、由国家税务总局统一印制的全国通用的增值税专用发票（如图 10-2）等。专用凭证是指由单位自行印制、仅在本单位内部使用的凭证，如入库单（如图 10-4）、领料单、差旅费报销单、折旧计算表和工资费用分配表等。

原始凭证按其填制方法的不同，可分为一次性凭证、累计凭证和原始凭证汇总表。一次性凭证是一次性填制完成的原始凭证，大多数原始凭证都是属此类，如发票（见图 10-2）、收据（见图 10-3）。累计凭证是指多次填制完成，定期根据其累计数作为计账依据的凭证。累计凭证通常用于反映一定期间内重复发生的同类交易或事项，最具代表性的累计凭证是限额领料单（见图 10-5）。原始凭证汇总表是根据许多同类交易或事项的一次性凭证或累计凭证定期编制的，如材料发出汇总表（见图 10-6）、工资汇总表等。

3. 原始凭证的填制要求

原始凭证填制的基本要求如下：

（1）记录真实。原始凭证所填列的经济业务内容和数字，必须真实可靠，符合实际情况：符合国家有关政策、法令、法规、制度的要求；原始凭证上填列的内容、数字，必须真实可靠，符合有关经济业务的实际情况，不得弄虚作假，更不得伪造凭证。

限额领料单

领料部门： 凭证编号：

用途： 年 月 发料仓库：

<table>
<tr><td>材料类别</td><td>材料编号</td><td>材料名称及规格</td><td>计量单位</td><td>领用限额</td><td>实际领用</td><td>单价</td><td>金额</td><td>备注</td></tr>
<tr><td></td><td></td><td></td><td></td><td></td><td></td><td></td><td></td><td></td></tr>
<tr><td colspan="5">供应部门负责人：</td><td colspan="4">生产计划部门负责人：</td></tr>
</table>

<table>
<tr><td rowspan="2">日期</td><td colspan="2">数量</td><td rowspan="2">领料人签章</td><td rowspan="2">发料人签章</td><td rowspan="2">扣除代用数量</td><td colspan="3">退料</td><td rowspan="2">限额结余</td></tr>
<tr><td>请领</td><td>实发</td><td>数量</td><td>收料人</td><td>发料人</td></tr>
<tr><td></td><td colspan="2"></td><td></td><td></td><td></td><td colspan="3"></td><td></td></tr>
<tr><td></td><td colspan="2"></td><td></td><td></td><td></td><td colspan="3"></td><td></td></tr>
<tr><td></td><td colspan="2"></td><td></td><td></td><td></td><td colspan="3"></td><td></td></tr>
<tr><td></td><td colspan="2"></td><td></td><td></td><td></td><td colspan="3"></td><td></td></tr>
<tr><td></td><td colspan="2"></td><td></td><td></td><td></td><td colspan="3"></td><td></td></tr>
</table>

图 10-5 限额领料单样本

发料凭证汇总表 单位：元

项　目	甲材料	乙材料	合　计
生产产品耗用			
A 产品	30 450	4 050	34 500
B 产品	8 120	8 100	16 220
车间一般耗用	4 060	4 050	8 110
厂部一般耗用	1 015	2 025	3 040
合　计	43 645	18 225	61 870

图 10-6 材料发出汇总表样本

（2）内容完整。原始凭证所要求填列的项目必须逐项填列齐全，不得遗漏和省略；原始凭证中的年、月、日要按照填制原始凭证的实际日期填写；名称要齐全，不能简化；品名或用途要填写明确，不能含糊不清；有关人员的签章必须齐全。

（3）手续完备。单位自制的原始凭证必须有经办单位领导人或者其他指定的人员签名盖章；对外开出的原始凭证必须加盖本单位公章；从外部取得的原始凭证，必须盖有填制单位的公章；从个人取得的原始凭证，必须有填制人员的签名盖章。总之，取得原始凭证的手续必须完备，以明确经济责任，确保凭证的合法性和真实性。

（4）书写清楚、规范。原始凭证要按规定填写，文字要简要，字迹要清楚，易于辨认，不得使用未经国务院公布的简化汉字。大小写金额必须相符且填写规范。小写金额用阿拉伯数字逐个书写，不得写连笔字，在金额前要填写人民币符号“￥”。人民币符号“￥”与阿拉伯数字之间不得留有空白。金额数字一律填写到角分。无角分的，写“00”或符号“－”；有角无分的，分位写“0”，不得用符号“－”。大写金额用汉字壹、贰、叁、肆、伍、陆、柒、捌、玖、拾、佰、仟、万、亿、元、角、分、零、整等，一律用正楷或行书字书写。大写金额前未印有“人民币”字样的，应加写“人民币”三个字。“人民币”字样和大写金额之间不得留有空白。大写金额到元或角为止的，后面要写

“整”或“正”字；有分的，不写“整”或“正”字。如小写金额为￥1 008.00，大写金额应写成“壹仟零捌元整”。

（5）编号连续。各种凭证要连续编号，以便检查。如果凭证已预先印定编号，如发票、支票等重要凭证，在因错作废时，应加盖“作废”戳记，妥善保管，不得撕毁。

（6）不得涂改、刮擦、挖补。原始凭证有错误的，应当由出具单位重开或更正，更正处应当加盖出具单位印章。原始凭证金额有错误的，应当由出具单位重开，不得在原始凭证上更正。原始凭证有其他错误的，应当由出具单位重开或更正，更正处应当加盖出具单位印章。

（7）填制及时。各种原始凭证一定要及时填写，并按规定的程序及时送交会计机构、会计人员进行审核。

在实务中，一次凭证的填制手续是在经济业务发生或完成时，由经办人员填制的，一般只反映一项经济业务，或者同时反映若干项同类性质的经济业务。企业在经营过程中获取的凭证，大部分都是一次凭证，如各种发票、收据等。累计凭证应在每次经济业务完成后，由相关人员在同一张凭证上重复填制完成。该凭证能在一定时期内不断重复地反映同类经济业务的完成情况，实务中不常使用。制造型企业为控制成本而使用的“限额领料单”，就是一种累计凭证。汇总凭证应由相关人员汇总一定时期内反映同类经济业务的原始凭证后填制完成，该凭证只能将类型相同的经济业务进行汇总，不能汇总两类或两类以上的经济业务。汇总原始凭证是有关责任者根据经济管理的需要定期编制的。如材料领用比较频繁的企业，可以定期根据材料领用单，做成材料领用汇总表；费用支出比较多的企业，可以定期将相同的费用进行汇总处理。

4. 原始凭证的审核

只有经过审核的原始凭证才能进行会计处理。审核的内容包括真实性，即凭证的日期是否真实、业务内容是否真实、数据是否真实等；合法性，即原始凭证反映的经济业务是否违反国家的法律法规；合理性，即经济业务是否与企业的生产经营活动相符；完整性，即原始凭证上的各项基本要素是否齐全；正确性，即内容的填写要规范；及时性，即业务发生后，要及时进行会计处理。

对于真实、合法、合理但内容不够完整的、填写有错误的原始凭证，应退回给有关经办人员，由其负责将有关凭证补充完整、更正错误或重新开新票据后，才能办理正式会计手续。对于不真实、不合法的原始凭证，会计机构、会计人员有权不予接受，并向单位负责人报告。

第三节　记账凭证

会计人员审核完原始凭证后，并不是直接将原始凭证所反映的经济业务内容计入到相关账户，而是先编制会计分录，确定应借和应贷的科目及金额到记账凭证上，然后根据记账凭证登记账簿。这是为了保证账簿记录的正确性，提高记账的效率，并且方便日后检查、核对。

一、记账凭证的作用

企业发生的经济业务，经过会计人员处理形成会计分录。会计分录是根据审核无误的原始凭证，经会计人员的专业判断而生成的，这些会计分录要记录在具有一定格式的载体上，即记账凭证上，如图 10-7 所示。

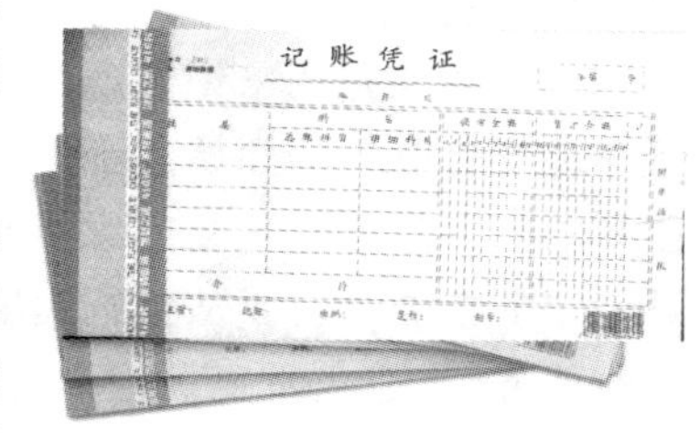

图 10-7　记账凭证

记账凭证又称记账凭单，是会计分录的载体，是用来登记账簿的凭证。它介于原始凭证与账簿之间，是登记账簿的直接依据。记账凭证可以方便登记账簿，减少差错，保证账簿记录的质量。在使用汇总数据时，还可以减少记账工作量。

原始凭证和记账凭证统称为会计凭证，原始凭证和记账凭证的填制程序和用途是不同的。原始凭证是证明经济业务发生的凭证，是会计工作的起点；记账凭证是会计人员根据原始凭证而形成会计分录的载体，也是登账的主要凭据。

二、记账凭证的分类

记账凭证按用途可分为专用记账凭证和通用记账凭证。

1. 专用记账凭证

专用记账凭证按其反映经济业务内容的不同，分为收款凭证、付款凭证和转账凭证三种。

收款凭证是用来记录库存现金和银行存款收款业务的记账凭证，它是根据现金和银行存款收入业务的原始凭证填制，其格式见表 10-1。凭证的左上角的借方科目根据内容，可选择“库存现金”或“银行存款”，摘要的内容是对经济业务的简要描述，贷方科目是说明现金或银行存款增加的原因，一般有“主营业务收入”、“应收账款”等。

表 10-1　收款凭证

收　款　凭　证

借方科目：　　　　　　　　年　　月　　日　　　　　　　　___字第___号

摘　要	贷方科目		金　额										记账
	总账科目	明细科目	千	百	十	万	千	百	十	元	角	分	
合计													

附单据　　张

会计主管：　　记账：　　出纳：　　审核：　　制单：

收款凭证又可分为现金收款凭证和银行存款收款凭证。在填写现金收款凭证时可在右上角处注明“现字”，意思是“现金收款凭证”。例如，记录本期第三张现金收款凭证，记“现字第 3 号”。收款凭证后，要附上相关收款的原始凭证，如银行进账单、现金缴款单等。

付款凭证是用来记录现金和银行存款付出业务的记账凭证，它是根据现金和银行存款支付业务的原始凭证填制，其格式见表 10-2。注意左上角是贷方科目，付款业务的贷方是库存现金或银行存款。收款凭证与付款凭证是登记现金与银行存款日记账的依据。对于从银行提取现金或将现金存入银行的业务，既是收款业务也是支付业务，为避免重复登记，统一规定为付款业务，使用付款凭证记录。

表 10-2　付款凭证

付　款　凭　证

贷方科目：　　　　　　　　年　　月　　日　　　　　　　　___字第___号

摘　　要	借方科目		金　　额										记账
	总账科目	明细科目	千	百	十	万	千	百	十	元	角	分	
合计													

附单据　　张

会计主管：　　　记账：　　　出纳：　　　审核：　　　制单：

凡不涉及现金和银行存款业务的凭证，称为转账凭证，格式见表 10-3。转账凭证的借方和贷方科目在表内填写。

表 10-3　转账凭证

转　账　凭　证

年　　月　　日　　　　　　　　___字第___号

摘要	会计科目		借　　方										贷　　方										记账
	总账科目	明细科目	千	百	十	万	千	百	十	元	角	分	千	百	十	万	千	百	十	元	角	分	
合计																							

附单据　　张

会计主管：　　　记账：　　　审核：　　　制单：

2. 通用记账凭证

通用记账凭证是对所有的经济业务，均采用同一格式的记账凭证来记录会计分录。它与转账凭证有些相似，只是凭证名称不同，适合于经济业务较简单、规模较小、会计分录较少的企业，其格式见表 10-4。

表 10-4 通用记账凭证

记 账 凭 证

年 月 日 ___字第___号

摘要	会计科目		借方										贷方										记账
	总账科目	明细科目	千	百	十	万	千	百	十	元	角	分	千	百	十	万	千	百	十	元	角	分	
合计																							

附单据 张

会计主管： 记账： 出纳： 审核： 制单：

除了期末的结账和更正错误的凭证外，所有凭证都要求后附原始凭证，并对所有的凭证进行连续编号，以保证经济业务记录的完整性。

三、记账凭证的内容

记账凭证是登记账簿的直接依据，是对原始凭证反映的经济业务的会计处理。除以上格式外，不同的行业、不同的企业可以自行设计凭证格式。但记账凭证至少要有以下内容。

(1) 记账凭证的名称。即收款凭证、付款凭证、转账凭证等。

(2) 填制记账凭证的日期。即具体记账的日期，它与原始凭证的日期可能相同，也可以不同，但不能早于原始凭证的日期。

(3) 记账凭证的编号。记账编号按经济业务发生时间的顺序依次连续编号，具体采用专用记账凭证或通用记账凭证，根据企业经济业务的特点和规模而定。

(4) 经济业务内容摘要。摘要要简明扼要。

(5) 经济业务所涉及的会计科目、记账方向和金额。

(6) 记账标记。如果凭证内容已经登记到账簿上，就用“√”标明。

(7) 所附原始凭证的张数。

(8) 会计主管、记账、审核、出纳、制单等人员的签字。

四、记账凭证的填制要求

1. 记账凭证填制的基本要求

记账凭证的填制除要做到内容完整、书写清楚和规范外，还必须符合下列要求：

(1)除结账和更正错误，记账凭证必须附有原始凭证并注明所附原始凭证的张数。所附原始凭证张数的计算，一般以原始凭证的自然张数为准。与记账凭证中的经济业务记录有关的每一张证据，都应当作为原始凭证的附件。如果记账凭证中附有原始凭证汇总表，则应该把所附的原始凭证和原始凭证汇总表的张数一起计入附件的张数之内。但报销差旅费等的零散票券，可以粘贴在一张纸上，作为一张原始凭证。一张原始凭证如涉及几张记账凭证的，可以将该原始凭证附在一张主要的记账凭证后面，在其他记账凭证上注明该主要记账凭证的编号或者附上该原始凭证的复印件。

(2)记账凭证可以根据每一张原始凭证填制，或根据若干张同类原始凭证汇总填制，也可以根据原始凭证汇总表填制，但不得将不同内容和类别的原始凭证汇总填制在一张记账凭证上。

(3)记账凭证应该连续编号。凭证应由主管该项业务的会计人员，按业务发生的顺序并按不同种类的记账凭证采用“字号编制法”连续编号。可以按现金收付、银行存款收付和转账业务三类分别编号，也可以按现金收入、现金支出、银行存款收入、银行存款支出和转账五类进行编号，或者将转账业务按照具体内容再分成几类编号。无论采用哪一种编号方法，都应该按月顺序编号，即每月都从 1 号编起，顺序编至月末。一笔经济业务需要填制两张或者两张以上记账凭证的，可以采用“分数编号法”编号，如 3 号会计事项分录需要填制三张记账凭证，就可以编成 $3\frac{1}{3}$、$3\frac{2}{3}$、$3\frac{3}{3}$号。为了便于监督，反映付款业务的会计凭证不得由出纳人员编号。

(4)填制记账凭证时如果发生错误，应当重新填制。已经登记入账的记账凭证在当年内发现错误的，可以用红字注销法进行更正，即用红字填写一张与原内容相同的记账凭证，在摘要栏注明“注销某月某日某号凭证”字样，同时再用蓝字重新填制一张正确的记账凭证，注明“订正某月某日某号凭证”字样。在会计科目应用上没有错误，只是金额错误的情况下，也可以按正确数字与错误数字之间的差额，另编一张调整记账凭证，调增用蓝字，调减用红字。发现以前年度的记账凭证有错误时，应当用蓝字填制一张更正的记账凭证。

(5)记账凭证填制完经济业务事项后，如有空行，应当在金额栏自最后一笔金额数字下的空行处至合计数上的空行处划线注销。

2. 收款凭证的填制要求

收款凭证左上角的“借方科目”按收款的性质填写“现金”或“银行存款”；日期填写的是编制本凭证的日期；右上角填写编制收款凭证的顺序号；“摘要”填写对所记录的经济业务的简要说明；“贷方科目”填写与收入现金或银行存款相对应的会计科目；“记账”是指该凭证已登记账簿的标记，防止经济业务事项重记或漏记；“金额”是指该项经济业务事项的发生额；该凭证右边“附单据××张”是指本记账凭证所附原始凭证的张数；最下边分别由有关人员签章，以明确经济责任。详见业务(1)，表10-5。

3. 付款凭证的编制要求

付款凭证的编制方法与收款凭证基本相同，只是左上角由“借方科目”换为“贷方科目”，凭证中间的“贷方科目”换为“借方科目”。详见业务(2)，表10-6。

对于涉及“现金”和“银行存款”之间的相互划转业务，为避免重复一般只编制付款凭证，不编制收款凭证。

4. 转账凭证的编制要求

转账凭证将经济业务事项中所涉及全部会计科目，按照先借后贷的顺序记入“会计科目”栏中的“一级科目”和“二级及明细科目”，并按应借、应贷方向分别记入“借方”或“贷方”栏。其他项目的填列与收、付款凭证相同。详见业务(3)，表10-7。

业务(1)：12月1日，恒兴公司收到股东追加投入资本30万元，用于扩大经营，款项已通过银行收取。所作收款凭证见表10-5。

表10-5 收款业务凭证

收 款 凭 证

借方科目：银行存款-中行　　2018年12月1日　　银字第 1 号

摘要	贷方科目		金额										记账
	总账科目	明细科目	千	百	十	万	千	百	十	元	角	分	
收到股东投资款	实收资本	杨光			3	0	0	0	0	0	0	0	
合计				¥	3	0	0	0	0	0	0	0	

附单据 1 张

会计主管：　　记账：　　出纳：　　审核：　　制单：刘洁

业务(2)：12月1日，恒兴公司续租营业店面，租期5年，先预付2年的租金12万元，并于当日用中国银行存款支付租金。所作付款凭证见表10-6。

表10-6 付款业务凭证

付 款 凭 证

贷方科目：银行存款-中行　　2018年12月1日　　银 字第 1 号

摘要	借方科目		金额										记账
	总账科目	明细科目	千	百	十	万	千	百	十	元	角	分	
支付2年房租	长期待摊费用	房租			1	2	0	0	0	0	0	0	
合计				¥	1	2	0	0	0	0	0	0	

附单据 1 张

会计主管：　　记账：　　出纳：　　审核：　　制单：刘洁

业务(3)：12月5日，向华文大学销售乒乓球、羽毛球等器材40万元，货款分两次支付，本月20日支付一半，下月5日支付另一半。成本27万元（不考虑相关税费）。转账凭证记录见表10-7。

表 10-7 转账业务凭证

转 账 凭 证

2018 年 12 月 5 日 转字第 1 号

摘要	会计科目		借方									贷方									记账
	总账科目	明细科目	百	十	万	千	百	十	元	角	分	百	十	万	千	百	十	元	角	分	
赊销运动器材	应收账款	华文大学		4	0	0	0	0	0	0	0										
赊销运动器材	主营业务收入												4	0	0	0	0	0	0	0	
结转赊销成本	主营业务成本			2	7	0	0	0	0	0	0										
结转赊销成本	库存商品												2	7	0	0	0	0	0	0	
合计																					

附单据 2 张

会计主管： 记账： 审核： 制单：张明

五、记账凭证的审核

为保证账簿记录的正确性，除了应当正确填制记账凭证外，还应对记账凭证进行审核。

(1) 完整性审核。审核记账凭证的内容是否填写完整，如日期、凭证编号、摘要、会计科目、金额、所附原始凭证张数及经办人员签章等。

(2) 真实性审核。审核所附原始凭证是否真实、合法。原始凭证是记账凭证的凭据，也是审核记账凭证的主要内容。

(3) 正确性审核。审核所填会计科目与金额是否正确，是否与原始凭证所反映的经济内容相符，记账凭证汇总计算的金额是否与原始凭证相符。

(4) 规范性审核。审核记账凭证的书写是否规范。书写时要求文字工整、数字清晰，使用蓝黑或碳素墨水。

另外，对于出纳人员在办理收款或付款业务后，还应在原始凭证上加盖“收讫”或“付讫”戳记。

只有经过审核无误后的记账凭证才能据以登记账簿。审核中若发现差错，应查明原因，并采用正确的方法更正。

六、会计凭证的保管

会计凭证的保管，是指会计凭证登账后的整理、装订、归档和存查工作。会计凭证是记账的依据，会计凭证包括原始凭证和记账凭证，是重要的经济档案和历史资料，所以对会计凭证必须妥善整理和保管，不得丢失或任意销毁。任何单位在完成经济业务手续和记账后，必须将会计凭证按规定的立卷归档制度形成会计档案资料，妥善保管，防止丢失，不得任意销毁，以便日后随时查阅。

会计凭证的保管要求主要有：

(1)会计凭证应定期装订成册，防止散失。会计机构在依据会计凭证记账以后，应定期（每天、每旬或每月）对各种会计凭证进行分类整理，将各种记账凭证按照编号顺序，连同所附的原始凭证一起加具封面和封底，装订成册，并在装订线上加贴封签。会计凭证封面应注明单位名称、凭证种类、凭证张数、起止号数、年度、月份、会计主管人员和装订人员等有关事项，会计主管人员和保管人员等应在封面上签章。

从外单位取得的原始凭证遗失时，应取得原签发单位盖有公章的证明，并注明原始凭证的号码、金额、内容等，由经办单位会计机构负责人、会计主管人员和单位负责人批准后，才能代作原始凭证。若确实无法取得证明的，如车票丢失，则应由当事人写明详细情况，由经办单位会计机构负责人、会计主管人员和单位负责人批准后，代作原始凭证。

（2）会计凭证应加贴封条，防止抽换凭证。原始凭证不得外借，其他单位如有特殊原因确实需要使用时，经本单位会计机构负责人、会计主管人员批准，可以复制。向外单位提供的原始凭证复制件，应在专设的登记簿上登记，并由提供人员和收取人员共同签名或盖章。

（3）原始凭证较多时，可单独装订，但应在凭证封面注明所属记账凭证的日期、编号和种类，同时在所属的记账凭证上应注明“附件另订”及原始凭证的名称和编号，以便查阅。对各种重要的原始凭证，如押金收据、提货单，以及各种需要随时查阅和退回的单据，应另编目录，单独登记保管，并在有关的记账凭证和原始凭证上分别注明日期和编号。

（4）每年装订成册的会计凭证，在年度终了时可暂由单位会计机构保管一年，期满后应当移交本单位档案机构统一保管；未设立档案机构的，应当在会计机构内部指定专人保管。出纳人员不得兼管会计档案。

（5）严格遵守会计凭证的保管期限要求，期满前不得任意销毁。

第四节　会计账簿与过账

编制并审核完记账凭证后，就应该及时或定期将记账凭证的内容登记到相关账户内，登记账户的载体称会计账簿，简称账簿。登记的过程称为过账（posting）。

一、会计账簿

1. 会计账簿的定义

会计账簿是指由一定格式账页组成的，以经过审核的会计凭证（含原始凭证和记账凭证）为依据，全面、系统、连续地记录各项经济业务的簿籍。

会计凭证一般是按时间顺序，将企业日常经营活动中发生的交易与事项如实记录下来，但会计凭证数量繁多、信息分散，难以全面、完整地了解企业的状况。例如经常发生的销售业务，会计凭证虽然已经完整地记录本期所发生的全部销售业务，但它们分散于各个不同编号的会计凭证中，因为凭证的填写是按时间顺序进行的。因此，需要将会计凭证所记载的信息进行整理与分类，这样提供的信息才能全面、完整地反映企业的财务状况。会计账簿对经济业务的记录是分类、序时、全面、连续的，能把分散在会计凭证中大量核算资料加以集中，为经营管理者提供系统、完整的会计信息。

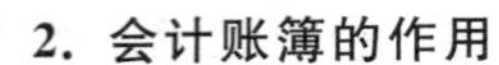

2. 会计账簿的作用

设置和登记账簿，是编制会计报表的基础，是连接会计凭证与会计报表的中间环节，在会计核算中起重要作用。

（1）记录信息的载体。通过设置账簿并将会计凭证的内容登记在账簿上，可将企业发生的经济业务以账簿的形式保存起来。

（2）提供分类汇总的会计信息。不同的账簿，反映不同的经济活动。登记账簿的过程，就是分类整理并记录不同性质的经济业务的过程。

（3）编制报表的依据。会计报表提供的财务信息，是按会计六大要素分类汇总反映的。而账户正是六大会计要素具体划分的结果，因此账户提供的是各要素的具体、详细的信息，将这些信息汇总、综合起来，就形成会计报表。

二、会计账簿的分类

由于会计对象的复杂性，即资金在流转过程中处于不同的形态，以及会计信息的使用者对信息要求的多样性，导致反映会计信息的载体——账簿的多样化。不同的会计账簿提供不同的信息，满足不同的会计信息使用者。

（一）会计账簿的基本内容

各单位均应按照会计核算的基本要求和会计规范的有关规定，结合本单位经济业务的特点和经营管理的需要，设置必要的账簿，并认真做好记账工作。各种账簿的形式和格式多种多样，但均应具备下列组成内容。

1. 封面

封面主要标明账簿的名称，如总分类账簿、现金日记账、银行存款日记账，常见的会计账簿封面如图 10-8 所示。

图 10-8 会计账簿的封面

2. 扉页

扉页标明会计账簿的使用信息，如科目索引、账簿启用和经办人员一览表等。扉页内容包括单位名称、账簿名称、账簿页数、启用日期和记账人员、会计机构负责人、会计主管人员姓名，并加盖名章和公章。会计主管人员调动工作时，应当注明交接日期、接办人员和监交人员姓名，并由交接双方签名或者盖章。账簿扉页如图 10-9 所示。

账簿启用登记和经管人员一览表

账簿名称：_____　　单位名称：_____
账簿编号：_____　　账簿册数：_____
账簿页数：_____　　启用日期：_____
会计主管：_____　　记账人员：_____

移交日期			移交人		接管日期			接管人		会计主管	
年	月	日	签名	签章	年	月	日	签名	签章	姓名	主管

图 10-9　账簿扉页

3. 账页

账页是账簿用来记录经济业务的主要载体，包括账户的名称、日期栏、凭证种类和编号栏、摘要栏、金额栏以及总页次和分户页次等基本内容。具体见图 10-10、图 10-11、图 10-12 等。

（二）账簿按用途分类

账簿按用途不同，分为序时账簿、分类账簿、备查账簿三种。

1. 序时账簿

序时账簿，又称日记账，是按照经济业务发生时间的先后顺序，逐日逐笔进行登记的账簿。按其记录的内容不同，分为普通日记账和特种日记账。

普通日记账是用来登记全部经济业务的日记账。它根据经济业务及其发生的时间逐日逐笔登记。由于普通日记账在记录会计分录时，不按照科目分类登记，也不附原始凭证，目前在国内用的较少。常用格式见表 10-8。

表 10-8　普通日记账

单位：元

2018 年		摘　　要	会计科目	借方金额	贷方金额	过账
月	日					
12	1	收到股东投资款	银行存款	1 000 000.00		√
12	1	收到股东投资款	实收资本		1 000 000.00	√
		股东杨光追加投资 100 万				
12	1	付二年的房租	长期待摊费用	120 000.00		

特种日记账是用来登记某一类经济业务的日记账，常见的有现金日记账和银行存款日记账。现金日记账是用来核算和监督库存现金每天的收入、支出和结存情况的账簿，一般采用三栏式结构。登记现金日记账时要注意每登记一笔业务时，要计算出余额，并且要求每天与库存现金实存数进行核对，以检查是否出错，即所谓“日清日结”。常用现金日记账的账页如图 10-10 所示。

银行存款日记账是用来核算和监督银行存款每日的收入、支出和结余情况的账簿。银行存款日记账按企业在各银行开立的账户和币种分别设置，每个银行账户

现金日记账

第81号

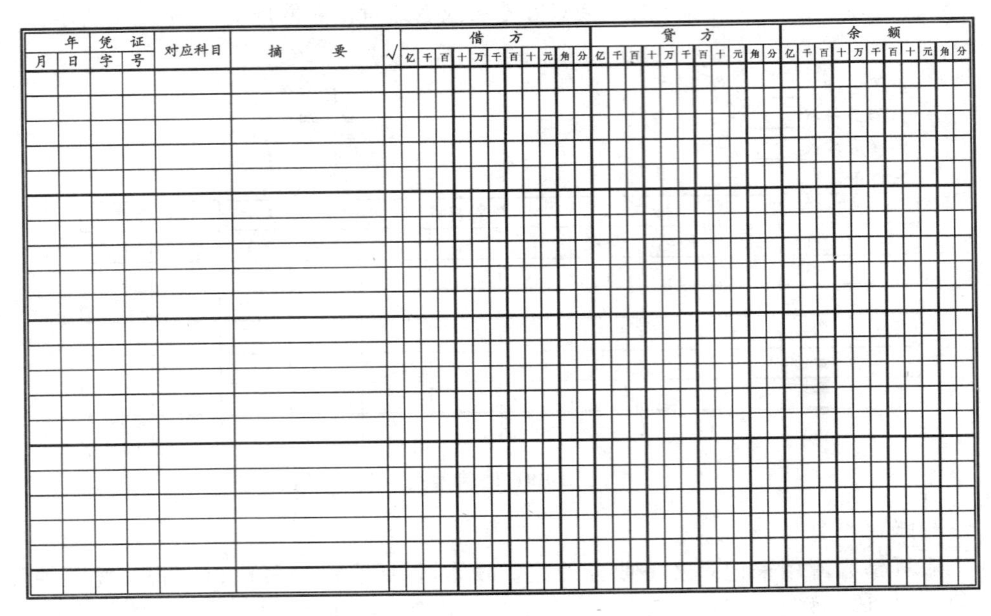

年		凭 证		对应科目	摘 要	√	借 方											贷 方											余 额										
月	日	字	号				亿	千	百	十	万	千	百	十	元	角	分	亿	千	百	十	万	千	百	十	元	角	分	亿	千	百	十	万	千	百	十	元	角	分

图 10-10　三栏式现金日记账格式

设置一本日记账。登记时，按户头、时间逐笔登记，同时注意记录每笔银行业务的支票号，在每月的月底，与开户银行核对一次。常用银行存款日记账如图 10-11 所示。

银行存款日记账

第81号

开户行	
账　号	

年		凭 证		对应科目	摘 要	√	借 方											贷 方											余 额										
月	日	字	号				亿	千	百	十	万	千	百	十	元	角	分	亿	千	百	十	万	千	百	十	元	角	分	亿	千	百	十	万	千	百	十	元	角	分

图 10-11　三栏式银行存款日记账格式

2. 分类账簿

分类账簿是指按分类账户设置登记的账簿，简称分类账。分类账簿是包括了企业完整账户的账簿，其目的是使记账凭证上所记录的业务按会计科目予以汇总，分类账簿是会计账簿的主体。分类账簿按其反映经济业务详细程度不同，分为总分类账簿和明细分类账簿。

总分类账簿，简称总分类账、总账，它是根据总分类账户（一级科目）开设，可全面反映会计主体的经济活动情况，一般只登记各会计科目（账户）汇总金额，进行总括核算，为编制报表提供所需的资料。对于业务少的科目，也可以根据记账凭证逐笔登记。总账的常用格式为三栏式，具体格式如图 10-12 所示。

总　　账　　　第59号

科目＿＿＿＿＿＿

年		凭证		摘要	√	借方											贷方											余额										
月	日	字	号			亿	千	百	十	万	千	百	十	元	角	分	亿	千	百	十	万	千	百	十	元	角	分	亿	千	百	十	万	千	百	十	元	角	分

图 10-12　三栏式总账格式

明细分类账簿，简称明细账，是根据二级账户或明细账户开设，分类、连续地登记经济业务以提供明细核算资料的账簿。明细分类账是总分类账的明细记录，反映某一具体类别（总账科目）经济活动情况的账簿，对总账起补充说明的作用。它是编制会计报表的重要依据。明细账一般有三栏式、多栏式、数量金额式三种。

三栏式明细账的格式与总账格式相同，提供详细的核算资料，只适用于进行金额核算的账户，如应收账款、应付账款、应付职工薪酬等。多栏式明细账是将属于同一总账科目的各个明细科目在一张账页上进行登记，它适合于成本费用类科目的明细核算，如将管理费用的工资、办公费、差旅费、工会费、业务费等分多栏，登记在一张账页上。多栏式明细账具体格式见图 10-13。

数量金额式明细账，在其借方与贷方都是分别设有数量、单价和金额三个专栏，该明细账既要进行金额核算，又要进行数量核算，适合于原料、商品等存货项目。具体格式见图 10-14。

3. 备查账簿

备查账簿又称辅助账簿，是对序时账和分类账中未能记录的事项进行补充说明，如经营租入的设备、代管的商品等。备查账簿没有固定的格式，一般根据各企业的管理要求来设置。

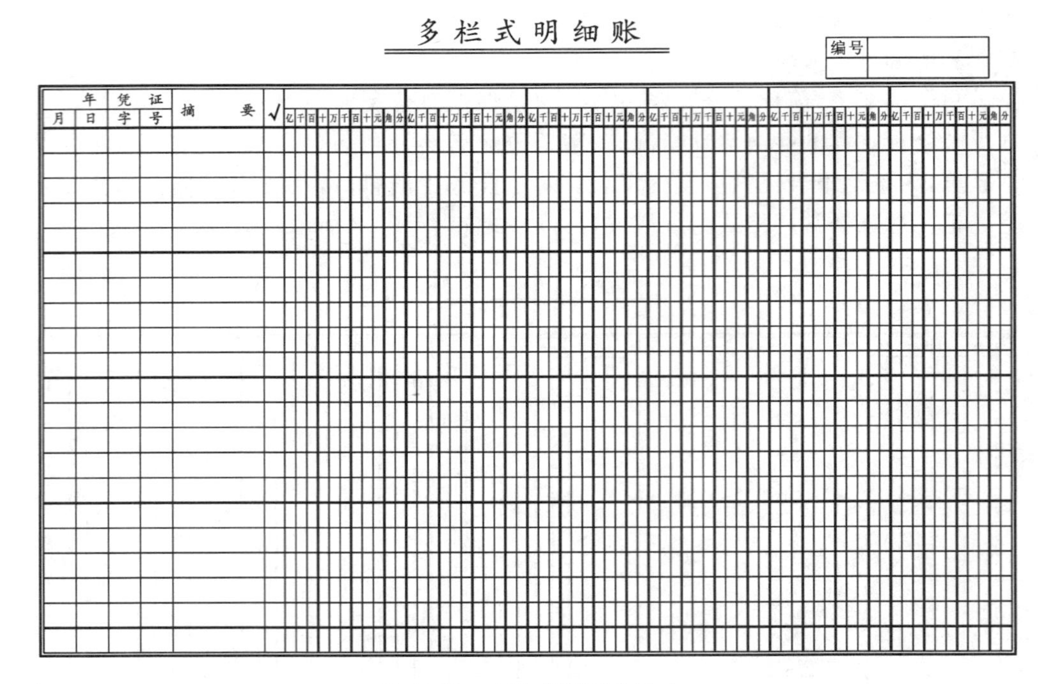

多栏式明细账

编号

年		凭证		摘要	√																																																																
月	日	字	号			亿	千	百	十	万	千	百	十	元	角	分	亿	千	百	十	万	千	百	十	元	角	分	亿	千	百	十	万	千	百	十	元	角	分	亿	千	百	十	万	千	百	十	元	角	分	亿	千	百	十	万	千	百	十	元	角	分	亿	千	百	十	万	千	百	十	元	角	分

图 10-13　多栏式明细账格式

商品明细分类账

年		凭证		摘要	借(收入)方													贷(发出)方													结存												
					数量	单价	金额											数量	单价	金额											数量	单价	金额										
月	日	字	号				亿	千	百	十	万	千	百	十	元	角	分			亿	千	百	十	万	千	百	十	元	角	分			亿	千	百	十	万	千	百	十	元	角	分

图 10-14　数量金额式明细账格式

（二）会计账簿按外表形式分类

会计账簿按外表形式分为订本式、活页式和卡片式账簿。

订本式账簿是指在启用之前，就已把顺序编号的账页装订成册的账簿。一般对于较重要的内容采用订本式，以防人为增减账页。总账、现金与银行存款日记账应采用订本式，如图 10-15 所示。

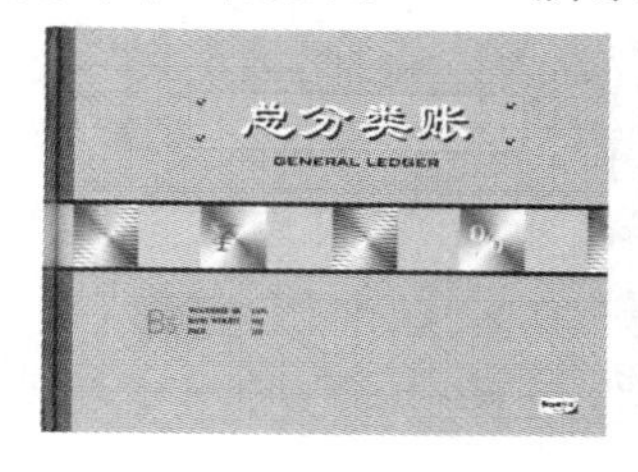

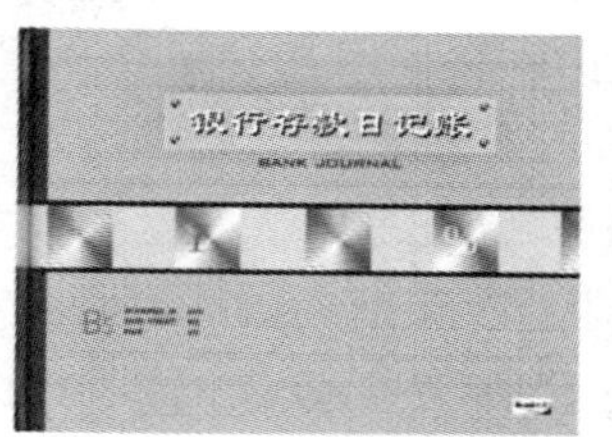

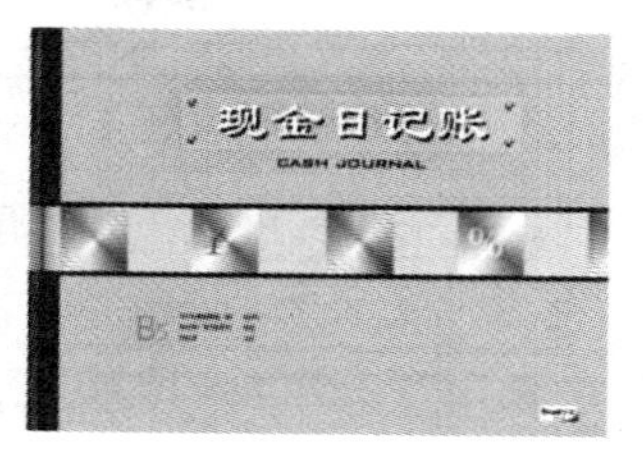

图 10-15 订本式账簿

活页式账簿是指在启用时，账页不固定订册，而是用活页夹将账页固定在一起，可随时抽取和增加账页。活页式账簿的账页不固定，适合于库存商品、原材料、应收应付等明细账，如图 10-16 所示。

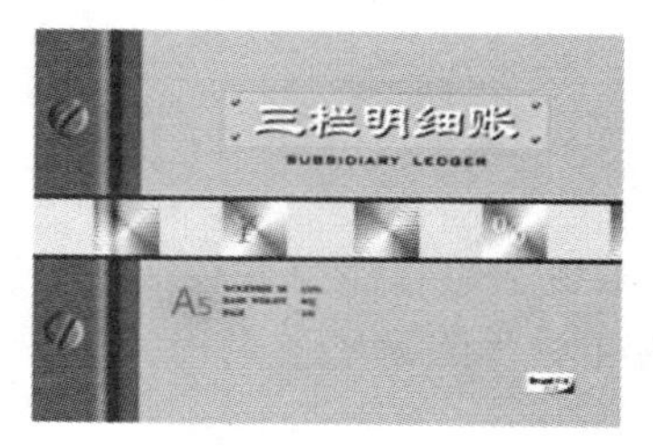

图 10-16 活页式账簿

卡片式账簿是指由具有一定格式的特制卡片组成，存放在卡片箱内，根据需要随时取放的账簿。固定资产的明细账可采用卡片式账簿。

三、会计账簿的启用与登记的要求

启用会计账簿时，应当在账簿封面上写明单位名称和账簿名称，并在账簿扉页上附启用表。启用订本式账簿应当从第一页到最后一页顺序编写页数，不得跳页、缺号。使用活页式账簿应当按账号顺序编号，并定期装订成册，装订后再按实际使用的账页顺序编写页码，另加目录以便于记明每个账户的名称和页次。

为了保证账簿记录的正确性，必须根据审核无误的会计凭证登记会计账簿，并符合有关法律、行政法规和国家统一的会计制度的规定。

（1）登记会计账簿时，应当将会计凭证日期、编号、业务内容摘要、金额和其他有关资料逐项记入账内。账簿记录中的日期，应该填写记账凭证上的日期；以自制原始凭证（如收料单、领料单）作为记账依据的，账簿记录中的日期应按有关自制凭证上的日期填列。

（2）为了保持账簿记录的持久性，防止涂改，登记账簿必须使用蓝黑墨水或碳素墨水书写，不得使用圆珠笔（银行的复写账簿除外）或者铅笔书写。以下情况可以使用红墨水记账：

①按照红字冲账的记账凭证，冲销错误记录；

②在不设借贷等栏的多栏式账页中，登记减少数；

③在三栏式账户的余额栏前，如未印明余额方向的，在余额栏内登记负数余额；

④根据国家规定可以用红字登记的其他会计记录。

除上述情况外，不得使用红色墨水登记账簿。

(3)会计账簿应当按照连续编号的页码顺序登记，记账时发生错误或者隔页、缺号、跳行的，应在空页、空行处用红色墨水划对角线注销，或者注明“此页空白”或“此行空白”字样，并由记账人员和会计机构负责人(会计主管人员)在更正处签章。

(4)凡需要结出余额的账户，结出余额后，应当在“借或贷”栏目内注明“借”或“贷”字样，以示余额的方向；对于没有余额的账户，应在“借或贷”栏内写“平”字，并在“余额”栏“元”位处用“0”表示，库存现金日记账和银行存款日记账必须逐日结出余额。

(5)每一账页登记完毕时，应当结出本页发生额合计及余额，在该账页最末一行“摘要”栏注明“转次页”或“过次页”，并将这一金额记入下一页第一行有关金额栏内，在该行“摘要”栏注明“承前页”，以保持账簿记录的连续性，便于对账和结账。

(6)账簿记录发生错误时，不得刮擦、挖补或用褪色药水更改字迹，而应采用规定的方法更正。

四、过账

过账，也就是登记账簿，在将原始凭证进行审核并编制成记账凭证后，接下来就要将凭证的借贷内容登记到分类账簿中去。为使分类账簿能够及时地反映最新的交易活动，应该尽快登记账簿。

过账的时间必须与经济业务发生的时间处在同一会计期间。过账的方法有两种：①根据会计凭证逐笔过账；②根据会计科目逐一汇总登记。

(一) 过账的步骤

(1) 根据记账凭证，找到会计分录中借方科目涉及的账户，填写日期、凭证编号、借记金额并计算出账户余额。日期以凭证的日期为准，而不是实际过账日期。

(2) 在记账凭证的借方“记账”栏内，打上“√”，表示此条分录已过账。

(3) 根据记账凭证，找到会计分录中贷方科目涉及的账户，填写日期、凭证编号、借记金额并计算出账户余额。

(4) 在记账凭证的贷方“记账”栏内，打上“√”，表示此条分录已过账。

(二)日记账的登记方法

日记账又称序时账，是按经济业务发生和完成时间的先后顺序进行登记的账簿。它逐日按照记账凭证(或记账凭证所附的原始凭证)逐笔进行登记。国外会计工作者把每天发生的经济业务所编制的会计分录，全部按时间顺序逐笔登记，这种日记账也叫普通日记账。我国大部分企业只设现金日记账、银行存款日记账。

1.库存现金日记账的格式与登记方法

库存现金日记账是用来核算和监督库存现金每天的收入、支出和结存情况的账簿，账页一般采用三栏式格式，并且要用订本账。由出纳人员根据库存现金收款凭证和与库存现金有关的银行存款付款凭证(从银行提取库存现金的业务)登记库存现金收入；根据库存现金付款凭证登记库存现金支出；最后根据“上日余额＋本日收入一本日支出=本日余额”的公式，逐日结出库存现金余额，并与库存现金实存数进行核对，以检查每日库存现金收付是否有误。

三栏式库存现金日记账设借方、贷方和余额三个基本的金额栏目，一般将其分别称为收入、支出和结余三个基本栏目。在金额栏与摘要栏之间要经常插入“对方科目”，以便记账时标明库存现金收入的来源科目和库存现金支出的用途科目。“日期”栏中填入的应为据以登记账簿的会计凭证上的日期，现金日记账一般依据记账凭证登记，因此，此处日期为编制该记账凭证的日期。不能填写原始凭证上记载的发生或完成该经济业务的日期，也不是实际登记该账簿的日期。“凭证字号”栏中应填入据以登账的会计凭证类型及编号。如，企业采用通用凭证格式，根据记账凭证登记现金日记账时，填入“记×号”；企业采用专用凭证格式，根据现金收款凭证登记现金日记账时，填入“现收×号”。“摘要”栏简要说明入账的经济业务的内容，力求简明扼要。“对应科目”栏应填入会计分录中“库存现金”科目的对应科目，用以反映库存现金增减变化的来龙去脉。“借方金额”栏、“贷方金额”栏应根据相关凭证中记录的“库存现金”科目的借贷方向及金额记入。“余额”栏应根据“本行余额=上行余额+本行借方一本行贷方”公式计算填入。每日终了，应分别计算库存现金收入和付出合计数，并结出余额，再与实际现金核对。如账实不符，要查明原因并记录备案。月终同样要计算库存现金的收、付和结存的合计数。图 10-17 为库存现金日记账样本。

7　　库存现金日记账

07年		凭证号数	对方科目	摘要	√	收入(借方)金额										付出(贷方)金额										结存金额									
月	日					千	百	十	万	千	百	十	元	角	分	千	百	十	万	千	百	十	元	角	分	千	百	十	万	千	百	十	元	角	分
9	1			上月结转					4	6	3	0	0	0	0				4	6	0	0	0	0	0						3	0	0	0	0
	1	1	银行存款	9553#提现备用						3	0	0	0	0	0															3	3	0	0	0	0
	1	4	其他应收款	李炎出差借款																1	5	0	0	0	0					1	8	0	0	0	0
	4	7--1	产品销售收入	销售产品							5	8	5	0	0															2	3	8	5	0	0
	4	7--2	银行存款	银行存行																	5	8	5	0	0					1	8	0	0	0	0
	4	8	其他应收款	短款回库							2	0	0	0	0															2	0	0	0	0	0
				本日合计							7	8	5	0	0						5	8	5	0	0					2	0	0	0	0	0
	8	9	管理费用	餐饮费等																1	0	0	0	0	0					1	0	0	0	0	0
	18	15	其他应收款	李炎差旅费							1	2	5	0	0															1	1	2	5	0	0
	30	18	其他应付款	现金清查溢余							1	0	0	0	0															1	2	2	5	0	0
	30			本月合计						4	0	1	0	0	0					3	0	8	5	0	0					1	2	2	5	0	0
				累　计					5	0	3	1	0	0	0				4	9	0	8	5	0	0					1	2	2	5	0	0

图 10-17　库存现金日记账

正常情况下库存现金不允许出现贷方余额，因此，现金日记账余额栏前未印有借贷方向，其余额方向默认为借方。若在登记现金日记账过程中，由于登账顺序等特殊原因出现了贷方余额，则在余额栏用红字登记，表示贷方余额。

2. 银行存款日记账的格式与登记方法

银行存款日记账是用来核算和监督银行存款每天的收入、支出和结存情况的账簿，账页一般采用三栏式格式，并且要用订本账。银行存款日记账应按企业在银行开立的账户和币种分别设置，每个银行账户设置一本日记账。银行存款日记账通常也是由出纳员根据审核后的有关银行存款收、付款凭证，逐日逐笔顺序登记的，每日结出存款余额。

银行存款日记账的格式与库存现金日记账相同，可以用三栏式，也可以采用多栏式。多栏式可以将收入与支出的核算在一本账上进行，也可以分设“银行存款收入日记账”和“银行存款支出日记账”。

银行存款日记账的登记方法与库存现金日记账的登记方法相同。

（三）总分类账的格式与登记方法

总分类账是按照总分类账户分类登记以提供总括会计信息的账簿。总分类账最常用的格式为三栏式，设置借方、贷方和余额三个基本金额栏目，见图 10-12。总分类账采用订本式账簿，一般按照会计科目的编码顺序，并为各个账户预留账页。

总分类账登记的依据和方法，主要取决于所采用的账务处理程序。经济业务少的企业，可以直接根据记账凭证逐笔登记总分类账；经济业务多的企业，可以通过一定的汇总方式，先把各种记账凭证汇总编制成科目汇总表或汇总记账凭证，再据以登记。月终，在全部经济业务登记入账后，结出各账户的本期发生额和期末余额。图 10-18 是生产成本总分类账，月末还要计算借方、贷方的合计数，年末要计算借方、贷方的本年合计数。

生产成本　总分类账

总第 13 页
分第　　页
编号　　页

凭证现金明细账　会计　长沙崇雅印刷厂出品 货号15-239

2002年 月	日	凭证号数	摘要	借方金额（千百十万千百十元角分）	贷方金额（千百十万千百十元角分）	借或贷	余额（千百十万千百十元角分）	√
6	1		期初余额			借	11400000	
	11	9	生产领用材料	34000000		借	45400000	
	30	31	结转工资	13000000		借	58400000	

图 10-18　生产成本总分类账

（四）明细分类账的格式与登记方法

明细分类账是根据有关明细分类账户设置并登记的账簿。它能提供交易或事项比较详细、具体的核算资料，以补充总账所提供核算资料的不足。因此，各单位在设置总账的同时，还应设置必要的明细账。明细分类账一般采用活页式账簿、卡片式账簿。明细分类账一般根据记账凭证和相应的原始凭证来登记。

根据各明细分类账所记录经济业务的特点，明细分类账常用的格式主要有以下三种。

1. 三栏式

三栏式账页是设有借方、贷方和余额三个栏目，用以分类核算各项经济业务，提供详细核算资料的账簿，其格式与三栏式总账格式相同。适用对象是仅进行金额核算，不需要进行数量核算的债权债务科目。如应收账款、应付账款科目。

2. 多栏式

多栏式账页是将属于同一个总账科目的各个明细科目合并在一张账页上进行登记，即在这种格式账页的借方或贷方金额栏内按照明细项目设若干专栏。适用对象有收入、成本、费用科目的明细核算，如生产成本、制造费用、管理费用、营业外收入、利润分配等，格式如图 10-19 所示。

生产成本明细账

账号	总页码
页次	

科目 C产品

20××年		凭证编号	摘要	借方	贷方	借或贷	余额	借方项目		
月	日							直接材料	直接人工	制造费用
1	1		上年结转			借	992000	736000	96000	160000
	8	转字30	生产产品领用材料	1776000		借	2768000	177600		
	25	转字75	分配工资	1104000		借	3872000		1104000	
	28	转字88	计提福利费	154560		借	4026560		154560	
	30	转字103	结转制造费用	402960		借	4429520			402960
	30	转字114	结转完工产品成本		4429520	平	0			

图 10-19 生产成本明细账

在实际工作中，为减少栏次，成本、费用类科目的明细账也可以只按借方发生额设专栏，贷方发生额由于每月发生的笔数很少，可以在借方直接用红字冲记。

3. 数量金额式

数量金额式账页适用于既要进行金额核算又要进行数量核算的账户，如原材料、库存商品等存货账户，其借方（收入）、贷方（发出）和余额（结存）都分别设有数量、单价和金额三个专栏。数量金额式账页提供了企业有关财产物资数量和金额收、发、存的详细资料，从而能加强财产物资的实物管理和使用监督，保证财产物资的安全完整。图 10-20 为原材料的数量金额式明细账。

原材料——A 明细分类账

总页号 1 分页号 1

最低储存量：＿＿＿＿ 最高储存量：

编号：CL-001 类别：＿＿＿＿ 规格：＿＿＿＿ 单位：千克 存放地点：＿＿＿＿ 计划单价：＿＿＿＿

2007年		凭证		摘要	收入			核对	发出			核对	借贷	结存			核对
月	日	字	号		数量	单价	金额		数量	单价	金额			数量	单价	金额	
12	1			月初余额									借	6 000	50.20	301 200.00	
	9	记	19	材料入库	15 000	50.41	756 150.00										
	14	记	28	销售材料					1 000	50.20	50 200.00						
	25	记	46-1	盘点材料短缺					20	50.20	1 004.00						
	31	记	54	生产领料					18 000	50.35	906 300.00		借	1 980	50.35	99 846.00	
	31			本月合计	15 000	50.41	756 150.00		19 020		957 504.00						

图 10-20 原材料明细账

（五）总分类账与明细分类账的平行登记

总分类账是根据一级会计科目设置的，如“银行存款”、“应收账款”、“固定资产”、“短期借款”、“主营业务收入”等，通常是以货币为单位，全面、总括地反映企业的经济业务。明细分类账是根据企业管理上的需要，按总分类账设置的，以货币、实物为计量单位，连续、具体反映企业的经济业务。如“库存商品”总账，账内反映的是全部库存商品的金额，而管理上要求了解具体商品的数量、单价与金额，因此还应增设“库存商品”明细账，账内按品种开设各种商品的明细账户，并详细记载各种商品的数量、单价和金额，以及收入发出情况。

总分类账是所属明细账的总括，而明细分类账则是总分类账的明细记录。实务中，可根据企业具体情况，根据总分类账设置相应的明细账。对于发生业务比较少的账户，可不设明细账。总账与明细账所反映的对象完全相同，只是反映的信息不同：总账反映总括汇总的信息，明细账反映具体详细的信息。

在过账中，对于设有明细账的总账科目，要求平行登记，即在根据记账凭证登记总分类账时，还要求根据原始凭证和记账凭证登记明细账。登记总账和明细账时，两者依据的凭证相同，记账方向一致，金额相等。

由于总分类账户与明细分类账户的依据相同、金额相等，因此总分类账户的余额应与各明细分类账户余额的合计数相等。会计人员可根据总分类账和明细分类账在数字上的相等关系来相互核对，以便及时纠正过账中可能发生的错误，保持账账相符。

五、本期发生额试算平衡

登记完所有的会计凭证后，根据借贷记账法的规则“有借必有贷，借贷必相等”，会计期间的所有账户的借方合计数应与贷方合计数相等，否则过账过程有差错。因此过完账后，要进行发生额试算平衡(trial balance)检验。

试算平衡只是验证了记账规则是否得到了遵守、过账过程中是否有人为的差错，但不是所有的差错都是可以通过试算平衡检查出来的。如重记或漏记经济业务，应借、应贷发生额记反方向或同时记错，会计科目用错等差错，是不能通过试算平衡检查出来的。但是可以确定的是，试算不平衡，肯定过账有差错。

为了进一步说明过账的方法，现将恒兴公司 2018 年 12 月份的经济业务从会计分录过入到相应的总分类账户中。为了简化，这里的总分类账使用 T 形账户格式。各账户的期初余额如表 10-9 所示。

表 10-9 恒兴公司总分类账户期初余额表

单位：元

账户名称	期初余额	
	借方	贷方
库存现金	3 000	
银行存款	50 000	
库存商品	400 000	
应收账款	200 000	
其他应收款	7 000	
固定资产	300 000	
短期借款		50 000
应付账款		180 000
应付职工薪酬		30 000
实收资本		500 000
未分配利润		120 000
本年利润		80 000
合计	**960 000**	**960 000**

下面就以商业企业恒兴公司在 2018 年 12 月份发生的经济活动为例，对相关业务编制会计分录。恒兴公司为一家体育用品专卖店，经营乒乓球、羽毛球和网球器材和服装的批发与零售业务。12 月份发生经济业务及会计分录如下。

(1) 12 月 1 日，恒兴公司收到股东杨光追加投入资本 30 万元，用于扩大经营，款项已通过中国银行收取。

此项业务，使资产“银行存款”增加，同时增加所有者权益“实收资本”，应借记“银行存款”30 万元，贷记“实收资本”30 万元。

借：银行存款　　　　300 000

　贷：实收资本　　　　300 000

(2) 12 月 1 日，恒兴公司续租营业店面，租期 5 年，先预付 2 年的租金 12 万元，并于当日用银行存款支付租金。

此项业务，使资产“银行存款”减少 12 万元，同时形成另一项资产“长期待摊费用”，每月的月底应确认本月租金。

借：长期待摊费用　　120 000

　贷：银行存款　　　　120 000

(3) 12 月 2 日，向文理学院销售乒乓球、羽毛球等器材 10 万元，货款通过银行收讫。成本 6.8 万元（不考虑相关税费）。

销售商品，增加了收入“主营业务收入”，同时也增加了资产“银行存款”，应借记

“银行存款”10 万元，贷记“主营业务收入”10 万元。

借:银行存款　　　　　100 000

　贷:主营业务收入　　　　100 000

销售商品的同时，也要结转成本，增加费用“主营业务成本”，交付运动器材使“库存商品”减少。因此，应借记“主营业务成本”6.8 万元，贷记“库存商品”6.8 万元。

借:主营业务成本　　　68 000

　贷:库存商品　　　　　　68 000

(4) 12 月 3 日，恒兴公司向中国银行借入半年期贷款 12 万元，利率为 9%，贷款已存入银行。

借入的款项，使资产“银行存款”增加，同时增加负债“短期借款”，因此应借记“银行存款”12 万元，贷记“短期借款”12 万元。

借:银行存款　　　　　120 000

　贷:短期借款　　　　　　120 000

(5) 12 月 4 日，为扩大恒兴公司的销售额，支付本地电视台广告费 3 万元，款项通过银行支付。

此项业务使费用“销售费用”增加 3 万元，资产“银行存款”减少 3 万元，应借记“销售费用”3 万元，贷记“银行存款”3 万元。

借:销售费用　　　　　30 000

　贷:银行存款　　　　　　30 000

(6) 12 月 4 日，收到前期的销售款 15 万元，存入银行。

此项业务使资产“银行存款”增加，同时资产“应收账款”减少，应借记“银行存款”15 万元，贷记“应收账款”15 万元。

借:银行存款　　　　　150 000

　贷:应收账款　　　　　　150 000

(7) 12 月 5 日，支付上月已计提的工资 3 万元，通过恒兴公司的开户银行转入职工个人工薪账户。

支付上月应付的职工工薪，使资产“银行存款”减少，同时负债“应付职工薪酬”也减少，应借记“应付职工薪酬”3 万元，贷记“银行存款”3 万元。

借:应付职工薪酬　　　30 000

　贷:银行存款　　　　　　30 000

(8) 12 月 5 日，向华文大学销售乒乓球、羽毛球等器材 40 万元，货款分两次支付，本月 20 日支付一半，下月 5 日支付另一半。成本 27 万元(不考虑相关税费)。

此项业务为赊销，赊销商品同样增加了收入“主营业务收入”，增加了资产“应收账款”，应借记“应收账款”40 万元，贷记“主营业务收入”40 万元。

借:应收账款　　　　　400 000

　贷:主营业务收入　　　　400 000

赊销商品的同时，也要结转成本，增加费用“主营业务成本”，交付运动器材使“库存商品”减少。因此，应借记“主营业务成本”27 万元，贷记“库存商品”27 万元。

借:主营业务成本　　　　270 000

　　贷:库存商品　　　　　270 000

(9) 12 月 8 日,向供应商赊购一批器材,价值 20 万元,其中乒乓球器材 8 万元,羽毛球与网球各为 6 万元;同时支付上次赊购款 18 万元。款项通过银行支付(不考虑相关税费)。

赊购器材,使资产"库存商品"增加,同时负债"应付账款"增加,应借记"库存商品"20 万元,贷记"应付账款"20 万元。

借:库存商品　　　　200 000

　　贷:应付账款　　　　200 000

支付上次赊购款,使资产"银行存款"减少,负债"应付账款"增加,应借记"应付账款"18 万元,贷记"银行存款"18 万元。

借:应付账款　　　　180 000

　　贷:银行存款　　　　180 000

(10) 12 月 9 日,从银行提取现金 5 000 元,以备日常零星开支。

此项业务是资产内项目的一增一减,"库存现金"增加 5 000 元,"银行存款"减少 5 000 元。

借:库存现金　　　　5 000

　　贷:银行存款　　　　5 000

(11) 12 月 11 日,员工要出差办事,借支 3 000 元,以现金支付。

职工个人借支,减少资产"库存现金",同时增加资产(债权)"其他应收款",应借记"其他应收款"3 000 元,贷记"库存现金"3 000 元。

借:其他应收款　　　　3 000

　　贷:库存现金　　　　3 000

(12) 12 月 12 日,购买收银机、穿线机、空调等设备,价款 15 000 元。款项通过银行支付。

此项业务也是资产内的一增一减,"固定资产"增加 15 000 元,"银行存款"减少 15 000 元。

借:固定资产　　　　15 000

　　贷:银行存款　　　　15 000

(13) 12 月 14 日,职工出差回来报销差旅费,共 2 700 元,并退回现金 300 元,出纳开出收据。

此项业务使费用"管理费用"、"库存现金"增加,资产"其他应收款"减少,应借记"管理费用"2 700 元,借记"库存现金"300 元,贷记"其他应收款"3 000 元。

借:管理费用　　　　2 700

　　库存现金　　　　300

　　贷:其他应收款　　　　3 000

(14) 12 月 15 日,将上半月的零售额 2 万元入账,成本共计 1.3 万元。

发生零售业务,使收入"主营业务收入"增加,同时也使资产"库存现金"增加,应借记"库存现金"2 万元,贷记"主营业务收入" 2 万元。同时,结转成本,费用"主营业务成本”增加，资产“库存商品”减少，借记“主营业务成本” 1.3 万元，贷记“库存商品”1.3 万元。

借：库存现金　　　　　　　　20 000

　　贷：主营业务收入　　　　　　　20 000

借：主营业务成本　　　　　　13 000

　　贷：库存商品　　　　　　　　　13 000

(15) 12 月 16 日，将零售收入 2 万元现金存入银行。

此项业务，是资产内的一增一减，“库存现金”减少 2 万元，“银行存款”增加 2 万元。

借：银行存款　　　　　　　　20 000

　　贷：库存现金　　　　　　　　　20 000

(16) 12 月 20 日，收到 12 月 5 日的货款 20 万元。款项通过银行转入。

前欠货款的收回，使资产“银行存款”增加，资产“应收账款”减少。

借：银行存款　　　　　　　　200 000

　　贷：应收账款　　　　　　　　　200 000

(17) 12 月 22 日，有客户要购买特殊的器材，价值 10 万元，先预收货款 2 万元，存入银行。

预收货款，一方面资产“银行存款”增加 2 万元，另一方面负债“预收账款”增加 2 万元。

借：银行存款　　　　　　　　20 000

　　贷：预收账款　　　　　　　　　20 000

(18) 12 月 25 日，计提本月的职工工资，共计 3.2 万元。

本月的工资的计提，使费用“管理费用”增加，负债“应付职工薪酬”增加，应借记“管理费用”3.2 万元，贷记“应付职工薪酬”3.2 万元。

借：管理费用　　　　　　　　32 000

　　贷：应付职工薪酬　　　　　　　32 000

(19) 将下半月零售收入 3 万元，存入银行，成本 2.1 万元。

零售收入，使“主营业务收入”增加，同时也使资产“银行存款”增加，应借记“银行存款” 3 万元，贷记“主营业务收入” 3 万元。同时，结转成本，使费用“主营业务成本”增加，资产“库存商品”减少，应借记“主营业务成本” 2.1 万元，贷记“库存商品” 2.1 万元。

借：银行存款　　　　　　　　30 000

　　贷：主营业务收入　　　　　　　30 000

借：主营业务成本　　　　　　21 000

　　贷：库存商品　　　　　　　　　21 000

(20) 12 月 31 日，支付本期的电话费、水电费共 4 000 元，用现金支付。

支付这些费用，使本期“管理费用”增加 4 000 元，同时资产“库存现金”减少4 000 元。

借：管理费用　　　　　　　　4 000

贷:库存现金　　　　　　　　4 000

根据记录本月所发生的经济业务的会计凭证,将相关科目的借贷发生额过入总分类账的借方或贷方,过账后通过本期发生额试算平衡表来检查是否正确。

相关账户的具体记录如下图所示。

库存现金

借方		贷方	
期初余额	3 000	(10)	3 000
(11)	5 000	(15)	20 000
(13)	300	(20)	4 000
(14)	20 000		
本期发生额合计	25 300	本期发生额合计	27 000
期末余额	1 300		

银行存款

借方		贷方	
期初余额	50 000		
(1)	300 000	(2)	120 000
(3)	100 000	(5)	30 000
(4)	120 000	(7)	30 000
(6)	150 000	(9)	180 000
(15)	20 000	(11)	5 000
(16)	200 000	(12)	15 000
(17)	20 000		
(19)	30 000		
本期发生额合计	940 000	本期发生额合计	380 000
期末余额	610 000		

应收账款

借方		贷方	
期初余额	200 000		
(8)	400 000	(6)	150 000
		(16)	200 000
本期发生额合计	400 000	本期发生额合计	350 000
期末余额	250 000		

其他应收款

借方		贷方	
期初余额	7 000		
(10)	3 000	(13)	3 000
本期发生额合计	3 000	本期发生额合计	3 000
期末余额	7 000		

库存商品

借方		贷方	
期初余额	400 000		
(9)	200 000	(3)	68 000
		(8)	270 000
		(14)	13 000
		(19)	21 000
本期发生额合计	200 000	本期发生额合计	372 000
期末余额	228 000		

固定资产

借方		贷方	
期初余额	300 000		
(12)	15 000		
本期发生额合计	15 000	本期发生额合计	0
期末余额	315 000		

长期待摊费用

借方	贷方
期初余额 0 (2) 120 000	
本期发生额合计 120 000	本期发生额合计 0
期末余额 120 000	

短期借款

借方	贷方
	期初余额 50 000 (1) 120 000
本期发生额合计 0	本期发生额合计 120 000
	期末余额 170 000

应付账款

借方	贷方
(9) 180 000	期初余额 180 000 (9) 200 000 (10)
本期发生额合计 180 000	本期发生额合计 200 000
	期末余额 200 000

应付职工薪酬

借方	贷方
(7) 30 000	期初余额 30 000 (18) 32 000
本期发生额合计 30 000	本期发生额合计 32 000
	期末余额 32 000

预收账款

借方	贷方
	期初余额 0 (17) 20 000
	本期发生额合计 20 000
	期末余额 20 000

实收资本

借方	贷方
	期初余额 500 000 (1) 300 000
本期发生额合计 0	本期发生额合计 300 000
	期末余额 800 000

管理费用

借方	贷方
(13) 2 700 (18) 32 000 (20) 4 000	
本期发生额合计 38 700	

销售费用

借方	贷方
(5) 30 000	
本期发生额合计 30 000	

主营业务收入

借方	贷方
	(3) 100 000 (8) 400 000 (14) 20 000 (19) 30 000
	本期发生额合计 550 000

主营业务成本

借方	贷方
(3) 68 000 (8) 270 000 (14) 13 000 (19) 21 000	
本期发生额合计 372 000	

根据恒兴公司各账户的本期借方和贷方发生额合计数，编制本期发生额试算平衡表10-10，以检验登账过程的正确性。

表 10-10 恒兴公司 12 月份调整前发生额试算平衡表 单位:元

账户名称	本期发生额	
	借方	贷方
库存现金	25 300	27 000
银行存款	940 000	380 000
库存商品	200 000	372 000
应收账款	400 000	350 000
其他应收款	3 000	3 000
固定资产	15 000	—
长期待摊费用	120 000	—
短期借款	—	120 000
应付账款	180 000	200 000
预收账款	—	20 000
应付职工薪酬	30 000	32 000
实收资本	—	300 000
本年利润	—	—
主营业务收入	—	550 000
主营业务成本	372 000	—
管理费用	38 700	—
销售费用	30 000	—
财务费用	—	—
合计	2 354 000	2 354 000

此步骤在计算借贷平衡时,没有考虑期初数,主要原因在于:期初各账户的余额一定是平衡的,不然上一期的会计报表无法报出。如果本期发生额借贷计算平衡后,那么根据期初数与本期借贷发生额计算出的期末各账户的余额,也一定是平衡的关系,因此暂不考虑期初余额,减少计算工作量和差错。另外,如果有的账户借方或贷方没有发生额时,可在栏目内画线或用零表示,不然会产生"此处是漏记了还是发生额为零"的疑惑;借贷方都没有发生额的账户可省略掉。

六、错账的更正方法

在过账中,如果发现记账凭证有错误,如会计科目使用不当、金额记错,可将记账凭证直接更换,填写上正确的分录与金额。如果记账凭证没有问题,而是账簿记录有错误,或两者都有错误,则可采用划线更正法、红字更正法、补充登记法更正。

划线更正法是对在结账前发现账簿记录有文字或数字错误,用红线在错误的文字或数字上画一条线,然后在红线的上方填写正确的内容,并由记账人员在更正处盖章以表示责任。划线更正法是适用于会计凭证正确,账簿登记错误的情况。

红字更正法是在记账后才发现凭证所记会计科目有错误,如管理费用记入销售费用中。更正的方法是用红字填写一张与原记账内容完全一样的记账凭证,以示注销原记账凭证,然后用蓝黑或碳素钢笔写上一张正确的记账凭证,并据以记账。另外，如果会计分录没有问题，只是所记金额大于应记金额，则将多记金额用红字填写并编制一张与原凭证的会计分录完全相同的凭证，以示冲销。

补充登记法也是在记账后才发现错误，会计科目无误而所记金额小于应记金额。更正方法是，编制一张与原凭证的会计科目完全相同的凭证，将少记的金额用蓝字填写，并据以记账。

在会计电算化普及的现代企业，登账的过程由财务软件自动完成，因而发生登账错误的概率极低。如果发现凭证有问题，需要执行“反结账”等功能即可完成。

本章小结

会计循环，是指企业在一个会计期间相互衔接的会计工作步骤。会计循环包括从经济业务分析到财务报表编制的全过程。由于这些步骤在每一个会计期间循环往复、周而复始，因此称之为会计循环。

完整的会计循环所涉及的基本步骤应包括填制或取得原始凭证、编制会计分录、登记账簿、编制调整前试算平衡表、编制调整分录、结账、编制调整后的试算平衡表、编制会计报表。

在会计上，把能引起会计要素增减变化、可以确认和计量的经济活动称为经济业务，或会计事项。原始凭证又称单据，是在经济业务发生或完成时取得或填制的，用以记录或证明经济业务的发生或完成情况的文字凭据。

记账凭证又称记账凭单，是会计分录的载体，是用来登记账簿的凭证。它介于原始凭证与账簿之间，是登记账簿的直接依据。记账凭证可以方便登记账簿，减少差错，保证账簿记录的质量。

会计账簿是指由一定格式账页组成的，以经过审核的会计凭证（含原始凭证和记账凭证）为依据，全面、系统、连续地记录各项经济业务的簿籍。设置和登记账簿，是编制会计报表的基础，是连接会计凭证与会计报表的中间环节，在会计核算中起重要作用。会计账簿的格式以三栏式账页为主，登记账簿有相应的规定。

过账，也就是登记账簿。在将原始凭证进行审核并编制成记账凭证后，接下来就要将凭证的借贷内容登记到分类账簿中去。在过账中，对于设有明细账的总账科目，要求平行登记，即在根据记账凭证登记总分类账时，还要求根据原始凭证和记账凭证登记明细账。登记总账和明细账时，两者依据的凭证相同，记账方向一致，金额相等。

登记完所有的会计凭证后，根据借贷记账法的规则“有借必有贷，借贷必相等”，会计期间的所有账户的借方合计数应与贷方合计数相等，否则说明过账过程有差错。因此，过完账后，要进行发生额试算平衡检验。

思考与练习题

【思考题】

1. 什么是会计循环？它包括哪些步骤？

2. 什么是会计上所称的经济业务或会计事项？什么是原始凭证？会计事项与原始凭证有什么关系？

3. 什么是会计分录？什么是记账凭证？会计分录与记账凭证有什么关系？

4. 什么是会计账簿？会计账簿有什么作用？如何登记会计账簿？

5. 发生额进行试算平衡的原理是什么？与余额试算平衡法相比有何优缺点？

6. 登账过程中发现错误的更正方法有哪几种？各自适用何种情况？

【练习题】

一、名词解释

会计循环　经济业务　原始凭证　会计分录　记账凭证　会计账簿　过账

二、简答题

1. 会计循环的概念是什么？其基本程序包括哪些内容？

2. 原始凭证分为哪些类别？

3. 记账凭证包括哪些内容？其审核时应该审核什么内容？

4. 会计账簿包括哪些分类？

5. 过账包括哪些步骤？

6. 总分类账与明细分类账怎么进行平行登记？

7. 账簿的记账规则是什么？简述账簿的错误有几种更正方法及各自的适用情况。

三、单项选择题

1. 一个会计期间依次继起的会计工作的程序或步骤是(　　)。

A. 会计方法　B. 会计循环　C. 会计调整　D. 会计核算

2. 会计循环的第一步是(　　)。

A. 设置会计科目和账户　B. 编制会计分录

C. 过账　D. 结账

3. 会计凭证按(　　)分类，分为原始凭证和记账凭证。

A. 用途和填制程序　B. 形成来源

C. 用途　D. 填制方式

4. 原始凭证按(　　)分类，分为一次凭证、累计凭证等类。

A. 用途和填制程序　B. 形成来源

C. 填制方法　D. 填制程序

5. 材料领用单是(　　)。

A. 一次凭证　B. 二次凭证

C. 累计凭证　D. 汇总原始凭证

6. 原始凭证不得涂改、刮擦、挖补。对于金额有错误的原始凭证，正确的处理方法是(　　)。

A. 由出具单位重开

B. 由出具单位在凭证上更正并由经办人员签名

C. 由出具单位在凭证上更正并由出具单位负责人签名

D. 由出具单位在凭证上更正并加盖出具单位印章

7. (　　)是会计核算工作的准备工作。

A. 设置会计科目和账户　　B. 登记会计账簿
C. 填制会计凭证　　D. 编制会计报表

8. 下列各项中，不属于原始凭证的有(　　)。
A. 限额领料单　　B. 工资结算汇总表
C. 工资费用分配表　　D. 工资费用计划表

9. 下列会计凭证中属于原始凭证的是(　　)。
A. 收款凭证　　B. 付款凭证
C. 转账凭证　　D. 发料凭证汇总表

10. “发出材料汇总表”是(　　)。
A. 汇总原始凭证　　B. 汇总记账凭证
C. 累计凭证　　D. 记账凭证

11. 企业购入材料一批 5 000 元，以转账支票支付 3 000 元，余款暂欠，应填制(　　)。
A. 一张转账凭证
B. 一张转账凭证和一张付款凭证
C. 一张付款凭证
D. 一张转账凭证和一张收款凭证

12. 会计分录是以(　　)为依据进行确认的。
A. 账簿　　B. 原始凭证　　C. 记账凭证　　D. 会计报表

13. 记账凭证是(　　)根据审核无误的原始凭证填制的。
A. 会计人员　　B. 经办人员　　C. 主管人员　　D. 复核人员

14. 职工张某出差归来，报销差旅费 200 元，交回多余现金 100 元，应编制的记账凭证是(　　)。
A. 收款凭证　　B. 转账凭证
C. 收款凭证和转账凭证　　D. 收款凭证和付款凭证

15. 资产类账户的期末余额一般应在(　　)。
A. 账户的借方　　B. 账户的贷方
C. 有时在借方，有时在贷方　　D. 以上答案都对

16. 根据会计分录，从记账凭证转记入分类账户的工作为(　　)。
A. 账项调整　　B. 结账　　C. 转账　　D. 过账或登账

17. 不能作为编制记账凭证依据的是(　　)。
A. 发货票　　B. 收货单　　C. 入库单　　D. 经济合同

18. 收到投资者投资，存入银行，根据借贷记账法编制会计分录，贷方所涉及的账户是(　　)。
A. 银行存款　　B. 实收资本　　C. 长期投资　　D. 短期借款

19. 企业结转入库材料的实际采购成本时，应借记(　　)账户。
A. 物资采购　　B. 原材料　　C. 生产成本　　D. 制造费用

20. 期末结算工资时，应贷记(　　)账户。
A. 制造费用　　B. 生产成本　　C. 应付职工薪酬　D. 应付福利费

21. 总分类账户和明细分类账户平行登记的要点可以概括为(　　)。
A. 依据相同、方向一致、金额相等
B. 方向一致、颜色相同、金额相等

C. 同时登记、同方向登记、同金额登记

D. 依据相同、方向一致、颜色相同

22. 结转已售产品成本时,应贷记(   )账户。

A. 主营业务成本　　B. 库存商品

C. 原材料　　D. 本年利润

23. 企业的各项罚款支出应计入(   )。

A. 主营业务成本　　B. 其他业务支出

C. 营业外支出　　D. 期间费用

24. 若"实收资本"账户贷方期初余额为 82 000 元,贷方本期发生额为 2 000 元,借方本期发生额为 5 000 元,则该账户贷方期末余额为(   )元。

A. 3 000　　B. 7 000　　C. 79 000　　D. 85 000

25. 某企业用现金支付职工报销医药费 580 元,会计人员编制的付款凭证为借记应付职工薪酬——应付福利费 850 元,贷记现金 850 元,并已登记入账。当年发现记账错误,更正时应采用的更正方法是(   )。

A. 划线更正法　　B. 红字更正法

C. 补充登记法　　D. 编制正确的付款凭证

26. 对账户记录进行试算平衡是根据(   )来确定的。

A. 账户结构的基本原理　　B. 会计要素划分的类别

C. 会计等式的基本原理　　D. 所发生的经济业务的内容

27. 会计人员在结账前发现,在根据记账凭证登记入账时,误将 3 000 元写成 300 元,而记账凭证无误,则应采用(   )进行更正。

A. 补充登记法　　B. 划线更正法　　C. 红字更正法　　D. 横线登记法

四、多项选择题

1. 会计循环包括的内容是(   )。

A. 设置账户　　B. 编制会计分录、过账、调账、结账

C. 试算平衡　　D. 编制会计报表

2. 属于企业会计事项的是(   )。

A. 签订购货合同　　B. 实现销售收入

C. 支付职工工资　　D. 考核职工上班情况

3. 会计凭证按用途和填制程序分类,分为(   )。

A. 原始凭证　　B. 累计凭证　　C. 记账凭证　　D. 转账凭证

4. 下列凭证中属于自制原始凭证的有(   )。

A. 购进发票　　B. 销售发票　　C. 限额领料单　　D. 发出材料汇总表

5. 以下所列属于一次性原始凭证的有(   )。

A. 领料单　　B. 销售发票

C. 产品质量检验单　　D. 限额领料单

6. 原始凭证的内容有(   )。

A. 凭证的名称、日期、编号　　B. 接受凭证的单位名称

C. 会计分录　　D. 经济业务的内容

7. 以下哪些是记账凭证应具有的共同的基本内容?(   )

A. 填制凭证的日期和凭证的编号

B. 会计科目的名称、记账方向和金额

C. 所附原始凭证的张数

D. 制证、复核、会计主管等有关人员的签章

8. 下列各项中,属于记账凭证审核内容的有(　　)。

A. 金额是否正确　　B. 内容是否齐全

C. 科目是否正确　　D. 书写是否规范

9. 涉及现金与银行存款之间划转业务时,可以编制的记账凭证有(　　)。

A. 现金收款凭证　　B. 现金付款凭证

C. 银行存款收款凭证　　D. 银行存款付款凭证

10. 账簿按其用途分类,可以分为(　　)。

A. 序时账簿　　B. 订本式账簿

C. 分类账簿　　D. 备查账簿

11. 账簿按其外表形式分为(　　)。

A. 订本式账簿　　B. 多栏式账簿

C. 卡片式账簿　　D. 活页式账簿

12. 明细分类账可以根据(　　)登记。

A. 原始凭证　　B. 汇总记账凭证

C. 记账凭证　　D. 经济合同

13. 以下(　　)属于备查账。

A. 租入固定资产登记簿　　B. 代销商品登记簿

C. 固定资产卡片　　D. 材料采购明细账

E. 普通日记账

14. 多栏式明细分类账的账页格式适用于(　　)。

A. “应收账款”明细分类账　　B. “待摊费用”明细分类账

C. “管理费用”明细分类账　　D. “制造成本”明细分类账

15. 会计账簿登记规则包括(　　)。

A. 要根据审核无误的会计凭证登记

B. 按页次顺序连续记账

C. 登记应由专人负责

D. 填写后要在记账凭证上签名或盖章,并在凭证上的“记账”栏内打“√”

16. 现金日记账的登账要求包括(　　)。

A. 逐日逐笔登记　　B. 逐日结出余额

C. 使用订本账簿　　D. 使用多栏账簿

17. 以下明细账宜采用数量金额式的有(　　)。

A. 产成品——A 产品　　B. 原材料——甲材料

C. 材料采购——乙材料　　D. 固定资产——小轿车

E. 应收账款——M 公司

18. 总分类账户与明细分类账户的平行登记,应满足下列要求(　　)。

A. 依据的凭证相同　　B. 同期登记

C. 同金额登记　　D. 同方向登记

19. 在进行试算平衡时,需要用到的平衡公式有(　　)。

A. 全部账户本期借方发生额合计数－全部账户本期贷方发生额合计数＝全部账户期初借方余额合计数－全部账户期初贷方余额合计数

B. 全部账户本期借方发生额合计数=全部账户本期贷方发生额合计数
C. 全部账户期末借方余额合计数-全部账户期末贷方余额合计数=全部账户本期借方发生额合计数-全部账户本期贷方发生额合计数
D. 全部账户期初借方余额合计数=全部账户期初贷方余额合计数
E. 全部账户期末借方余额合计数=全部账户期末贷方余额合计数
20. 下列错误中不能通过试算平衡发现的有(   )。
A. 某项经济业务未登记入账
B. 只登记借方金额,未登记贷方金额
C. 应借应贷的账户中借贷方向相反
D. 借贷双方同时多记或少记了相等的金额
21. 财务报告包括(   )。
A. 会计报表主表　　B. 会计报表附表
C. 会计报表附注　　D. 财务情况说明书
22. 错账更正规则或更正方法有三种,分别是(   )。
A. 划线更正法　B. 红字更正法　C. 补充登记法　D. 蓝字冲账法
23. 在下列各类错账中,应采用红字更正法进行更正的错账有(   )。
A. 记账凭证没有错误,但账簿记录有数字错误
B. 因记账凭证中的会计科目有错误而引起的账簿记录错误
C. 记账凭证中的会计科目正确,但所记金额大于应记金额所引起的账簿记录错误
D. 记账凭证中的会计科目正确,但所记金额小于应记金额所引起的账簿记录错误

五、判断题

1. 会计循环是会计人员在某一会计期间内,从取得经济业务的资料到编制会计报表所进行的会计处理程序、步骤或过程。(   )

2. 经济业务发生后,首先是由财会人员填制或取得原始凭证,经审核无误后,按照设置的会计科目,运用复式记账法,编制记账凭证,并据以登记账簿。(   )

3. 只有引起企业6个会计要素增减变动的事项,才是会计事项,会计人员应对其进行会计处理。(   )

4. 简单会计分录只记录在一个账户中,复合会计分录要记入两个账户中。(   )

5. 单式记账法编制简单会计分录,复式记账法编制复合会计分录。(   )

6. 复合分录可以分解为几个简单分录,几个简单分录可以合并为一个复合分录。(   )

7. 作废的原始凭证在加盖“作废”戳记后可立即销毁。(   )

8. 与货币收付无关的业务一律编制转账凭证。(   )

9. 记账凭证的填制日期应是经济业务发生或完成的日期。(   )

10. 会计凭证是记录经济业务事项发生和完成情况,明确经济责任,据以登记账簿的具有法律效力的书面证明文件。(   )

11. 在经济业务特别少的单位,其会计凭证可以不进行审核,直接作为登记账簿的依据。(   )

12. 现金日记账和银行存款日记账,必须采用订本式账簿。(   )

13. 备查账簿是对某些在日记账和分类账中未能记录或记录不全的经济业务进行补充登记的账簿，因此各单位必须设置。（　　）

14. 每月将银行存款日记账的账面余额与银行对账单进行核对，是账实核对的主要内容之一。（　　）

15. 总分类账户和明细分类账户必须在同一会计期间内登记。（　　）

16. 新的会计年度开始时，必须更换全部账簿，不得只更换总账和现金日记账、银行存款日记账。（　　）

17. 平行登记的“方向相同”，是指对每项经济业务在记入总分类账户和明细分类账户过程中，应该同时登记在借方或贷方。（　　）

18. 根据账户记录编制试算平衡表以后，如果所有账户的借方发生额同所有账户的贷方发生额相等，则说明账户记录一定是正确的。（　　）

19. 所有总账的期末余额之和必定等于所有明细账期末余额之和。（　　）

20. 在记账后，发现记账凭证中应借应贷科目正确，只是所填金额小于应记金额，这时可采用划线更正法。（　　）

21. 划线更正法是在错误的文字或数字上划一红线注销，然后在其上端用红字填写正确的文字或数字，并由记账人员加盖图章，以明确责任。（　　）

22. 对于文字存在较小错误的原始凭证，必须经会计人员修改后方可作为填制记账凭证和登记账簿的依据。（　　）

六、实务题

1. 根据总分类账与明细分类账平行登记的原理，将下列账户中的空缺数字填上。产成品包括 A、B、C 三个明细分类账户。

产成品（总账）

期初余额　60 000	
本期发生额35 000	本期发生额50 000
期末余额　____	

产成品——A

期初余额　10 000	
本期发生额　____	本期发生额15 000
期末余额　____	

产成品——B

期初余额　____	
本期发生额　____	本期发生额15 000
期末余额　20 000	

产成品——C

期初余额　____	
本期发生额10 000	本期发生额　____
期末余额　20 000	

2. 练习借贷记账法。

某企业 2018 年 2 月 1 日的有关账户期初余额如表 10-11 所示。

表 10-11　企业账户余额表

单位：元

资　产		负债和所有者权益	
项目	期初余额	项目	期初余额
库存现金	1 000	短期借款	50 000
银行存款	26 000	应付账款	54 000
应收账款	35 000	长期借款	100 000

续表

资　　产		负债和所有者权益	
原材料	42 000	实收资本	300 000
库存商品	50 000		
固定资产	450 000		
减:累计折旧	100 000		
资产合计	504 000	权益合计	504 000

2 月份发生的经济业务如下:

(1) 2 月 2 日,购入原材料一批,货款 3 000 元,以银行存款支付。

(2) 2 月 5 日,仓库发出材料一批,价值 8 400 元,其中用于产品生产 5 000 元,车间一般耗用 3 400 元。

(3) 2 月 10 日,用银行存款偿还以前所欠货款 10 000 元。

(4) 2 月 14 日,对外销售产品一批,货款 6 000 元尚未收到。

(5) 2 月 20 日,以银行存款支付营业费用 1 500 元。

(6) 2 月 28 日,结转本月已售产品的成本 3 200 元。

要求:根据上述资料编制会计分录,将本月发生的各项经济业务登记入账,并编制发生额试算平衡表及余额平衡表。

3. 阳光公司对账发现下列经济业务内容的账簿记录有错误:

(1) 开出现金支票 800 元,支付企业管理部门日常零星开支。原编记账凭证的会计分录为:

借:管理费用　　　　800

　　贷:现金　　　　　　800

(2) 签发转账支票 1 800 元预付本季度办公用房租金。原编记账凭证的会计分录为:

借:预提费用　　　　1 800

　　贷:银行存款　　　　1 800

(3) 结转本月完工产品成本 49 000 元。原编记账凭证的会计分录为:

借:库存商品　　　　94 000

　　贷:生产成本　　　　94 000

(4) 计提本月固定资产折旧费 4 100 元。原编记账凭证的会计分录为:

借:管理费用　　　　1 400

　　贷:累计折旧　　　　1 400

(5) 用银行存款支付所欠供货单位货款 7 650 元,过账时误记为 6 750 元。

要求:将上列各项经济业务的错误记录,分别以适当的更正错账方法予以更正。

第十一章 会计循环（下）

通过本章的学习，要求了解会计循环中会计期末的账务处理，理解会计分期及由此产生的权责发生制和收付实现制，掌握期末账项的调整的内容，掌握会计结账的内容，掌握结账后的试算平衡表的编制方法，熟悉简易报表的编制流程。

导入案例

月末的工作——期末账项的调整及报表

通过一个月的学习与实践，诗诗她们已经掌握了日常业务的会计处理，能将发生的经济业务形成记账凭证，并根据形成的会计凭证登记到相应的账簿中去。到了月末，诗诗想知道开业到现在到底赚了多少钱？可是在计算过程中，一些问题又想不清楚了。

首先是收入的计算。班上有几个同学到奶茶店来买茶，没有带钱，因为是熟人，所以诗诗跟他们记了账，同学也保证等有钱的时候一定还。这个记了的账能不能算收入？

其次是成本的计算。用掉的果汁和奶粉能计算出来，当然有的是估计的，因为有的用了半瓶或大半瓶，能不能把用了的原料，不管半瓶或大半瓶都记入成本？还有购买的设备，是一次性地计入到本期的成本？还是分期分批地计入到各月的成本中去？

由于大一的课程很多，中途请了一个远房的亲戚看店，工资一个月 1 200 元。到月底了，由于工作还没到一个月，工资未支付，费用是算到本月还是下个月？

诗诗又感到茫然了，会计老师听了后说，这正是会计期末要解决的问题。

在日常账务处理中，对于当期所发生的经济业务，以原始凭证的形式交给会计部门，通过会计人员的审核和判断后，形成会计分录并记录于记账凭证。会计人员应及时或定期将这些反映经济活动的凭证进行分类汇总，记入分类账户中，以全面反映企业的财务状况。到了期末，对一些账项还要进行调整，最后形成当期的报表。

第一节 会计分期与权责发生制

一、会计分期

会计主体，即会计核算和监督的特定对象，它规定了会计服务的空间范围。正常条件下，会计主体应是连续不断、周而复始的运营，即持续经营。企业一旦不能持续经营，就会进入破产清算，会计主体消失，会计工作终止。因此，会计主体与持续经营是会计存在并发挥其职能的两个重要条件，也称会计基本假设。

会计主体在持续经营的情况下，投资者、债权人、税务部门等利益相关人会要求会计系统能提供及时有效的财务信息供使用者进行判断、决策，而定期的报告是提供信息的重要方式。会计分期，是指将一个持续经营的企业的生产经营活动，人为地划分为一个个连续的、长短相同的期间，以便及时提供此期间的财务信息。期间可以是一个月、一个季度、半年或一年。我国《企业会计准则——基本准则》规定，企业应当划分会计期间，会计期间分为年度和中期。中期指月度、季度、半年度，而年度一般采用日历年度，即从每年的 1 月 1 日到 12 月 31 日为一个会计年度。

二、权责发生制与收付实现制

会计期间的划分，产生了本期与非本期的区别，也对收入与费用的确认产生了重大影响。

在一个会计期间，收入的获得、费用的发生与其相关的款项的实际收支存在着以下几个可能：首先是收入确认的同时收款，费用发生的同时付款，如收到现款的同时，发出商品；其次是收入确认时并没有收款，费用发生时并没有支付，如赊销商品，计提当月的工资费用；最后是收到款项，收入不能确认，支付款项，费用不能确认，如预先收到的货款，没发出商品前不能确认收入，预先支付的保险费等。

收付实现制(cash basis)，也称实收实付制，是指以款项是否实际收到或付出作为确定本期收入和费用的标准。采用这一制度，凡是本期实际收到与销售有关的款项、支付与费用有关的款项，不论其是否归属本期，都确认为本期的收入与费用。凡是本期没有实际收到与销售有关的款项、没有支付与费用有关的款项，都不能确认为本期的收入与费用。收付实现制完全以货币资金的收付作为确定收入与费用的标准，因此也称现金制。收付实现制不存在期末对收入与费用的调整问题。

权责发生制(accrual basis)要求，凡是当期已经实现的收入和已经发生或应当负担的费用，无论款项是否收付，都应当作为当期的收入和费用；凡是不属于当期的收入和费用，即使款项已在当期收付，也不应当作为当期的收入和费用。如前例，恒兴公司预收 2 万元的购货款，在权责发生制下就不能确认为收入，因为商品还没有发出，收入并没有成立。根据权责发生制进行收入和费用的核算，能够更加准确地反映会计主体在特定会计期间的真实财务状况和经营成果。

我国《企业会计准则》规定，企业会计的确认、计量和报告应当以权责发生制为基础；行政单位会计采用收付实现制；事业单位会计除经营业务可采用权责发生制外，其他大部分也采用收付实现制。

第二节　账项的调整

根据权责发生制的要求，期末应对一些涉及收入与费用的账户进行调整，以便合理反映企业的经营成果。同时，收入与费用的确认也会影响企业的资产、负债与所有者权益。要调整的内容主要有四类，即预付的费用、预收的收入、应记的费用、应记的收入。调整分录有两个特点：首先，每笔调整分录都涉及收入或费用的确认；其次，调整分录的基础是权责发生制，没有外来的单证，需要自制凭证进行会计处理。

一、预付的费用

预付的费用(prepaid expenses)是指在取得收益前预先支付的费用。如预付的租金，预付的保险费等。预付费用属于资产项目，当这些资产在使用后，如租赁当期的房租，当期收到的报刊，预先支付的款项，才确认为费用。例如前面的案例中恒兴公司的预付费用的调整事项有2项。

恒兴公司预付两年的租金，支付租金时，形成资产——长期待摊费用，到12月31日，满一个月时，就应该确认一个月的房租费用。根据前面的资料“12月1日，恒兴公司续租营业店面，租期5年，先预付2年的租金12万元，并于当日用银行存款支付租金”。计算出每个月的房租为5 000元，因此应确认12月份应承担的房租费用5 000元。该项业务，使当期的费用“管理费用”增加5 000元，同时，减少资产“长期待摊费用”5 000元，会计人员应编制调整分录，并记入记账凭证中，记账凭证编号承前序号为21号。

调整分录(21)：确认当期应承担的房租费用5 000元。

借：管理费用　　　　5 000

　　贷：长期待摊费用　　　　5 000

企业在经营过程中所使用的固定资产，由于在使用中会出现磨损，其价值会逐渐降低，因此这部分的价值，要从收入中得到补偿。折旧，就是将这些资产的成本分摊到各个预期使用中去的过程。根据前面的资料可知，恒兴公司期初的固定资产为30万元，按规定当期购入的资产不提折旧。假设恒兴公司的固定资产均为管理部门使用，使用期为5年，那么本月应提的折旧费用为5 000元。提取折旧会使本期费用“管理费用”增加5 000元，同时对于固定资产磨损的价值，会计中增加一个科目“累计折旧”来记载。累计折旧记载的是固定资产的减值情况，贷记“累计折旧”5 000元。编制调整分录(22)，确认固定资产的折旧。

调整分录(22)：确认当期应计算的固定资产折旧费用。

借：管理费用　　　　5 000

　　贷：累计折旧　　　　5 000

二、预收的收入

预收的收入(unearned revenues)是指在提供产品和服务之前收到的现金。它属于负债项目，会计主体在收到现金的同时，也承担起了提供产品或服务的义务。在提供完产品或服务之后，预收的收入才能变成营业收入。

恒兴公司在12月22日，有客户要购买特殊的器材，价值10万元，先预收货款2万元，存入银行。这就是当月的预收收入，但到月底时，商品还未交付，因此，企业还是不能将预收的2万元，确认为收入。因此本期恒兴公司没有要调整的预收收入。

如果下个月，恒兴公司采购回特殊器材并交付给顾客，就可以确认收入了。交付当月的会计分录为

借：预收账款　　　　100 000

　　贷：主营业务收入　　　　100 000

保险公司预先收取的保险费用、高尔夫球场预先收取的会费、报纸出版社预先收取报刊费等，在提前收到款项时，记入“预收账款”，而在合同期间的每个月末，应编制调整分录，确认当期已实现的收入。

三、应计的费用

应计的费用(accrued expenses)是指在某一会计期间内已经发生，但仍未支付和记录的各种费用。记录应计的费用一般会增加费用和负债。

一般在月末，要计算本月应发的工资，实际发放日往往为下月初。恒兴公司已于12月25日，计提本月的职工工资共计3.2万元，并制成会计分录为：借记“管理费用”3.2万元，贷记“应付职工薪酬”3.2万元。在此不再做调整分录，否则重复了。

在会计期末，企业通常会有一些应付债务要计算利息费用，如短期或长期的借款、应付票据或债券等。利息费用是随着时间的推移而发生的，虽然利息的支付可能不在本期，但根据权责发生制的原则，企业应该在每期的期末，对已经发生但尚未支付的利息费用进行确认，并进行会计处理。恒兴公司于12月3日，向中国银行借入半年期贷款12万元，利率为9%，月末应计算当月的利息费用。为简化处理，本会计处理以一个月的利息计算，利息为900元(即12万×9%÷12)。计提未支付的利息费用900元，使费用“财务费用”增加900元，负债“应付利息”增加900元。编制调整分录(23)如下。

调整分录(23)：确认本期的利息费用900元。

借：财务费用　　　　900

　　贷：应付利息　　　　900

四、应计的收入

应计的收入(accrued revenues)是指在某一会计期间内已经实现，但未收到款项的各项收入。

与预收收入不同，有些服务根据合同提供，没有预先收到款项。如企业与保洁公司签订合同，将企业的保洁工作外包给保洁公司，约定3个月付款一次。保洁公司按合同规定完成第一月的保洁工作，那么根据权责发生制原则，就应确认第一个月的保洁收入，虽然款项并没有实际收到。

若保洁公司与企业的保洁服务合同约定服务费每个月2 000元，并且每季度结算一次，则在第一个月末，保洁公司可以确认当期的保洁收入2 000元，会计分录为

借：应收账款　　　　2 000

　　贷：主营业务收入　　　　2 000

对于银行贷款业务而言，一般是按季度收取利息，在每月月末，也应按权责发生

制原则，确认当月的利息收入，虽然利息的实际收取可能在 2 个月后。

本月恒兴公司没有要调整的应计收入。

根据以上期末调整分录(21)、(22)、(23)，编制记账凭证，将内容过到相关账户，相关账户过账后的结果如下所示。

管理费用

借方	贷方
(13) 2 700	
(18) 32 000	
(20) 4 000	
(21) 5 000	
(22) 5 000	
本期发生额合计 48 700	

长期待摊费用

借方	贷方
期初余额 0	
(2) 120 000	(21) 5 000
本期发生额合计 120 000	本期发生额合计 5 000
期末余额 115 000	

财务费用

借方	贷方
(23) 900	
本期发生额合计 900	

累计折旧

借方	贷方
	期初余额 0
	(22) 5 000
本期发生额合计 0	本期发生额合计 5 000
	期末余额 5 000

应付利息

借方	贷方
	期初余额 0
	(23) 900
本期发生额合计 0	本期发生额合计 900
	期末余额 900

将调整分录过入相应账户后，再进行一次试算，以检查相应账户在过账时是否存在差错。调整后各账户期末余额试算表如表 11-1 所示。

表 11-1 调整后的本期发生额平衡表

单位：元

账户名称	本期发生额		本期调整		调整后的本期发生额	
	借方	贷方	借方	贷方	借方	贷方
库存现金	25 300	27 000			25 300	27 000
银行存款	940 000	380 000			940 000	380 000
库存商品	200 000	372 000			200 000	372 000
应收账款	400 000	350 000			400 000	350 000
其他应收款	3 000	3 000			3 000	3 000
固定资产	15 000	0			15 000	0
累计折旧	0	0		5 000	0	5 000
长期待摊费用	120 000	0		5 000	120 000	5 000
短期借款	0	120 000			0	120 000
应付账款	180 000	200 000			180 000	200 000
预收账款	0	20 000			0	20 000
应付职工薪酬	30 000	32 000			30 000	32 000

续表

账户名称	本期发生额		本期调整		调整后的本期发生额	
	借方	贷方	借方	贷方	借方	贷方
应付利息	0	0		900	0	900
实收资本	0	300 000			0	300 000
本年利润	0	0			0	0
主营业务收入	0	550 000			0	550 000
主营业务成本	372 000	0			372 000	0
管理费用	38 700	0	10 000		48 700	0
销售费用	30 000	0			30 000	0
财务费用	0	0	900		900	0
合计	2 354 000	2 354 000	10 900	10 900	2 364 900	2 364 900

调账后，将各账户的期初余额与调账后的本期发生额进行计算，得出各账户的期末余额。见表 11-2。

表 11-2 调账后的各账户试算平衡表

单位：元

账户名称	期初余额		调整后的本期发生额		调整后的余额表	
	借方	贷方	借方	贷方	借方	贷方
库存现金	3 000		25 300	27 000	1 300	
银行存款	50 000		940 000	380 000	610 000	
库存商品	400 000		200 000	372 000	228 000	
应收账款	200 000		400 000	350 000	250 000	
其他应收款	7 000		3 000	3 000	7 000	
固定资产	300 000		15 000	0	315 000	
累计折旧			0	5 000		5 000
长期待摊费用			120 000	5 000	115 000	
短期借款		50 000	0	120 000		170 000
应付账款		180 000	180 000	200 000		200 000
预收账款			0	20 000		20 000
应付职工薪酬		30 000	30 000	32 000		32 000
应付利息			0	900		900
实收资本		500 000	0	300 000		800 000
未分配利润		120 000	0	0		120 000
本年利润		80 000	0	0		80 000
主营业务收入			0	550 000		550 000
主营业务成本			372 000	0	372 000	
管理费用			48 700	0	48 700	
销售费用			30 000	0	30 000	
财务费用			900	0	900	
本月利润						
合计	960 000	960 000	2 364 900	2 364 900	1 977 900	1 977 900

在此基础上，可编制利润表和资产负债表。

第三节　对账和结账

期末完成的账项调整，也要记账。账簿的登记包括记账、对账和结账三个相互联系的工作环节。记完账后的工作就是对账。

一、对账

对账，就是对账簿的记录进行核对，也就是核对账目。对账工作一般是在记账后结账前，即在月末进行，目的是保证账簿记录正确可靠。对账一般分为账证核对、账账核对、账实核对。

1. 账证核对

账证核对是根据各种账簿记录与记账凭证及其所附的原始凭证进行核对，核对会计账簿记录与原始凭证、记账凭证的时间、凭证字号、内容、金额是否一致，记账方向是否相符，做到账证相符。

2. 账账核对

账账核对，是指对各种账簿之间的有关数字进行核对。核对不同会计账簿记录是否相符，包括：总账有关账户的余额核对，即验证会计等式（资产＝负债＋所有者权益）；总账与明细账核对，如库存总账的余额与库存明细账的余额要相等；总账与序时账核对，即库存现金、银行存款总账要与库存现金、银行存款明细账的余额相等；明细分类账簿之间的核对，即会计部门的财产物资明细账与财产物资保管和使用部门的有关明细账核对等。

3. 账实核对

账实核对，是指各种财产物资、债权债务等的账面余额与实存数额相互核对。核对会计账簿记录与财产等实有数额是否相符，包括：现金日记账账面余额与现金实际库存数核对；银行存款日记账账面余额与银行对账单核对；各种材料明细账账面余额与材料实存数额核对；各种应收、应付款明细账账面余额与有关债务、债权单位或者个人核对等。

账实核对过程中发现的问题，详见财产清查部分。

二、结账

（一）结账的内容

结账是将账簿记录定期结算清楚的工作。结账是指在会计期末将各账户余额结清或结转到下期，以结束本期的会计记录工作。在会计期末，通过结清与利润表相关的账户，可计算出本期的经营成果，而结转资产负债表相关的账户到下期，为下一期的会计工作做好准备。

会计的六大要素分为两类，一是反映财务状况的资产负债表要素，即资产、负债、所有者权益;二是反映经营成果的利润表要素,即收入、费用、利润。资产负债表项目是资金在使用中的具体形态,相关项目在期末者有余额,表示在期末的时点,各项资金所处的状态、来源及所有者的权益,它们将随着企业的持续经营而延续到下一个会计期间。因此,把资产负债表的账户称为“实账户”或“永久性账户”。而利润表的相关账户,由于要反映当期的经营成果,在会计期末,将这些账户全部转入利润账户“本年利润”,以计算本期利润。因此在结转后,利润类账户余额为零。这样就使每个会计期间经营成果的计算都是“从零开始”,能清楚地体现当期的盈利情况。因此,把利润类账户称为“虚账户”或“临时性账户”。

会计期末结账的内容,主要包括两方面。对于实账户,要根据期初余额和本期发生额(含调整后)计算出余额,并结转到下一个会计期间,这样本期的期末余额就是下一个会计期间的期初余额。对于虚账户,则要求全部予以结清,全部转入到利润账户,计算出经营成果,使各收入与费用类账户归零,以方便下期重新开始归集收入与费用。

结账前要注意检查是否本期所有的凭证都已过账,若有漏记应及时补记;期末是否按权责发生制对相关账户进行调整并编制分录、过账;是否核对账证相符、账账相符、账实相符。其中,账证相符是指会计凭证与账簿的记录相符;账账相符是指各总分类账的借方合计数与贷方合计数相符、总分类账户余额与所属明细分类账的余额合计数相符;账实相符是指各类财产物资账户的账面余额与实际数相符,如现金、原材料、固定资产等。

(二)结账的步骤与会计分录

1. 结清虚账户

期末结账,首先是将本期的虚账户结转到“本年利润”,年末将“本年利润”转入到所有者权益账户“利润分配——未分配利润”。

第一步,将收入类账户转入“本年利润”。

根据表 11-1,本期收入类账户只有“主营业务收入”,因此将“主营业务收入”的贷方 550 000 元,转入到“本年利润”的贷方,编制结转会计分录(24)。

结转分录(24):结转本期的收入 550 000 元。

借:主营业务收入　　550 000
　贷:本年利润　　550 000

第二步,将费用类账户也转入“本年利润”。

根据表 5-1,本期费用类账户有“主营业务成本”、“管理费用”、“销售费用”、“财务费用”,分别为 372 000 元、48 700 元、30 000 元、900 元,全部转入“本年利润”的借方,编制结转会计分录(25)。

结转分录(25):结转本期的费用 451 600 元。

借:本年利润　　451 600
　贷:主营业务成本　　372 000
　　管理费用　　48 700

　　销售费用　　　　　　　　　　　　30 000

　　财务费用　　　　　　　　　　　　　900

第三步,年末将利润类账户"本年利润"转入到所有者权益账户"利润分配——未分配利润"。"本年利润"的期初余额为 80 000 元,为本期前实现的利润。本年利润的余额为 178 400 元(即 80 000+550 000−451 600),编制结转会计分录(26)。

结转分录(26):结转本年利润至所有者权益。

借:本年利润　　　　　　　　　　　178 400

　　贷:利润分配——未分配利润　　　　　178 400

将以上结转分录登记到相关的账户,相关虚账户在计算合计数并结清后,账户的结尾画双横线。具体账户记账如下。

主营业务收入			
		(3)	100 000
		(8)	400 000
(24)	550 000	(14)	20 000
		(15)	30 000
本期发生额合计	550 000	本期发生额合计	550 000

主营业务成本			
(3)	68 000		
(8)	270 000	(25)	372 000
(14)	13 000		
(15)	21 000		
本期发生额合计	372 000	本期发生额合计	372 000

管理费用			
(13)	2 700		
(18)	32 000	(25)	48 700
(20)	4 000		
(21)	5 000		
(22)	5 000		
本期发生额合计	48 700	本期发生额合计	48 700

销售费用			
(6)	30 000	(25)	30 000
本期发生额合计	30 000	本期发生额合计	30 000

财务费用			
(23)	900	(25)	900
本期发生额合计	900	本期发生额合计	900

本年利润			
		期初余额	80 000
(25)	451 600	(24)	550 000
(26)	178 400		
本期发生额合计	630 000	本期发生额合计	630 000

2. 结转实账户

资产、负债、所有者权益账户,在会计期末要将其余额结转到下期,继续记录。

实账户的结转，并不需要编制会计分录。在年度内，不需要更换账簿的情况下，只需要根据期初余额和本期借方与贷方的发生额，计算出期末余额即可。如果是跨年度，更换新账簿，也不必编制会计分录，只需要在账簿中注明，并在每个账户的结尾处画双横线即可。

以库存现金账户为例，恒兴公司 2018 年 12 月初库存现金为 3 000 元，本期账户记录如表 11-3 所示。

表 11-3 恒兴公司库存现金账户明细表

单位：元

2018 年		凭证号数	摘　　要	借方	贷方	借/贷	余　额
月	日						
			期初余额			借	3 000
12	9	10#	职工出差借支		3 000	借	0
12	11	11#	从银行取现金备用	5 000		借	5 000
	14	13#	职工出差交回余款	300		借	5 300
	15	14#	收到上半月零售款	20 000		借	25 300
	16	15#	将零售款存银行		20 000	借	5 300
	31	20#	支付水电等费用		4 000	借	1 300
			本月合计	25 300	27 000	借	1 300
			结转下年		1 300		0

2018 年		凭证号数	摘　　要	借方	贷方	借/贷	余　额
月	日						
			上年结转			借	1 300

3. 结账的要点

（1）对不需要按月结计本期发生额的账户，如应收、应付款明细和各项财产物资明细账等，每次记账之后，都要随时结出余额，每月最后一笔余额是月末余额，即月末余额就是本月最后一笔经济业务记录的同一行内余额。月末结账时，只需要在最后一笔经济业务之下通栏划单红线，不需要再次结计余额。

（2）库存现金、银行存款日记账和需要按月结计发生额的收入、费用等明细账，每月结账时，需要在最后一笔经济业务下面通栏划单红线，结出本月发生额和月末余额写在红线下面，并在摘要栏内注明“本月合计”字样，再在下面通栏划单红线。

（3）对于需要结计本年累计发生额的明细账户，结账时，应在“本月合计”行下结出自年初起至本月末止的累计发生额，登记在月份发生额下面，在摘要栏内注明“本年累计”字样，并在下面通栏划单红线。12 月末的“本年累计”就是全年累计发生额，全年累计发生额下面通栏划双红线。

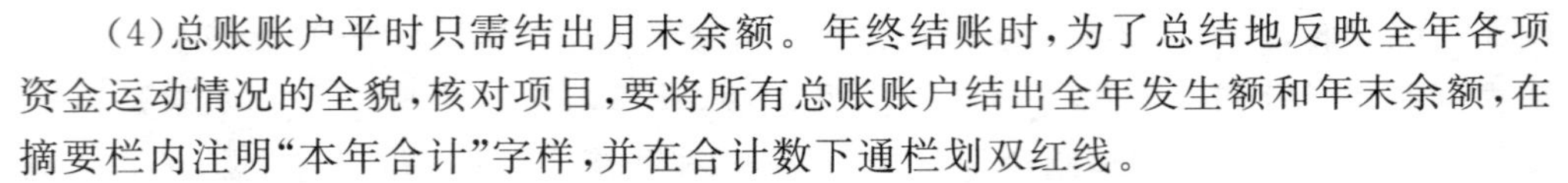

(4)总账账户平时只需结出月末余额。年终结账时，为了总结地反映全年各项资金运动情况的全貌，核对项目，要将所有总账账户结出全年发生额和年末余额，在摘要栏内注明“本年合计”字样，并在合计数下通栏划双红线。

(5)年度终了结账时，有余额的账户，要将其余额结转到下一会计年度，并在摘要栏内注明“结转下年”字样；在下一会计年度新建有关会计账簿的第一行余额栏内填写上年结转的余额，并在摘要栏内注明“上年结转”字样，使有余额的账户的余额如实反映在账户中，以免混淆有余额的账户和无余额的账户的区别。结转下年时，既不需要编制记账凭证，也不必将余额再记入本年账户的借方或贷方，使本年有余额的账户的余额变为零。

第四节 结账后的试算平衡表

结账后，仍需要编制期末余额表，因为虚账户的结清有会计分录，也要将它们过入相关的账户中。编制结账后的试算平衡表，可以检查结账过程中是否出现差错，同时也是编制会计报表的基础。结账后的试算平衡表如表 11-4 所示。

表 11-4 结账后的各账户试算平衡表

单位：元

账户名称	调整后的余额表		结账分录		结账后试算平衡表	
	借方	贷方	借方	贷方	借方	贷方
库存现金	1 300				1 300	
银行存款	610 000				610 000	
库存商品	228 000				228 000	
应收账款	250 000				250 000	
其他应收款	7 000				7 000	
固定资产	315 000				315 000	
累计折旧		5 000			－5 000	
长期待摊费用	115 000				115 000	
短期借款		170 000				170 000
应付账款		200 000				200 000
预收账款		20 000				20 000
应付职工薪酬		32 000				32 000
应付利息		900				900
实收资本		800 000				800 000
未分配利润		120 000				120 000
本年利润		80 000	451 600	550,000		178 400
主营业务收入		550 000	550 000			
主营业务成本	372 000			372 000		
管理费用	48 700			48 700		
销售费用	30 000			30 000		
财务费用	900			900		
合计	1 977 900	1 977 900	1 001 600	1 001 600	1 521 300	1 521 300

表 11-4 显示，结账后，虚账户的损益类科目的余额全部清零（浅灰色区域），准备下一个会计期间，重新计算当期的收入与费用。而实账户，即资产、负债、所有者权益的余额作为下期的期初数，开始下一个会计循环。

第五节 编制财务报表

会计循环从记录经济业务开始，经过审核原始凭证、编制记账凭证、过账、调整前的试算、期末调整及试算、结账到结账后的试算的过程，当期的账务处理已经完成。接下来是最后的环节——编制会计报表，这样就完成了一个会计期间的会计循环。

会计的本质是一个提供财务信息的系统，在管理者授权下会计人员可进行生产经营的管理。会计人员提供财务信息的主要方式是财务报表，财务报表是按一定的格式，依据账簿中的资料，总括反映会计主体在某一特定日期（经常是月末）和某一会计期间的经营成果、所有者权益变动、现金流量等会计信息的文件。经过会计工作者的长期实践和总结，形成现代财务报表基本内容，即利润表、所有者权益变动表、资产负债表和现金流量表。

一、利润表

利润表，也称损益表，是反映企业在某一个会计期间经营成果的报表。利润表是根据权责发生制和收入与费用配比的原则，计算企业一定时期的各项利润指标。由于它是反映一定期间的经营成果，所以是一张动态报表。利润表的格式基本有两种，即单步式和多步式。我国采用的是多步式利润表。利润表各项目的数据主要来自收入与费用类账户，可根据期末调整后的试算平衡表来编制，如表 11-2 已将各项收入和费用进行了汇总。

恒兴公司 2018 年 12 月单步式利润表（简表）如表 11-5 所示。

表 11-5 2018 年 12 月恒兴公司利润表（简表）

单位：元

项　　目	本 期 金 额		本年累计数	
营业收入				略
主营业务收入		550 000		
减：营业费用				
主营业务成本	372 000			
管理费用	48 700			
销售费用	30 000			
财务费用	900			
营业利润		98 400		

二、所有者权益变动表

所有者权益变动表是反映构成所有者权益和组成部分当期的增减变化情况的会计报表。当期的利润、所有者对资本的投入或分派等都对所有者权益有影响。所有者权益变动表是利润表与资产负债表的纽带。

恒兴公司 2018 年 12 月所有者权益变动表（简表）如表 11-6 所示。

表 11-6　2018 年 12 月恒兴公司所有者权益变动表（简表）　　单位：元

项　目	金　额	
2018 年 12 月 1 日恒兴公司所有者权益		700 000
加：所有者投资	300 000	
净收益	98 400	
减：所有者提取	—	
2015 年 12 月 31 日恒兴公司所有者权益		1 098 400

三、资产负债表

资产负债表是反映企业某一特定日期（如月末、季末、年末）财务状况的会计报表。它根据“资产＝负债 ＋ 所有者权益”这一会计等式，依照一定的分类标准和顺序，将企业在一定日期的全部资产、负债和所有者权益项目进行适应分类、汇总、排列后编制而成的。资产负债表将企业所发生的全部经济业务以报表的形式高度浓缩，表明企业在特定日期所拥有或控制的资源、所承担的债务和所有者对企业净资产的要求权，它是一张静态的报表。

资产负债表的项目由总分类账户及明细分类账户计算调整形成。报表项目一般按流动性排列，资产类项目分为流动资产和非流动资产两类。流动资产主要有货币资金、应收的款项、存货等，非流动资产有长期投资、固定资产、无形资产等内容。负债分为流动负债与非流动负债两类。流动负债有短期借款、应付的款项、应付职工薪酬、应交税金等，非流动负债有长期借款、应付债券等。所有者权益分为实收资本、资本公积、盈余公积、未分配利润。

恒兴公司 2018 年 12 月 31 日资产负债表（简表）如表 11-7 所示。

表 11-7　恒兴公司 2018 年 12 月 31 日资产负债表（简表）　　单位：元

资　产			负　债		
项　目	期初余额	期末余额	项　目	期初余额	期末余额
流动资产：			流动负债：		
货币资金	53 000	611 300	短期借款	50 000	170 000
应收账款	200 000	250 000	应付账款	180 000	200 000
其他应收款	7 000	7 000	预收账款		20 000
库存商品	400 000	228 000	应付职工薪酬	30 000	32 000
流动资产合计	660 000	1 096 300	应付利息		900
			流动负债合计	260 000	422 900
非流动资产：			非流动负债：		
固定资产	300 000	315 000	负债合计	260 000	422 900
减：累计折旧	0	－5 000	所有者权益		

续表

资　　产			负　　债		
项　　目	期初余额	期末余额	项　　目	期初余额	期末余额
长期待摊费用	0	115 000	实收资本	500 000	800 000
非流动资产合计	300 000	425 000	未分配利润	200 000	298 400
			所有者权益合计：	700 000	1 098 400
资产总计	960 000	1 521 300	权益合计	960 000	1 521 300

四、现金流量表

现金流量表是以现金流量为基础，反映企业在一定会计期间企业经营活动、投资活动、筹资活动所引起的现金和现金等价物流入和流出的报表。这里的现金指库存现金、银行存款和其他货币资金。现金流量表是根据收付实现制的原则来编制的，与前面三张报表的编制基础权责发生制有较大不同。现金流量表的编制可以参考资产负债表和利润表编制，也可以直接根据现金的具体流入与流出来编制。随着会计电算化的普及，在录入凭证时，一般可直接输入具体的现金流入或流出内容，期末直接生成。

在反映现金流量时，一般将企业的经济活动分为经营活动、投资活动、筹资活动。这些可以清楚显示企业各类活动产生的现金流动情况，有利于报表使用者进行分析与决策。

恒兴公司2018年12月的现金流量表（简表）如表11-8所示。

表11-8　2018年12月恒兴公司现金流量表（简表）　　单位：元

项　　目	金　　额
一、经营活动产生的现金流量	
1. 经营活动现金流入量	
收到的销货款(3)	100 000
收到前期的货款(6)	150 000
职工退回借支(13)	300
收到上半月零售款(14)	20 000
收到当月货款(15)	200 000
预收货款(17)	20 000
收到下半月零售款(14)	30 000
经营活动现金流入量合计	520 300
2. 经营活动现金流出量	
支付的租金(2)	120 000
支付电视台的广告费(5)	30 000
支付职工的工资(7)	30 000
支付前期的购货款(9)	180 000

续表

项　　目	金　　额
职工出差借支(10)	3 000
支付电话费等(20)	4 000
经营活动现金流出量合计	367 000
3. 经营活动的现金净流量	153 300
二、投资活动产生的现金流量	
1. 投资活动现金流入	0
2. 投资活动现金流出	
购买固定资产支出(12)	15 000
3. 投资活动的现金净流量	−15 000
三、筹资活动产生的现金流量	
1. 现金流入量	
收到投资者的投资(1)	300 000
向银行的短期借款(4)	120 000
2. 现金流出量	0
3. 筹资活动的现金净流量	420 000
四、本期现金及现金等价物净增加额	558 300
加:期初现金及现金等价物余额	53 000
五、期末现金及现金等价物余额	611 300

注:表中括号内数字为业务发生编号。

现金流量表的期末数,应该与资产负债表货币资金的期末数相同。

通过编制以上四张表,可以看到资产负债表是核心报表,利润表和所有者权益变动表是对资产负债表的变动所作的解释说明,而现金流量表是对现金变动的解释说明。完成了以上四张报表,也就表示本期会计循环结束。

本章小结

会计分期,是指将一个持续经营的企业的生产经营活动,人为地划分为一个个连续的、长短相同的期间,以便及时提供此期间的财务信息。收付实现制,也称实收实付制,是指以款项是否实际收到或付出作为确定本期收入和费用的标准。权责发生制要求,凡是当期已经实现的收入和已经发生或应当负担的费用,无论款项是否收付,都应当作为当期的收入和费用;凡是不属于当期的收入和费用,即使款项已在当期收付,也不应当作为当期的收入和费用。

根据权责发生制的要求,期末应对一些涉及收入与费用的账户进行调整,以便合理反映企业的经营成果。要调整的内容主要有四类,即预付的费用、预收的收入、应记的费用、应记的收入。

结账是指在会计期末将各账户余额结清或结转到下期，以结束本期的会计记录工作。会计期末结账的内容，主要包括两方面。对于实账户，要根据期初余额和本期发生额（含调整后）计算出余额，并结转到下一个会计期间，这样本期的期末余额就是下一个会计期间的期初余额。对于虚账户，则要求全部予以结清，全部转入到利润账户，计算出经营成果，使各收入与费用类账户归零，以方便下期重新开始归集收入与费用。

结账后，仍需要编制期末余额表，因为虚账户的结清有会计分录，也要将它们过入相关的账户中。编制结账后的试算平衡表，可以检查结账过程中是否出现差错，同时也是编制会计报表的基础。

会计人员提供财务信息的主要方式是财务报表，财务报表是按一定的格式，依据账簿中的资料，总括反映会计主体在某一特定日期（经常是月末）和某一会计期间的经营成果、所有者权益变动、现金流量等会计信息的文件。

思考与练习题

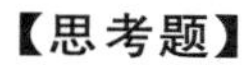

【思考题】

1. 什么是会计分期？会计分期的意义是什么？
2. 什么是收付实现制？什么是权责发生制？两者的主要区别是什么？
3. 在权责发生制下有哪些调整事项？
4. 什么是实账户？什么是虚账户？会计期末的结账有哪些内容？
5. 提供财务信息的方式是什么？要反映哪些主要信息？

【练习题】

一、名词解释

会计分期　权责发生制　收付实现制　结账　试算平衡表　财务报表　利润表　资产负债表　现金流量表　所有者权益变动表

二、简答题

1. 什么是会计分期？划分会计期间的重要意义是什么？
2. 权责发生制与收付实现制的区别是什么？各自的适用情况是什么？
3. 账项的调整主要包括哪些内容？请各自举例。
4. 什么是结账？结账包括哪些内容？
5. 什么是账务报表？主要包括哪些报表？
6. 为什么要进行试算平衡？试算平衡的步骤是什么？结账前、后试算平衡有什么区别？
7. 资产负债表能提供什么样的会计信息？
8. 利润表能提供什么样的会计信息？
9. 现金流量表能提供什么样的会计信息？
10. 所有者权益变动表能提供哪些会计信息？

三、单项选择题

1. 企业为了正确划分并确定各个会计期间的财务成果，作为记账基础应采用(　　)。

A. 收付实现制　　B. 收入与费用配比

C. 权责发生制　　D. 实际成本计价

2. 权责发生制和收付实现制核算结果不同，是由于(　　)。

A. 会计主体的不同　　B. 持续经营假设的不同

C. 会计要素的划分不同　　D. 会计期间的划分不同

3. 企业的会计期间(　　)。

A. 是自然形成的　　B. 是人为划分的

C. 是一个周转过程　　D. 就是营业年度

4. 根据权责发生制的要求而设置的账户是(　　)。

A. 长期待摊费用　　B. 库存现金

C. 其他业务收入　　D. 管理费用

5. 下列属于调整业务的是(　　)。

A. 支付预提银行借款利息　　B. 收到应收的款项

C. 月末计提固定资产折旧　　D. 职工报销医药费用

6. 1月初企业支付上半年的保险费用6 000元，在权责发生制下，应计入1月份的费用是(　　)。

A. 6 000元　　B. 1 000元　　C. 500元　　D. 3 000元

7. 下列属于预付费用的调整分录是(　　)。

A. 借：管理费用
　　贷：应付福利费

B. 借：预提费用
　　贷：银行存款

C. 借：待摊费用
　　贷：银行存款

D. 借：管理费用
　　贷：待摊费用

8. 下列属于预收收入的调整分录的是(　　)。

A. 借：银行存款
　　贷：预收账款

B. 借：预收账款
　　贷：其他业务收入

C. 借：银行存款
　　贷：应收账款

D. 借：原材料
　　贷：应付账款

9. 企业6月份预付下半年6个月的房屋租金1 200元，根据收付实现制原则，本月份发生的租金费用为(　　)元。

A. 0　　B. 1 200　　C. 不能确定　　D. 200

10. 某工厂元月份销售产品一批，价款20万元，收回10万元存入银行，又以银行存款5万元支付电费，其中有1万元电费属上月应付，4万元属本月应付，在权责发生制下(　　)。

A. 收入为20万元，费用为5万元

B. 收入为10万元，费用为4万元

C. 收入为20万元，费用为4万元

D. 收入为10万元，费用为5万元

11. 以下属于对账中,账证核对的内容是(　　)。

A. 银行存款日记账账面余额与开户银行账目定期核对

B. 总分类账户各账户期末余额与银行存款日记账和各明细账户期末余额核对

C. 银行存款日记账与某日付款凭证核对

D. 银行存款日记账账面余额与银行存款余额调节表核对

12. 以下属于对账中,账实核对的内容是(　　)。

A. 银行存款日记账账面余额与开户银行账目定期核对

B. 总分类账户各账户期末余额与银行存款日记账和各明细账户期末余额核对

C. 银行存款日记账与某日付款凭证核对

D. 银行存款日记账账面余额与银行存款余额调节表核对

13. 在(　　)的情况下可以使用红字。

A. 月末结账

B. 年终结账

C. 记账后,发现原记账凭证的数字少记了

D. 记账后,发现原记账凭证的数字多记了

14. 能够反映企业某一时点财务状况的报表是(　　)。

A. 资产负债表　　B. 利润表

C. 现金流量表　　D. 所有者权益变动表

15. 能够反映企业在一定会计期间内经营活动、投资活动和筹资活动产生的现金流入与流出情况的报表是(　　)。

A. 资产负债表　　B. 利润表

C. 现金流量表　　D. 所有者权益变动表

16. 下列属于静态报表的是(　　)。

A. 资产负债表　　B. 现金流量表

C. 利润表　　D. 利润分配表

17. 如果企业本月利润表中的主营业务利润为 1 000 元,其他业务利润为 500 元,管理费用为 100 元,财务费用为 50 元,销售费用为 80 元,则其营业利润应填(　　)元。

A. 1 000　　B. 1 500　　C. 1 400　　D. 1 270

18. 如果企业月末资产负债表中,“固定资产原价”为 100 万,累计折旧 40 万,则企业固定资产合计数应为(　　)。

A. 100 万　　B. 60 万　　C. 140 万　　D. 160 万

19. 下列账户中属于虚账户的是(　　)。

A. 实收资本　　B. 利润分配

C. 主营业务成本　　D. 应付利润

20. “长期待摊费用”账户本期期初余额 3 500 元,借方本期发生额 1 500 元,本期摊销 500 元,则该账户期末余额为(　　)。

A. 借方 4 500 元　　B. 贷方 4 500 元

C. 借方 3 500 元　　D. 贷方 1 000 元

四、多项选择题

1. 会计期间有（　　）。

A. 会计年度　B. 季度　C. 月份　D. 旬

2. 按照权责发生制原则，下列应作为本期费用的是（　　）。

A. 预付下年度保险费　B. 尚未付款的本月借款利息

C. 摊销本月房租费　D. 支付本月材料的价款

3. 按权责发生制原则，下列项目中属于本年收入的有（　　）。

A. 收到上年所销产品的货款 20 000 元

B. 预收下年仓库租金 20 000 元

C. 本年销售产品一批，价款 10 000 元，货款将于下年收到

D. 上年末预收本年固定资产租金 15 000 元

4. 下列属于应计费用调整分录的有（　　）。

A. 借：管理费用
　　贷：应付工资

B. 借：预提费用
　　贷：银行存款

C. 借：待摊费用
　　贷：银行存款

D. 借：管理费用
　　贷：预提费用

5. 根据权责发生制的要求，需要设置的账户是（　　）。

A. 应收账款　B. 应付账款　C. 预收账款　D. 制造费用

6. “预收账款”账户的借方，可能对应（　　）账户的贷方。

A. 主营业务收入　B. 其他业务收入

C. 银行存款　D. 应付账款

7. 下列属于结账分录的是（　　）。

A. 借：本年利润
　　贷：主营业务成本

B. 借：投资收益
　　贷：本年利润

C. 借：本年利润
　　贷：利润分配

D. 借：原材料
　　贷：应付账款

8. 财务报告的使用者包括（　　）。

A. 企业管理人员　B. 政府有关部门

C. 银行及其他商业债权人　D. 投资者

9. 属于企业动态报表的是（　　）。

A. 资产负债表　B. 利润表

C. 现金流量表　D. 利润分配表

10. 在资产负债表中，资产和负债的项目分类不是按（　　）划分的。

A. 数额大小　B. 发生时间顺序

C. 流动性强弱　D. 管理者的意图

11. 在资产负债表中，负债按流动性分为（　　）。

A. 预计负债　B. 流动负债

C. 非流动负债　D. 短期负债

12. 现金流量表中的现金包括（　　）。

A. 库存现金　B. 银行存款　C. 应收账款　D. 现金等价物

13. 现金流量表的基本部分的现金分为三类，即(　　)。

A. 经营活动产生的现金流量　　B. 投资活动产生的现金流量

C. 现金和现金等价物的净流量　　D. 筹资活动产生的现金流量

五、判断题

1. 收入和费用的合理配比就是将本期收到的收入和本期支付的费用相配合比较。(　　)

2. 收付实现制不考虑收入和费用的收支期间与其应归属期间是否一致的问题。(　　)

3. 固定资产折旧是指固定资产因损耗而减少的价值，因此，在计提折旧时，应借记成本费用账户，贷记“固定资产”账户。(　　)

4. 应计的费用是指已经支付应由本期和以后会计期间负担的费用。(　　)

5. 在权责发生制下，本月预收下月货款存入银行应列作本月收入。(　　)

6. 为了正确划分收入、费用的归属期，应遵守收付实现制原则。(　　)

7. 预收账款、应付职工薪酬、预付账款均属负债项目。(　　)

8. 在权责发生制和收付实现制下都需要设置应收、应付、待摊、预提账户。(　　)

9. 虚账户和实账户期末结账时，都需要编制结账会计分录。(　　)

10. 预收收入的调整会引起收入的增加、负债的减少。(　　)

11. 预付费用的调整会引起费用的增加、负债的减少。(　　)

12. 应计收入的调整一定会引起收入的增加、资产的增加。(　　)

13. 预付费用的调整会引起费用的增加、资产的减少。(　　)

14. 资产负债表反映企业在一定期间经营成果的报表，所以它是一张动态报表。(　　)

15. 利润表是反映企业在某一特定日期(月末、季末、年末)财务状况的会计报表，所以是一张静态报表。(　　)

16. 资产负债表可以总括揭示企业在一定时日的财务状况，但想总括了解企业在一定时期的经营成果，则有赖于利润表。(　　)

17. 现金流量表是以现金流量为基础，反映企业在一定会计期间企业经营活动、投资活动、筹资活动所引起的现金和现金等价物流入和流出的报表。(　　)

六、实务题

1. 练习账项调整的会计处理。

某企业 2018 年 9 月份有关需要进行账项调整的资料如下：

(1) 月末销售产品一批，货款共计 5 700 元，尚未收到。

(2) 7 月份曾预收下半年度仓库租金 1 800 元。

(3) 上月预收货款 9 000 元，本月发出产品。

(4) 7 月份曾预付第三季度保险费 1 200 元。

(5) 1 月份曾发生车间机器设备大修理支出共 24 000 元，在 2 年之内逐月摊销。

(6) 月末支付本季度银行借款利息 900 元。7、8 月份各预提 300 元。

(7) 本月应提固定资产折旧为 5 700 元，其中车间用固定资产折旧为 3 500 元，管理部门用固定资产折旧为 2 200 元。

要求：根据以上经济业务，编制调整分录。

2. 练习月末结账及报表的编制。

阳光公司 2018 年 2 月 1 日的有关账户期初余额如表 11-9 所示。

表 11-9　阳光公司账户余额表

单位：元

资　产		权　益	
项　目	期初余额	项　目	期初余额
库存现金	20 000	短期借款	600 000
银行存款	500 000	应付账款	350 000
应收账款	300 000	应付工资	50 000
库存商品	1 200 000	长期借款	1 000 000
固定资产	3 000 000		
减：累计折旧	1 020 000	实收资本	2 000 000
资产总计	4 000 000	权益合计	4 000 000

2 月份发生下列经济业务：

1. 接受甲某等人的投资 400 000 元。

2. 购买商品 150 000 元，款项通过银行支付。

3. 财务部购买办公用品 1 500 元，以银行存款支付。

4. 采购商品一批，价值 100 000 元，货款未付。

5. 销售产品一批共 200 000 元，款未收到。销售商品成本为 150 000 元。

6. 以银行存款偿还部分欠款 150 000 元。

7. 计提本月职工工资 60 000 元，其中销售人员 45 000 元，行政管理人员工资 15 000 元。

8. 以银行存款支付上月工资 50 000 元。

9. 本月水电费 8 000 元，相关发票已收到，公司尚未付款。

10. 计提本月固定资产的折旧 20 000 元。

11. 计算本月利息，其中短期借款的利率为 5%，长期借款的利率为 8.5%。

要求：

（1）根据以上经济业务内容编制会计分录；

（2）开设“T”形账户，把相关分录过入相应的账户；

（3）结算前试算平衡；

（4）结账；

（5）结账后试算平衡；

（6）编制 2 月份资产负债表和利润表。

第十二章 会计规范与会计机构

学习目的

通过本章的学习，要求了解我国会计规范体系，了解国内主要的会计法律、会计法规，了解会计准则的主要内容，掌握会计核算的基本前提、会计信息质量要求及会计计量的内容，了解会计机构的设置、总会计师的设置的要求，熟悉有关会计从业资格的规定，熟悉会计回避制度与交接工作的要求，熟悉会计档案管理的内容。

导入案例

没有规矩，不成方圆

孟子说，“即使有离娄那样好的视力，鲁班那样好的技巧，如果不用圆规和曲尺，也不能准确地画出方形和圆形”①，做会计工作也一样。

早期的会计工作没有统一的规范，会计工作者各成一派，提供信息的方法和格式千差万别，于是当美国 20 世纪 30 年代出现股市崩溃时，公众指责会计工作者提供的财务信息支离破碎、难以比较，是股市崩溃的主要原因之一。于是为了规范会计工作，统一制表的编制，1937 年美国会计程序委员会(CAP)发表第一号会计研究公告——GAAP，开创了由政府机关或行业组织颁布“一般通用会计原则”的先河。

GAAP，即一般通用会计原则，就好像“规与矩”一样，成为会计工作者的工作标尺，指导会计工作者的工作。它适用于各个不同行业的企业，包括从会计的基本概念、基本假设等基本原理到具体会计计量和编制财务报表的程序及方法的规定。一般通用会计原则的制定，大大提高了会计信息的质量，特别是可比性。

我国早期的会计规范由前苏联引进，多以制度的形式来指导会计工作。1978 年以后我国会计界开始接受西方的会计准则思想，研究西方的会计原则、会计准则问题，并试图从理论和实务两方面结合中国的实际来探讨我国“社会主义会计准则”的特点和内容。2006 年 2 月，财政部在前期研究的基础上，正式发布了新的会计准则体系，同年 10 月发布了《企业会计准则——应用指南》，要求自 2007 年 1 月 1 日起在上市公司范围内施行。新会计准则体系包括 1 项基本准则、38 项具体准则以及应用指南和解释公告等。2006 年的《企业会计准则》基本实现了国内的会计准则与国际会计准则的趋同。

---

① 《孟子·离娄上》：“离娄之明，公输子之巧；不以规矩，不成方圆。”

第一节　会计规范体系

会计规范体系是指国家权力机关或其他授权机构制定的，用于指导和约束会计核算实务、规范会计基础工作、规定会计主体和相关人员会计责任等规范性文件的总和。

会计规范体系是指会计法律、会计行政法规、会计规章、会计规范性文件等的总称。它是组织和从事会计工作必须遵守的规范。在我国，会计规范体系主要是由全国人大及其常务委员会以及各级行政机构制定、颁布和实施各项有关会计方面的法律法规，国务院委托财政部制度颁布的会计准则和会计制度以及有关会计方面的规定、条例和实施细则，以及会计道德标准，企业内部根据本企业实际情况制订的有关会计财务的制度、规定。会计规范体系已成为会计实务工作和经济活动顺利进行的有力保障，对资本市场发展起到了重要的保障和促进作用。其基本架构参见图 12-1。

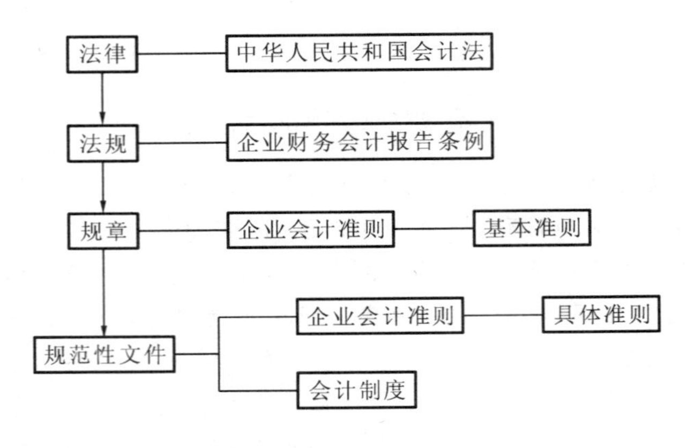

图 12-1　会计规范体系

一、会计法律

（一）会计法

会计首先表现为单位内部的一项管理活动，即对本单位的经济活动进行核算和监督。但会计在处理经济业务事项中所涉及的经济利益关系则超出了本单位的范围，直接或间接地影响有关方面的利益。因为一个单位的经济活动不可能是孤立进行的，必须同有关方面发生直接或间接的联系，会计如何处理各种经济关系，不仅对本单位的财务收支、利益分配等产生影响，而且还会对国家、其他经济组织、职工个人产生影响。因此，会计处理各种经济业务事项必须具有约束力的规范，这是包括国家在内的各方面利益关系者的客观要求。调整经济关系中各种会计关系的法律规范——会计法由此而产生。

会计法律是我国财务会计规范体系的第一个层次。它主要是指 1985 年 1 月 21

日第六届全国人大常委会第九次会议通过，根据1993年12月29日第八届全国人大常委会第五次会议《关于修改〈中华人民共和国会计法〉的决定》修正，1999年10月31日第九届全国人大常委会第十二次会议修订的《中华人民共和国会计法》。它是我国最基本的会计法，在整个财务会计规范体系中处于最核心的地位和最高的层次，是制定其他会计法规的依据和指导一切会计工作的准绳，是一切会计法规的母法，具有普遍适用性和指导性的特点。《中华人民共和国会计法》规定了会计工作的基本目的、会计管理权限、会计责任主体、会计核算和会计监督的基本要求、会计人员和会计机构的职责权限，并对会计法律责任做出了详细说明，共七章五十二条，其主要内容包括如下几个方面。

1. 立法宗旨及适用范围

立法宗旨是为了规范会计行为，保证会计资料真实、完整，加强经济管理和财务管理，提高经济效益，维护社会主义市场经济秩序；无论是国家还是单位都必须严格规范会计行为，保证会计资料的真实、完整；国家机关、社会团体、公司、企业、事业单位和其他组织都必须依照该法办理会计事务。

2. 单位负责人和会计人员的基本责任

单位负责人对本单位的会计工作和会计资料的真实性、完整性负责；会计机构、会计人员均须依法进行会计核算，实行会计监督；任何单位或者个人不得以任何方式授意、指使或强令会计机构、会计人员伪造、变造会计凭证、会计账簿和其他会计资料，提供虚假财务会计报告；任何单位或者个人不得对依法履行职责、抵制违反《会计法》规定行为的会计人员实行打击报复。

3. 会计工作的管理体制

国务院财政部主管全国的会计工作，县级以上地方各级人民政府财政部门管理本行政区域内的会计工作；我国实行统一的会计制度，统一的会计制度由财政部制定并公布；国务院有关部门可以依照《会计法》和国家统一的会计制度，制定对会计核算和会计监督有特殊要求的行业实施国家统一的会计期度的具体办法或者补充规定，报国务院财政部门审核批准；中国人民解放军总后勤部可以依照《会计法》和国家统一的会计制度，制定军队实施国家统一的会计制度的具体办法，报国务院财政部门备案。

4. 会计核算与会计监督

任何事项的会计核算都必须符合《会计法》的相关规定；各单位应当建立、健全内部会计监督制度；各单位的会计机构、会计人员对违反《会计法》和国家统一的会计制度规定的会计事项，有权拒绝办理或者按照职权予以纠正；财政、审计、税务、人民银行、证券监管、保险监管等部门应当依照有关法律、行政法规规定的职责，对各单位的会计资料实施监督检查；须经注册会计师进行审计的单位，应当向受委托的会计师事务所如实提供会计资料及有关情况，各单位或者个人不得以任何方式要求或者示意注册会计师及其所在的会计师事务所出具不实或者不当的审计报告；财政部门有权对会计师事务所出具的审计报告的内容、程序进行监督；依法对有关单位的会计资料实施监督检查的部门及其工作人员对在监督检查中知悉的国家秘密和商业秘密负有保密义务。

5. 会计机构和会计人员

各单位应当根据会计业务的需要设置会计机构，不具备设置条件的，可以委托中介机构代理记账；国有的或国有资产占控股地位或者占主导地位的大、中型企业必须设置总会计师，同时配备一定数量的、有从业资格证书的、遵守职业道德、具有专业技术职称的会计人员；因有与会计职务有关的违法行为被依法追究刑事责任的人员，不得取得或者重新取得会计从业资格；会计人员调动工作或者离职，必须与接管人员办清交接手续。

6. 法律责任

违法必究是社会主义法治的基本要求。单位、直接负责的主管人员及其他有关人员违反《会计法》所应承担的法律责任，主要包括行政责任和刑事责任。实施行政责任的主体应当是县级以上人民政府财政部门和有关企、事业单位，行政责任的承担主体应当是单位、直接负责的主管人员和其他直接责任人员；刑事责任的承担主体应当是个人、单位、直接负责的主管人员和其他直接责任人员。

（二）其他会计相关的法律规范

除《会计法》之外，《公司法》和《证券法》等商法对企业财务行为也有具体规定：如2006年1月1日开始实施的《公司法》，其中第八章“公司财务、会计”就是专门针对公司财务会计的规定。它规定公司应当依照法律、行政法规和国务院财政部门的规定建立本公司的财务、会计制度，应当在每一会计年度终了时依照法律、行政法规和国务院财政部门的规定编制财务会计报告，并依法经会计师事务所审计。2006年1月1日开始实施的《证券法》(2014年修订)中对财务会计报告信息的规定和要求，也是会计法规的重要组成部分。

二、会计法规

会计行政法规是我国财务会计规范体系的第二个层次。它是指调整我国经济生活中某些方面会计关系的法律规范。会计行政法规一般是由国务院制定发布的，制定依据是《中华人民共和国会计法》(以下简称《会计法》)。会计法规主要包括1990年12月31日国务院发布的《总会计师条例》及2000年6月21日国务院发布的《企业财务会计报告条例》等。

《总会计师条例》是对《会计法》中有关规定的细化和补充，共分五章二十三条，主要规定了单位总会计师的职责、权限、任免、奖惩等。

《企业财务会计报告条例》自2001年1月1日起施行，共分六章四十六条，主要规定了企业财务会计报告的构成、编制和对外提供的要求、法律责任等。它是对《会计法》中有关财务会计报告的规定的细化。该条例要求企业负责人对本企业的财务会计报告的真实性和完整性负责；强调任何组织或者个人不得授意、指使、强令企业编制和对外提供虚假的或者隐瞒重要事实的财务会计报告；规定有关部门或机构必须依据法律法规，索要企业财务会计报告。条例还对违法、违规行为应承担的法律责任作了明确规定。

三、会计规章

会计规章是我国财务会计规范体系的第三个层次。它是指由主管全国会计工作的行政部门——财政部就会计核算、会计监督、会计机构和会计人员以及会计工作管理所制定的具有普遍约束力的会计法律制度，其制定依据是会计法律和会计行政法规。如2001年2月20日财政部第10号令发布的《财政部门实施会计监督办法》，2006年2月15日财政部第33号令发布的《企业会计准则——基本准则》，2012年12月10日财政部第73号令发布的《会计从业资格管理办法》(已废止)，2017年8月20日财政部第89号令发布的《会计师事务所执业许可和监督管理办法》等，均属于会计规章。

《企业会计准则》是我国会计核算工作的基本规范，它以《会计法》为指导，是企业会计确认、计量和报告行为的规范，也是保证会计信息质量的标准。

财政部以财政部令形式正式颁布的《会计师事务所执业许可和监督管理办法》对会计师事务所的审批和监督做出了相关修订。文件对会计师事务所(含分所)的设立、变更、终止以及财政部门对会计师事务所的监督检查都做出了明确规定，并对会计师事务所的违规行为作了相应的处罚规定。

四、会计规范性文件

会计规范性文件，是指主管全国会计工作的行政部门，即国务院财政部，就会计工作中某些方面所制定的会计法律制度。如财政部发布的《企业会计准则第一号——存货》等38项具体准则、《企业会计制度》以及《会计基础工作规范》，财政部与国家档案局联合发布的《会计档案管理办法》。

企业会计制度是进行会计工作所遵循的规则、方法和程序的总称。我国会计制度是国务院财政部门以《会计法》为依据，结合不同行业的特点和企业经营管理的要求而制定的，直接对企业的会计核算工作发挥规范作用。为适应对外开放、引进外资的需要，我国于1985年5月颁布了《中外合资经营企业会计制度》;1992年6月，根据外商投资的新情况，进一步扩展为适用于所有外商投资企业的《外商投资企业会计制度》;同年结合股份制试点需要颁布了《股份制试点企业会计制度》。1998年1月，财政部为规范股份有限公司的会计核算工作，颁布了《股份有限公司会计制度—会计科目和会计报表》，替代了原《股份制试点企业会计制度》。此外，根据《企业会计准则》的要求，我国还制定有13种不同的行业会计制度，于1993年7月1起执行。随着我国社会主义市场经济的发展，经济体制改革的深化与对外开放的扩大，为了规范企业的会计核算，纠正和完善行业会计制度和《企业会计准则》中的缺陷及不足，尽快与国际惯例接轨，财政部于2000年12月29日发布了14章100条的新的《企业会计制度》，从2001年1月1日起在股份有限公司范围内执行，同时鼓励其他企业先行实施《企业会计制度》。之后我国还颁布了小企业会计制度，对中小企业的会计具体核算进行规定。这些会计制度在强调会计核算统一规范的同时，兼顾行业特色;对会计核算的总体要求、企业会计确认、计量、记录、报告全过程作了明确的规定，也对会计人员的业务素质和专业判断能力提出了新的更高的要求。

《会计基础工作规范》是财政部于1996年6月17日发布并开始实施的。它对会计机构的设置和会计人员的职责、会计核算、会计监督和内部会计管理制度的制定原则、方法、内容和要求等作出了相应的规定。

《会计档案管理办法》规定对记录和反映的经济业务事项的重要历史资料和证据进行保管和销毁的办法。它明确了会计档案的范围和种类、归档和移交、保管期限、销毁的程序和要求等。

第二节　企业会计准则

一、我国会计准则的制定

企业会计准则也称企业会计原则，它是企业会计确认、计量和报告行为的规范，是制定会计制度的依据，也是保证会计信息质量的标准。为了适应社会主义市场经济和对外开放的需要，经国务院批准，1992年11月财政部以第5号令的形式，发布了我国第一个《企业会计准则》，此准则在当时就被定为基本会计准则。为规范企业会计确认、计量和报告行为，保证会计信息质量，根据《中华人民共和国会计法》等国家有关法律、行政法规，2006年2月15日，财政部发布了《企业会计准则——基本准则》和《企业会计准则第1号——存货》等38个具体准则，这是我国会计改革发展史上的一个新的里程碑，标志着中国会计制度与国际会计惯例的进一步趋同，对完善我国市场经济体制，全面提高我国对外开放水平，加速中国经济融入全球经济都具有重要意义。2014年，财政部相继对《企业会计准则——基本准则》、《企业会计准则第2号——长期股权投资》、《企业会计准则第9号——职工薪酬》、《企业会计准则第30号——财务报表列报》、《企业会计准则第33号——合并财务报表》和《企业会计准则第37号——金融工具列报》进行了修订，并发布了《企业会计准则第39号——公允价值计量》、《企业会计准则第40号——合营安排》和《企业会计准则第41号——在其他主体中权益的披露》等三项具体准则。2017年至今，财政部又继续对《企业会计准则第14号——收入》、《企业会计准则第16号——政府补助》《企业会计准则第37号——金融工具列报》等多项准则进行了修订。

二、企业会计准则的主要内容

我国企业会计准则体系包括基本准则、具体准则两个方面。我国企业会计准则体系包括基本准则与具体准则和应用指南。基本准则为主导，对企业财务会计的一般要求和主要方面做出原则性的规定，为制定具体准则和会计制度提供依据。

基本准则提纲包括总则；会计信息质量要求；财务会计报表要素；会计计量；财务会计报告等十一章内容。

具体准则是在基本准则的指导下，处理会计具体业务标准的规范。其具体内容可分为一般业务准则、特殊行业和特殊业务准则、财务报告准则三大类，一般业务准则是规范普遍适用的一般经济业务的确认、计量要求，如存货、固定资产、无形资产、职工薪酬、所得税等。特殊行业和特殊业务准则是对特殊行业的特定业务的会计问题做出的处理规范：如生物资产、金融资产转移、套期保值、原保险合同、合并会计报表等。财务会计报告准则主要规范各类企业通用的报告类准则；如财务报表列报、现金流量表、合并财务报表、中期财务报告、分部报告等。

应用指南从不同角度对企业具体准则进行强化，解决实务操作，包括具体准则解释部分、会计科目和财务报表部分。

（一）基本准则

基本会计准则是进行会计核算工作必须遵守的基本要求，其主要内容包括会计基本前提、会计信息质量要求、会计要素、会计计量、财务会计报告等方面。会计要素和财务会计报告的内容已在前面相关内容中进行论述。现仅就会计核算的基本前提、会计信息质量要求及会计计量的内容简述如下。

1. 会计基本前提

会计基本前提也称会计假设，它是对会计所处的时间和空间环境所作的合理假定，即对会计领域里某些无法正面加以论证的事物，根据客观的、正常的情况和趋势经过逐步认识所作的合理判断。如：为了及时计算企业的损益情况，就有必要将企业的生产过程人为地划分为一定期间；为了反映企业的经营情况，就有必要选择确立一定的计量单位；为了对计量的时间进行确认，就有必要对业务活动的反映确定一个计价基础，等等。会计基本前提包括会计主体、持续经营、会计分期、货币计量四项内容。

1）会计主体

会计主体是指会计所核算和监督的特定单位或者组织。它界定了从事会计工作和提供会计信息的空间范围。会计核算的对象是企业的生产经营活动，生产经营活动又是由各项具体的经济业务所构成的，而每项经济业务又都是与其他单位的经济业务相联系。由于社会经济关系的错综复杂，企业本身的经济活动也总是与其他企业或单位的经济活动相联系。因此，对于会计人员来说，首先就需要确定会计核算的范围，明确哪些经济活动应当予以确认、计量和报告，哪些不应包括在其核算的范围内，也就是要确定会计主体。

会计主体是随着社会生产力发展和经营活动组织形式的发展变化而产生的。在生产经营规模很小，业主独资经营的情况下，经营活动与业主的活动是合二为一的，其会计核算的内容既包括业主生产经营活动，也包括业主的个人收支。而当几个人合伙经营时，合伙经营收支活动就必须与各业主的个人收支活动相区分，需要确定会计主体，即合伙会计的核算范围。这样，会计主体的概念便应运而生。会计主体的作用在于界定不定会计主体会计核算的范围。从企业来说，它要求会计核算区分自身的经济活动与其他企业单位的经济活动；区分企业的经济活动与企业投资者的经济活动。

会计主体与法律主体并不是同一概念。一般来说，法律主体必然是会计主体，但会计主体并不一定就是法律主体。任何企业，无论是独资、合资还是合伙，都是一会计主体。在企业规模较大的情况下，为了便于掌握其分支机构的生产经营活动和收支情况，可以将分支机构作为一会计主体，要求其定期编制会计报表。此外，在控股经营的情况下，母公司及其控制的子公司均为独立的法律主体，各为一会计主体，但在编制合并会计报表时，也可将母公司和子公司这些独立的法律主体组成的企业集团视为一会计主体，将其各自的会计报表予以合并，以反映企业集团整体财务状况和经营成果。也就是说，会计主体，可以是独立法人，也可以是非法人（如合伙经营活动）；可以是一个企业，也可以是企业内部的某一单位或企业中的一个特定的部分（如企业的分公司、企业设立的事业部）；可以是单一企业，也可以是由几个企业组成的企业集团。

2）持续经营

持续经营是指会计主体在可预见的未来，将根据正常的经营方针和既定的经营目标持续经营下去。即在可预见的未来，该会计主体，不会破产清算，所持有的资产将正常营运，所负有的债务将正常偿还。

会计核算上所使用的一系列会计原则和会计处理方法是建立在会计主体持续经营的基础之上。例如，历史成本原则是假定企业在正常的情况下，运用其拥有的各种资产和依照原来的偿还条件偿付负担的各种债务的前提下，才运用于会计核算的。企业对于其所使用的机器设备、厂房等固定资产，只有在持续经营的前提下才可以在机器设备的使用年限内，按照其价值和使用情况，确定采用某一折旧方法计提折旧。如果没有持续经营这一基本前提，从理论上来说，固定资产的价值则要采用可变现价值来计量。对于其所负担的债务，如应付款项，在持续经营的前提下才可以按照规定的条件偿还。如没有这一前提，负债则要按照资产变现后的实际负担能力来清偿。因此，在持续经营的前提下，企业在会计信息的核算和处理上所使用的会计处理方法才能保持稳定。

3）会计分期

会计分期是指将一个企业持续经营的生产经营活动划分为一个个连续的、长短相同的期间，所以又称会计期间。

会计分期的目的，是将持续经营的生产经营活动划分成连续、相等的期间，据以结算盈亏，按期编制财务报告，从而及时地向各方面提供有关企业财务状况、经营成果和现金流量信息。

根据持续经营前提，一个企业将要按当前的规模和状况持续经营下去。要最终确定企业的经营成果，只能等到一个企业在若干年后歇业的时候核算一次盈亏。但是，生产经营活动和财务经营决策要求及时得到有关信息，不能等到歇业时一次性地核算盈亏。为此，就要将持续不断的经营活动划分成一个个相等的期间，分期核算和反映。会计分期对会计原则和会计政策的选择有着重要影响。由于会计分期，产生了当期与其他期间的差别，从而出现权责发生制和收付实现制的区别，进而出现了应收、应付、递延这样的会计方法。

最常见的会计期间是一年，以一年确定的会计期间称为会计年度，按年度编制的财务会计报表也称为年报。在我国，会计年度自公历每年1月1日至12月31日止。为满足人们对会计信息的需要，也要求企业按短于一年的期间编制财务报告，例如，要求股份有限公司每半年提供一次中期报告。

4）货币计量

货币计量是指采用货币作为计量单位，记录和反映企业的生产经营活动。会计是对企业财务状况和经营成果全面系统的反映，为此，需要货币这样一个统一的量度。在市场经济条件下，货币充当了一般等价物，企业的经济活动都最终体现为货币量，所以也有可能采用货币这个统一尺度进行会计核算。当然，统一采用货币尺度，也有不利之处，许多影响企业财务状况和经营成果的一些因素，并不是都能用货币来计量的，比如，企业经营战略，在消费者当中的信誉度，企业的地理位置，企业的技术开发能力，等等。为了弥补货币量度的局限性，要求企业采用一些非货币指标作为会计报表的补充。

在我国，要求采用人民币作为记账本位币，是对货币计量这一会计前提的具体化。考虑到一些企业的经营活动更多地涉及外币，同时也规定，业务收支以人民币以外的货币为主的企业，可以选定其中一种货币作为记账本位币。当然，提供给境内的财务会计报告使用者的应当折算为人民币。

以上会计核算的四个基本假设具有相互依存、相互补充的关系。会计主体确立了会计核算的空间范围，持续经营与会计分期确立了会计核算的时间长度，而货币计量则为会计核算提供了必要手段。没有会计主体，就不会有持续经营；没有持续经营，就不会有会计分期；没有货币计量，就不会有现代会计。

2. 会计信息质量要求

会计信息质量要求是对企业财务报告中所提供的会计信息质量的基本要求，是财务报告中所提供会计信息对使用者决策有用所应具备的基本特征，具体包括可靠性、相关性、可理解性、可比性、实质重于形式、重要性、谨慎性和及时性等。

3. 会计计量

会计计量是企业在将符合确认条件的会计要素登记入账并列报于财务会计报告及其附注时，应当按照规定的会计计量属性进行计量，确定其金额。会计计量属性主要包括如下内容。

1）历史成本

在历史成本计量下，资产按照购置时支付的现金或者现金等价物的金额，或者按照购置资产时所付出的对价的公允价值计量；负债按照因承担现时义务而实际收到的款项或者资产的金额，或者承担现时义务的合同金额，或者按照日常活动中为偿还负债预期需要支付的现金或者现金等价物的金额计量。

2）重置成本

在重置成本计量下，资产按照现在购买相同或者相似资产所需支付的现金或者现金等价物的金额计量；负债按照现在偿付该项债务所需支付的现金或者现金等价物的金额计量。

3）可变现净值

在可变现净值计量下，资产按照其正常对外销售所能收到现金或者现金等价物的金额扣减该资产至完工时估计将要发生的成本、估计的销售费用以及相关税费后的金额计量。

4）现值

在现值计量下，资产按照预计从其持续使用和最终处置中所产生的未来净现金流入量的折现金额计量；负债按照预计期限内需要偿还的未来净现金流出量的折现金额计量。

5）公允价值

在公允价值计量下，资产和负债按照在公平交易中，熟悉情况的交易双方自愿进行资产交换或者债务清偿的金额计量。企业在对会计要素进行计量时，一般应当采用历史成本，采用重置成本、可变现净值、现值、公允价值计量的，应当保证所确定的会计要素金额能够取得并可靠计量。

（二）具体准则

新颁布的具体会计准则是根据基本准则的要求，就企业发生经济业务的具体交易或事项的会计处理及其程序作出的具体规定。分为一般业务准则、特殊行业的特定业务准则和财务报告准则三大类。

1. 一般业务准则

一般业务准则主要规范各类企业普遍适用的一般经济业务的确认和计量要求，如存货、长期股权投资、投资性房地产、固定资产、无形资产、非货币性资产交换、资产减值、职工薪酬、股份支付、债务重组、或有事项、借款费用、收入、建造合同、政府补助、每股收益、所得税等。

2. 特殊行业的特定业务准则

特殊行业的特定业务准则主要规范特殊行业的特定业务的确认和计量要求，如生物资产、企业年金基金、金融工具确认和计量、金融资产转移、套期保值、原保险合同、再保险合同、石油天然气开采、租赁、金融工具列报等。

3. 财务报告准则

财务报告准则主要规范普遍适用于各类企业通用的报告类的准则，如财务报表列报、现金流量表、合并财务报表、中期财务报告、分部报告、关联方披露、资产负债表日后事项、企业合并、外币折算、会计政策、会计估计变更和差错更正等。

第三节　会计机构和会计人员

会计机构是各单位办理会计事务的职能机构，建立、健全会计机构，配备数量和素质相当的、具备从业资格的会计人员，是各单位做好会计工作、充分发挥会计职能作用的重要保证。

一、会计机构的设置

为了科学、合理地组织会计工作，保证本单位正常的经济核算，各单位原则上应设置会计机构。从有效发挥会计职能作用的角度看，实行企业化管理的事业单位，大、中型企业（包括集团公司、股份有限公司、有限责任公司等），应当设置会计机构；

业务较多的行政单位、社会团体和其他组织也应设置会计机构。而那些规模很小的企业、业务和人员都不多的行政单位等，可以不单独设置会计机构，可以将业务并入其他职能部门，或者进行代理记账。

为了提高工作效率，明确岗位责任，并考虑到会计工作专业性、政策性强等特点，根据《会计法》的规定，不能单独设置会计机构的单位，应当在有关机构中设置会计人员并指定会计主管人员，负责组织管理会计事务、行使会计机构负责人的职权。

二、总会计师的设置

随着我国社会主义市场经济的发展和国有企业改革的深化，国有企业尤其是国有大中型企业组织形式不断发展变化，在发挥国有经济活力和优化资源配置的前提下，通过改组、改制和改造，有的成了国有独资公司，有的成了国有控股公司，国有企业的组织结构日趋完善，在我国国民经济中的控制力、影响力日益增强。国家作为国有企业的投资者，为了有效行使所有者的权利，必须依法加强对国有企业的资产管理、财务管理和主要负责人员的监管，完善法人治理结构，发挥会计职能作用，保护所有者权益。鉴于此，国有的和国有资产占控股地位或者主导地位的大、中型企业必须设置总会计师。所有大、中型企业以外的其他单位可以根据业务需要，视情况自行决定是否设置总会计师。

（一）总会计师的地位和任职条件

总会计师是在单位负责人领导下，主管经济核算和财务会计工作的负责人。总会计师是单位领导成员，协助单位负责人工作，直接对单位负责人负责。总会计师作为单位财务会计的主要负责人，全面负责本单位的财务会计管理和经济核算，参与本单位的重大经营决策活动，是单位负责人的参谋和助手。

按照《总会计师条例》的规定，担任总会计师应当具备以下条件：一是坚持社会主义方向，积极为社会主义市场经济建设和改革开放服务；二是坚持原则、廉洁奉公；三是取得会计师专业技术资格后，主管一个单位或者单位内部一个重要方面的财务会计工作的时间不少于 3 年；四是要有较高的理论政策水平，熟悉国家财经纪律、法规、方针和政策，掌握现代化管理的有关知识；五是具备本行业的基本业务知识，熟悉行业情况，有较强的组织领导能力；六是身体健康，能胜任本职工作。

（二）总会计师的职责和权限

总会计师的职责主要包括两个方面。一是负责组织有关方面的工作，主要包括：组织编制和执行预算、财务收支计划、信贷计划，拟定资金筹措和使用方案，开辟财源，有效地使用资金；建立、健全经济核算制度，强化成本管理，进行经济活动分析，精打细算，提高经济效益；负责本单位财务会计机构的设置和会计人员的配备，组织对会计人员进行业务培训和考核；支持会计人员依法行使职权等。二是协助单位负责人进行经营管理工作，主要有：协助单位负责人对本单位的生产经营和业务管理等问题作出决策；参与新产品开发、技术改造、科学研究、商品（劳务）价格和工资、奖金等方面的方案的制订；参与重大经济合同和经济协议的研究、审查。

总会计师有以下权限：一是对违法违纪问题的制止和纠正权，即对违反国家财经纪律、法规、方针、政策、制度和有可能在经济上造成损失、浪费的行为，有权制止和纠正，制止或者纠正无效时，提请单位负责人处理；二是对建立、健全单位的经济核算有组织指挥权；三是对单位财务收支具有审批签署权；四是有对本单位会计人员的管理权，包括对本单位会计机构设置，会计人员的配备、继续教育、考核、奖惩等的管理权。

三、会计人员的专业技术职务

按照国家劳动人事制度的规定，会计人员是从事经济管理工作的专业技术人员，应当按照工作需要和本人的条件，分别任命或聘任一定的专业技术职务。我国会计人员的专业技术职务分为四个档次，即高级会计师、会计师、助理会计师和会计员。高级会计师为高级职务，会计师为中级职务，助理会计师和会计员为初级职务。凡是被任命或被聘任专业技术职务的会计人员，在政治上都必须拥护中国共产党的领导，热爱社会主义祖国，坚持四项基本原则，遵守和执行《会计法》。

1. 高级会计师

高级会计师要求能较系统地掌握经济、财务会计理论和专业知识，具有较高的政治水平和丰富的财务会计工作经验，能够负责草拟和解释、解答一个地区、一个部门、一个系统或在全国实施的财务会计法规、制度、办法；组织和指导一个地区、一个部门或一个系统的经济核算和财务会计工作；担负一个地区、一个部门或一个系统的财务会计管理工作；培养中级以上会计人才。

2. 会计师

会计师要求能系统地掌握财务会计基础理论和专业知识，掌握并贯彻执行有关的财经方针、政策和财务会计法规，具有一定的财务会计工作经验；负责草拟比较重要的财务会计指导、规定、办法；解释、解答财务会计法规、制度中的重要问题；分析检查财务收支和预算的执行情况；担负或管理一个地区、一个部门、一个系统某个方面的财务会计工作；培养初级会计人才。

3. 助理会计师

助理会计师要求能掌握一般的财务会计基础理论和专业知识，熟悉并正确执行有关财经方针、政策以及财务会计法规、制度；负责草拟一般的财务会计规定、制度、办法，解释、解答财务会计法规、制度中的一般问题；分析和检查某一方面或某些项目的财务收支和预算的执行情况；担负一个方面或某个重要岗位的财务会计工作。

4. 会计员

会计员要求能初步掌握财务会计知识和技能，熟悉并执行有关会计法规和财务会计制度；负责具体审核和办理财务收支，编制记账凭证，登记会计账簿，编制会计报表和办理其他会计事务；但负一个岗位的财务会计工作。

会计人员必须通过职业资格考试，取得专业技术职务的任职资格，然后由单位根据会计工作的需要和本人的实际工作表现聘任一定的专业技术职务。

四、会计人员回避制度

回避制度是我国人事管理的一项重要制度，是为了保证执法或者执业的公正性，对可能影响其公正性的执法或者执业的人员实行职务回避和业务回避的一种制度。从会计工作的特殊性出发，国家机关、国有企事业单位任用会计人员应当实行回避制度。单位负责人的直系亲属不得担任本单位的会计机构负责人、会计主管人员；会计机构负责人、会计主管人员的直系亲属不得在本单位会计机构中担任出纳工作。

五、会计人员工作交接

会计人员工作交接是会计工作的一项重要内容。会计人员调动工作或者离职时，与接管人员办理交接手续，是会计人员应尽的职责，也是做好会计工作的要求。做好会计交接工作，是保证会计工作连续进行的必要措施，可以防止因会计人员的更换出现账目不清、财务混乱等现象，也是分清移交人员和接管人员责任的有效措施。具体办理会计工作交接，应按以下程序进行。

1. 提出交接申请

会计人员在向单位或者有关机关提出调动工作或者离职的申请时，应当同时向会计机构提出会计交接申请，以便会计机构早作准备，安排其他会计人员接替工作。为了防止调动工作或者离职申请被批准后，少数会计人员不办理会计交接手续，单位或者有关机关在批准其申请前，应当主动与本单位的会计机构负责人沟通，了解该会计人员是否申请办理交接手续，以及会计机构的意见等。交接申请的内容通常应当包括申请人姓名，申请调动工作者离职的缘由、时间，会计交接的具体安排，有无重大报告事项或者建议等。

2. 做好办理移交手续前的准备工作

移交手续前的准备工作具体包括以下内容：第一，已经受理的经济业务尚未填制会计凭证的应当填制完毕；第二，尚未登记的账目，应当登记完毕，并在最后一笔金额后加盖经办人员印章；第三，整理应该移交的各项资料，对未了事项写出书面说明材料；第四，编制移交清册，列明移交凭证、账簿、会计报表、公章、现金、有价证券、支票簿、文件、其他会计资料和用品等内容；实行会计电算化的单位，从事该项工作的移交人员应在移交清册上列明会计软件及密码、会计软件数据盘、磁带等内容；第五，会计机构负责人、会计主管人员移交时，还应将财务会计工作、重大财务收支问题和会计人员的情况等，向接替人员介绍清楚。

3. 移交点收

移交人员离职前．必须将经营的会计工作在规定的期限内全部向接替人员移交清楚。接替人员应认真按照移交清册逐项点收。具体要求如下。第一，现金要根据会计账簿记录余额当面点交．不得短缺。接管人员发现不一致或者“白条抵库”现象时，移交人员在规定期限内负责查清处理。第二，有价证券的数量要与会计账簿记录一致。有价证券面额与发行价不一致时，按照会计账簿余额交接。第三，会计凭证、会计账簿、会计报表和其他会计资料必须完整无缺，不得遗漏。如有短缺，必须查明原因，并在移交清册中注明，由移交人负责。第四，银行存款账户余额要与银行对账单核对一致，如有未达账款，应编制银行存款余额调节表并调节相符；各种财产物资和债权债务的明细账户余额要与总账有关账户余额核对相符；对重要实物要实地盘点，对余额较大的往来账户要与往来单位、个人核对。第五，公章、收据、空白支票、发票、科目印章以及其他物品等必须交接清楚。第六，实行会计电算化的单位，交接双方应在电子计算机上对有关数据进行实际操作，确认有关数字正确无误后方可交接。

4. 专人负责监交

会计人员在办理会计工作交接手续时，要有专人负责监交，以起督促、公正的作用。一般会计人员办理交接手续，由单位的会计机构负责人、会计主管人员负责监交；会计机构负责人、会计主管人员办理交接手续，由单位负责人负责监交，必要时可由上级主管部门派人会同监交。

5. 会计交接后的有关事宜

会计工作交接完毕后，交接双方和监交人员在移交清册上签名或盖章，并应在移交清册上注明单位名称、交接日期、交接人和监交人、移交清册页数以及需要说明的问题和意见等。接管人员应继续使用移交前的账簿，不得擅自另立账簿，以保证会计记录前后衔接，内容完整。移交清册一般应填制一式三份，交接双方各执一份，存档一份。移交人对自己经办且已经移交的会计凭证、会计账簿、会计报表和其他会计资料的真实性、完整性承担法律责任。

六、会计档案管理

（一）会计档案的概念

根据2016年1月1日起施行的《会计档案管理办法》，会计档案是指单位在进行会计核算等过程中接收或形成的，记录和反映单位经济业务事项的，具有保存价值的文字、图表等各种形式的会计资料，包括通过计算机等电子设备形成、传输和存储的电子会计档案。

会计档案是国家经济档案的重要组成部分，是企业单位日常发生的各项经济活动的历史记录，是总结经营管理经验、进行决策所需的主要资料，也是检查各种责任事故的重要依据。各单位的会计部门对会计档案必须高度重视、严加保管。大、中型企业应建立会计档案室，小型企业应有会计档案柜并指定专人负责。对会计档案应建立严密的保管制度，妥善管理，不得丢失、损坏、抽换或任意销毁。

（二）会计档案的基本内容

按照《会计档案管理办法》的规定，企业单位的会计档案包括以下的具体内容。

(1)会计凭证类：原始凭证，记账凭证，汇总凭证，其他会计凭证。

(2)会计账簿类：总账，明细账，日记账，固定资产卡片，辅助账簿，其他会计账簿。

(3)财务报告类：月度、季度、年度财务报告，包括会计报表、附表、附注及文字说明，其他财务报告。

(4)其他类：银行存款余额调节表，银行对账单，其他应当保存的会计核算专业资料，会计档案移交清册，会计档案保管清册，会计档案销毁清册。

为了加强会计档案的科学管理，统一全国会计档案管理制度，做好会计档案管理工作，《会计档案管理办法》统一规定了会计档案的立卷、归档、保管、调阅和销毁等具体内容。

各单位往年形成的会计档案，都应由企业会计部门按照归档的要求整理、立卷并装订成册；当年的会计档案，要在会计年度终了后，由本单位财会部门保管一年，期满后移交单位档案管理部门。

会计档案应分类保存，并建立相应的分类目录或卡片，随时进行登记。按照《会计档案管理办法》的规定，会计档案的保管期限分为永久保管和定期保管两类，其中定期保管一般分为10年和30年，时间是从会计年度终了后第一天算起。企业单位的会计档案的具体保管期限见表12-1。

表12-1 会计档案保管期限表

序号	档案名称	保管期限	备 注
一	会计凭证类		
1	原始凭证	30年	
2	记账凭证	30年	
二	会计账簿类		
3	总账	30年	
4	明细账	30年	
5	日记账	30年	
6	固定资产卡片		固定资产报废清理后保管5年
7	辅助账簿	30年	
三	财务报告类		包括各级主管部门汇总财务报告
8	月、季度、半年度财务报告	10年	包括文字分析
9	年度财务报告(决算)	永久	包括文字分析
四	其他类		
10	会计移交清册	30年	
11	会计档案保管清册	永久	
12	会计档案销毁清册	永久	
13	会计档案鉴定意见书	永久	
14	纳税申报表	10年	
15	银行余额调节表	10年	
16	银行对账单	10年	

会计档案归档保管之后，需要调阅会计档案的，应办理档案调阅手续后方可调阅。应设置“会计档案调阅登记簿”，详细登记调阅日期、调阅人、调阅理由、归还日期等内容。本单位调阅会计档案，需经会计主管人员同意，外单位调阅本单位会计档案，要有正式的介绍信，经单位领导批阅。对借出的会计档案要及时督促归还。未经批准，调阅人员不得将会计档案携带外出，不得擅自摘录有关数据。遇特殊情况需要影印复制会计档案的，必须经过本单位领导批准，并在“会计档案调阅登记簿”内详细记录会计档案影印复制的情况。

凭证、账簿和会计报表超过规定的保管期限予以销毁时，应经过认真的鉴定，填写“会计档案销毁清册(报告单)”，详细列明欲销毁会计档案的类别、名称、册(张)数及所属年月等。然后由会计主管人员和单位领导审查签字，报经上级主管部门批准后才予以销毁。在销毁时，要由会计主管人员或稽核人员负责监销，并在“会计档案销毁单”上签字。“会计档案销毁清册(报告单)”要长期保存。采用电子计算机进行会计核算的单位，应当保存打印出的纸质会计档案。具备采用磁带、磁盘、光盘、微缩胶片等磁性介质保存会计档案条件的，由国务院业务主管部门统一规定，并报财政部、国家档案局备案。关、停、并、转单位的会计档案，应根据会计档案登记簿编制移交清册，移交给上级主管部门或指定的接受单位接受保管。

会计档案保管人员调动工作，应按照规定，办理正式的交接手续。

本章小结

会计规范体系是指会计法律、会计行政法规、会计规章、会计规范性文件等的总称。它是组织和从事会计工作必须遵守的规范。

会计法律是我国财务会计规范体系的第一个层次。1999 年 10 月 31 日第九届全国人大常委会第十二次会议修订的《中华人民共和国会计法》是我国最基本的会计法，在整个财务会计规范体系中处于最核心的地位和最高的层次，是制定其他会计法规的依据和指导一切会计工作的准绳。会计行政法规是我国财务会计规范体系的第二个层次。它是指调整我国经济生活中某些方面会计关系的法律规范，会计行政法规一般是由国务院制定发布。会计规章是我国财务会计规范体系的第三个层次。它是指由主管全国会计工作的行政部门——财政部就会计核算、会计监督、会计机构和会计人员以及会计工作管理所制定的具有普遍约束力的会计法律制度，其制定依据是会计法律和会计行政法规。会计规范性文件，是指主管全国会计工作的行政部门，即国务院财政部，就会计工作中某些方面所制定的会计法律制度。

企业会计准则也称企业会计原则，它是企业会计确认、计量和报告行为的规范，是制定会计制度的依据，也是保证会计信息质量的标准。2006 年 2 月，财政部发布了《企业会计准则——基本准则》和《企业会计准则第 1 号——存货》等 38 个具体准则，标志着中国会计制度与国际会计惯例的进一步趋同。我国企业会计准则体系包括基本准则、具体准则两个方面。基本会计准则是进行会计核算工作必须遵守的基本要求，其主要内容包括会计基本前提、会计信息质量要求、会计要素、会计计量、财务会计报告等方面。

会计机构是各单位办理会计事务的职能机构，建立、健全会计机构，配备数量和素质相当的、具备从业资格的会计人员，是各单位做好会计工作、充分发挥会计职能作用的重要保证。各单位原则上应设置会计机构，不能单独设置会计机构的单位，应当在有关机构中设置会计人员并指定会计主管人员，负责组织管理会计事务、行使会计机构负责人的职权。所有大、中型企业以外的其他单位可以根据业务需要，视情况自行决定是否设置总会计师。会计人员必须取得从业资格证书，才能从事会计工作。会计人员调动工作或者离职时，应与接管人员办理交接手续。

会计档案是指"会计凭证、会计账簿和财务报告等会计核算专业资料，是记录和反映单位经济业务的重要史料和证据"。各单位的会计部门对会计档案必须高度重视、严加保管。大、中型企业应建立会计档案室，小型企业应有会计档案柜并指定专人负责。对会计档案应建立严密的保管制度，妥善管理，不得丢失、损坏、抽换或任意销毁。

思考与练习题

【思考题】

1. 我国会计法律规范体系是如何构成的？
2. 会计核算基本前提有哪些？
3. 会计信息质量要求有哪些？
4. 我国现行企业会计准则的基本结构体系是怎样的？
5. 我国现行会计档案包括哪些主要内容？各种会计档案的保管期限分别是多少年？

第十三章 会计电算化

学习目的

通过本章的学习，要求了解会计电算化的发展过程及发展趋势，了解会计电算化对会计工作的影响，了解信息系统环境下会计电算化的模式，熟悉会计电算化的平台构建与安全控制，了解会计电算化的岗位权限设置。

导入案例

最早的计算器——算盘

有一条谜语，谜面是“古人留下一座桥，一边多来一边少，少的要比多的多，多的反比少的少”，您猜猜看这是什么东西呢？它就是算盘，结构见图 13-1。

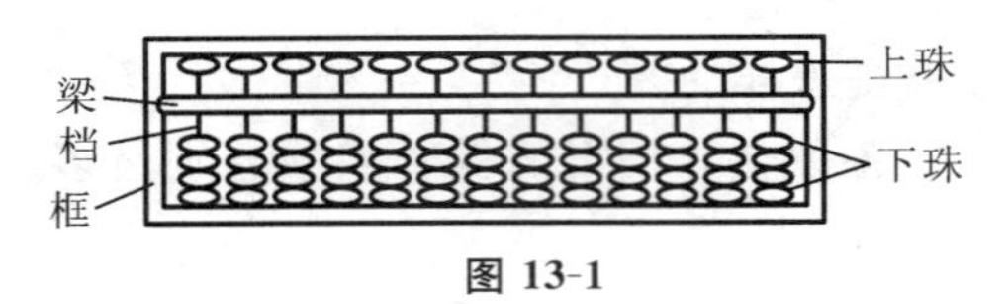

图 13-1

算盘是我国古代发明创造的重要成就之一。明清时期晋商曾汇通天下、财雄四海，算盘就成了当年各大票号、商号中的必备之物，大多数晋商子弟学习经商就是从算盘开始的。在山西祁县老街算盘博物馆里有着世界上最大的算盘和最小的算盘，种类有 600 多种，这些算盘让晋商打出了财雄天下、富可敌国的传奇。

算盘作为计算的工具，在 20 世纪时，曾是每一名会计工作者必备的工具之一，以至于算盘在一段时期成为会计的象征。一名会计工作者不会打算盘，在以前是难以想象的。然而，随着科技的发展，如今电子计算器已经取代算盘成为会计工作者的计算器具，算盘在会计工作者的桌面上已难寻踪迹。随着电脑的普及、会计软件的推广，算盘越来越成为人们脑海中的记忆，逐渐退出历史的舞台。

第一节　会计电算化的发展

计算机的发展和应用是 20 世纪以来人类社会的具有划时代意义的事件。自 1946 年 2 月美国宾夕法尼亚大学研制出世界首台计算机以来，计算机逐渐脱离专业技术领域，走向社会各个领域。1953 年，美国通用电气公司(GE)开始将计算机应用于公司的工资计算和存货统计，开创了计算机会计应用的起点。受电子技术、管理理念以及管理需求的制约，该阶段主要应用于对数据的统计、整理方面，目标在于替代人工作业、进行数据整理、提高计算效率,很少涉及管理功能。

会计作为一个以提供财务信息为主的信息系统,长期以来在企业的经营管理中起着重要作用。现代会计在100多年的发展历程中逐步形成了一套完整的理论体系、处理方法及流程。进入20世纪70年代后,会计进入了以电子技术和网络技术为主导的全新发展时期,计算机会计逐步占领了会计工作领域。尤其是到了90年代,计算机会计系统的建立已经成为十分普遍的现象。这对传统会计产生了巨大的冲击,极大地丰富和强化了会计的管理和控制职能。可以说,会计电算化是会计发展史上的又一次重大变革。

一、会计电算化的概念

(一)“会计电算化”一词的由来

“会计电算化”一词最早出现于1981年8月,在当时我国财政部、第一机械工业部、中国会计学会的支持下,中国人民大学和长春第一汽车制造厂联合召开了“财务、会计、成本应用电子计算机专题讨论会”。在这次会上,第一次提出“会计电算化”的概念,当时是把“电子计算机在会计业务处理工作中的应用”简称为“会计电算化”。从字面上讲,“会计电算化”是指会计业务处理电子计算机化,即会计业务处理工具由原来的算盘转变为电子计算机,其中的“化”字是一个动词,是指用电子计算机这个现代化的工具替代算盘、计算器的一个过程。“会计电算化”一词如同“工业自动化”、“农业机械化”、“社会信息化”等词一样,是一种概括性的通俗易懂的提法,人们很容易理解和接受,但对其内涵和外延并没有明确的定义。

(二)会计电算化的基本含义

会计信息的数据性、及时性、精确性特点迫切要求会计迅速实现工作现代化,同时,电子技术和数据处理技术的迅猛发展和微机的应用日益普及,为会计工作实现现代化提供了良机。目前,对“会计电算化”还没有严格的定义,其名称也不统一,有人称其为“计算机会计学”,也有人称其为“会计信息系统”,等等,但就其基本含义来讲,是把以电子计算机为主的当代电子技术及信息技术应用到会计实务中,是用电子计算机代替人工记账、算账、报账,以及替代部分由人脑完成的对会计信息的分析和判断的过程。

随着会计电算化事业的发展,“会计电算化”的含义得到进一步的引申和发展,即与实现会计电算化有关的所有工作包括会计电算化软件的开发和应用、会计电算化人才的培训、会计电算化的宏观规划、会计电算化的制度建设、会计电算化软件市场的培育与发展等。目前,会计电算化已成为一门融电子计算机科学、管理科学、信息科学和会计学为一体的边缘交叉学科,是现代会计学科的重要组成部分,对于提高会计核算质量、促进会计职能转变、提高经济效益、加强国民经济的宏观调控有十分重要的作用。

二、会计电算化的影响

伴随着计算机在会计工作中应用的深入,会计电算化,乃至会计信息化对会计工作产生着日益深远的影响。从微观层面看，计算机改变和提升着会计证、账、表等具体核算工作的方式和效率；从宏观层面看，引入信息技术的会计系统在机构、控制以及对企业整体的预、决策支持等方面都发生了根本的转变。

（一）对微观会计工作的影响

1. 数据处理方式发生变化

传统手工账务处理一般从整理、审验原始凭证开始，在后续的账务处理过程中往往要依据内部牵制的原则，进行明细分类和总分类账两次登记，以防止手工会计条件下可能出现的错误和舞弊，但付出的代价是财务人员的工作强度高、工作效率低。而会计电算系统通常借助人工编制、录入记账凭证，为后续的账、表处理提供基础数据。由此，会计数据的处理过程分解为输入、处理和输出三个环节，此时数据处理的重心在于输入环节，只要确保输入环节的正确合规，数据处理和输出则完全可以实现自动化。而且，随着信息技术的进步，有些行业或集团内部实现了数据联网，某些业务数据可以在系统内传递至财务，并自动确认和编制相应的记账凭证，在较高层次上实现了数据共享。

2. 账务记录的内涵有了根本转变

在手工条件下，会计账务处理通常需要根据企业规模及业务量的多寡，组织设计汇总或非汇总的会计核算模式，并严格设置日记账、明细账及总账等相互制约的账簿体系，以实现会计信息的整理、分类和归集，为后续的报表编制提供数据。在计算机环境下，由于账务处理系统采用具有特定功能的记账程序自动完成记账过程，明细与汇总数据同时产生，且往往生成的数据均来源于记账凭证，因而不需要一一对应的账簿体系，只要软件正确，相互间的数据必定一致。在这样的条件下，传统的账账相符的制约机制也失去了应有的意义。而且随着计算机软、硬件技术的发展，计算机条件下的会计账务处理有了新的拓展，将服务于企业内部管理的业务往来、部门定额及项目管理等纳入辅助核算，在提升财务管理效率的同时，降低了对外账务系统的容量。

3. 财务报告体系有所不同

会计工作在引入信息技术后，将在三个方面对传统的财务报告体系产生影响。首先是报告的时效性得到增强，在计算机处理尤其网络环境下，会计系统除提供传统的月、季、年等定期的财务报告外，还可以根据特定需求提供即时报告，企业发生的经济事项在经由系统产生记账凭证并确认后，便具有即时更新系统数据的能力，即可向内部或外部信息使用者提供相关信息。其次是报告的内容和格式得到拓展。企业管理者、投资者、债权人、政府及其机构以及社会公众等共同构成了企业会计信息的使用群体，虽然相互的目的和重心不尽相同，但传统财务报告基于成本和会计规范的要求，通常只提供一套内容和格式相对固定的财务报告，然后由使用人自行加工。信息技术的介入使得财务部门有能力根据使用人的差异提供差异化的财务报告，如提供基于多种计量属性的财务报告、提供货币信息和非货币信息相结合的财务报告等，而且在报告格式上也可以根据使用者的情况灵活调整。最后是报告的传送和查阅更加便捷。除传统的书面财务报告外，为使各利益相关者和有关部门更便利地获取信息，企业可以授权信息使用者或有关部门自行通过网络按需求查阅、下载及打印报告。随着企业报告发布的网络化，客观上增加了企业会计信息的透明度，使社会监督机制更好地发挥作用，有利于防止会计信息失真。

4. 会计档案存储及传输体系有所不同

手工账务处理过程中形成的财务档案均存储在纸质载体上，因此对其存储环境要求相对较高，且在后期的查询、借阅等档案的使用方面存在诸多不便。在会计电算化条件下，大量的会计档案以电子数据的形式存储在磁盘、光盘等磁性介质上，因此在物理存量及后期的使用方面，较之传统的纸质档案都有着巨大的优越性。而且，借助互联网技术，电子化的会计数据可以即时传输，相较于借助邮政等系统进行的传统数据传递方式，极大地提升了会计信息的时效性。针对磁性存储介质的特殊性，财务部门还需要在新的条件下，进行必要的数据备份，并根据磁盘、光盘等存储介质的差异建立有针对性的档案管理制度，确保数据的安全。要特别说明的一点是，我国《会计档案管理办法》第十二条要求，“采用电子计算机进行会计核算的单位，应当保存打印出的纸质会计档案。具备采用磁带、磁盘、光盘、微缩胶片等磁性介质保存会计档案条件的，由国务院业务主管部门统一规定，并报财政部、国家档案局备案”。这一规定要求实行会计电算化的单位，需要对会计档案进行纸质及电子文档的双重存储。

5. 会计数据的查阅有所不同

传统手工账务处理模式下，财务部门通常保存有上一年度及本年度的财务资料，因此在查阅的过程中如涉及以往年度，常常需要办理相关档案借阅手续，且在查阅的过程中数据的检索和筛选比较烦琐，整个过程费时费力。电算化条件下，随着数据库技术的发展，计算机系统内通常可以存储连续多个会计年度的数据，这样一方面相关人员可以借助计算机技术提供的检索技术快速筛选、定位相关数据，另一方面可以自如查阅过往的历史数据，之后再根据需要直接调阅相关原始资料，从而完成快速、高效的资料查阅。

（二）对宏观会计发展的影响

1. 会计工作组织及职能发生变化

手工条件下的会计核算工作，通常按照会计业务内容的差异设置相关岗位，诸如财务核算、工资核算、资金核算、往来核算及成本核算等。各个岗位之间同时要满足会计工作内容的牵制要求，相关会计工作人员通过会计核算资料的传接、交换，形成相互联系制约的内部控制机制，确保会计工作的安全、有效运转。在电算化条件下，由于会计信息的处理通常依据信息处理的流程分为输入、处理及输出三个环节，会计核算工作也相应地划分为数据准备、数据处理、信息分析及系统维护等，信息技术的引入从根本上改变了手工条件下数据分散收集、分散处理以及重复记录的操作模式。岗位设置，则在传统的出纳、主管及稽核等岗位外，需要增加相关的系统管理及维护等岗位和职责，以满足和支持财务工作的信息技术服务。

在电算化条件下，会计工作的重点在于数据的输入，其他的数据分类、计算、汇总、分析及存储等处理环节则交由相应的会计信息系统自动完成，可以将会计人员从繁重的证、账、表的核算和组织工作中解放出来，既可以提升会计工作效率，减轻财务部门相关岗位的人员压力，又从根本上为实现会计工作的职能转变，充分发挥会计辅助企业进行预、决策的管理职能提供了可能，从而促进会计职能的转变，使会计工作在加强企业经营管理、提高经济效益中发挥更大的作用。

2. 会计内部控制及规范要求发生变化

会计电算化的建设，使得会计内部控制制度的内容、范围和重点都有所改变。从内容方面看，由于信息技术的引入，一方面可以借助计算机技术对原有的手工控制进行改进，如账务核对等；另一方面在会计工作的内部控制方面将增加许多新的涉及计算机软、硬件的安全和控制内容，如数据校验、操作权限控制、口令保密及验证，以及操作日志管理等。从控制范围看，会计电算化的实施使得会计控制既要注重会计软件操作方面的安全，也要延伸至相关软件的选型、设计、开发及实施等环节；在应用的过程中，还需要防范计算机舞弊、注意网络安全等。从控制重点看，电算化条件下的会计控制重点前移至数据输入环节。由于计算机具有"垃圾进、垃圾出"的数据处理特点，所以必须在输入环节就要确保相关凭证、数据输入的正确性，由此才能输出正确的会计账簿、报表；否则，只能输出错误的信息，而无论现有的系统如何先进。这样，就在客观上要求和实现了会计数据控制重点的前移，控制重点也转向系统输入数据是否真实可靠、正确完整方面。

上述的控制要求，对整体会计管理工作提出了新的要求，更需要在会计业务中的基础数据、业务流程等方面的规范化操作，以满足计算机数据处理的特点。而且，借助信息技术可以在很大程度上解决手工操作方面的不规范问题，使得众多先进管理思想通过计算机得到"硬化"，即将有关管理制度固定化、程序化，使得相关制度在客观上得以强制执行，从而提高会计工作的规范化程度，提升会计工作的整体质量。

3. 会计人员的素质及知识结构发生变化

会计信息化建设的发展，从两个方面影响着会计从业人员。一方面，由于大量的会计数据处理工作交由计算机自动完成，提高了会计工作的效率，将会计人员从繁重的核算工作中解放出来，使会计人员有精力发挥管理职能和把握更多的学习机会，从而接受相关的继续教育，提升会计队伍的整体素质；另一方面，新的信息技术的引入也对会计人员的知识结构提出了更高的要求，增强了会计人员的危机意识。20 世纪 80 年代初财政部印发《关于大力发展我国会计电算化事业的意见》，对我国会计电算化工作发展的总体目标和人才培养提出了要求，从 1984 年起，各大院校、研究院所陆续开展会计电算化专业人才的培养，并组织相应的会计电算化理论研究，而大量的复合型会计人才陆续走向工作岗位，又反过来促进了会计电算化的发展和建设。

4. 会计理论及实务研究得以发展

信息技术在会计工作中的广泛应用，一方面推动了会计数据处理技术的变革，另一方面也对会计理论和实务产生影响。在 IT 环境下，传统的会计语言和企业会计文化将发生质的变化。随着企业信息化程度的不断加深，企业财务、业务逐渐实现一体化，会计工作中独特的记账凭证、账簿等特定工具将逐步淡化。新的环境因素的引入，使得会计实务与会计理论的发展出现了新的分支，在会计核算、会计控制及会计报告等方面也出现了新的发展和突破。我国著名会计学家杨纪琬先生曾预言："在IT环境下，会计学作为一门独立的学科将逐步向边缘学科转化。会计学作为管理学的分支，其内容将不断地扩大、延伸，其独立性相对地缩小，而更体现出它与其他经济管理学科相互依赖、相互渗透、相互支持、相互影响、相互制约的关系。"

第二节 国内外会计电算化的发展

一、国外会计电算化的发展现状

（一）欧美会计软件概况

1954年10月，美国通用电气公司首次使用电子计算机计算职工工资，开创了将计算机技术应用于会计领域之先河。随着计算机技术的发展和普及，会计电算化得到了迅速的发展。国外会计电算化的特点是功能模块划分趋于统一。国外商品化会计软件一般包括总账、应收账款、应付账款三个基本功能模块，比较复杂的会计软件还包括存货控制、工资、购买、销售、固定资产、作业成本、报表等，与整个企业的管理信息系统高度集成，并对用户使用会计软件进行规范。会计信息系统也朝着管理决策型方向发展。

国外会计电算化的发展经历了以下四个阶段：

（1）单项会计核算业务电算化。

（2）会计综合数据处理的全部电算化。

（3）建立了网络化的、以管理为重心的会计信息系统或企业管理信息系统。

（4）建立了会计或企业管理决策支持系统和专家系统。

决策支持系统是以计算机存储的信息和决策模型为基础，协助管理者解决具有多样化和不确定性问题，以进行管理控制、计划和分析并制定高层管理决策和策略的管理信息系统。据统计，美国1983年已有55%的会计新程序用于管理控制、计划和分析，用于核算的仅占45%，这说明国外已进入了决策支持系统的开发和应用阶段。

国外的会计软件主要是：面向市场的销售分析和预测系统、供货发票系统；面向生产的成本计算和分析系统、存货控制系统、应收款管理系统；面向人事管理的雇员住处系统、工资系统、劳动力资源会计系统；面向现金管理的现金收支系统、支票核对系统；面向采购管理的采购与验收系统、应付账款系统、固定资产核算系统；面向财务管理的财务报表系统、年度财务计划系统和预算控制系统等。

（二）欧美会计软件的特点

国外发达国家的会计软件大都经历了十几年甚至几十年的发展，其内部控制、法律法规、行业规范与标准、审计监督、系统集成性等方面都已发展得较为完善。

1. 国外会计软件重视内部控制功能

在会计信息系统中实施的企业内部控制内容和控制点并不是很多，可以实现的有效控制主要包括资金控制、科目预算与计划控制、期间费用控制、部门费用控制等。国外发达国家的会计软件的特点是重视内部控制功能的实现，无论是在系统安全控制、数据安全控制等层面，还是在资源计划、风险防范、各种消耗与支出等层面，都采取相应的措施和手段来予以实现。在整个企业资源计划系统（Enterprise Resources Planning，ERP）中，将能够设置控制点的环节全部设计控制功能，在企业根据具体情况进行选择和设置的前提下，实施强制性控制。这也是国内企业抱怨国外会计软件死板、不够灵活的原因之一。

2. 国外会计软件更能适应审计需求

国外会计软件具有充分的保留和提供审计线索的功能。目前，几乎所有的会计软件都能实现从"凭证"到"报表"的双向贯通查询功能，如果原始凭证实现电子化，那么软件即可实现"原始凭证—记账凭证—日记账—明细账—总账—报表"连续贯通双向查询。虽然这些查询功能能够给审计带来方便，但问题的关键并不是软件查询功能的强弱，而是软件所提供信息的真实性。如有些软件，特别是国内软件，提供过分的业务重构功能，表面上是为用户提供充分的纠错和挽回余地，但实质上是为用户提供构造虚假信息的空间，其中典型的例子就是"重记账"功能，有些软件甚至提供可从任何时点进行"重记账"，这无疑会为会计造假和财务舞弊提供方便之门。而国外软件（如 SAP、Oracle 等）则会杜绝提供类似功能。

3. 国外会计软件集成化程度高

国外的会计软件一般作为企业管理系统的一个有机组成部分，会计软件是对整个企业而言的，所有数据都是从销售、生产等业务开始，财务部分与生产、采购、库存等环节紧密相连，环环紧扣。而且有的会计软件能够单独运行，组合自如。例如，SAP 是从销售订单开始，在实际开出销售发票和提供货物出库时，系统都自动进行账务处理，自动生成记账凭证传到财会部门进行审核、记账，但不允许修改，数量、金额等数据必须与销售部门一致，这样就保障了销售与账务处理的一致性，二者同一数据源，同时，系统中财务子系统和销售子系统又是相互独立的，可分开运行，从逻辑结构到功能结构都比较清晰。

二、我国会计电算化的发展历程

我国将电子计算机运用于财务管理和会计核算工作始于 20 世纪 70 年代末。它经历了一个由行业和地方起步，逐步开展理论研究，到由财政部统一规划布置，将其作为一项会计电算化事业在全国范围内大力发展的过程。

会计电算化的发展经历了起步发展、推广应用、深入发展和巩固提高四个主要阶段。

（一）起步发展阶段（1982—1983 年）

1979 年，财政部决定拨款 500 万元，用于长春第一汽车制造厂的会计电算化试点工作。1981 年 8 月，在财政部、第一机械工业部和中国会计学会的支持下，由第一汽车制造厂和中国人民大学联合发起的财务、会计、成本应用电子计算机专题讨论会在长春召开,它是我国会计发展史上第一次专题研究会计电算化的会议,会上把电子计算机在会计工作中的应用简称为会计电算化。

1984年,财政部财政科学研究所、中国人民大学开始招收并培养了我国第一批会计电算化方向的研究生,为我国会计电算化事业的发展奠定了人才基础。1986年7月,上海市财政局制定颁发了地方性的会计电算化行政管理法规,即沪财会《关于在本市国营工业企业中推广会计电算化应用工作的若干规定(试行草案)》。紧接着中央的一些部委和少数省财政部门也相继制定了一些行业和本地区的会计电算化发展规划,并着手开始研发行业会计核算软件,逐步组织开展了人员培训及会计软件的鉴定或验收工作。

(二)推广应用阶段(1984—1987年)

为适应会计电算化工作发展的需要,财政部在全国范围内进行了广泛的调查研究。通过调查发现,全国没有一套完整的管理办法和软件标准,我国的会计电算化开展所必需的会计软件的开发工作,也是处于一种各自为战的局面,会计软件都是各家自己开发,其投资大、周期长、见效慢,许多单位在没有做好充分准备的情况下,就盲目投资开发软件,这样看上去好像是遍地开花,实际上很少成功。当时社会上对会计软件商品化还没有足够的认识,许多从事会计电算化管理的同志认为,软件开发应该由政府投资,开发成功后,无偿提供给各方使用,这一方面能有效地解决低水平、重复开发的问题,另一方面可以迅速地实现会计电算化。但通过实践证明,这样做的效果并不理想,特别是这样开发的软件没有后劲,因为好的会计软件开发出来固然不易,但软件的发展非常迅速,只有不断改进完善,才能使软件具有生命力。同时,还需要有一批人来专门培训软件的操作人员,才能使软件发挥应有的作用。因此,财政部认为,仅有会计软件的规范化和通用化是不够的,还必须实现会计软件的商品化和服务社会化。

(三)深入发展阶段(1988—1998年)

1988年以后相继出现了以开发经营会计核算软件为主的专业公司,它们对整个社会会计电算化的发展起了非常大的促进作用。这一阶段里,财政部门主要抓制度建设和对会计核算软件的规范化管理。1989年12月,财政部发布了第一个全国性会计电算化的规章——《会计核算软件管理的几项规定(试行)》,规定了要由财政部或省级以上财政厅(局)、市财政局对商品化会计核算软件进行评审,以规章的形式对商品化软件加以肯定。这看上去似乎是要限制商品化软件的发展,而实际上是大大鼓励了它的发展。财政部出面对商品化会计核算软件进行评审,不仅促进了软件质量的提高,更重要的是使各方面都放心使用,这无疑大大促进了会计电算化的发展。

1996年6月,财政部发布了《会计电算化工作规范》。该规范对如何配备电子计算机和会计软件、如何替代手工账、如何建立会计电算化内部管理制度方面提出了要求,为会计软件在实际工作中的推广应用提出了切实可行的措施。一是开发了一批技术较高的会计核算软件,并且已替代了手工记账;二是会计电算化软件的开发向通用化、专业化、商品化方向发展,许多商品化会计核算软件专业开发单位和部门相继成立；三是财政部门和主管部门加强了对会计电算化工作的管理，制定了相应的管理制度和发展规划；四是会计电算化理论研究取得成果，高水平的会计电算化专著相继出版；五是会计电算化正朝着管理信息系统方向发展。

在这10多年间，我国的会计电算化工作虽然得到了较快的发展，但与社会主义市场经济发展的要求相比，仍存在一些问题：会计电算化发展缺乏整体规划、目标和方向，会计电算化人才急需培养，会计软件市场管理有待加强提高，会计电算化的发展在地区间的不平衡等。这些问题不解决，会在一定程度上影响甚至限制会计电算化的进一步发展。在这种情况下，财政部于1994年5月发布了《关于大力发展我国会计电算化事业的意见》，第一次提出把会计电算化作为一项事业来发展，文中对我国会计电算化事业的发展目标和管理要求等提出了明确的规划和具体措施。它是指导我国会计电算化事业全面发展所采取的重要步骤。它的贯彻实施，必将把我国会计电算化事业推向一个新的高潮。

（四）巩固提高阶段（1999年至今）

经过30多年来的实践、探索，我国会计电算化事业从无到有，从简单到复杂，从缓慢发展到成熟，这项工作已取得了长足的发展。全国上下对会计电算化事业有了一个比较全面系统的认识，对会计电算化的管理进入了制度化和不断提高的阶段。随着市场经济的发展和企业改革的深化，越来越多的单位开始应用计算机处理会计业务，会计电算化在全国得到了迅速普及。据不完全统计，到2009年，全国部分地区和行业的会计电算化普及程度更高，如上海市有近95%的市属企业实现了主要会计业务处理的电算化，全国铁路系统有97%以上的基层站段实现会计电算化，全国供电系统有99%的企业实现了会计电算化。

三、我国会计电算化的发展趋势

经过30多年的实践、探索，我国会计电算化事业取得了很大的发展。特别是我国加入世界贸易组织后，我国真正地融入了世界经济一体化的潮流。会计电算化随着电子计算机技术的产生而产生，也必将随着电子计算机技术的发展而逐步完善。可以预见，会计电算化将出现或可能出现以下发展趋势。

（一）“网络财务”将成为会计管理电算化的终极目标

所谓“网络财务”是基于互联网技术，以财务管理为核心，业务管理与财务管理一体化，支持电子商务，能够实现各种远程控制（如远程记账、远程报表、远程查账、远程审计、远程监控等）和事中动态会计核算与在线财务管理，能够处理电子单据和进行电子货币结算的一种全新的财务管理模式，是电子商务的重要组成部分。为此，随着企业之间更为激烈的竞争，要求企业注重运用科学的理论和方法改善其经营管理，尤其是财务管理，我国软件开发公司推出了“网络财务”战略，为企业能适应时代要求的“数字神经系统”提供了初步解决方案。无疑，“网络财务”将成为会计电算化发展新趋势。

（二）向“管理一体化”方向扩展

会计电算化工作只是整个管理电算化的一个有机组成部分，需要其他部门电算化的支持，网络、数据库等计算机技术的发展也在技术上提供了向管理一体化发展的可能。从发展趋势来看，会计电算化工作将逐步与其他业务部门的电算化工作结合起来，由单纯的会计业务工作的电算化向财务、统计信息综合数据库，综合利用会计信息的方向发展。

（三）软件技术与管理组织措施日趋结合，软件的开发日益工程化

首先，会计电算化系统是一个人机系统，仅有一个良好的软件是不够的，必须有一套与之紧密结合的组织措施，才能充分发挥其效用，保证会计信息的安全与可靠。在会计电算化的初期，重点放在软件的开发与应用上。随着会计电算化工作的进一步深入，与计算机应用相适应的管理制度建设，将与软件的应用并驾齐驱，在实践中逐步完善起来。其次，准确透彻地了解用户是一个软件开发的首要工作，采用工程化的方法开发应用软件是当前国际流行的趋势。我国会计软件开发也正从以往的经验开发向科学化的工程方法转化。

（四）实现人机交互作用的“智能型”管理

实现会计电算化后，所有的原始凭证、记账凭证、账簿、报表都存储在计算机磁性介质上，整个账务处理都在计算机内部自动生成。过去靠人工进行的内部牵制制度不再起作用了，这样，审计的职能大大削弱。为了正确处理好会计电算化和审计的关系，有必要完善以下会计电算化功能：一是会计软件应提供关于“凭证—总账—报表”三者之间的双向查询功能；二是电算化会计系统应提供多种会计核算方法处理过程供用户和审计员选择。

（五）与管理会计系统相结合，促进企业管理信息系统的建立和完善

现行会计体系把会计分为财务会计（含成本会计）和管理会计两个子系统。电算化会计信息处理的代码化、数据共享和自动化，为两个子系统的结合提供了条件和可能。如果电算化一直停留在财务会计子系统，而不涉及管理会计子系统的预测、决策、规划和分析，企业经济活动与效益的评估。内部责任会计和业绩评价等，那么也就限制和失去了发展电算化的意义。因此，从发展的眼光看，企业应同时建立两个子系统并予以有机结合，以便运用财务会计资料，建立适应管理需要的会计模型，使电算化会计从核算型向管理型发展，从而推动整个企业管理信息系统的开发、建立和完善。

（六）会计电算化的开展与管理向规范化、标准化方向发展

首先，标准的账表文件格式将逐步实现统一，以解决各种会计软件之间的接口问题、会计信息的相互传递问题、会计工作电算化后的审计问题，从而为更充分和更广泛地利用会计信息服务。其次，我国的会计电算化管理制度还不健全，随着宏观管理工作的逐步开展、经验的积累，以会计软件的开发、验收规范，各有关管理部门

的责权制、电算化后的岗位责任制、人员管理制度、档案管理制度，各种标准账表文件为主体的电算化管理制度体系将逐步形成与完善。

综上所述，从会计电算化存在的问题及发展趋势来看，我国会计改革已迈出了稳健、有序的步伐，并取得了辉煌成就。在信息时代，要使我国的会计电算化工作能够健康发展，我们还必须从理论上和实践上进行进一步探讨。总之，21 世纪的会计是一个以信息技术为中心的崭新会计，我们应该抓住这一良机来促进传统会计的革新，推动我国会计电算化管理工作的现代化、规范化和科学化。

第三节　信息系统环境下的会计电算化模式

一、面向财务部门的会计信息系统

这是目前多数企业在开展会计电算化过程中选择的模式，根据企业财务管理工作的需要，围绕账务处理系统，有选择地购买或开发若干功能相互独立又相互联系的子系统，组成一个相对完整的会计信息系统。在这种模式下，企业会计信息系统的功能结构将随着企业经营管理需求的提升而不断进步和完善。由于主要面向财务工作，与会计电算化发展之初用于规范会计核算业务、减轻会计人员工作强度的目的相类似，这种模式从子系统的构成上看，主要包含账务、报表、工资、固定资产等模块，相对结构简单，其模块化的组成模式在满足不同客户需求的同时，也因其构造灵活、成本低廉、易于推广而被多数企业接受。

随着企业管理水平的提升，对会计信息的要求也在不断提高，从而延伸至对会计信息系统的改进和完善，企业的会计信息系统不再单纯服务于会计核算，而逐渐将业务处理融入其中，以实现企业的生产经营与财务的一体化管理，有效地实现对业务运营、资金调度及财务风险等的全面控制，提供更为翔实、充分的信息以支持决策。在此基础上实现企业各部门的信息联合，构建证、账、表等财务会计与进销存业务的联合处理，并提供相应的管理分析功能。

财务会计主要是围绕总账（账务处理），辅以电子报表、工资、固定资产、应收应付、资金管理及成本核算等模块，全面服务于企业的会计核算和财务管理。在整个系统中，账务处理子系统是会计信息系统的核心，其他子系统通过读取账务处理子系统的数据进行核算，并将处理结果汇总后传递至账务子系统进行最终账务处理。因此，账务子系统起着汇总企业经济活动数据、提供综合性财务信息的作用，为报表及财务分析子系统提供基础数据。目前市场上的商品化会计软件众多，如用友、金蝶等公司开发的各类会计信息系统，基本都是采用“账务＋报表＋N”的模式。

进销存以企业库存核算和管理为核心，包括库存管理、采购管理和销售管理等模块，可以有效解决企业采购、销售与库管等部门的业务事项，有效提升库存管理的效率，改善企业在物资采购方面的资金占用，辅以往来款项管理，实现对企业流动资金的全面管理和控制。进销存又称为购销链，是指企业管理过程中采购（进）→入库（存）→销售（销）的动态管理过程。商品流通企业进销存是从商品的采购（进）到入库（存）到销售（销）的动态管理过程。工业企业进销存是从原材料的采购（进）→入库(存)→领料加工→产品入库(存)→销售(销)的动态管理过程。在技术开发方面,主要有针对仓库作业结果管理的进销存及针对仓库作业过程管理的仓库管理系统(WMS)。随着信息技术的飞速发展,企业进销存的管理应用相应的软件使这一动态的进销存过程更加有条理。应用进销存管理软件,不仅使企业的进销存管理实现了即时性,结合互联网技术更使得进销存管理实现了跨区域管理。

管理分析部分通常由财务分析、利润分析、流动资金管理、销售预测、财务计划、领导查询和决策支持等子系统构成,从功能上看几乎涵盖了管理中的分析、预测及决策功能。但在实际应用中,当前在我国商品化的软件中所提供的管理分析难言乐观。一是信息系统本身的准备和开发不充分,特别是统一的商品化软件往往无法满足特定企业的特殊需求;二是在企业的生产经营和社会生活中,大量非标准业务降低了信息系统的管理分析的效果。目前比较成熟的主要是财务分析、领导查询等模块。其他的预测、决策功能更多的是通过提供数据接口,将财务数据与Excel等标准化办公软件相结合,进行“半自动”的人工统计分析来实现。

二、面向企业整体的企业资源计划

企业资源计划(Enterprise Resources Planning,ERP)可以理解是一种管理模式,或企业基于提高对用户需求而采取的措施,其核心思想可以概括为以客户需求为中心的供应链管理,强调事前的实时控制和生产流程各个环节间的协调和统一。典型的ERP产品如SAP公司的R/3、用友公司的NC、金蝶的EAS等。

企业资源计划的产生和发展主要得益于经济全球化的发展背景下,企业在面对激烈的市场竞争、信息爆炸带来的海量信息处理压力,以及满足客户日益苛刻的个性需求时,企业的决策者需要迅速、实时地对市场动态作出反应,进而增强企业的竞争优势。在这一外部环境的推动下,结合20世纪七八十年代以来随着管理思想的发展和计算机引入企业管理,工业企业开始借助先进的信息技术研发制造技术和管理方法。其中物料需求计划(Material Requirement Planning,MRP)是一种面向制造业,以时间为优先考虑计划,以减少库存为目标,统筹为制造业的管理者提供满足生产计划的物资供应手段。随着技术的进步,人们进一步把财务子系统和生产子系统合二为一,将MRP的基本原理应用于生产能力负荷分析、生产车间的工况控制等领域,由此产生了以“计划—实施—评价—反馈”为基本管理模式的闭环MRP。

在上述闭环MRP的基础上,人们于20世纪80年代末期,在整合企业资金、人力、设备等企业资源的基础上,又将生产活动中的销售、财务、成本、工程技术等与闭环MRP进行集成,成为进行企业整体管理的一种综合性的计划制定工具,美国的Oliver Wight将之称为制造资源计划(Manufacturing Resource Planning,MRP-Ⅱ)。MRP-Ⅱ作为集成统一的系统,做到了企业各部门之间的数据共享和统一,可以动态地监察到产、供、销的全部生产过程。20世纪80年代初MRP、MRP-Ⅱ的思想传入中国,一些企业开始接受并沿用。1986年,我国提出863/CIMS高科技发展主题计划,推动了MRP-Ⅱ在中国的应用。

20世纪90年代,美国的加特纳公司在总结当时企业信息系统应用现状的基础上,提出了ERP的概念,并从以下四个方面进行界定:①超越MRP-Ⅱ范围的集成功能;②支持混合方式的制造环境;③支持能动的监控能力,提高经营绩效;④支持开放的客户一服务器计算环境。作为企业管理思想，ERP是一种新型的管理模式，作为一种管理工具，它是一套先进的信息系统，是对MRP-Ⅱ的超越。从本质上看，ERP仍然以MRP-Ⅱ为核心，但在功能和技术上通过以下方面的改进体现了对MRP-Ⅱ的超越。

（一）体现对整个供应链资源进行管理的思想

在知识经济时代，仅靠自己企业的资源不可能有效地参与市场竞争，还必须把经营过程中的有关各方如供应商、制造工厂、分销网络、客户等纳入一个紧密的供应链中，才能有效地安排企业的供、产、销活动，满足企业利用全社会一切市场资源快速高效地进行生产经营的需求，以期进一步提高效率和在市场上获得竞争优势。换句话说，现代企业竞争不是单一企业与单一企业间的竞争，而是一个企业供应链与另一个企业供应链之间的竞争。ERP系统实现了对整个企业供应链的管理，适应了企业在知识经济时代市场竞争的需要。

（二）体现精益生产、同步工程和敏捷制造的思想

ERP系统支持对混合型生产方式的管理，其管理思想表现在以下两个方面。其一是“精益生产（LP）”的思想。它是由美国麻省理工学院（MIT）提出的一种企业经营战略体系，即企业按大批量生产方式组织生产时，把客户、销售代理商、供应商、协作单位纳入生产体系，企业同其销售代理、客户和供应商的关系，已不再简单地是业务往来关系，而是利益共享的合作伙伴关系，这种合作伙伴关系组成了一个企业的供应链，这即是精益生产的核心思想。其二是“敏捷制造（agile manufacturing）”的思想。当市场发生变化，企业遇有特定的市场和产品需求时，企业的基本合作伙伴不一定能满足新产品开发、生产的要求，这时，企业会组织一个由特定的供应商和销售渠道组成的短期或一次性供应链，形成“虚拟工厂”，把供应和协作单位看成是企业的一个组成部分，运用“同步工程（SE）”组织生产，用最短的时间将新产品打入市场，时刻保持产品的高质量、多样化和灵活性，这即是“敏捷制造”的核心思想。

（三）体现事先计划与事中控制的思想

ERP系统中的计划体系主要包括生产计划、物料需求计划、能力计划、采购计划、销售执行计划、利润计划、财务预算和人力资源计划等，这些计划功能与价值控制功能已完全集成到整个供应链系统中。而且，ERP系统通过定义事务处理（transaction）相关的会计核算科目与核算方式，以便在事务处理发生的同时自动生成会计核算分录，保证了资金流与物流的同步记录和数据的一致性，从而实现了根据财务资金现状，可以追溯资金的来龙去脉，并进一步追溯所发生的相关业务活动，改变了资金信息滞后于物料信息的状况，便于实现事中控制和实时作出决策。

从以上内容可以看出，ERP的核心内容是企业管理观念的更新，将企业管理理念、业务流程、基础数据、人力、物力及计算机软硬件整合集中，几乎涵盖了一切与管理有关的内容，是从人、财、物与产、供、销的全面结合而延伸出来的以效益为中心的信息管理模式。但是，ERP本身不是管理，它不能取代管理。ERP本身不能解决企业的管理问题，企业的管理问题只能由管理者自己去解决。ERP可以是管理者解

决企业管理问题的一种工具。不少企业因为错误地将ERP当成了管理本身，在ERP实施前未能认真地分析企业的管理问题，而过分地依赖ERP来解决问题，最后，不但老的问题得不到有效的解决，又产生了许多新的问题，最终导致ERP实施的失败，企业也因此伤了元气。所以，ERP主要是借用一种新的管理模式来改造原企业旧的管理模式，是先进的、行之有效的管理思想和方法，其作用的发挥取决于实施者自身管理流程与ERP的契合度。换言之，工具作用的发挥更多取决于工具的应用环境和使用者的水平。

随着网络的快速普及，Internet/Intranet技术的发展为ERP提供了新的发展契机。从技术上看，诸如中间技术的运用、开发平台由客户-服务器架构(C/S)向浏览器-服务器架构(B/S)转换、ERP系统与OA系统融合等，使得ERP有了更宽阔的发展前景。从使用的外在环境看，作为基于企业内部管理的系统，ERP借助Internet为企业与全球范围内与自己有关的各方联系提供了方便，人们在不断引入新技术、新思想完善ERP系统的同时，将ERP系统作为后台支持系统，研究诸如ERP与电子商务等的融合，从而进一步扩展ERP的功能，将其推进到一个全新的发展阶段，成为极具潜力的新领域。

三、面向利益整体的供应链管理

随着经济全球化、一体化的出现，企业的经营业绩越来越受到外部世界的影响。实践表明，企业的成功不仅在于了解并改进、协调自身的各项职能，还需要在客户、供应商等之间建立高效的协作关系。仅是内部成本效益达到最优，并不必然取得成功，现代社会条件下企业间的竞争实质是企业间价值链条的竞争，由此产生了供应链管理(Supply Chain Management，SCM)的思想。

长期以来，企业出于管理和控制的目的，对其产业上游的供应商多采用投资自建、投资控股或兼并的“纵向一体化”的管理模式，以增强核心企业的控制能力，使企业在市场竞争中掌握主动，从而实现企业整体的利益最大化。但这种发展模式需要相对稳定的外部市场环境。全球经济一体化和信息技术的快速发展，加剧了市场的竞争程度，客户的需求在不断变化，“纵向一体化”的弊端日益显现，无法快速响应市场机遇，由此促使人们另寻对策。企业管理者开始尝试将目光移出企业，希望借助外力满足市场对自身的要求，由此出现了“横向一体化”的发展模式，供应链管理(SCM)即是其中的典型代表。

早期的供应链仅考虑制造企业内部，注重的是企业自身的资源利用。随着环境和技术的发展，供应链的概念开始注意外部环境，关注企业间的合作，尝试构建围绕核心企业的网链关系，如核心企业与供应商、供应商的上游，与客户、客户的下游等的网链关系。由此构成了一种范围更广的企业结构模式，不仅是一条连接供应商到用户的物料链、信息链和资金链，而且在这一过程中形成价值的增长，是一条增值链。

SCM的主要目标在于提高对用户的服务水平和降低总的交易成本，以各种技术为支持，围绕供应、生产作业、物流及满足需求来实施，其相关的管理软件通常由供应链关系管理、销售管理、采购管理和计划编排等部分构成。供应链管理提供设计或搭建供应链功能；销售管理提供订单配置、需求获取、订单执行等；采购管理实现内容管理、来源分配、供应商协作等功能；计划编排用以生成可以对供应和需求的快速变化作出反应的优化的实施计划。在此基础上，可以将SCM细分成职能领域和辅助领域。职能领域由产品工程、产品技术保证、采购、生产控制、库存控制、仓储管理及分销管理等组成；辅助领域则涵盖客户服务、制造、设计工程、会计核算、人力资源及市场营销等。

SCM能为企业从原料供应商到客户的整个供应链提供快速的信息交流，有效管理内外资源，改善服务，减少库存，降低成本，提高企业竞争能力。据统计，SCM能使企业库存缺货减少90%、计划时间减少95%、库存减少50%～90%、订购至交货时间减少50%、运转时间减少50%、库存周转增加200%等，效率的提升可见一斑。20世纪80年代中期以来，工业发达国家中有近80%的企业开始放弃“纵向一体化”的模式，转为全球制造和全球供应链管理。SCM的实践已扩展到了一种所有加盟企业的长期合作关系，超越了最初那种基于某些业务活动而形成的短期的经济关系，从一种作业性的管理工具转化为管理性的方法体系。与传统的简单化竞争不同，供应链成员之间形成共同创造新利益的合作伙伴关系，在不损害彼此利益的前提下，实现双赢的局面。

第四节　会计电算化的平台购建与安全控制

一、会计信息系统的构成要素

会计信息系统是由人、记录、方法和设备组成的。我们构建会计信息系统的目的是获取企业业务活动信息，并提供财务报表、管理报表及税收报表等信息输出。所有的会计信息系统都是为了这些目的而构建的，因此它们都有着相同的构成要素。不管是电算化的会计信息系统，还是手工操作的会计信息系统，都是由这些要素构成的。只不过电算化的会计信息系统比手工操作的系统更准确、更快捷、更高效。

会计系统的构成要素有五大项：原始凭证、输入设备、信息处理器、信息存储器和输出设备。图13-2给出了这些构成要素（需要注意的是，这些要素之间的信息传递并不一定是单向的，很多要素之间存在双向信息传递）。

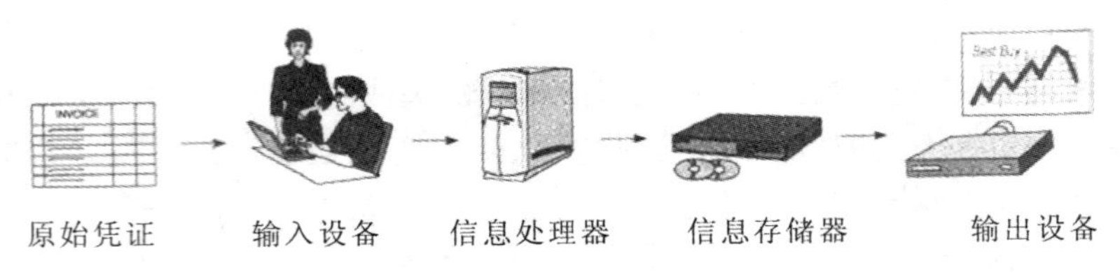

图13-2　会计系统的构成要素

（一）原始凭证

原始凭证可以提供会计系统处理的基本信息。例如，销售发票、支票、订货单、供应商签发的账单、工资发放单以及银行对账单等都属于原始凭证。原始凭证可以是纸质的，也可以是电子形式的。现在，越来越多的企业正在使用互联网将原始凭证从自己的会计信息系统直接发送到客户或供应商的系统。在从纸质系统到无纸系统的转变过程中，网络发挥了重要的作用。

准确的原始凭证对于会计信息系统是至关重要的。信息输入错误或信息不完整都将严重影响信息系统的可靠性和相关性。在构建信息系统的时候，我们必须重视控制程序，以限制将错误数据输入系统的可能性。

（二）输入设备

输入设备(input devices)从原始凭证获取信息，并将信息传送到系统的信息处理器。这些设备能够将原始凭证上的数据从手写形式或电子形式转换成系统可以使用的格式。不管是电子形式的还是纸质的日记账分录都是输入设备的一种。键盘、扫描仪和调制解调器也是现在使用比较多的输入设备。例如，条形码读取器可以获取编码，并将它们输入电脑进行处理。另外，扫描仪也可以直接从原始凭证中获取手写或其他形式的信息。

我们必须对信息系统进行控制，以保证只有经过授权的人才能往系统里面输入数据。控制可以提高系统的可靠性，并且能够追溯信息的来源。

（三）信息处理器

信息处理器(information processor)是解释、转换和汇总信息以用来分析和报告的系统。专业判断是会计系统中的信息处理器的一个重要组成部分。我们不仅需要会计原则，还需要专业判断。信息处理器的其他组成部分还包括日记账、总分类账、工作底稿和过账程序。每个组成部分都能帮助我们将原始数据转化成有用的信息。

人们正在越来越多地使用计算机技术(硬件和软件)来协助手工信息处理。有了计算机的帮助，会计人员就可以从繁重的手工操作中解放出来，去承担更多的分析、解释和管理工作。另外，基于网络的应用服务提供商还为我们提供了另一种信息处理器。

（四）信息存储器

信息存储器(information storage)是以信息处理器可以使用的形式保存数据的会计系统的组成部分。在将信息输入和处理完之后，会计系统要把数据存储起来，以供未来分析和报告之用。未来编制定期财务报表的人员必须能够进入数据库。当审计人员对财务报表和公司控制进行审计的时候，也要依赖这个数据库。企业还必须保留原始凭证。

从前的会计信息系统一般都是由纸质文件组成的，但现代系统大多数则主要依靠电子存储设备。由于信息存储技术的发展，会计系统的数据存储量越来越多，这也就意味着管理人员可以获取和使用更多的数据来筹划和控制企业活动。另外，值得注意的是，信息可以实现在线存储，也就是说我们可以随时随地得到想要的信息。脱机存储是指必须在帮助和授权之下才能获得数据。证券交易委员会的数据库、基准服务以及财务和产品市场等网络存储源将不断增加信息存储空间。

（五）输出设备

输出设备(output devices)用于把信息从会计系统中提取出来，提供给信息使用者。常见的输出设备有打印机、监视器、液晶显示器和网络通信设备等。输出设备可以为信息使用者提供各种各样的文件，如图表、分析报告、开给顾客的账单、财务报表和内部报表等。当我们发出输出请求时，信息处理器就从数据库中提取需要的数据，编制出必要的报表，然后再将它们发送到输出设备。

二、会计电算化硬件平台的搭建

建立高效、稳定的硬件平台是整个会计电算化工作的基础，在当今计算机硬件，尤其是网络飞速发展的条件下，硬件设备的性能可以说一日千里，这为搭建适宜的硬件平台提供了多样的选择，使得用户既要努力降低成本、根据需求选择适当的运行模式和配置方案，也需要考虑如何合理配置各种硬件设备，在满足现时需求和未来发展的情况下，努力降低成本。

（一）运行模式的选择

在组建会计电算化运行平台时，企业通常需要根据自身的业务发展状况及管理需求，在单机、局域网及广域网等三种模式中进行选择。

单机模式是指在一台或多台相互独立的计算机上运行会计信息系统，每台计算机上的会计系统自成体系。这种模式实施简单，容易维护，但受系统硬件处理能力的限制，不利于实现会计信息的共享及系统集成，相对工作效率较低。在会计电算化初期，常见于财务部门具体核算工作的处理，目前多见于中、小企业。

局域网模式是指在某一临近的地理区域内，通过网线、网卡等网络构件将其中的计算机系统连接组成网络。采用此模式后，可以充分实现会计信息的局部共享，减少原始数据录入，提高工作效率。相对于单机，此模式多用于构建部门级和企业级会计信息系统，是目前会计电算化建设中较多选用的模式。

广域网模式是在相对开放的地理范围内构建计算机网络系统，从而实现远程数据共享。随着跨地区企业集团的发展及电子商务技术的日臻完善，基于广域网模式的会计信息系统正日益为众多大型企业集团所采纳。

（二）硬件平台建设的影响因素

企业在构建会计电算化硬件平台时，既要避免技术过剩造成资金浪费，又要防止因技术冗余不足而造成重复建设。因此，除要考虑资金投入、管理需求等因素外，还要着重考虑系统的兼容性、扩展性和超前性等技术指标。

计算机硬件技术的发展使得用户既要面对投入不足时可能形成的硬件瓶颈，又面临追赶技术的高昂成本，所以需要在投入与适用方面作出必要的权衡。在成本差距不大的情况下，硬件平台的兼容性和扩充能力在一定程度上可以缓解这一矛盾，在未来可以通过升级某些核心部件的方式来改善硬件水平，如硬盘、内存扩容，CPU升级等，从而在满足持续工作的前提下，降低整体的资金投入。

会计电算系统，特别是企业级的会计信息系统，通常是包含若干功能各异的子系统的模块化系统，各单位在具体进行信息系统建设时，往往采取循序渐进、逐步提升的方式分阶段实施。在这一过程中，必须给系统的未来扩展需求留有充分的空间，如数据的容量、站点的扩充、部门间数据共享接口等，防止未来因扩展能力不足而重复建设，造成资金浪费。

为解决应用与发展的矛盾，通常在搭建硬件平台，特别是网络运行平台时，就需要在技术中积极采用主流、先进的技术，结合技术和产品发展趋势，以及企业的应用状况和未来业务发展需求，构造企业具有一定技术扩展能力的硬件平台，既要充分利用既有资源，又能够应对未来一段时期的软、硬件及业务发展所需。

三、会计电算化的软件平台构建

（一）系统软件

在单机及工作站模式下，目前主流的操作系统主要选择 Windows XP、Windows 7 等。在网络模式下，计算机网络服务器通常区分为数据库服务器、Web 服务器、应用服务器和通信服务器等，因而需要根据会计信息系统的结构体系，配置相应的服务器和操作系统。一般而言，可以在 UNIX、Windows NT 和 NoveLL Net Ware 等流行的服务器操作系统中加以选择。其中，UNIX 主要用于小型以上的计算机，多为大型企业组建内部局域网时考虑；Windows 系列既可作单机或工作站的操作系统，又可作网络操作系统，目前被广为接受。

（二）数据库软件

数据库系统主要分为服务器数据库和桌面数据库系统，选择时需要考虑会计电算化系统对数据库系统的具体要求。服务器数据库主要面向大型企业应用，主要产品有 Oracle、Sybase、SQL Server 等；桌面数据库系统多面向数据处理量不大的中小企业，软件产品有 Access 等，主要优势在于投资少及使用便利等，但处理能力较低，且数据的安全性与一致性等性能较差。大型的会计信息系统通常采用 SQL Server 等大型数据库，着重于数据的处理能力和安全性。

（三）应用软件

实施会计电算化，建立企业会计信息系统，在前述硬件、软件平台的基础上，会计软件的选择至关重要，因为会计电算化的实施效果主要取决于会计软件的运行状况，所以要充分保证应用软件的良好选择。根据企业的现时发展状况和应用环境，首先要确定会计电算软件的层级：是选择部门级的核算型会计软件，还是企业级的管理型会计软件。从当前发展状况看，管理型会计软件的应用与开发已成为主流。

确定应用软件层级后，在获取软件时通常从两个角度出发考虑应用软件的选择。一是购买和开发的选择。通常而言，购买的商品化软件在功能、性能、整体成本及维护等方面优势明显，目前我国实现会计电算化的企业主要通过购买商品化软件来实施，但其弊端是比较强调软件的统一性和通用性，无法照顾某些具体单位、具体行业的特殊需求，因而在实施过程中其初始化工作量通常较大。软件开发则是企业根据自身的情况及特殊需求而自行开发或委托专业公司开发，因为是量体裁衣，因而比较适合使用单位的具体情况，使用效率相对较高，但开发、建设周期较长，使用中灵活性不足，且因为软件的应用范围仅限于开发单位，整体成本相对较高。二是软件的国内外选型。随着国际软件公司逐渐进入国内市场，国内企业在信息化建设中有了更多的选择空间。国外软件相对而言一般具有管理思想先进、集成度高、开发公司实力雄厚等优点，因而被众多涉外企业、跨国公司等选用，但其费用往往较高，且在制度及文化等方面存在隔阂和差异，容易水土不服。和国外软件相比，国内开发公司的产品通常具有购置和维护费用较低、符合国人习惯、客户二次开发工作量较少及售后服务方便等优势。综合而言，国产软件足以满足企业的一般需求，没有必要盲目崇洋。

四、会计电算化的安全控制

虽然当前的计算机系统已能够达到相当可靠的程度，但在系统运行过程中仍可能因硬件损坏而出现运行故障，运行其上的系统软件和应用软件，则可能因硬件设备故障或其他人为因素而产生错弊，进而导致各种损失。所以，在日常的会计电算化运行过程中，必须注重系统的安全控制，从软、硬件及数据两方面确保数据及交易资料在系统的运行过程中得以可靠处理。

（一）软硬件安全

对于系统硬件的安全保障，主要在于确保系统物理部件的安全运转，保证机房设备和计算机的正常运行，需要对有关设备建立保养制度，保持机房和设备的整洁，做到必要的防潮、防磁等防护工作。必要时，还应建立相应的后备电源管理。对于运转过程中出现的各种硬件故障，特别是存储设备故障，应建立相应的维修、更换记录，确保工作的正常运转和数据的安全、完整。

对于软件系统的安全保障，主要在于建立必要的操作日志制度，对系统的相关登录、使用及退出等作出详细记录，以备及时核查，并在运行过程中确保记录的原始性和真实性。在系统的日常运行过程中，应设置专门的系统维护人员，负责检查系统运行情况，对运行中的软、硬件故障及时清查、排除。对于正常的软件修改、升级等工作，应提前做好必要的系统及数据备份，确保系统的连续和安全。

（二）数据安全

在整个电算化系统中，最易出现问题的部分就是相关的会计及业务数据，数据的损坏、泄密，常常会给企业带来难以估量的损失。而在当前网络条件下，面对“黑客”、“病毒”等的侵害，数据的安全管理往往容易出现漏洞。所以在数据安全管理方面，需要从以下几个方面着手。

(1) 严格操作规程，各操作使用人员进行必要的操作登记，要求按操作规程进行作业操作，通过密码及内部工号等进行操作记录，操作中对外来数据源应进行必要的安全检验。在整个系统中严格启用数据处理分级管理，不同岗位、级别应予以不同的数据操作权限。在相关核心系统中，严禁操作人员处理与业务无关的内容。

(2) 做好必要的数据存储控制，对数据进行分级管理，对于事关整个企业及信息系统有效运转的重大机密数据，应建立必要的保密机制，并限制人员接近。对于数据的备份，应建立相关的备份、还原及删除控制制度。

(3) 建立相应的网络安全控制机制，在运行防火墙和病毒防护软件的基础上，还要提高系统操作人员的计算机病毒防范意识。在涉及数据远程传输时，启用相应的数据加密技术，防止数据的泄露和非法探测。

第五节 会计电算化的岗位权限设置

实现会计电算化后，由于会计业务处理方式的改变，引起了会计岗位的重新设置。

一、电算化会计岗位的划分及职责

（一）电算化会计岗位的划分

会计电算化后的工作岗位可分为基本会计岗位和电算化会计岗位。基本会计岗位可分为会计主管、出纳、会计核算、稽核、会计档案管理等工作岗位。电算化会计岗位是指直接管理、操作、维护计算机及会计核算软件的工作岗位。大中型企业和使用大规模会计电算化系统的单位，可以考虑岗位设立。

（二）电算化会计岗位职责

1. 电算主管

负责协调计算机及会计软件系统的运行日常工作，协调电算化系统各类人员之间的工作关系，负责电算化岗位设置、人员分工和设置操作权限，落实岗位责任制。负责数据输出的正确性，建立电算化系统各种资源的审批制度，完善企业现有管理制度。

此岗位要求具备会计和计算机知识以及相关的会计电算化组织管理的经验。采用中小型计算机和计算机网络会计软件的单位，应设立此岗位，可由会计主管兼任。

2. 软件操作

按照分管的财务会计工作和会计核算要求做好凭证等有关资料的预处理工作，负责输入记账凭证和原始凭证等会计数据，按权限进行相应会计数据处理，输出记账凭证、会计账簿、报表。负责输入会计数据的正确性验核，发现故障应及时向系统管理员报告。

此岗位要求具备会计软件操作知识，达到会计电算化初级知识培训水平，可根据权限由会计人员或出纳人员担任，各单位应鼓励基本会计岗位的会计人员兼任软件操作岗位的工作。

3. 审核记账

负责对输入计算机的会计数据（记账凭证和原始凭证等）进行审核，对不符合财务会计制度和有关规定的凭证以及填制的不符合要求的凭证、金额错误的凭证、会计科目和分录错误的凭证，要求操作人员查明原因并进行修改；对正确的会计凭证，通过财务软件进行审核记账，同时登记计算机内的有关会计账簿；对打印输出的账簿、报表进行确认。

此岗位要求具备会计和计算机知识，达到会计电算化初级知识培训水平，可由主管会计担任。该岗位不得由出纳人员兼任，也不得审核自己输入的凭证。

4. 电算维护

负责保证计算机硬件、软件的正常运行，管理机内会计数据。负责会计电算化系统的运行环境的建立，组织协调各工作站对软件的运行工作，负责保证计算机硬件、软件的正常运行，负责增加、删除账套和增加、删除操作员的密钥，管理计算机会计数据，负责计算机数据的日常备份，发现软件或硬件问题应及时解决，发生不可解决的问题应及时向软件公司技术人员联系尽快解决。

此岗位要求熟练掌握硬件及软件操作技能，达到会计电算化中级知识培训水平，可由会计人员兼任。采用大型、小型计算机和计算机网络会计软件的单位，应设立此岗位，在大中型企业中应由专职人员担任。此岗位不得兼任出纳工作。

5. 电算审查

负责监督计算机及会计软件系统的运行，审查电算化系统各类人员工作岗位的设置是否合理，对系统问题或隐患及时向会计主管反映并提出处理意见，防止利用计算机进行舞弊。采用大型、小型计算机和大型会计软件的单位，可设立此岗位。

此岗位要求具备会计和计算机知识，达到会计电算化中级知识培训的水平，可由会计稽核人员兼任。

6. 数据分析

负责对计算机内的会计数据进行分析。此岗位要求具备计算机和会计知识，达到会计电算化中级知识培训的水平。采用大型、小型计算机和计算机网络会计软件的单位可设立此岗位，由主管会计兼任。

7. 会计档案资料保管员

负责会计档案的保管工作，并做好其安全保密工作，并在规定期限向各类电算化岗位人员搜集整理各种会计资料。

8. 软件开发

主要负责本单位会计软件的开发和软件维护工作。自行开发软件的单位可以设立此岗位。

上述电算化会计岗位中，软件操作岗位与审核记账、电算维护、电算审查岗位为不相容岗位。

会计电算化岗位及其权限设置一般在系统初始化时完成，平时根据人员的变动可进行相应调整。电算主管负责定义各操作人员的权限。具体操作人员只有修改自己口令的权限，无权更改自己和他人的操作权限。

二、中小企业实行会计电算化的岗位设置

中小企业可以实行会计电算化后的岗位划分，应根据实际需要进行适当合并，设置一些必需的岗位，一人可以兼任多个工作岗位。这样，不仅能够加强对会计电算化工作的管理，而且能够提高工作效率，节约人力。但岗位设置应注意符合内部控制制度的要求。

小规模单位电算化岗位的设立，可由会计主管兼任电算主管和审核记账岗位，由会计人员担任操作员和电算维护员，还应单独设立出纳员岗位。

本章小结

会计电算化是以电子计算机为主的当代电子技术和信息技术应用到会计实务中的简称，是一个应用电子计算机实现的会计信息系统。我国会计电算化的发展经历了起步发展阶段、推广应用阶段、深入发展阶段和巩固提高 4 个主要阶段。会计电算化随着电子计算机技术的产生而产生，也必将随着电子计算机技术的发展而逐步完善。

伴随着计算机在会计工作中应用的深入，会计电算化乃至会计信息化对会计工作产生着日益深远的影响。从微观层面看，计算机改变和提升着会计证、账、表等具体核算工作的方式和效率；从宏观层面看，引入信息技术的会计系统在机构、控制以及对企业整体的预、决策支持等方面都发生了根本的转变。

面向财务部门的会计信息系统是目前多数企业在开展会计电算化过程中选择的模式，根据企业财务管理工作的需要，围绕账务处理系统，有选择地购买或开发若干功能相互独立又相互联系的子系统，组成一个相对完整的会计信息系统。企业资源计划可以理解是一种管理模式，或企业基于提高对用户需求而采取的措施，其核心思想可以概括为以客户需求为中心的供应链管理，强调事前的实时控制和生产流程各个环节间的协调和统一。SCM 的主要目标在于提高对用户的服务水平和降低总的交易成本，以各种技术为支持，围绕供应、生产作业、物流及满足需求来实施，其相关的管理软件通常由供应链关系管理、销售管理、采购管理和计划编排等部分构成。

会计系统的构成要素有五大项：原始凭证、输入设备、信息处理器、信息存储器和输出设备。原始凭证可以提供会计系统处理的基本信息；输入设备从原始凭证获取信息，并将信息传送到系统的信息处理器；信息处理器是解释、转换和汇总信息以用来分析和报告的系统；信息存储器是以信息处理器可以使用的形式保存数据的会计系统的组成部分；输出设备用于把信息从会计系统中提取出来，提供给信息使用者。建立高效、稳定的硬件平台是整个会计电算化工作的基础。

在会计电算化系统的搭建过程中要考虑资金投入、管理需求以及系统的兼容性、扩展性和超前性等技术指标，要考虑如何合理配置各种硬件设备，在满足现时需求和未来发展的情况下，努力降低成本。在日常的会计电算化运行过程中，必须注重系统的安全控制，从软、硬件及数据两方面确保数据及交易资料在系统的运行过程中得以可靠处理。

会计电算化后的工作岗位可分为基本会计岗位和电算化会计岗位。大中型企业和使用大规模会计电算化系统的单位，可以考虑电算化会计相关岗位设立。

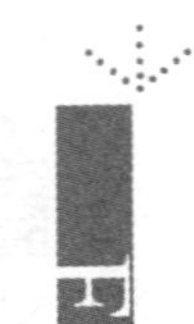

思考与练习题

【思考题】

1. 什么是会计电算化？为什么要实施会计电算化？
2. 如何把握会计信息化建设的未来发展？
3. ERP 建设对企业的财务工作及管理有什么影响？
4. 如何权衡信息化建设中软、硬件建设的投入产出？

第十四章 Excel在会计中的运用

学习目的

通过本章的学习，要求了解 Excel 的基本功能，熟悉 Excel 的常用操作，掌握 Excel 的工作簿、工作表和单元格的基本操作，掌握数据输入、排序、分类汇总的操作，掌握数据的有效性的设置，掌握 sum 函数、sumifs 函数的运用，掌握记账凭证库的设置及利润表和资产负债表的编制。

导入案例

Excel——现代财会人员工作的“算盘”

由于会计工作要进行大量的数据处理，早期会计工作者用算盘作为辅助计算工具，随着计算机及软件的迅速发展，目前 Excel 成为财会工作者不可缺少的工具了。

Excel 是美国微软公司的办公软件 Microsoft Office 的组件之一，是由 Microsoft 为 Windows 和 Apple Macintosh 操作系统的计算机而编写和运行的一款试算表软件。Excel 是微软办公套装软件的一个重要的组成部分，它可以进行各种数据的处理、统计分析和辅助决策操作，广泛地应用于管理、统计财经、金融等众多领域。

Excel 中大量的公式函数可以应用选择，使用 Microsoft Excel 可以执行计算，分析信息并管理电子表格或网页中的数据信息列表与数据资料图表制作，可以实现许多方便的功能，带给使用者方便。

从 1985 年 Excel 的诞生，到如今已有 30 年了，其中版本平均两年更新一次，功能也越来越强大，但每个版本都保留了第一款电子制表软件 VisiCalc 的特性：行、列组成单元格，数据、与数据相关的公式或者对其他单元格的绝对引用保存在单元格中。Excel 是第一款允许用户自定义界面的电子制表软件(包括字体、文字属性和单元格格式)。它还引进了“智能重算”的功能，当单元格数据变动时，只有与之相关的数据才会更新，而原先的制表软件只能重算全部数据或者等待下一个指令。同时，Excel 还有强大的图形功能。

财务人员需要每天面对大量数据和信息，经常要做一些重复的工作，Excel 作为帮助财务人员进行数据处理的强大通用工具，可以大大减少工作量，提升工作效率。

现代科学技术的发展，对会计工作产生重大的影响，特别是会计工具的选择。

我国会计人员早期以算盘作为计算辅助工具，而随着计算机、会计软件的出现，算盘逐渐被这些先进技术取代，数据的载体也由纸质媒介向电子媒介等多元化发展，电子技术辅助账务处理已经成为现代会计工作人员必须掌握的方法之一。

第一节　Excel 基本功能简介

一、Excel 发展简介

Excel 是一个电子表格程序，它也是微软 Office 套件的一部分，目前已经成为广大会计工作者广泛使用的数据处理工具之一。Excel 的长处是进行数据处理，这与会计的主要工作正好符合，其特点如下：

(1) 以电子表格的形式灵活、方便地实现各种数据的输入、统计、计算、分析、输出处理。

(2) 借助公式、函数及独特的单元格引用的机制，将复杂的统计计算转化为简单的公式引用、数据复制、填充操作。

(3) 支持关系数据库的各种分析操作，将大量待分析数据以关系模型（二维表格）的形式进行描述，表格规范、直观、易建、易改，便于对数据统一管理和操作。

(4) 提供了多种数据分析运算方法，快速对各类数据进行统计排序、分类汇总、查询筛选、模拟运算和制作图表等操作。

Excel 电子表格的特殊性在于其中的单元格之间有着密切的联系，当一个单元格内的数据发生变动时，就有可能直接影响到其他单元格内的数据，也就是说，电子表格是一个动态表格。Excel 集表格处理、数据管理和统计图绘制三项功能于一体，除了能完成表格的输入、统计和分析外，还可以生成精美的报告和统计图。在美国、西欧和日本已经习惯了"一切皆表格"的思维方式，近年来，Excel 在我国迅速推广，已成为会计人员最常用的办公软件。

二、Excel 界面介绍

1. 启动 Excel

启动 Excel 有多种方式，其中最常用的启动方式，是在 Windows 桌面上双击 Excel 的快捷方式。Excel 图标如图 14-1 所示。

图 14-1　Excel 图标

另外还可以单击 Windows"开始"键，然后选择"所有程序"→"Microsoft Office"→"Microsoft Office Excel "，此时将启动 Excel 并自动创建一个名为 Book1 的空白工作簿。

2. Excel 用户界面介绍

启动 Excel 后，将打开如图 14-2 所示的应用程序窗口，其中包括标题栏、功能区、名称框和编辑栏、工作表编辑区以及状态栏等组成部分。

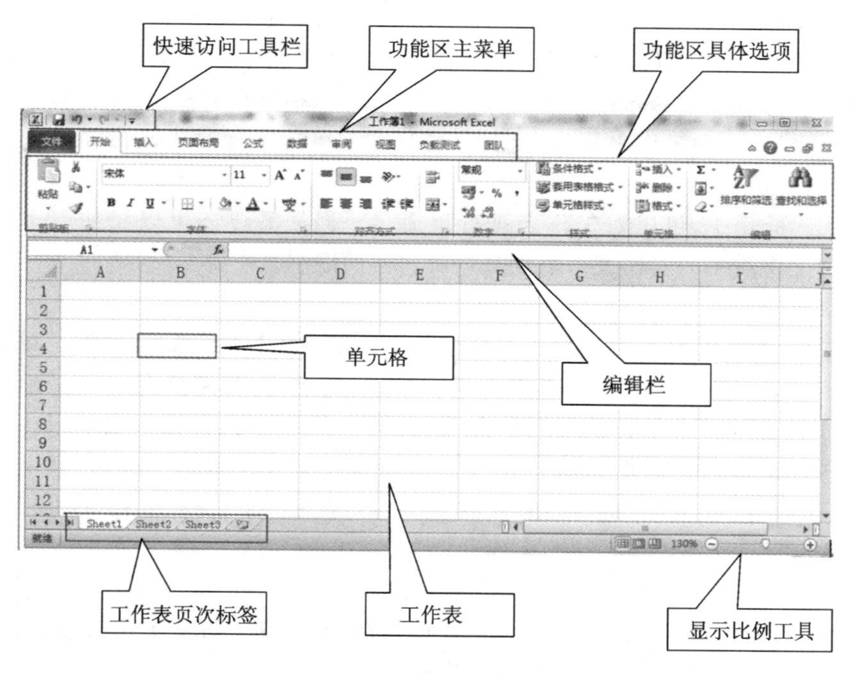

图 14-2 Excel 用户界面

(1) 快速访问工具栏:用于快速保存当前文件,以及执行向前或向后的操作,快速创建新文件等。

(2) 功能区主菜单:将 Excel 的主要功能分为"开始"、"插入"、"页面布局"、"公式"、"数据"、"审阅"、"视图"等栏目。

(3) 功能区具体选项:将功能区主菜单的相关栏目的功能具体展开,如图显示的即是"开始"栏目下的主要具体功能。

(4) 编辑栏:用于输入或编辑数据、公式、图表等对象,它由"名称框"、"插入函数"和"编辑栏"组成一行。

(5) 工作表:主要编辑表格的内容,进行数据输入与处理。

(6) 工作表页次标签:位于工作簿窗口的底部,默认只显示 Sheet1 标签,新建后会按照 Sheet2、Sheet3……来表示。

(7) 显示比例工具:可根据要求,扩大或缩小工作表中单元格的大小。

3. 退出 Excel

单击 Excel 界面左上角图标,然后单击"退出"命令,或者单击 Excel 界面右上角的关闭按钮,或者按下 Alt+F4 组合键。

4. 工作簿

在 Excel 中创建的文件称为工作簿,其文件扩展名为".xlsx"。工作簿是工作表的容器,一个工作簿可以包含一个或多个工作表。当启动 Excel 时,总会自动创建一个名为 Book1 的工作簿,它包含三个空白工作表,可以在这些工作表中填写数据。在 Excel 中打开的工作簿个数仅受可用内存和系统资源的限制。

5. 工作表

工作表是在 Excel 中用于存储和处理各种数据的主要文档,也称电子表格。工作表始终存储在工作簿中。工作表由排列成行和列的单元格组成，工作表的大小为1 048 576行×16 384列。默认情况下，创建的新工作簿总是包含三个工作表，它们的标签分别为Sheet1、Sheet2和Sheet3。若要处理某个工作表，可单击该工作表的标签，使之成为活动工作表。若看不到所需标签，可单击标签滚动按钮以显示所需标签，然后单击该标签。

在实际应用中，可以对工作表进行重命名。根据需要还可以添加更多的工作表。一个工作簿中的工作表个数仅受可用内存的限制。

6. 单元格

在工作表中，行和列相交构成单元格。单元格用于存储公式和数据。单元格按照它在工作表中所处位置的坐标来引用，列坐标在前，行坐标在后。列坐标用大写英文字母表示，从A开始，最大列号为XFD；行坐标用阿拉伯数字表示，从1开始，最大行号为1 048 576。例如，显示在第B列和第三行交叉处的单元格，其引用形式为B3；第一个单元格的引用形式为A1；最后一个单元格的引用形式为XFD1048576。

单元格中可以包含文本、数字、日期、时间或公式等内容。若要在某个单元格中输入或编辑内容，可以在工作表中单击该单元格，使之成为活动单元格，此时其周围将显示粗线边框，其名称将显示在名称框中。

三、Excel工作簿

1. 创建空白工作簿

双击Excel按钮，系统自动新建一个工作簿，并含三个工作表。还可以单击Windows“开始”键，然后选择“所有程序”→“Microsoft Office”→“Microsoft Office Excel”，此时将启动Excel并自动创建一个名为Book1的空白工作簿。

在双击Excel创新工作簿的同时，也可以选择“功能区主菜单”下的“文件”菜单，创建“模板”工作簿，如图14-3所示。

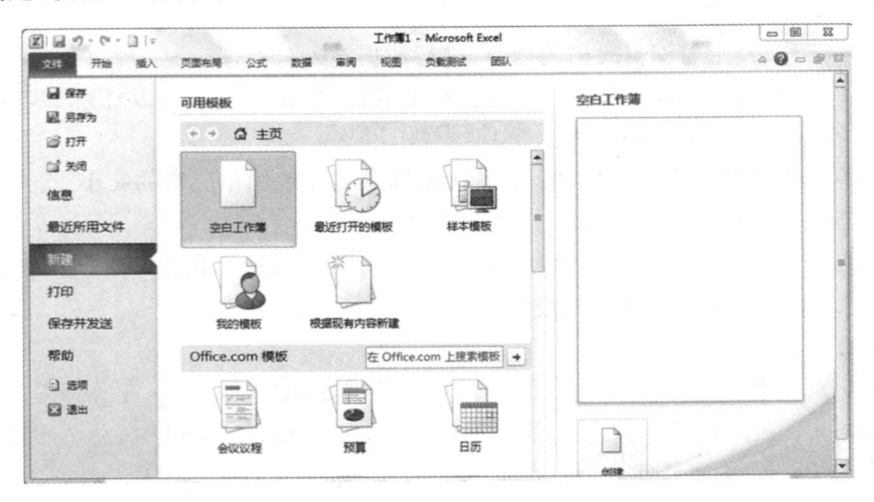

图14-3 Excel新建工作簿界面

2. 保存工作簿

1）保存新建工作簿

在快速访问工具栏上单击“保存”按钮，或者按“Ctrl＋S”组合键，然后选择要保存的位置及为文件命名，再点击“保存”按钮。

若要在某个驱动器的文件夹中保存工作簿，可在“保存位置”列表框中选择该驱动器，然后选择所需的目标文件夹。在“文件名”框中输入工作簿的文件名，然后单击“保存”按钮，如图 14-4 所示。

图 14-4 保存工作簿界面

2）保存现有工作簿

在快速访问工具栏上单击“保存”按钮，或者按“Ctrl＋S”组合键保存。如果想保存原文件，可以选择“功能区主菜单”下的“文件”，然后单击“另存为”命令，或者按F12，然后在“保存位置”列表框中选择该驱动器，然后选择所需的目标文件夹。

3. 打开和关闭已有工作簿

1）打开工作簿

单击快速访问工具栏上“打开”；或者选择“功能区主菜单”下的“文件”，然后单击“打开”命令，选择要打开的工作簿的地址。选择“功能区主菜单”下的“文件”，选择“最近打开的文件”，系统在右边会提示最近打开的文件，选中文件后，单击。

2）关闭工作簿

单击左上角 Excel 图标，然后选择“关闭”命令，或单击右上角文档窗口的关闭按钮，或按 Ctrl＋W 组合键。

四、操作 Excel 工作表

1. 在工作表之间切换

使用鼠标切换工作表：通过单击窗口底部的工作表标签选择不同的工作表。如果看不到所需标签，可单击标签滚动按钮以显示所需标签，然后单击该标签。

使用键盘切换工作表：按 Ctrl＋PageUp 切换到上一个工作表，按 Ctrl＋PageDown 切换到下一个工作表。

2. 插入工作表

要在现有工作表的末尾快速插入新工作表，可单击窗口底部的“插入工作表”或按“Shift＋F11”组合键。

要在现有工作表之前插入新工作表，可单击该工作表，然后在“开始”选项卡上“单元格”组中单击“插入”，并单击“插入工作表”。

要一次性插入多个工作表，可按住 Shift 键在打开的工作簿中选择与要插入的工作表数目相同的现有工作表标签。

3. 重命名工作表

在“工作表标签”栏上，右键单击要重命名的工作表标签，然后单击“重命名”命令。选择当前的名称，然后键入新名称并按 Enter 键确认。

4. 选择工作表

要选择一个工作表，可单击该工作表的标签。如果看不到所需标签，请单击标签滚动按钮以显示所需标签，然后单击该标签。

要选择两个或多个相邻的工作表，可单击第一个工作表的标签，然后在按住 Shift 的同时单击要选择的最后一张工作表的标签。

5. 删除工作表

选择要删除的一个或多个工作表。在“开始”选项卡上的“单元格”组中，单击“删除”旁边的箭头，然后单击“删除工作表”，点击“删除”即可。

五、编辑工作表

1. 输入文本

文本通常是指一些非数值性的文字，例如姓名、性别、单位或部门的名称等。此外，许多不代表数量、不需要进行数值计算的数字也可以作为文本来处理，例如学号、QQ 号码、电话号码、身份证号码等。Excel 将许多不能理解为数值的日期时间和公式的数据都视为文本。文本不能用于数值计算，但可以比较大小。

输入文本的方法如下。

(1) 单击一个单元格使之成为活动单元格。

(2) 键入所需的文本。

(3) 单击另一个单元格，或执行以下操作之一：

①要向下移动一个单元格，可按 Enter 或↓键；

②要向右移动一个单元格，可按 Tab 或→键；

③要向左或向上移动一个单元格，可按←或↑键。

(4) 继续在其他单元格中输入内容。

2. 输入日期和时间

(1) 单击一个单元格。

(2) 按下列方式键入日期或时间：对于日期，使用斜线“/”或连字符“-”分隔日期的各部分。

(3) 要在同一单元格中输入日期和时间,可用空格来分隔它们。

(4) 要输入在重新打开工作表时仍保持当前的日期或时间(即动态更新的日期或时间),可以使用 TODAY 和 NOW 函数,输入格式为"=TODAY()"或"=NOW()"。

3. 输入数字

数字是指所有代表数量的数值形式,例如企业的产值和利润、学生的成绩、个人的身高体重等。数字可以是正数也可以是负数,但都可以用于进行数值计算,例如加减、求和、求平均值等。除了普通的数字 0～9 以外,还有一些带特殊符号的数字也会被 Excel 理解为数值,例如+(正号)、-(负号)、百分号(%)、货币符号($、¥)、小数点(.)、千位分隔符(,)以及科学记数符号(e、E)等。

(1) 单击一个单元格。

(2) 在该单元格中输入所需的数字。当输入正数时,数字前面的正号"+"可以省略;当输入负数时,应在数字前面添加负号"-",或者将数字放在圆括号内。

(3) 当输入分数时,为了避免将输入的分数视为日期,可在分数前面添加"0"和空格。例如输入"0 1/3"。

(4) 要输入作为文本处理的数字(如职工编号、学号、电话号码等),可输入一个单撇号"'",然后输入数字。

4. 设置数据有效性

数据有效性是 Excel 提供的一种功能,用于定义可以在单元格中输入或应该在单元格中输入哪些数据,通过配置数据有效性可以防止用户输入无效数据。如果愿意,可以允许用户输入无效数据,但当用户尝试在单元格中键入无效数据时会向其发出警告。此外,还可以提供一些消息,以定义期望在单元格中输入的内容,以及帮助用户更正错误的说明。设置单元格数据的有效性程序如下:

(1) 选定要设置数据有效性的单元格;

(2) 单击"数据"选项卡,单击"数据工具"组中的"数据有效性",然后单击"数据有效性"命令;

(3) 在"数据有效性"对话框中,单击"设置"选项卡;

(4) 从"允许"列表框中选择允许在单元格内输入的数据类型;

(5) 从"数据"列表框中选择所需的操作符;

(6) 如果所选操作是介于或未介于,还应指定最小值和最大值;

(7) 单击"输入信息"选项卡,选中"选定单元格时显示输入信息"复选框,然后指定标题和输入信息内容;

(8) 单击"出错警告"选项卡,从"样式"列表框中选择所需的样式;

(9) 单击"确定"。

六、自动填充数据

输入的时候要注意合理地利用自动填充功能,先输入一个,然后把鼠标放到单元格右下角的方块上,看鼠标变成一个黑色的十字时就按下左键向下拖动,到一定的数目就可以了。填充还有许多其他的用法,例如,输入一个"7-11",回车,它就自动变成了一个日期,向下填充,日期会按照顺序变化,如图 14-5 所示。

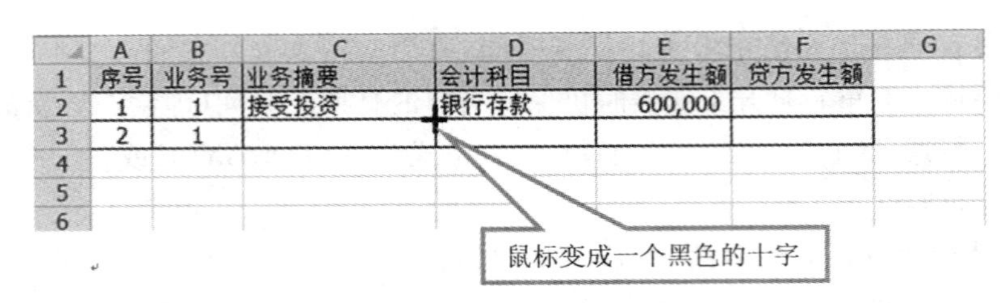

图 14-5 填充(复制)单元格界面

七、修改单元格数据

1. 编辑单元格内容

要将单元格内容置于编辑模式下，可执行下列操作之一：双击包含要编辑的数据的单元格；单击包含要编辑的数据的单元格，然后单击编辑栏中的任何位置。

要编辑单元格内容，可执行下列操作之一：要删除插入点左侧的字符，可按 Backspace 键；要删除插入点右侧的字符，可按 Delete 键；要插入字符，可单击要插入字符的位置，然后键入新字符；要替换特定字符，可选择它们，然后键入新字符；要在单元格中特定的位置开始新的文本行，可以在希望断行的位置单击，然后按 Alt＋Enter；要输入所做的更改，可按 Enter。

2. 撤销、恢复或重复

1) 撤销已执行的操作

单击快速访问工具栏上的“撤销”命令，或按 Ctrl＋Z。要同时撤销多项操作，可单击“撤销”旁的箭头，从列表中选择要撤销的操作，然后单击列表，所有选中的操作都会被撤销。在按下 Enter 前，要取消在单元格或编辑栏中的输入，可按 Esc 键。

2) 恢复撤销的操作

单击快速访问工具栏上的“恢复”命令，或按 Ctrl＋Y。

八、插入行、列或单元格

1. 插入行

要插入一行，可选择要在其上方插入新行的行或该行中的一个单元格。要插入多行，则选择要在其上方插入新行的那些行，所选的行数应与要插入的行数相同。

2. 插入列

要插入单一列，可选择要在紧靠其右侧插入新列的列或该列中的一个单元格。要插入多列，可选择要紧靠其右侧插入列的那些列，所选的列数应与要插入的列数相同。

3. 插入单元格

(1) 选取要插入新空白单元格的单元格或单元格区域。选取的单元格数量应与要插入的单元格数量相同。

(2) 在“开始”选项卡上的“单元格”组中，单击“插入”旁边的箭头，然后单击“插入单元格”。

(3) 在“插入”对话框中，单击要移动周围单元格的方向，然后单击“确定”按钮。

(4) 若要快速重复插入单元格的操作，可单击要插入单元格的位置，然后按 Ctrl＋Y。

九、删除行、列或单元格

1. 删除行

如在工作表中要选择删除一行或多行，则在“开始”选项卡上的“单元格”组中，单击“删除”旁边的箭头，然后单击“删除工作表行”。

2. 删除列

如在工作表中要选择删除一列或多列，则在“开始”选项卡上的“单元格”组中，单击“删除”旁边的箭头，然后单击“删除工作表列”。

3. 删除单元格

如在工作表中要选择删除一个或多个单元格，则在“开始”选项卡上的“单元格”组中，单击“删除”旁边的箭头，然后单击“删除单元格”。在“删除”对话框中，单击要移动周围单元格的方向，然后单击“确定”。

第二节　用 Excel 编制简易会计科目表

在对记账凭证进行数据处理之前，要建立一个简易会计科目表，建立会计科目表有利于对会计科目进行有效排序，并且根据会计科目表可以在后期输入凭证时对总账科目的内容进行有效控制。

本章以教材第四、五章的会计循环中所举恒兴公司为例，利用 Excel 几个简单功能，完成相关账户处理，并编制出简易报表。

1. 建立工作簿并保存

在 Windows 桌面上双击 Excel 的快捷方式，或通过“开始”键，点击“所有程序”，点击“Microsoft Office”，点击“Microsoft Excel 2010”，进入开始界面，如图 14-6 所示。

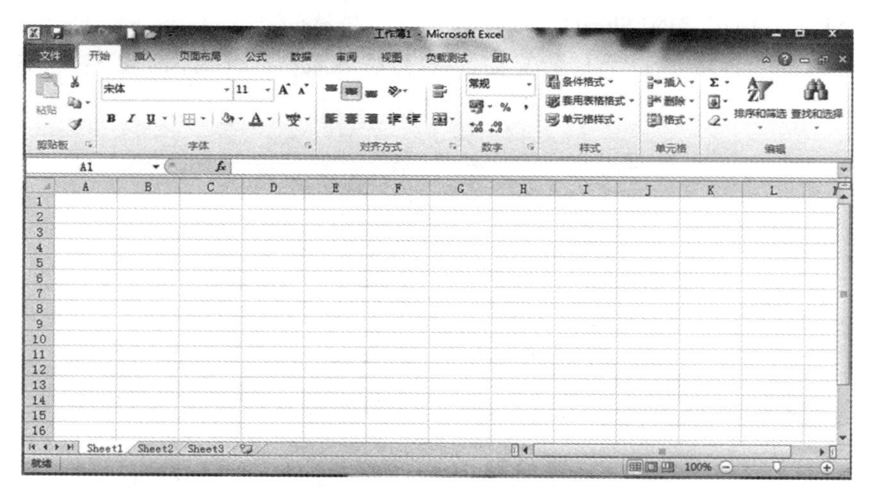

图 14-6　Excel 开始界面

2. 点击“快速访问工具栏”的保存图标

在左边的地址栏内，选择“本地磁盘 D”，在文件名内，将“工作簿 1”改为“恒兴公司电子账”，然后点击“保存”，如图 14-7 所示。

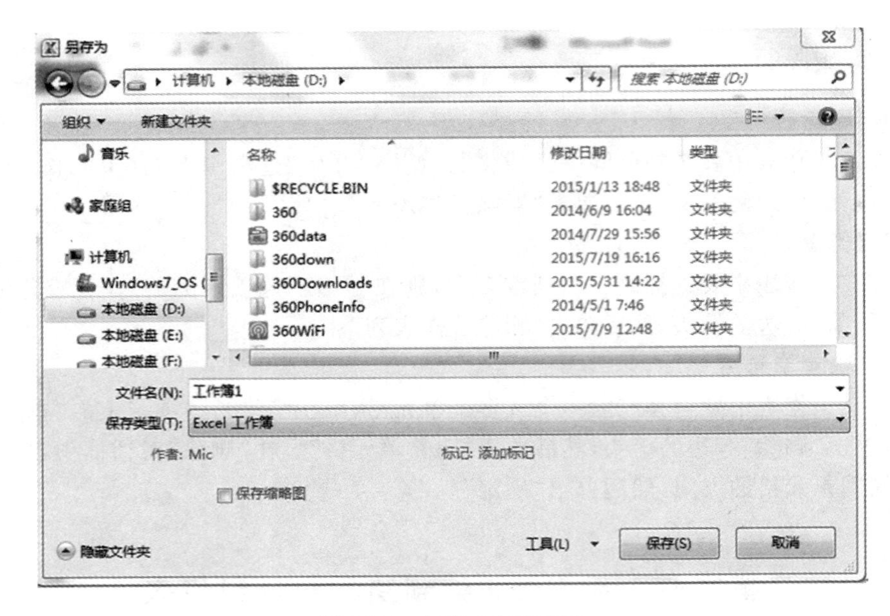

图 14-7 保存工作簿界面

点击“保存”后，界面回到开始的状态，注意表的最上端已经显示出了工作簿的名称了，如图 14-8 所示。

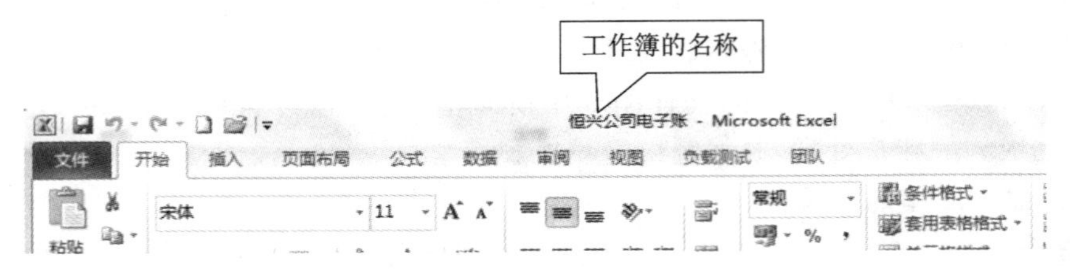

图 14-8 显示工作簿的名称

3. 双击界面下端的“Sheet1”

双击“Sheet1”后，“Sheet1”会变成黑色，然后输入“会计科目表”。这样“Sheet1”就更名为“会计科目表”，如图 14-9 所示。

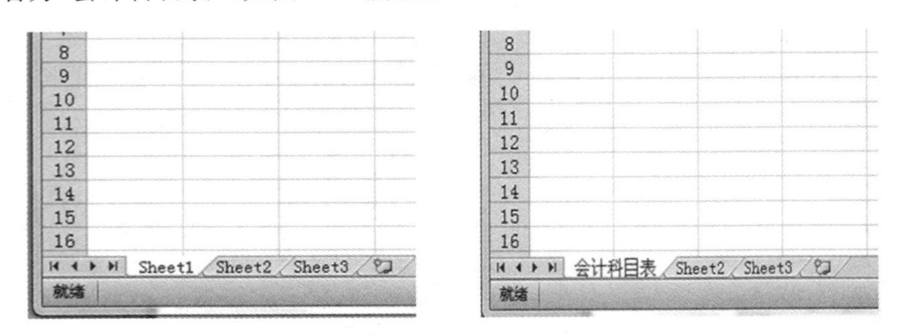

图 14-9 更改工作表名称

4. 双击单元格 A1

双击 A1 后，光标会停留在单元格，键入“科目代码”，然后在 B1 和 C1 单元格内分别键入“会计科目”、“代码和科目”，如图 14-10 所示。

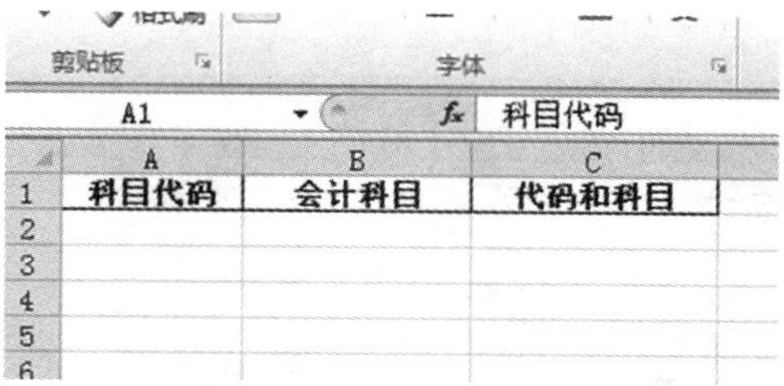

	A	B	C
1	科目代码	会计科目	代码和科目
2			
3			
4			
5			

图 14-10 输入文本数据界面

5. 输入科目代码和会计科目

在科目代码和会计科目内键入所需科目代码和会计科目，如图 14-11 所示。

	A	B	C
1	科目代码	会计科目	代码和科目
2	1001	库存现金	
3	1002	银行存款	
4	1122	应收账款	
5	1221	其他应收款	
6	1405	库存商品	
7	1601	固定资产	
8	1602	累计折旧	
9	1801	长期待摊费用	
10	2101	短期借款	
11	2202	应付账款	
12	2203	预收账款	
13	2211	应付职工薪酬	
14	2231	应付利息	
15	4001	实收资本	
16	6001	主营业务收入	
17	6401	主营业务成本	
18	6601	销售费用	
19	6602	管理费用	
20	6603	财务费用	

图 14-11 输入科目代码和会计科目

6. 在 C2 单元格内设置公式

双击 C2，键入"＝A2&B2"，意思是 C2 是由 A2 与 B2 的内容连接起来的，然后键入"Enter"，可以看到 C2 内容变为"1001 库存现金"，如图 14-12 所示。

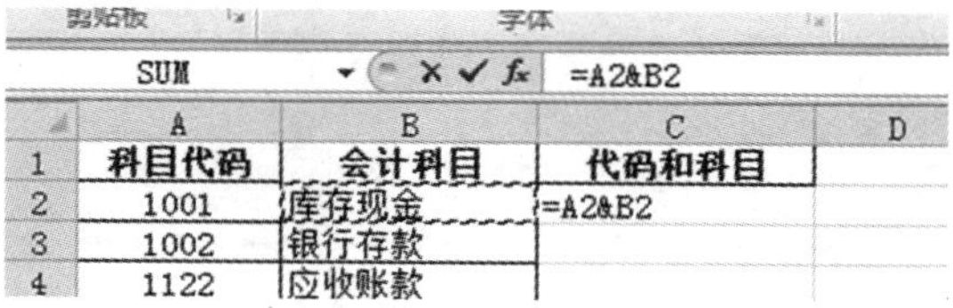

SUM =A2&B2

	A	B	C	D
1	科目代码	会计科目	代码和科目	
2	1001	库存现金	=A2&B2	
3	1002	银行存款		
4	1122	应收账款		

图 14-12 设置文本连接公式

按"Enter"后，结果如图 14-13 所示。

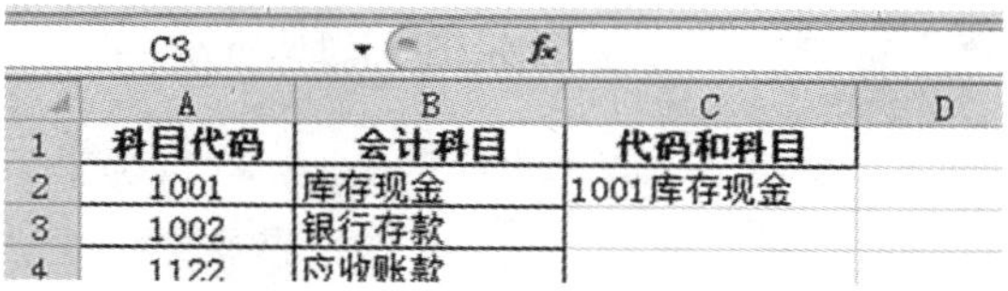

C3

	A	B	C	D
1	科目代码	会计科目	代码和科目	
2	1001	库存现金	1001库存现金	
3	1002	银行存款		
4	1122	应收账款		

图 14-13 文本连接公式效果图

7. 填充内容直到第 20 行

鼠标放在 C2 单元格的右下角，鼠标的形状变成黑十字，然后按住鼠标左键，往下拉到 C20，松开鼠标，结果如图 14-14 所示。

	A	B	C
1	科目代码	会计科目	代码和科目
2	1001	库存现金	1001库存现金
3	1002	银行存款	1002银行存款
4	1122	应收账款	1122应收账款
5	1221	其他应收款	1221其他应收款
6	1405	库存商品	1405库存商品
7	1601	固定资产	1601固定资产
8	1602	累计折旧	1602累计折旧
9	1801	长期待摊费用	1801长期待摊费用
10	2101	短期借款	2101短期借款
11	2202	应付账款	2202应付账款
12	2203	预收账款	2203预收账款
13	2211	应付职工薪酬	2211应付职工薪酬
14	2231	应付利息	2231应付利息
15	4001	实收资本	4001实收资本
16	6001	主营业务收入	6001主营业务收入
17	6401	主营业务成本	6401主营业务成本
18	6601	销售费用	6601销售费用
19	6602	管理费用	6602管理费用
20	6603	财务费用	6603财务费用

图 14-14　公式效果图

第三节　用 Excel 制作记账凭证库

与传统的记账凭证不同，用 Excel 制作记账凭证时，考虑到初学者对会计知识及 Excel 的理解与掌握能力不同，在制作记账凭证库时，进行了简易的处理。

1. 建立“记账凭证库”表单

双击“Sheet2”，等“Sheet2”变成黑色后，键入“记账凭证库”，如图 14-15 所示。

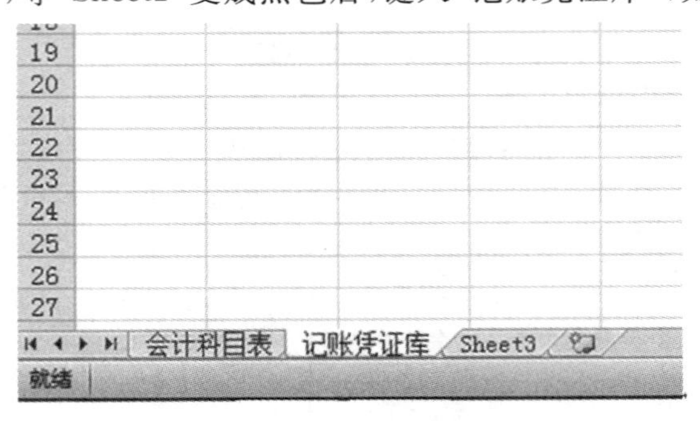

图 14-15　工作表名称

2. 键入标题栏的内容

双击 A1，键入“序号”，双击 B1，键入“业务号”，然后依次键入“业务摘要”、“会计科目”、“借方发生额”和“贷方发生额”，如图 14-16 所示。

剪贴板　字体　对齐方式

F1　f_x　贷方发生额

	A	B	C	D	E	F
1	序号	业务号	业务摘要	会计科目	借方发生额	贷方发生额
2						
3						

图 14-16　记账凭证标题行

3. 设置“会计科目”数据的有效性

鼠标单击D列，如图14-17所示。

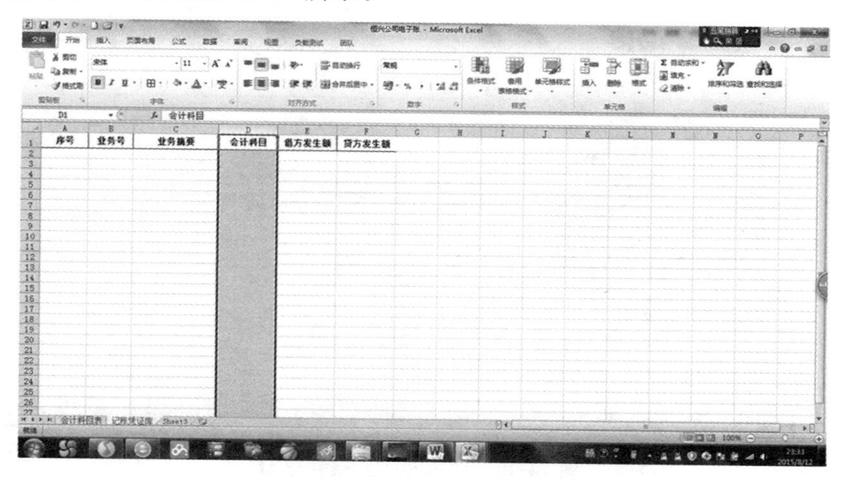

图 14-17 选择工作表列

然后选择“数据”项下的“数据有效性”，如图14-18所示。

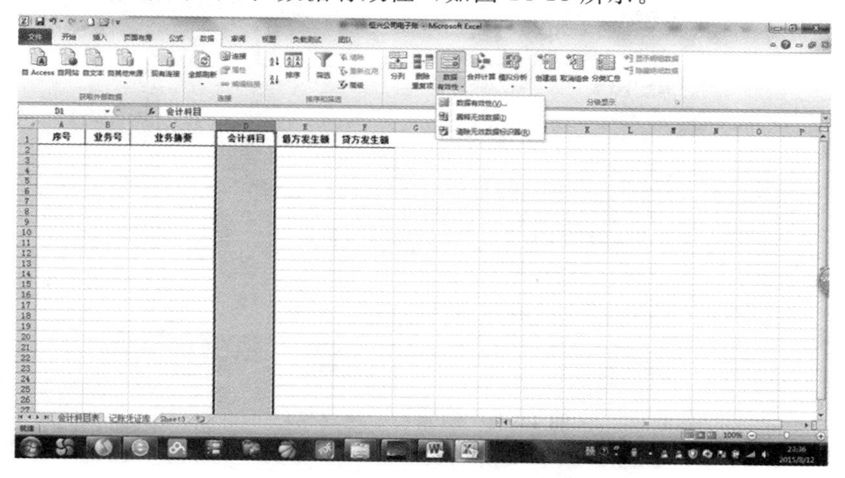

图 14-18 数据有效性按键

选择“数据有效性”，界面会弹出“数据有效性”对话框，选择“设置”下“允许”的“序列”，如图14-19所示。

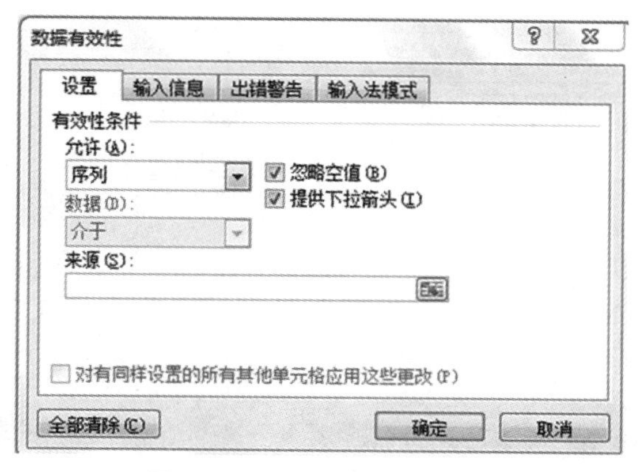

图 14-19 数据有效性对话框

单击“来源”项下的小图标，图形会缩小，然后选择表单“会计科目表”中的 C2：C20 区域，如图 14-20 所示。

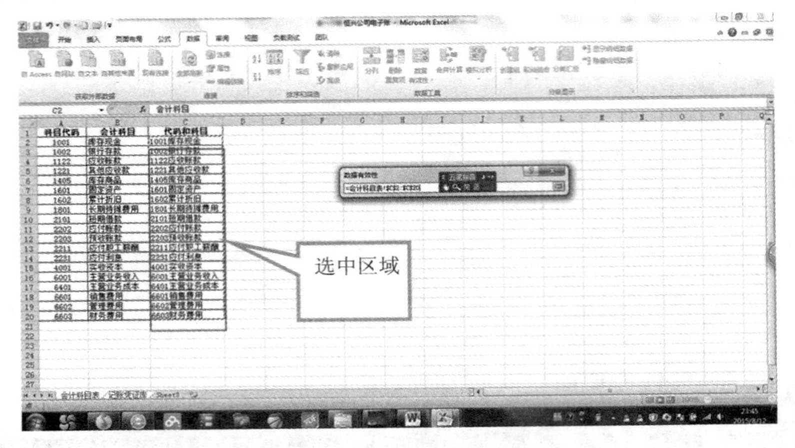

图 14-20 数据有效性条件区域

然后在“数据有效性”对话框中，选择“确定”，如图 14-21 所示。

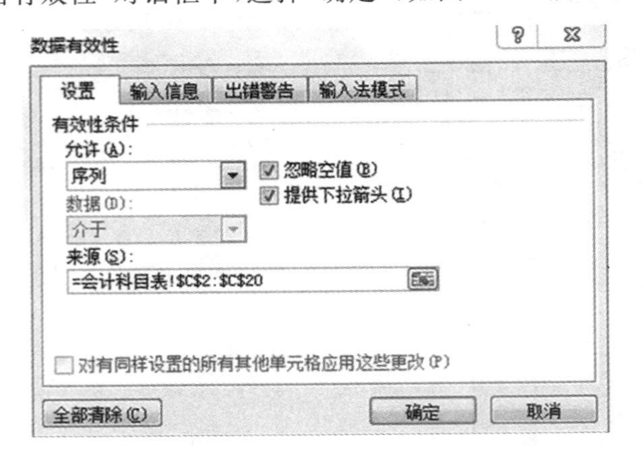

图 14-21 数据有效性对话框

然后，在 D 列中任选一个单元格，会出现一个下拉键，点击下拉键，D 列可以允许输入的内容就出来了，如图 14-22 所示。

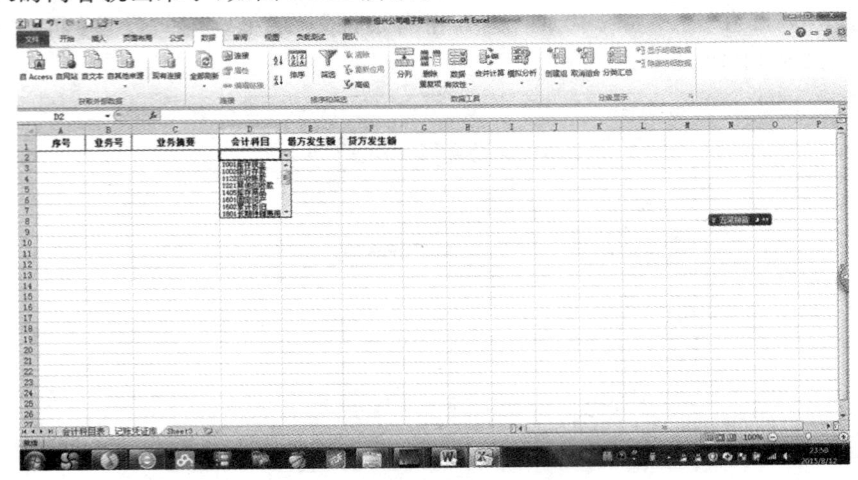

图 14-22 数据有效性效果

设置“会计科目”数据的有效性，一方面是方便选择会计科目，同时也是为了保证在输入会计科目时同一科目不会出错。如将“库存现金”输成“现金”，虽然意思是一样，但 Excel 认为是两个不同的科目。

4. 设置 E 列、F 列为会计专用格式

选中 E、F 列，如图 14-23 所示。

点击鼠标右键，选中其中的“设置单元格格式”栏，如图 14-24 所示。

出现“设置单元格格式”对话框。根据本案例的特点，将小数点位数设为“0”，货币符号设为“无”，如图 14-25 所示。

5. 键入相关业务的内容

根据恒兴公司当月的业务内容，填写“记账凭证库”。如业务 1，接受业主投入资本 30 万，如图 14-26 所示。

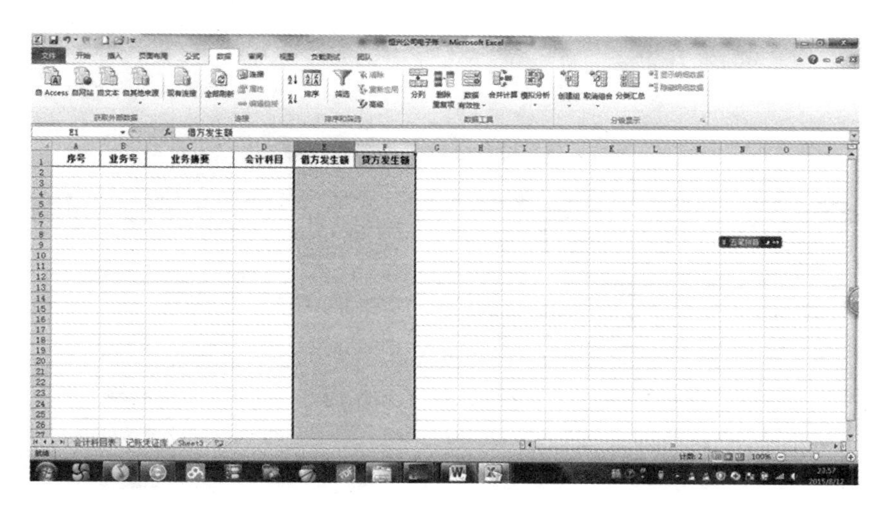

图 14-23 选中工作表列

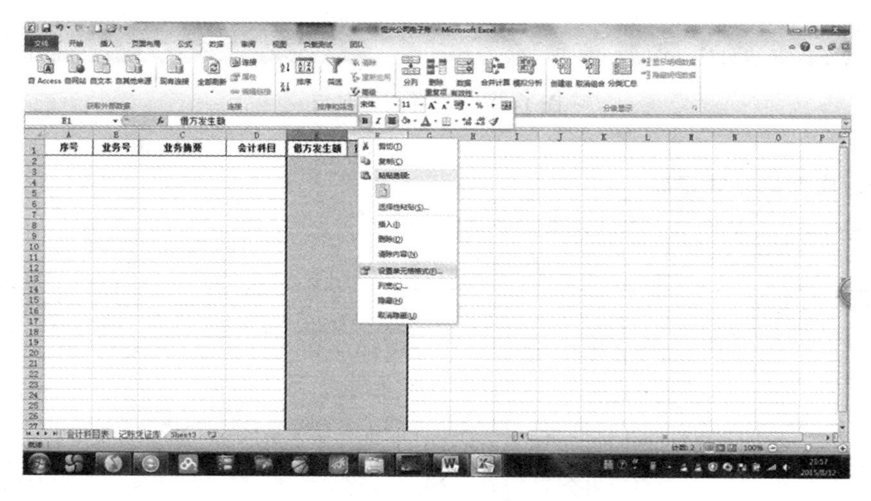

图 14-24 选择设置单元格格式图

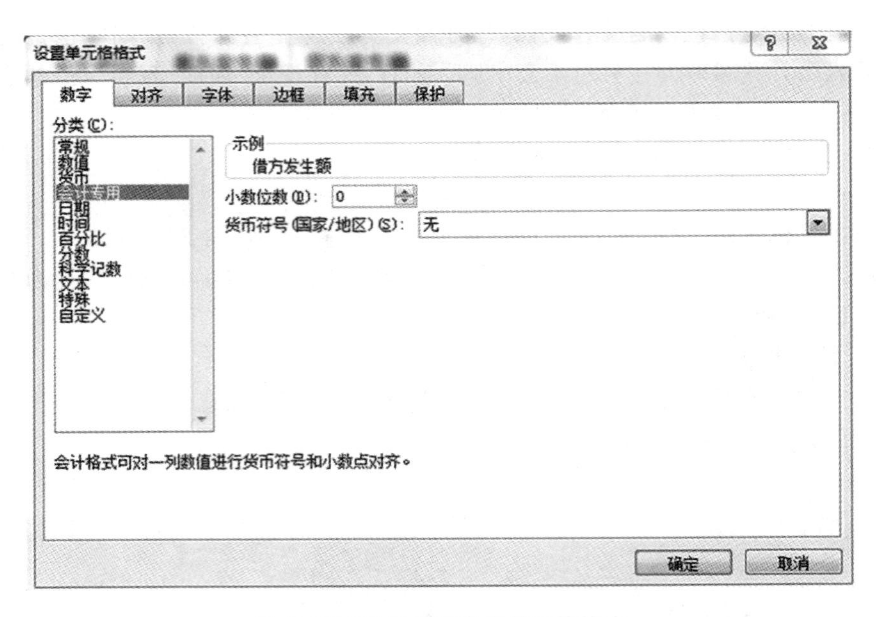

图 14-25　设置会计专用单元格格式

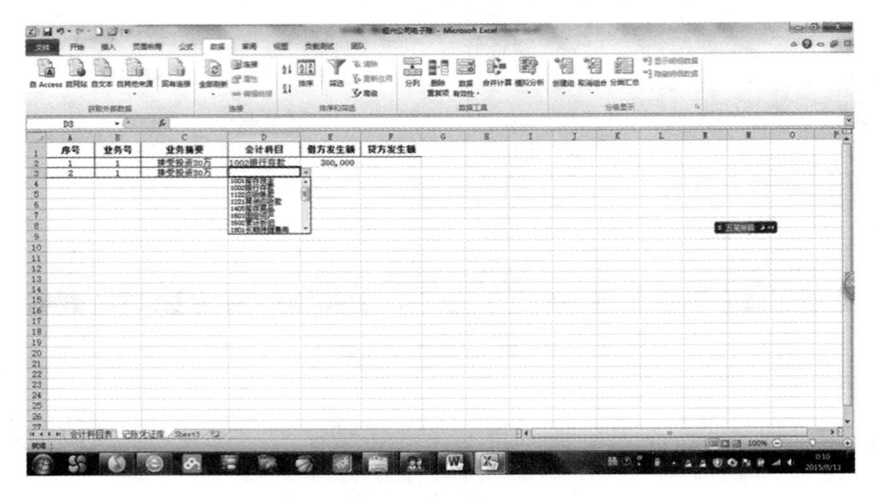

图 14-26　选择会计科目

6. 建立记账凭证库

键入 20 笔业务后，形成记账凭证库，见表 14-1。

表 14-1　记账凭证库

序号	业务号	业务摘要	会计科目	借方发生额	贷方发生额
1	1	接受投资 30 万	1002 银行存款	300,000	
2	1	接受投资 30 万	4001 实收资本		300,000
3	2	预付房屋租金 12 万	1801 长期待摊费用	120,000	
4	2	预付房屋租金 12 万	1002 银行存款		120,000
5	3	销售商品 10 万	1002 银行存款	100,000	

续表

序号	业务号	业务摘要	会计科目	借方发生额	贷方发生额
6	3	销售商品 10 万	6001 主营业务收入		100,000
7	3	结转销售成本 6.8 万	6401 主营业务成本	68,000	
8	3	结转销售成本 6.8 万	1405 库存商品		68,000
9	4	向银行短期借款 12 万	1002 银行存款	120,000	
10	4	向银行短期借款 12 万	2101 短期借款		120,000
11	5	支付广告费 3 万	6601 销售费用	30,000	
12	5	支付广告费 3 万	1002 银行存款		30,000
13	6	收到前欠货款 15 万	1002 银行存款	150,000	
14	6	收到前欠货款 15 万	1122 应收账款		150,000
15	7	支付上月工资 3 万	2211 应付职工薪酬	30,000	
16	7	支付上月工资 3 万	1002 银行存款		30,000
17	8	赊销商品 40 万	1122 应收账款	400,000	
18	8	赊销商品 40 万	6001 主营业务收入		400,000
19	8	结转销售成本 27 万	6401 主营业务成本	270,000	
20	8	结转销售成本 27 万	1405 库存商品		270,000
21	9	赊购商品 20 万	1405 库存商品	200,000	
22	9	赊购商品 20 万	2202 应付账款		200,000
23	9	支付前欠货款 18 万	2202 应付账款	180,000	
24	9	支付前欠货款 18 万	1002 银行存款		180,000
25	10	员工借支 3000	1221 其他应收款	3,000	
26	10	员工借支 3000	1001 库存现金		3,000
27	11	银行取现金 5000	1001 库存现金	5,000	
28	11	银行取现金 5000	1002 银行存款		5,000
29	12	购买设备 1.5 万	1601 固定资产	15,000	
30	12	购买设备 1.5 万	1002 银行存款		15,000
31	13	员工报账 2700,退 300	6602 管理费用	2,700	
32	13	员工报账 2700,退 300	1001 库存现金	300	
33	13	员工报账 2700,退 300	1221 其他应收款		3,000
34	14	零售收入入账 2 万	1001 库存现金	20,000	
35	14	零售收入入账 2 万	6001 主营业务收入		20,000
36	14	结转销售成本 1.3 万	6401 主营业务成本	13,000	
37	14	结转销售成本 1.3 万	1405 库存商品		13,000
38	15	现金存银行 2 万	1002 银行存款	20,000	
39	15	现金存银行 2 万	1001 库存现金		20,000

续表

序号	业务号	业务摘要	会计科目	借方发生额	贷方发生额
40	16	收回赊销货款 20 万	1002 银行存款	200,000	
41	16	收回赊销货款 20 万	1122 应收账款		200,000
42	17	预收购货款 2 万	1002 银行存款	20,000	
43	17	预收购货款 2 万	2203 预收账款		20,000
44	18	计提本月工资 3.2 万	6602 管理费用	32,000	
45	18	计提本月工资 3.2 万	2211 应付职工薪酬		32,000
46	19	零售收入入账 3 万	1002 银行存款	30,000	
47	19	零售收入入账 3 万	6001 主营业务收入		30,000
48	19	结转销售成本 2.1 万	6401 主营业务成本	21,000	
49	19	结转销售成本 2.1 万	1405 库存商品		21,000
50	20	支付水电费 4000	6602 管理费用	4,000	
51	20	支付水电费 4000	1002 银行存款		4,000
52	21	摊销本月的房租 5000	6602 管理费用	5,000	
53	21	摊销本月的房租 5000	1801 长期待摊费用		5,000
54	22	计提当月折旧 5000	6602 管理费用	5,000	
55	22	计提当月折旧 5000	1602 累计折旧		5,000
56	23	计提当月利息 900	6603 财务费用	900	
57	23	计提当月利息 900	2231 应付利息		900
58	24	结转本期收入 55 万	6001 主营业务收入	550,000	
59	24	结转本期收入 55 万	4103 本年利润		550,000
60	25	结转成本费用 45.16 万	4103 本年利润	451,600	
61	25	结转成本费用 45.16 万	6401 主营业务成本		372,000
62	25	结转成本费用 45.16 万	6602 管理费用		48,700
63	25	结转成本费用 45.16 万	6601 销售费用		30,000
64	25	结转成本费用 45.16 万	6603 财务费用		900

第四节　编制科目汇总表

记账凭证库编制完成后，接下来就要编制科目汇总表。在采用手工登账并汇总的情况下，这个步骤是最容易出错的地方，借贷方的合计数也往往不平。而采用 Excel 进行账户处理可以非常容易地解决登账出现差错的问题。

1. 建立“科目汇总表”表单

双击“Sheet3”，将内容改为“科目汇总表”，如图 14-27 所示。

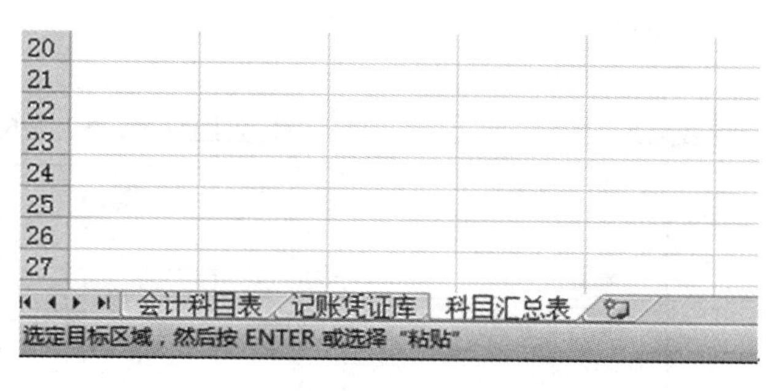

图 14-27　科目汇总表单

2. 将"记账凭证库"的内容复制到"科目汇总表"中

点击"记账凭证库"，点击 A1，滑动拉条到凭证库内容下方，按下"Shift"，同时点击 F64，将凭证库内容全部选中，点击鼠标右键，选中"复制"。然后点击"科目汇总表"表单，选中 A1，点击鼠标右键，选中"粘贴"。然后根据内容，调整一下列宽。其中数据列中如果出现"# #"，说明列宽不够，在列标栏中，拉开就可以显示了。

3. 将"科目汇总表"中的"总账科目"排序

点击主菜单中的"数据"，在功能区中，选中"排序"，如图 14-28 所示。

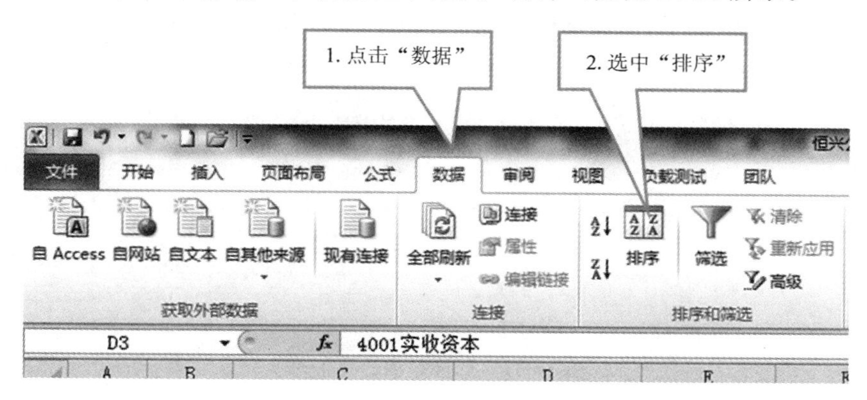

图 14-28　选择数据并排序

出现"排序"对话框，在"主要关键字"中选中"会计科目"，其他条件为默认，不作变动，然后点击"确定"，如图 14-29 所示。

图 14-29　数据排序选项

这样就将相同科目的相关数据排在一起了,如图 14-30 所示。

	A	B	C	D	E	F
1	序号	业务号	业务摘要	会计科目	借方发生额	贷方发生额
2	26	10	员工借支3000	1001库存现金		3,000
3	27	11	银行取现金5000	1001库存现金	5,000	
4	32	13	员工报账2700,退300	1001库存现金	300	
5	34	14	零售收入入账2万	1001库存现金	20,000	
6	39	15	现金存银行2万	1001库存现金		20,000
7	1	1	接受投资30万	1002银行存款	300,000	
8	4	2	预付房屋租金12万	1002银行存款		120,000
9	5	3	销售商品10万	1002银行存款	100,000	
10	9	4	向银行短期借款12万	1002银行存款	120,000	
11	12	5	支付广告费3万	1002银行存款		30,000
12	13	6	收到前欠货款15万	1002银行存款	150,000	
13	16	7	支付上月工资3万	1002银行存款		30,000
14	24	9	支付前欠货款18万	1002银行存款		180,000
15	28	11	银行取现金5000	1002银行存款		5,000
16	30	12	购买设备1.5万	1002银行存款		15,000
17	38	15	现金存银行2万	1002银行存款	20,000	
18	40	16	收回赊销货款20万	1002银行存款	200,000	
19	42	17	预收购货款2万	1002银行存款	20,000	
20	46	19	零售收入入账3万	1002银行存款	30,000	
21	51	20	支付水电费4000	1002银行存款		4,000
22	14	6	收到前欠货款15万	1122应收账款		150,000
23	17	8	赊销商品40万	1122应收账款	400,000	

图 14-30　数据排序效果

4. 分类汇总形成科目汇总表

在“数据”主菜单下,点击“分类汇总”,如图 14-31 所示。

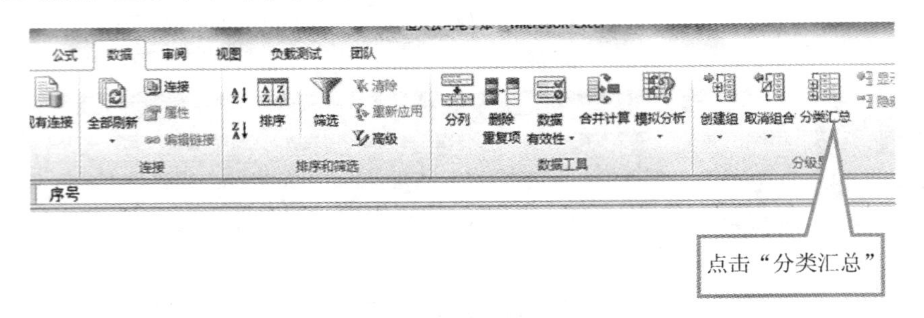

图 14-31　选择数据分类汇总

在“分类汇总”对话框中,“分类字段”选择“会计科目”,“汇总方式”选择“求和”,在“选定汇总项”中的“借方发生额”与“贷方发生额”前打钩,其他选项默认,然后选择“确定”。如图 14-32 所示。

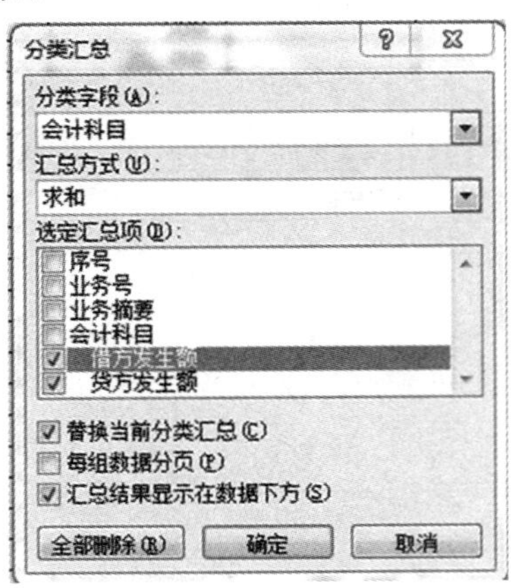

图 14-32　分类汇总对话框

选择“确定”后，Excel 会将会计科目相同的借方发生额与贷方发生额进行汇总，如图 14-33 所示。

	A	B	C	D	E	F
1	序号	业务号	业务摘要	会计科目	借方发生额	贷方发生额
2	26	10	员工借支3000	1001库存现金		3,000
3	27	11	银行取现金5000	1001库存现金	5,000	
4	32	13	员工报账2700，退300	1001库存现金	300	
5	34	14	零售收入入账2万	1001库存现金	20,000	
6	39	15	现金存银行2万	1001库存现金		20,000
7				1001库存现金 汇总	25,300	23,000
8	1	1	接受投资30万	1002银行存款	300,000	
9	4	2	预付房屋租金12万	1002银行存款		120,000
10	5	3	销售商品10万	1002银行存款	100,000	
11	9	4	向银行短期借款12万	1002银行存款	120,000	
12	12	5	支付广告费3万	1002银行存款		30,000
13	13	6	收到前欠货款15万	1002银行存款	150,000	
14	16	7	支付上月工资3万	1002银行存款		30,000
15	24	9	支付前欠货款18万	1002银行存款		180,000
16	28	11	银行取现金5000	1002银行存款		5,000

图 14-33 分类汇总效果图

最左边的列显示了汇总的层次，现在图中显示的是最底层，选择“2”就可以得到当期的科目汇总了，如图 14-34 所示。

	A	B	C	D	E	F
1	序号	业务号	业务摘要	会计科目	借方发生额	贷方发生额
7				1001库存现金 汇总	25,300	23,000
23				1002银行存款 汇总	940,000	384,000
27				1122应收账款 汇总	400,000	350,000
30				1221其他应收款 汇	3,000	3,000
36				1405库存商品 汇总	200,000	372,000
38				1601固定资产 汇总	15,000	-
40				1602累计折旧 汇总	-	5,000
43				1801长期待摊费用	120,000	5,000
45				2101短期借款 汇总	-	120,000
48				2202应付账款 汇总	180,000	200,000
50				2203预收账款 汇总	-	20,000
53				2211应付职工薪酬	30,000	32,000
55				2231应付利息 汇总	-	900
57				4001实收资本 汇总	-	300,000
60				4103本年利润 汇总	451,600	550,000
66				6001主营业务收入	550,000	550,000
72				6401主营业务成本	372,000	372,000
75				6601销售费用 汇总	30,000	30,000
82				6602管理费用 汇总	48,700	48,700
85				6603财务费用 汇总	900	900
86				总计	3,366,500	3,366,500

图 14-34 分类汇总第二层效果图

如果发现借贷合计数不相等，就应该解除“分类汇总”，操作如下：再次点击“分类汇总”，在“分类汇总”对话框的左下角选择“全部删除”，就可以解除分类汇总。按“序号”排列后，就恢复到最初的状态，进行修改。

第五节 编制利润表

财务人员在每个会计期末要编制会计报表以满足投资者、国家税务机关等相关利益人的需要。传统的编制会计报表的方法要根据总账和明细账的数据来填报，而电算化进行账务处理时，直接根据记账凭证库的数据，利用 Excel 的相关函数就可以解决。在编制会计报表时，先编制利润表得出当期的利润，然后再编制资产负债表。

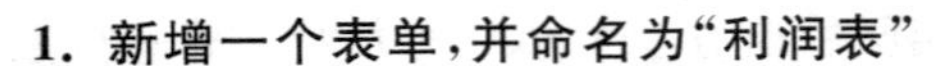

1. 新增一个表单,并命名为“利润表”

当新建一个 Excel 工作簿时,系统会默认同时创建三个表单 Sheet1、Sheet2、Sheet3。目前三个表单分别命名为“会计科目表”、“记账凭证库”、“科目汇总表”。现在要增加一个表单,单击左下角的“新增”标签,如图 14-35 所示。

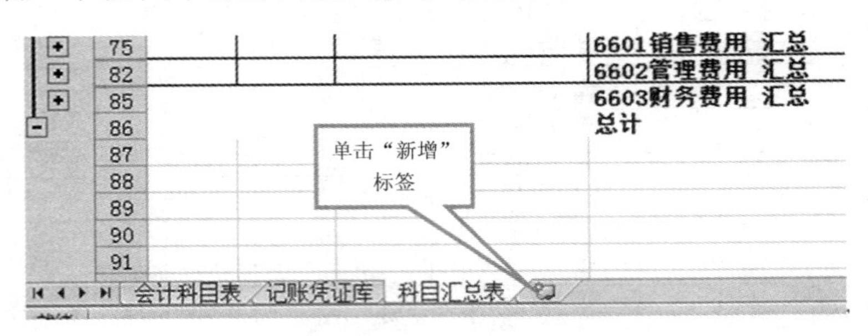

图 14-35 新增工作表

单击标签后,会出现新增表单 Sheet1,然后将工作表单命名为“利润表”。

2. 编制利润表表样

双击“利润表”工作表 A1 单元格,输入“利润表(简表)”字样,且合并单元格 A1 至 E1。单击 A1 单元格,并按住鼠标不放,同时拖动鼠标至 E1,即选中了 A1 至 E1 单元格区域,如图 14-36 所示。

	A	B	C	D	E	F
1	利润表（简表）					
2						
3						

图 14-36 合并单元格

然后选择“合并后居中”按键,可以看到 A1 至 E1 合并成为一个单元格,且“利润表(简表)”居于新单元格之中,同时将字体调整到宋体 14 号字体。

在 B2 至 E10 区域内,输入利润表相关的科目,如图 14-37 所示。

	A	B	C	D	E
1	利润表（简表）				
2	项目	本期借方金额	本期贷方金额	本期净值	
3	营业收入				
4	主营业务收入				
5	减：营业费用				
6	主营业务成本				
7	管理费用				
8	销售费用				
9	财务费用				
10	营业利润				

图 14-37 利润表(简表)

表中的“主营业务收入”、“管理费用”等项目，要根据当期的记账凭证库中所记载的发生额汇总登记，因此需要一个按不同科目汇总求和的函数来迅速求值。而SUMIFS就是一个多条件求和函数，其函数语法为：

sumifs(sum_range,criteria_range1,criteria1,[riteria_range2,criteria2]...)

其中sum_range是要求和的范围，criteria_range1是条件的范围，criteria1是条件，中括号内是可选择项，即求和条件范围和条件可以增加。

3. 根据SUMIFS函数取“主营业务收入”的贷方发生额

单击工作表中的C4单元格，点击“fx”图标，出现“插入函数”对话框，如图14-38所示。

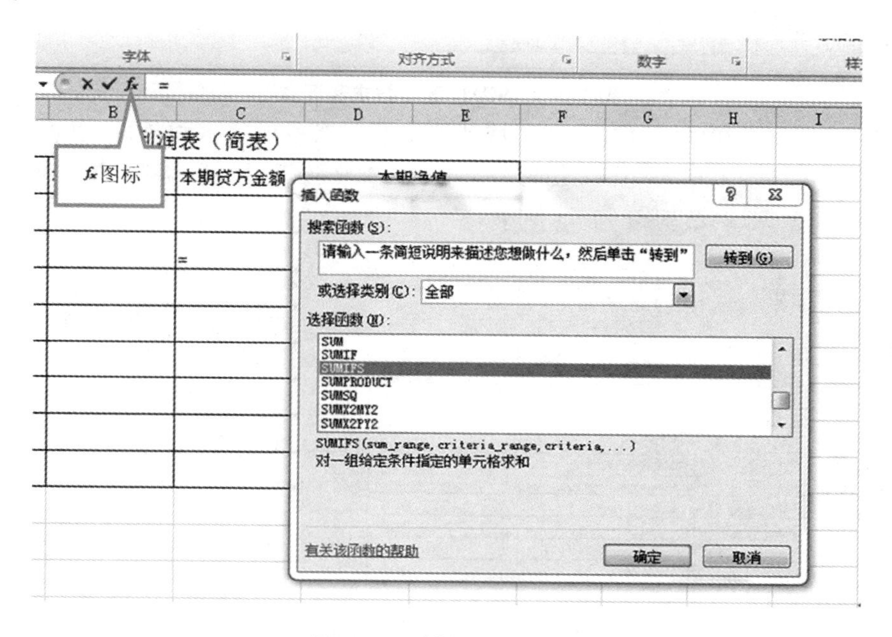

图14-38 插入Excel函数

在对话框“插入函数”的“或选择类别”中，选“全部”，然后在“选择函数”中选择“SUMIFS”函数，再点击“确定”，出现“函数参数”对话框，如图14-39所示。

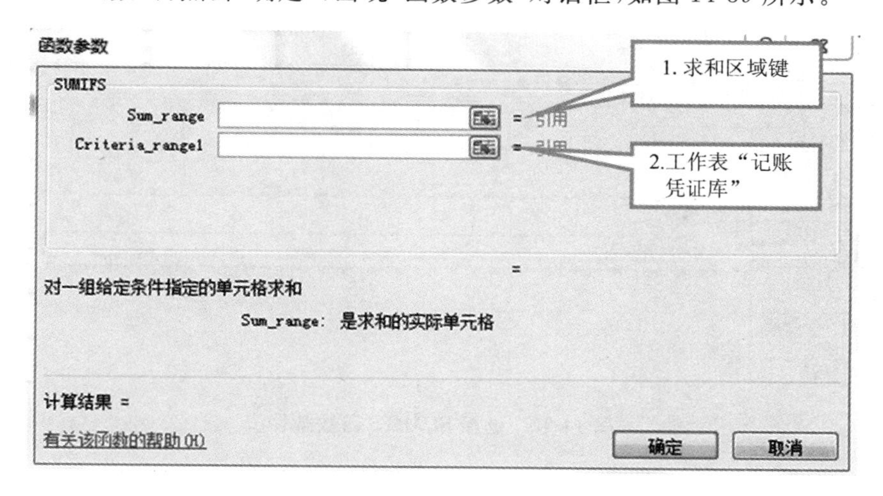

图14-39 SUMIFS函数对话框

点击“求和区域”键，然后再点击工作表“记账凭证库”，并选择“F2：F65”区域，即“记账凭证库”中“贷方发生额”数据区域，如图 14-40 所示。

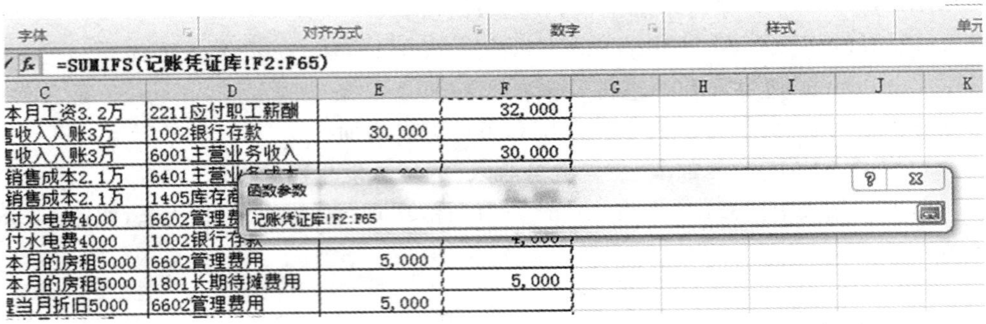

图 14-40　SUMIFS 函数求和区域

再次点击“求和区域”键，求和区域就选中了。然后设定求和条件，点击求和条件键，然后再点击工作表“记账凭证库”，并选择“D2：D65”区域，即“记账凭证库”中“会计科目”数据区域，如图 14-41 所示。

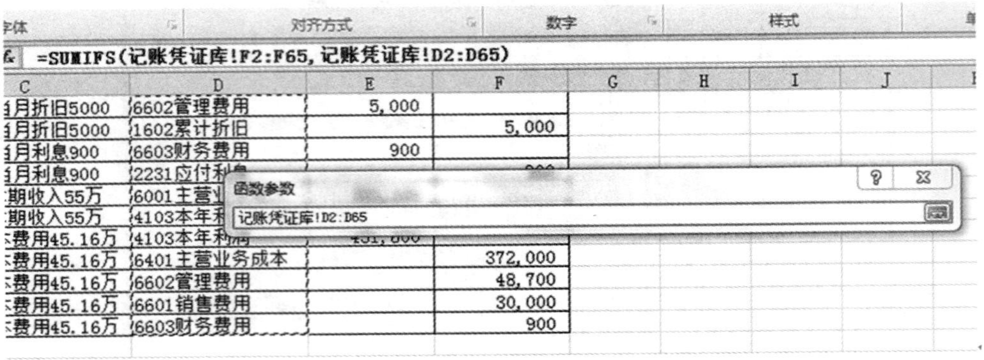

图 14-41　SUMIFS 函数条件区域

再次点击“条件区域”键，条件区域就选中了。点击“条件区域”键，然后再点击工作表“会计科目表”，并选择“C17”区域，即“6001 主营业务收入”，如图 14-42 所示。

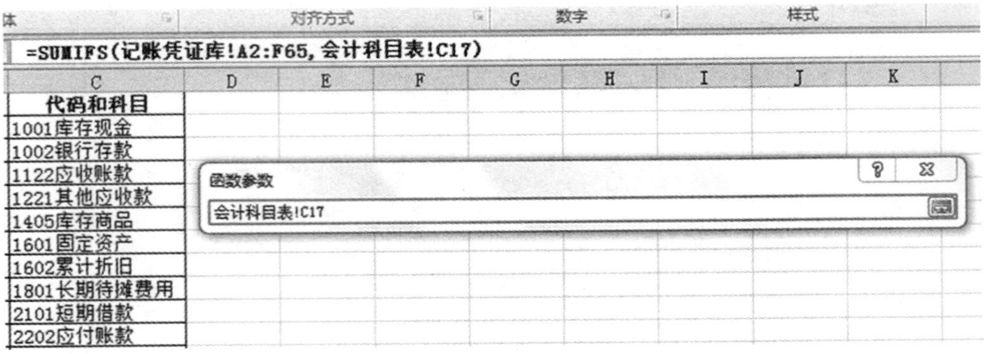

图 14-42　选择 SUMIFS 函数条件

完成设定后的界面,如图 14-43 所示。

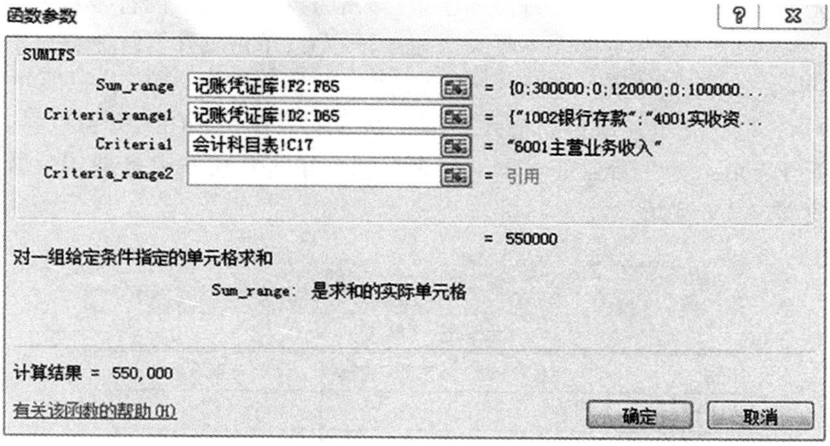

函数参数

SUMIFS

Sum_range 记账凭证库!F2:F65 = {0;300000;0;120000;0;100000...

Criteria_range1 记账凭证库!D2:D65 = {"1002银行存款";"4001实收资...

Criteria1 会计科目表!C17 = "6001主营业务收入"

Criteria_range2 = 引用

= 550000

对一组给定条件指定的单元格求和

Sum_range: 是求和的实际单元格

计算结果 = 550,000

有关该函数的帮助(H) 确定 取消

图 14-43 SUMIFS 函数设置

其意思即为:汇总在记账凭证库中会计科目为“6001 主营业务收入”的贷方发生额合计数。点击“确定”后,再按“Enter”键,就得到“主营业务收入”的合计数 550 000 元,如图 14-44 所示。

C4 =SUMIFS(记账凭证库!F2:F65,记账凭证库!D2:D65,会计科目表!C17)

利润表(简表)				
项目	本期借方金额	本期贷方金额	本期净值	
营业收入				
主营业务收入		550,000		
减:营业费用				
主营业务成本				
管理费用				
销售费用				
财务费用				
营业利润				

图 14-44 主营业务收入合计数

4. 汇总各会计科目的借方合计数

按以上方法,依次取得“主营业务成本”、“管理费用”、“销售费用”、“财务费用”的借方合计数。

主营业务成本=SUMIFS(记账凭证库! E2:E65,记账凭证库! D2:D65,会计科目表! C18)

管理费用=SUMIFS(记账凭证库! E2:E65,记账凭证库! D2:D65,会计科目表! C20)

销售费用=SUMIFS(记账凭证库! E2:E65,记账凭证库! D2:D65,会计科目表! C19)

财务费用=SUMIFS(记账凭证库! E2:E65,记账凭证库! D2:D65,会计科目表! C21)

5. 设置公式,计算营业利润的值

单击C10单元格,输入“=”符号(注意:必须为英文状态下的符号),进入使用公式模式,然后单击“C4”(主营业务收入),输入“-”号;单击B6(主营业务成本),输入“-”号;单击B7(管理费用),输入“-”;单击“B8”(销售费用),输入“-”;单击“B9”(财务费用),输入“-”。即得到公式C10=C4-B6-B7-B8-B9,意思是:营业利润=主营业务收入-主营业务成本-管理费用-销售费用-财务费用。营业利润公式设置如图14-45所示。

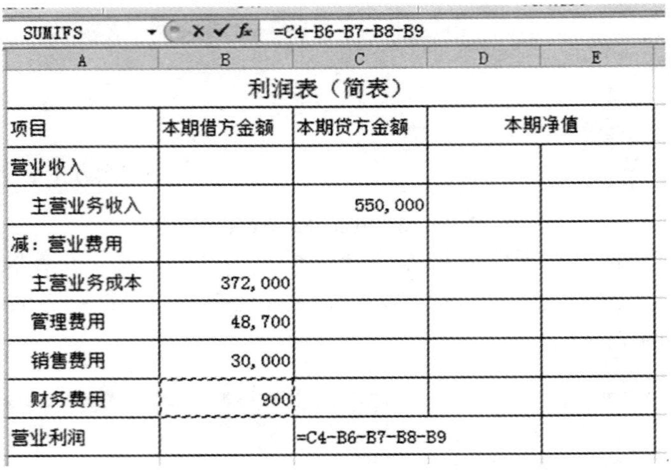

SUMIFS =C4-B6-B7-B8-B9

A	B	C	D	E
利润表（简表）				
项目	本期借方金额	本期贷方金额	本期净值	
营业收入				
主营业务收入		550,000		
减：营业费用				
主营业务成本	372,000			
管理费用	48,700			
销售费用	30,000			
财务费用	900			
营业利润		=C4-B6-B7-B8-B9		

图14-45　营业利润公式设置

第六节　编制资产负债表

资产负债表的项目要比利润表的多,并且要输入期初值。

1. 新增资产负债表

新增一个表单,并命名为“资产负债表”。操作步骤与增加工作表“利润表”相同。

2. 编制资产负债表的表样

(1) 双击“资产负债表”工作表A1单元格,输入“资产负债表(简表)”字样,且合并单元格A1至J1。单击A1单元格,并按住鼠标不放,同时拖动鼠标至J1,即选中了A1至J1单元格区域。再点击功能区“合并后居中”。

(2) 双击A2单元格,输入“资产”,选中A2至E2区域,点击“合并后居中”,鼠标左键单击A2至E2区域,在功能区选择“主题颜色”,并选中最右边的橙色,如图14-46所示。

点击单元格F2,输入“负债”,并选中F2至J2区域,重复上述操作。

3. 输入表格内容

输入表格内容如图14-47所示。

4. 复制流动资产科目到A5

单击工作表“会计科目表”,选中流动资产C2至C6区域,单击功能区的“复制”

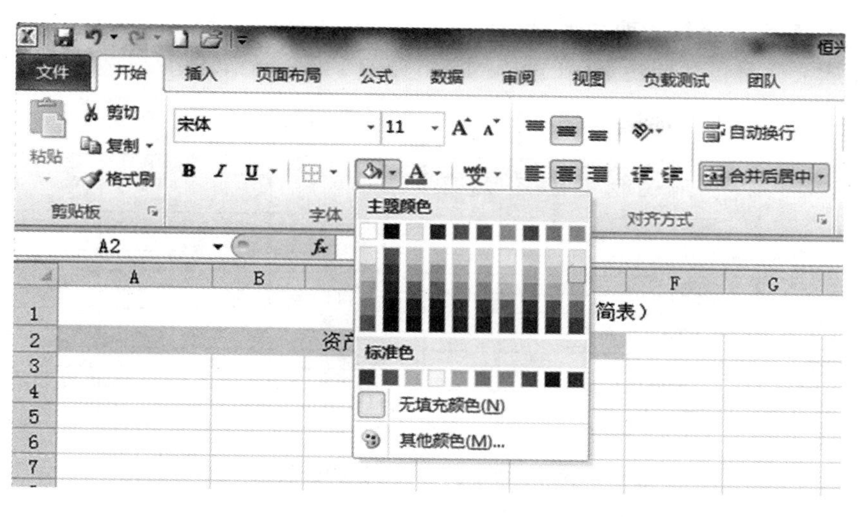

图 14-46 选择单元格背景色

	A	B	C	D	E	F	G	H	I	J
1	资产负债表（简表）									
2	资产					负债				
3	项目	期初余额	本期借方发生额	本期贷方发生额	期末余额	项目	期初余额	本期借方发生额	本期贷方发生额	期末余额
4	流动资产					流动负债				
5										
6										

图 14-47 单元格背景色效果

键，将所选内容复制并粘贴到工作表“资产负债表(简表)”的 A5 至 A9 区域，粘贴时要使用选择性粘贴的“值”选项，如图 14-48 所示。

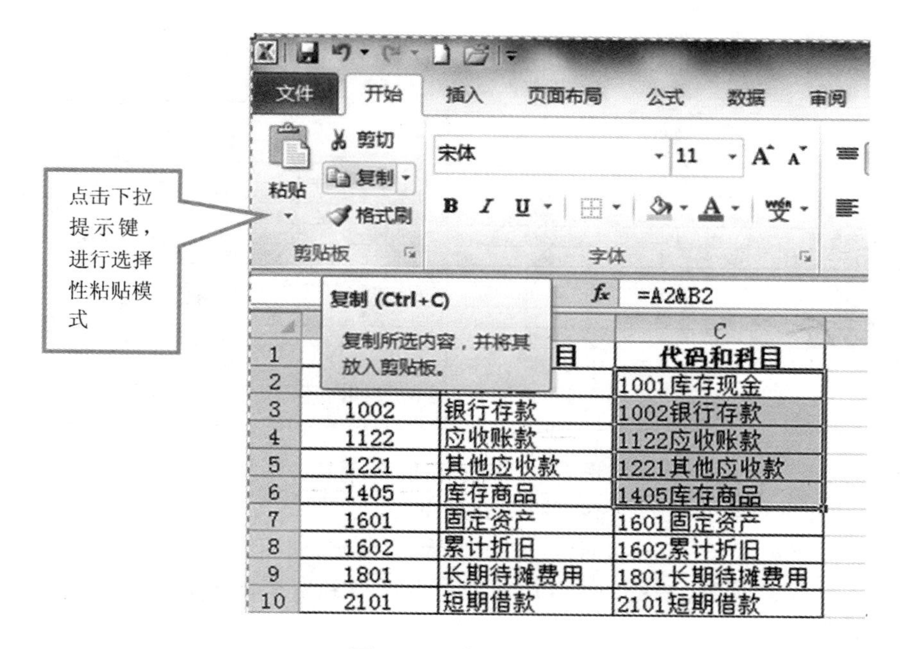

图 14-48 复制区域

5. 输入会计科目和期初余额

完成会计科目和期初余额的填写工作，如图 14-49 所示。

	A	B	C	D	E	F	G	H	I	J
1	资产负债表（简表）									
2	资产					负债				
3	项目	期初余额	本期借方发生额	本期贷方发生额	期末余额	项目	期初余额	本期借方发生额	本期贷方发生额	期末余额
4	流动资产					流动负债				
5	1001库存现金	3,000				2101短期借款	50,000			
6	1002银行存款	50,000				2202应付账款	180,000			
7	1122应收账款	200,000				2203预收账款	0			
8	1221其他应收款	7,000				2211应付职工薪酬	30,000			
9	1405库存商品	400,000				2231应付利息				
10	非流动资产					非流动负债				
11	1601固定资产	300,000				4001实收资本	500,000			
12	1602累计折旧	0				4103本年利润	80,000			
13	1801长期待摊费用	0				4104利润分配	120,000			
14	资产合计									

图 14-49　会计科目期初余额

6. 计算各会计账户本期发生额

利用 SUMIFS 函数，计算各会计账户的本期借方发生额和本期贷方发生额合计数。如 C5 的值，即库存现金科目本期借方发生额合计数为：

1001 库存现金本期借方发生额＝SUMIFS(记账凭证库！E2:E65，记账凭证库！D2:D65，会计科目表！C2)

D5 的值，即库存现金科目贷方合计数为：

1001 库存现金本期贷方发生额＝SUMIFS(记账凭证库！E2:E65，记账凭证库！D2:D65，会计科目表！C2)

E5 的值，即库存现金期末余额设置公式计算。单击单元格 E5，输入“＝B5＋C5－D5”，即：库存现金期末余额＝期初余额＋本期借方发生额－本期贷方发生额。

输入完成后的结果如图 14-50 所示。

	A	B	C	D	E	F	G	H	I	J
1	资产负债表（简表）									
2	资产					负债				
3	项目	期初余额	本期借方发生额	本期贷方发生额	期末余额	项目	期初余额	本期借方发生额	本期贷方发生额	期末余额
4	流动资产					流动负债				
5	1001库存现金	3,000	25,300	23,000	5,300	2101短期借款	50,000	0	120,000	170,000
6	1002银行存款	50,000	940,000	384,000	606,000	2202应付账款	180,000	180,000	200,000	200,000
7	1122应收账款	200,000	400,000	350,000	250,000	2203预收账款	0	0	20,000	20,000
8	1221其他应收款	7,000	3,000	3,000	7,000	2211应付职工薪酬	30,000	30,000	32,000	32,000
9	1405库存商品	400,000	200,000	372,000	228,000	2231应付利息		0	900	900
10	非流动资产					所有者权益				
11	1601固定资产	300,000	15,000	0	315,000	4001实收资本	500,000	0	300,000	800,000
12	1602累计折旧	0	0	5,000	-5,000	4103本年利润	80,000	451,600	550,000	178,400
13	1801长期待摊费用	0	120,000	5,000	115,000	4104利润分配	120,000			120,000
14	资产合计					负债及所有者权益合计				

图 14-50　资产负债表(简表)

7. 计算资产与负债及所有者权益合计数

单击单元格 B12，点击功能区的“自动求和”按键，如图 14-51 所示。

然后选择 B2 至 B13 区域，再按“Enter”，就得到资产的期初余额合计数，如图 14-52 所示。

按此方法算出资产的“本期借方发生额”、“本期贷方发生额”、“期末余额”的三项合计数，最终结果如图 14-53 所示。

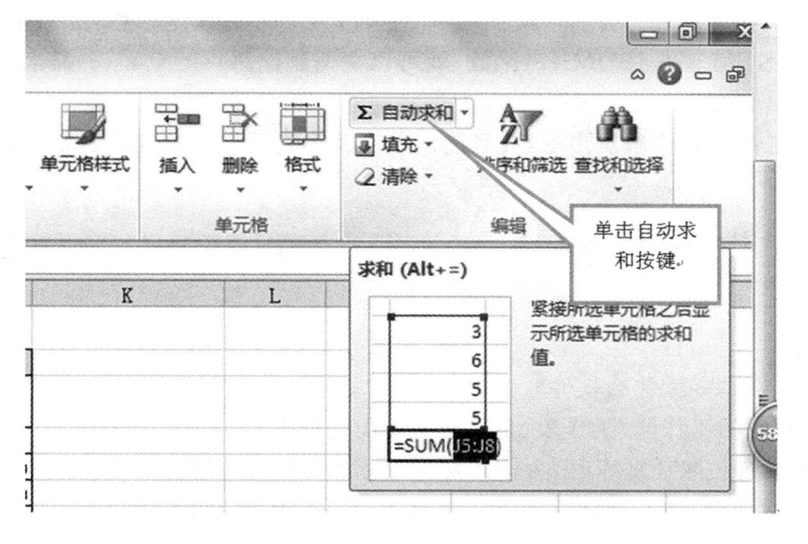

图 14-51　选择自动求和键

SUMIFS　=SUM(B5:B13)

	资产负债表（简表）					
	资产					
	项目	期初余额	本期借方发生额	本期贷方发生额	期末余额	项目
4	流动资产					流动负债
5	1001库存现金	3,000	25,300	23,000	5,300	2101短期借款
6	1002银行存款	50,000	940,000	384,000	606,000	2202应付账款
7	1122应收账款	200,000	400,000	350,000	250,000	2203预收账款
8	1221其他应收款	7,000	3,000	3,000	7,000	2211应付职工薪酬
9	1405库存商品	400,000	200,000	372,000	228,000	2231应付利息
10	非流动资产					
11	1601固定资产	300,000	15,000	0	315,000	4001实收资本
12	1602累计折旧	0	0	5,000	-5,000	4103本年利润
13	1801长期待摊费用	0	120,000	5,000	115,000	4104利润分配
14	资产合计	=SUM(B5:B13)				负债及所有者权益合计
15		SUM(number1, [number2], ...)				

图 14-52　自动求和区域

	资产负债表（简表）								
资产					负债				
项目	期初余额	本期借方发生额	本期贷方发生额	期末余额	项目	期初余额	本期借方发生额	本期贷方发生额	期末余额
流动资产					流动负债				
1001库存现金	3,000	25,300	23,000	5,300	2101短期借款	50,000	0	120,000	170,000
1002银行存款	50,000	940,000	384,000	606,000	2202应付账款	180,000	180,000	200,000	200,000
1122应收账款	200,000	400,000	350,000	250,000	2203预收账款	0	0	20,000	20,000
1221其他应收款	7,000	3,000	3,000	7,000	2211应付职工薪酬	30,000	30,000	32,000	32,000
1405库存商品	400,000	200,000	372,000	228,000	2231应付利息		0	900	900
非流动资产					所有者权益				
1601固定资产	300,000	15,000	0	315,000	4001实收资本	500,000	0	300,000	800,000
1602累计折旧	0	0	5,000	-5,000	4103本年利润	80,000	451,600	550,000	178,400
1801长期待摊费用	0	120,000	5,000	115,000	4104利润分配	120,000			120,000
资产合计	960,000	1,703,300	1,142,000	1,521,300	负债及所有者权益合计	960,000	661,600	1,222,900	1,521,300

图 14-53　资产负债表效果图

本章以会计循环部分所涉案例为例，使用了 Excel 的基本操作，如数据的排序、分类汇总、SUM 函数、SUMIFS 函数，就可以快速制作科目汇总表、利润表和资产负债表，Excel 的功能可见一斑。财会人员必须熟悉并掌握 Excel 的基本操作，将自己从烦琐的数据处理中解脱出来，并且能向管理者迅速提供有价值的财务信息。

思考与练习题

【思考题】

1. Excel 是一款什么软件？

2. Excel 的工作簿、工作表、单元格的作用是什么？

3. 在设置记账凭证库时，为什么要设置会计科目的数据有效性？

4. SUM 函数和 SUMIFS 函数的格式是什么？如何运用？

【练习题】

根据以下资产负债表（简易）中的科目，参考教材第三章会计科目表的编码设置会计科目表，并根据当年所发生的业务，编制记账凭证库，编制利润表和资产负债表。公司 2015 年 2 月 1 日的有关账户期初余额如表 14-2 所示。

表 14-2　账户余额表　　　　单位：元

负　债		权　益	
项目	期初余额	项目	期初余额
库存现金	20 000	短期借款	600 000
银行存款	500 000	应付账款	350 000
应收账款	300 000	应付工资	50 000
库存商品	1 200 000	长期借款	1 000 000
固定资产	3 000 000		
减：累计折旧	1 020 000	实收资本	2 000 000
资产总计	4 000 000	权益合计	4 000 000

2 月份发生下列经济业务：

（1）接受甲某等人的投资 400 000 元。

（2）购买商品 150 000 元，款项通过银行支付。

（3）财务部购买办公用品 1 500 元，以现金支付。

（4）采购商品一批，价值 100 000 元，货款未付。

（5）销售产品一批共 200 000 元，款未收到。销售商品成本为 150 000 元。

（6）以银行存款偿还部分欠款 150 000 元。

（7）计提本月职工工资 60 000 元，其中销售人员工资 45 000 元，行政管理人员工资 15 000 元。

(8) 以银行存款支付上月工资 50 000 元。
(9) 本月水电费 8 000 元,相关发票已收到,公司尚未付款。
(10) 计提本月固定资产的折旧 20 000 元。
(11) 计算本月利息,其中短期借款的利率为 5%,长期借款的利率为 8.5%。
要求:
(1) 编制会计科目工作表。
(2) 根据以上经济业务内容编制记账凭证库,并设置会计科目数据的有效性。
(3) 利用记账凭证库的数据,编制科目汇总表。
(4) 利用记账凭证库的数据,编制利润表。
(5) 利用记账凭证库的数据,编制资产负债表。

第十五章 会计实务

学习目的

了解会计的账户处理流程概念与分类，熟悉记账凭证账务处理程序，熟悉汇总记账凭证账务处理程序，掌握科目汇总表核算组织程序。

导入案例

凭证很重要——安达信倒闭事件

安达信在其于2002年倒闭前，是和普华永道、毕马威、安永、德勤比肩的全球五大会计师事务所之一。

安达信的倒闭缘起美国另一家巨子企业安然公司的破产案。位于美国得克萨斯州的安然公司曾是世界上实力最强的电力、天然气以及电讯公司之一，资产规模曾达1 000多亿美元，连续多年被《财富》杂志评选为“美国最具创新精神公司”。

然而就在2001年10月16日，安然的命运发生了急遽的转向。当天股市收盘之后，安然发布了第三季度财报。其中有一项是公司一次性冲销了高达逾10亿美元的税后投资坏账，这笔巨额坏账是在安然和两家关联公司的交易中形成的。诡异的是，这两家公司都由安然首席财务官法斯特管理。

证券分析师们当天就此质询安然，美国证券交易委员会则第二天就进入对安然的调查。安然的内部交易和财务造假黑幕就此揭开，此前的3年中，安然虚增盈利5亿多美元，少列债务6亿多美元，虚增股东权益则达数十亿美元。一个多月，安然股价从近40美元自由落体式地跌到4美元。11月底，安然申请破产保护。

而在调查安然的同时，美国监管部门的司法利剑也指向了安达信。安达信自安然公司1985年成立伊始就为它做审计，安然一半的董事与安达信有着直接或间接的联系，甚至首席会计师和财务总监都来自安达信。从安然案爆发的半个月时间，安达信竟销毁了数千页安然公司的文件，直到11月8日收到美国证交委的传票后才停止销毁文件。

2002年3月，美国司法部以妨碍司法公正对安达信提起刑事诉讼，理由是该公司在安然丑闻事发后毁掉了相关文件和电脑记录，从而开创了美国历史上第一起大型会计行受到刑事调查的案例。同年6月，安达信被美国法院认定犯有阻碍政府调查安然破产案的罪行。安达信就此宣告倒闭，正式遁迹于其从事了近90年的会计审计业。

第一节 账务处理程序的概念与分类

一、账务处理程序的概念与作用

账务处理程序，也称为会计核算组织程序或会计核算形式，是指会计凭证、会计账簿、会计报表结合的方式。内容包括在会计实务中所使用的会计凭证和账簿的种类、格式，会计凭证与账簿之间的联系方法，由取得和填制原始凭证到编制记账凭证、登记明细分类账和总账、编制会计报表的工作程序和方法等。

由于实务中，企业间在规模上有大有小、生产工艺流程有繁有简、管理要求上有高有低等差异，账务处理流程，即在会计凭证、会计账簿、会计报表之间的结合方式也有所不同。科学、合理地选择适用于本单位的账务处理程序，对于合理组织会计核算工作，提高会计信息质量和会计工作效率都有着重要的作用。

(1) 科学的账务处理程序(也称会计核算方式)有利于会计工作程序的规范化。确定合理的凭证、账簿与报表之间的连接方式，可以保证会计信息加工过程的严密性，提高会计信息质量。

(2) 科学的账务处理程序(也称会计核算方式)有利于保证会计记录的完整性、正确性。通过凭证、账簿与报表之间的互相牵制作用，可增强会计信息的可靠性。

(3) 科学的账务处理程序(也称会计核算方式)有利于提高会计工作效率，保证会计信息的及时性。通过井然有序的账务处理程序，可以减少不必要的会计核算环节。

二、账务处理程序的种类

在设计账务处理程序时，首先要与本单位经济性质、经营规模、业务繁简和管理要求相适应，其次要能够正确、及时、完整地提供会计核算资料，最后要在保证会计核算质量的前提下，力求简化会计核算手续，节约人力、物力、财力，提高会计工作效率。

虽然企业间存在以上差异，但经过会计工作人员不断的思考与实践，目前在我国会计实务中常用的账务处理程序主要有三种：

(1) 记账凭证账务处理程序；

(2) 汇总记账凭证账务处理程序；

(3) 科目汇总表账务处理程序。

以上三种账务处理程序存在许多共同之处，它们的不同在于登记总分类账的依据和程序不同，其中科目汇总表账务处理程序在实务中使用广泛。

第二节　账务处理程序的内容

一、记账凭证账务处理程序

（一）记账凭证账务处理程序的基本内容

记账凭证账务处理程序是指对发生的经济业务，根据原始凭证或汇总原始凭证编制记账凭证，然后直接根据记账凭证的内容逐笔登记总分类账的一种账务处理方法。它是最基本的一种会计账务处理程序，其他各种账务处理程序，都是以它为基础发展演化而成的。其特点是根据记账凭证的内容登记总分类账，即根据总分类账可看到具体的业务内容。

在账务处理程序中，记账凭证可以是通用记账凭证，也可以是分设收款凭证、付款凭证和转账凭证；需要设置现金日记账、银行存款日记账、明细分类账和总分类账。日记账和总账一般采用三栏式，明细分类账根据具体的需要采用三栏式、多栏式和数量金额式。

在记账凭证账务处理程序下，会计处理的一般程序包括以下七个基本步骤：

（1）根据原始凭证编制汇总原始凭证（并不是每一笔业务都需要汇总原始凭证，有关材料、费用的业务可能需要汇总）；

（2）根据审核无误的原始凭证或者汇总原始凭证，编制记账凭证（包括收款、付款和转账凭证三类，也可只设一类——通用记账凭证）；

（3）根据收款凭证、付款凭证逐日逐笔登记日记账（包括现金、银行存款日记账），只设通用记账凭证时要稍微麻烦一点，需要逐张查看凭证中是否包括现金或银行存款业务；

（4）根据原始凭证、汇总原始凭证和记账凭证登记有关的明细分类账；

（5）根据记账凭证逐笔登记总分类账；

（6）月末，将日记账的余额以及各种明细账的余额合计数，分别与总账中有关账户的余额核对相符；

（7）月末，根据经核对无误的总账和有关明细账的记录，编制会计报表。

记账凭证账务处理程序如图 15-1 所示（图中的序号分别与基本步骤的序号对应）。

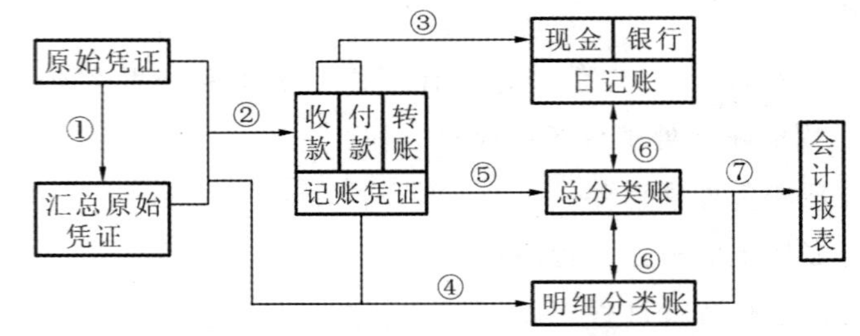

图 15-1　记账凭证账务处理程序

（二）记账凭证账务处理程序的优缺点及适用范围

采用记账凭证核算形式的优点是：直接根据记账凭证登记总账，会计核算程序简单明了，记账层次清楚，易学易懂；手续简便，由于根据记账凭证直接登记总分类账，不进行中间汇总，省去了汇总手续；总分类账记录反映详细，用账、查账方便，对于一些不经常发生经济业务的会计科目，可以不设置明细分类账，只需在总分类账有关科目的摘要栏中，对经济业务加以说明即可，使总分类账的一些会计科目的摘要记录起到了明细分类账的作用。

采用记账凭证核算形式的缺点是：由于总分类账是直接根据记账凭证逐笔登记的，当会计主体的经济业务量比较大时，登记总分类账的工作量就很大，不便于分工协作，也不利于提高会计工作效率。

由于存在上述优缺点，记账凭证财务处理程序一般只适用于一些规模小、业务量少、记账凭证不多的单位。在实际工作中，为了减少登记总分类账的工作量，最好将原始凭证进行汇总，根据汇总原始凭证编制记账凭证，减少记账凭证数量从而减少登记总分类账的工作量，提高会计核算工作效率。

二、汇总记账凭证账务处理程序

（一）汇总记账凭证账务处理程序基本内容

汇总记账凭证账务处理程序是根据原始凭证或汇总原始凭证编制记账凭证，然后定期根据记账凭证分类编制汇总收款凭证、汇总付款凭证和汇总转账凭证，再根据汇总转账凭证登记总分类账的一种账务处理方法。其特点是定期根据记账凭证分类编制汇总收款凭证、汇总付款凭证和汇总转账凭证。

为了便于编制汇总记账凭证，收款凭证应按一个科目的借方与一个或几个科目的贷方相对应的原则编制；付款凭证应按一个科目贷方与一个或几个科目的借方相应的原则编制；转账凭证也应按一个科目的贷方与一个或几个科目的借方相对应的原则编制。不宜设置通用的记账凭证。

各种汇总记账凭证汇总的期限一般不应超过 10 天，每月至少汇总 3 次，每月填制 1 张，月终计算出合计数，据以登记总分类账。

汇总收款凭证、汇总付款凭证、汇总转账凭证的格式分别如表 15-1、表 15-2、表 15-3 所示。

表 15-1　汇总收款凭证

借方科目：银行存款　　　　2018 年 3 月　　　　汇收第____号

贷方科目	金额				总账页次	
	1—10 日收款凭证 自　号至　号	11—20 日收款凭证 自　号至　号	21—31 日收款凭证 自　号至　号	合计	借方	贷方
主营业务收入	300 000	200 000	380 000	88 000		
应收账款	80 000	120 000		92 000		
现金	5 000	6 000	12 000	23 000		
合计						

表 15-2　汇总付款凭证

贷方科目：库存现金　　　　2018 年 3 月　　　　汇付____号

借方科目	金　额				总账页次	
	1—10 日付款凭证 自　号至　号	11—20 日付款凭证 自　号至　号	21—31 日付款凭证 自　号至　号	合计	借方	贷方
合计						

表 15-3　汇总转账凭证

贷方科目：　　　　2018 年 3 月　　　　汇转____号

借方科目	金　额				总账页次	
	1—10 日转账凭证 自　号至　号	11—20 日转账凭证 自　号至　号	21—31 日转账凭证 自　号至　号	合计	借方	贷方
合计						

汇总记账凭证会计核算程序的基本步骤可归纳为：

（1）根据原始凭证编制汇总原始凭证；

（2）根据原始凭证或原始凭证汇总表编制收款凭证、付款凭证和转账凭证；

（3）根据收款凭证和付款凭证，登记现金日记账和银行存款日记账；

（4）根据各种记账凭证并参考原始凭证或原始凭证汇总表，登记各种明细分类账；

（5）根据一定时期的收款凭证、付款凭证和转账凭证分别编制汇总收款凭证、汇总付款凭证和汇总转账凭证；

（6）根据汇总收款凭证、汇总付款凭证和汇总转账凭证登记总分类账；

（7）期末，将现金日记账、银行存款日记账以及各明细分类账的余额与总分类账中各相关账户的余额进行核对，并进行试算平衡；

（8）期末，根据总分类账和明细分类账编制会计报表。

汇总记账凭证账务处理程序如图 15-2 所示（图中的序号分别与基本步骤的序号对应）。

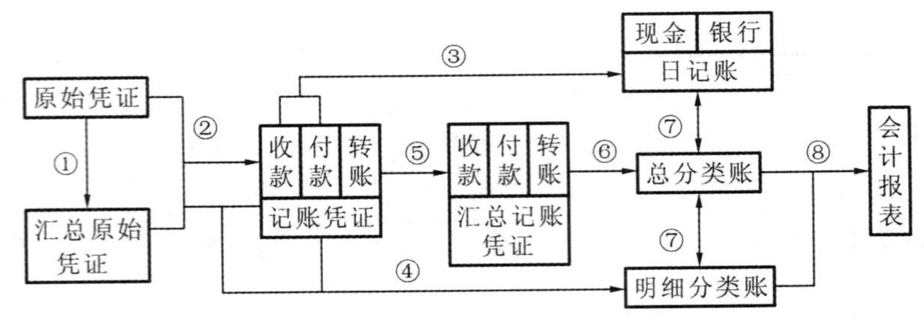

图 15-2　汇总记账凭证账务处理程序

（二）汇总记账凭证账务处理程序的优缺点及适用范围

汇总记账凭证核算形式的优点是：把一定时期内的全部记账凭证进行归类和汇

总编制汇总记账凭证，再根据汇总记账凭证期末登记总分类账，与记账凭证会计核算程序相比较，就可大大减少登记总分类账的工作量，提高会计核算工作效率；由于汇总记账凭证根据每个科目的对方科目进行归类、汇总编制，能够明确反映账户之间的对应关系，由此反映经济业务的来龙去脉，因而便于分析、检查经济活动情况，便于对账。

汇总记账凭证核算形式的缺点是：汇总转账凭证是按每一贷方科目设置的，而不是按经济业务的性质归类、汇总的，这种分类汇总不利于会计日常核算的合理分工，当转账凭证数量多时，编制汇总转账凭证的工作量较大。

汇总记账凭证核算形式适用于规模较大、业务量较多，尤其是同类型业务量较多的企业，经营规模小、经济业务少的单位是不适用的。

三、科目汇总表账务处理程序

（一）科目汇总表账务处理程序的基本内容

科目汇总表账务处理程序，又称记账凭证汇总表账务处理程序，是根据记账凭证定期汇总编制科目汇总表，并据以登记总分类账的一种账务处理程序。科目汇总表是根据记账凭证汇总而成的，这种会计核算程序的主要特点是：定期编制科目汇总表，并据此登记总分类账。

采用科目汇总表账务处理程序，凭证、账簿设置和记账凭证账务处理程序基本相同，但需另设“科目汇总表”。“科目汇总表”是根据记账凭证定期汇总各有关总分类账户的本期发生额，据以登记总分类账的一种特种记账凭证。科目汇总表可以每月汇总一次，编制一张；也可以分旬汇总，每月编制三张。其格式如表15-4所示。

表15-4 科目汇总表

2015年3月　　　　第1号

会计科目	总账页数	本期发生额		记账凭证起讫号数
		借方	贷方	
合计				

“记账凭证起讫号数”是指据以编制科目汇总表的起始凭证号至终止凭证号。

科目汇总表账务处理程序的基本步骤可归纳为：

（1）根据原始凭证编制汇总原始凭证；

（2）根据原始凭证或原始凭证汇总表编制收款凭证、付款凭证和转账凭证，或通用记账凭证；

（3）根据收款凭证和付款凭证，登记现金日记账和银行存款日记账；

（4）根据各种记账凭证并参考原始凭证或原始凭证汇总表，登记各种明细分类账；

（5）根据各种记账凭证编制科目汇总表；

（6）根据科目汇总表登记总分类账；

（7）期末，将现金日记账、银行存款日记账以及各明细分类账的余额与总分类账中各相关账户的余额进行核对，并进行试算平衡；

（8）期末，根据总分类账和明细分类账编制会计报表。

汇总记账凭证账务处理程序如图 15-3 所示(图中的序号分别与基本步骤的序号对应)。

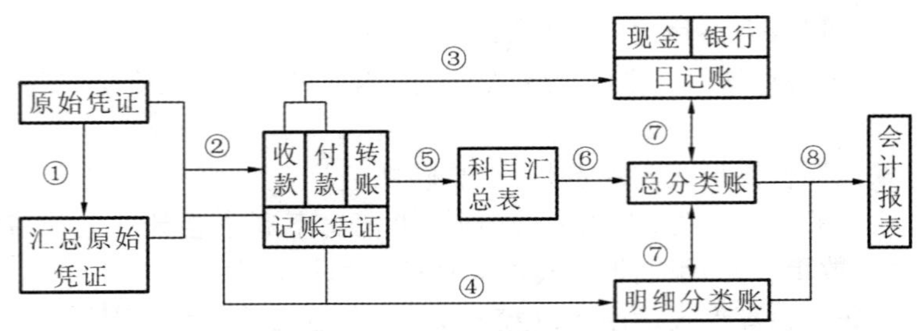

图 15-3　科目汇总表账务处理程序

(二) 科目汇总表账务处理程序的优缺点及适用范围

科目汇总表账务处理程序的优点是:由于科目汇总表会计核算程序是根据科目汇总表登记总账,每一个总分类账户每月只登记一次或几次,对于经济业务量比较大、记账凭证较多的单位来说,就大大地减少了登记总分类账的工作量;科目汇总表汇总方法简单、操作方便,并可根据各账户本期借贷方发生额合计数试算平衡,检查记账凭证的填制和汇总是否正确。

科目汇总表账务处理程序的缺点是:科目汇总表只按科目进行汇总,不反映科目间的对应关系,不便于了解、分析具体经济业务的来龙去脉,不利于查找错账;由于总分类账登记的是汇总数字,也看不出经济业务的内容,因而降低了总分类账所提供资料的可用性。

科目汇总表账务处理程序适用于规模大、经济业务频繁、记账凭证数量多的单位。

第三节　会计实训

具体实训内容见《基础会计(第三版)》实训资料。

参考文献

[1] 郭道扬.会计史研究(第一卷)[M].北京:中国财政经济出版社,2004.
[2] 陈信元.会计学[M].5版.上海:上海财经大学出版社,2018.
[3] 李占国.基础会计学[M].3版.北京:高等教育出版社,2017.
[4] 朱小平,周华,秦玉熙.初级会计学[M].8版.北京:中国人民大学出版社,2017.
[5] 刘峰,潘琰,林斌.会计学基础[M].3版.北京:高等教育出版社,2017.
[6] 吴水澎.会计学原理[M].北京:经济科学出版社,2015.
[7] 马莉黛,薛许红.会计基础及会计实务操作[M].大连:大连出版社,2009.
[8] 财政部会计资格评价中心.初级会计实务[M].北京:中国财政经济出版社,2019.
[9] 约翰·怀尔德,等.会计学原理[M].北京:中国人民大学出版社,2015.
[10] 简·威廉姆斯,等.会计学[M].北京:机械工业出版社,2013.

高等学校应用型经济管理专业“十三五”规划精品教材

《基础会计(第三版)》

实 训 资 料

易三军　主编

华中科技大学出版社
中国·武汉

目　录

一、实验目的

实验目的在于熟悉借贷记账法和企业会计核算的流程；了解各种不同类型经济业务应取得或者填制的原始凭证；掌握记账凭证的种类与格式，并能根据原始凭证的内容填写记账凭证；练习登记总账与明细账，并最终完成会计报表。

二、实验操作要求

根据实验资料所列强力机械厂2018年9月份所发生的经济业务及取得的原始凭证，分别填制收款凭证、付款凭证、转账凭证，并根据本月的凭证登记总账与明细账，结转9月份的损益类账户，计算9月份的利润，编制9月份的财务报告。

三、企业资料

（一）实验企业基础资料

企业负债人：文华强
企业名称：强力机械厂
企业地址：江城市江南区创业街1号
邮政编码：430070
联系电话：81234567
开户银行：中国银行江城市江南区支行　　8134076348012345
开户银行：工商银行江城市江南区支行　　3202067292054321
纳税人类别及增值税税率：一般纳税人，增值税税率为13%
纳税人登记号：420111744771888
会计主管：宋晓薇
出纳员：陈鑫鑫
仓库主管：孙永利
仓库发货及开票：王惠芳
企业主要经营活动：厂部设有一个生产车间，运用角钢、铸铁生产切管机和焊机。

（二）强力机械厂 9 月初科目余额表

强力机械厂 9 月初科目余额表

单位：元

总账科目	期初借方余额	期初贷方余额
库存现金	10 000	
银行存款	500 000	
交易性金融资产	40 600	
应收利息	2 100	
应收账款	320 400	
其他应收款	1 000	
库存商品	300 000	
原材料	120 000	
持有至到期的投资	100 000	
固定资产	2 600 000	
累计折旧	—30 000	
无形资产	1 770 000	
累计摊销	—112 200	
短期借款		200 000
应付利息		5 250
应付职工薪酬		100 000
应交税费		70 210
长期借款		500 000
实收资本		4 500 000
利润分配		246 440
合　计	5 621 900	5 621 900

上表中，银行存款包含工商银行 270 000 元，中国银行 230 000 元；库存商品包含焊机 140 000 元，切管机 160 000 元；原材料包括角钢 50 000 元，铸铁 70 000 元。

四、实训业务单据

业务1　2018年9月1日，强力机械厂从江北钢铁公司购入角钢、铸铁一批。其中，角钢20吨，单价3 500元，价值70 000元，增值税进项税额9 100元；铸铁60吨，单价2 500元，价值150 000元，增值税进项税额19 500元。款项通过工商银行支付。发票已收到，全部材料尚未运到。有关凭证如下：

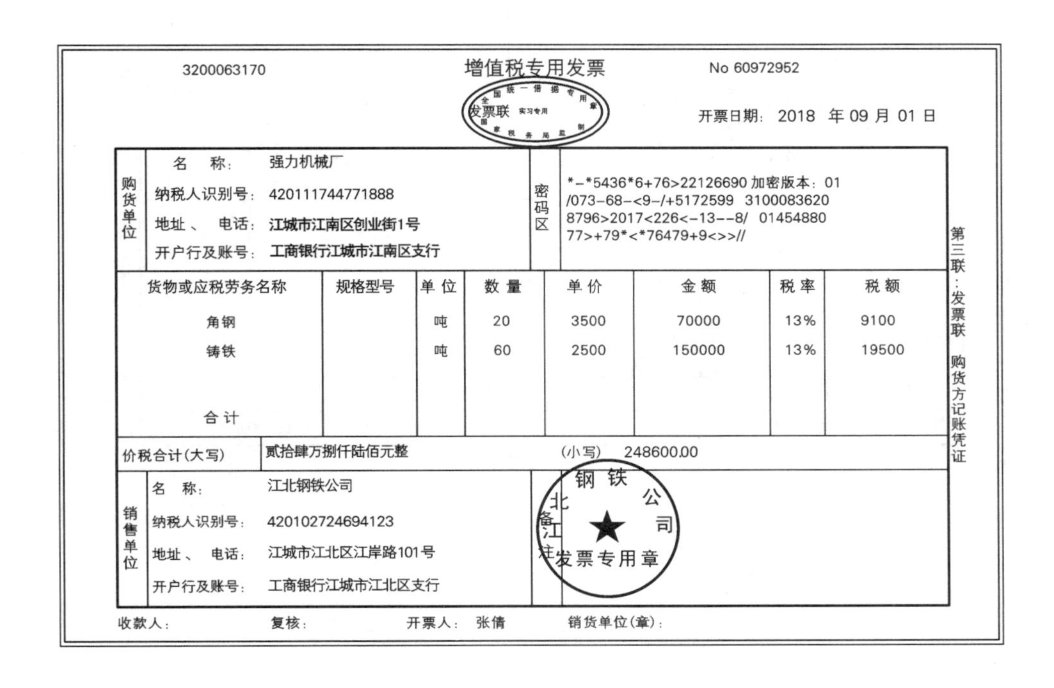

3200063170　　增值税专用发票　　No 60972952

发票联

开票日期：2018 年 09 月 01 日

购货单位	名称：强力机械厂 纳税人识别号：420111744771888 地址、电话：江城市江南区创业街1号 开户行及账号：工商银行江城市江南区支行	密码区	*-*5436*6+76>22126690 加密版本：01 /073-68-<9-/+5172599 3100083620 8796>2017<226<-13--8/ 01454880 77>+79*<*76479+9<>>//

货物或应税劳务名称	规格型号	单位	数量	单价	金额	税率	税额
角钢		吨	20	3500	70000	13%	9100
铸铁		吨	60	2500	150000	13%	19500
合计							
价税合计(大写)	贰拾肆万捌仟陆佰元整			(小写) 248600.00			

销售单位	名称：江北钢铁公司 纳税人识别号：420102724694123 地址、电话：江城市江北区江岸路101号 开户行及账号：工商银行江城市江北区支行	备注	江北钢铁公司 发票专用章

收款人：　复核：　开票人：张倩　销货单位(章)：

第三联：发票联　购货方记账凭证

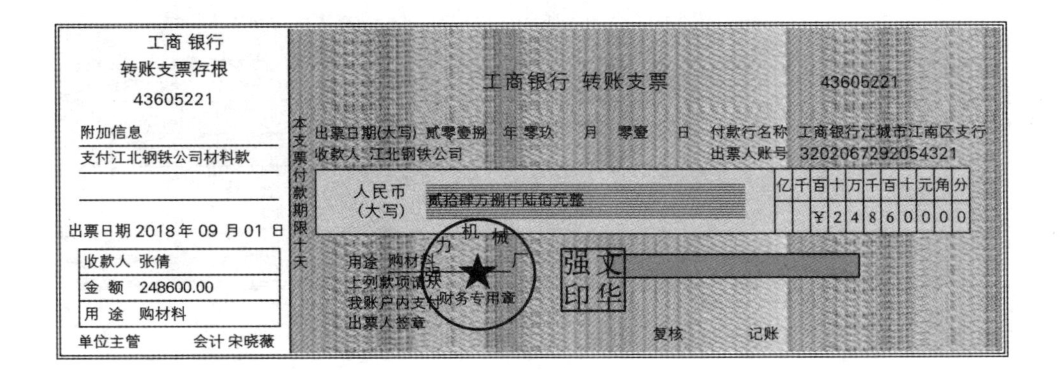

工商银行
转账支票存根
43605221

附加信息
支付江北钢铁公司材料款

出票日期 2018 年 09 月 01 日

收款人 张倩
金额 248600.00
用途 购材料

单位主管　会计 宋晓薇

工商银行 转账支票　43605221

本支票付款期限十天

出票日期(大写) 贰零壹捌 年 零玖 月 零壹 日　付款行名称 工商银行江城市江南区支行
收款人：江北钢铁公司　出票人账号 3202067292054321

人民币(大写) 贰拾肆万捌仟陆佰元整

亿	千	百	十	万	千	百	十	元	角	分
		¥	2	4	8	6	0	0	0	0

用途 购材料
上列款项请从
我账户内支付
出票人签章

强力机械厂 财务专用章　强文印华

复核　记账

业务 2 2018 年 9 月 2 日，强力机械厂支付给长江运输公司角钢与铸铁运费合计 15 000 元，款项通过中国银行支付，运费按货物的重量进行分配。有关凭证如下：

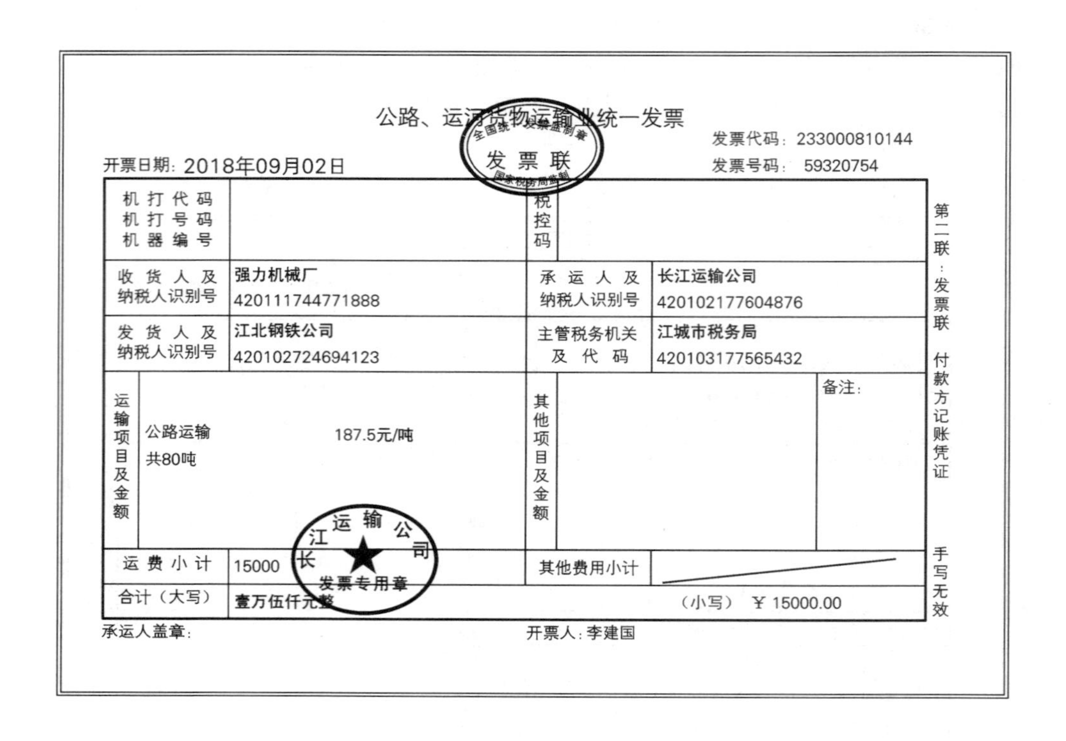

公路、运河货物运输业统一发票

发票联

发票代码：233000810144

开票日期：2018年09月02日

发票号码：59320754

机打代码 机打号码 机器编号		税控码		
收货人及纳税人识别号	强力机械厂 420111744771888	承运人及纳税人识别号	长江运输公司 420102177604876	
发货人及纳税人识别号	江北钢铁公司 420102724694123	主管税务机关及代码	江城市税务局 420103177565432	
运输项目及金额	公路运输 共80吨 187.5元/吨	其他项目及金额		备注：
运费小计	15000	其他费用小计		
合计（大写）	壹万伍仟元整		（小写） ￥15000.00	

承运人盖章：　　开票人：李建国

第二联：发票联 付款方记账凭证 手写无效

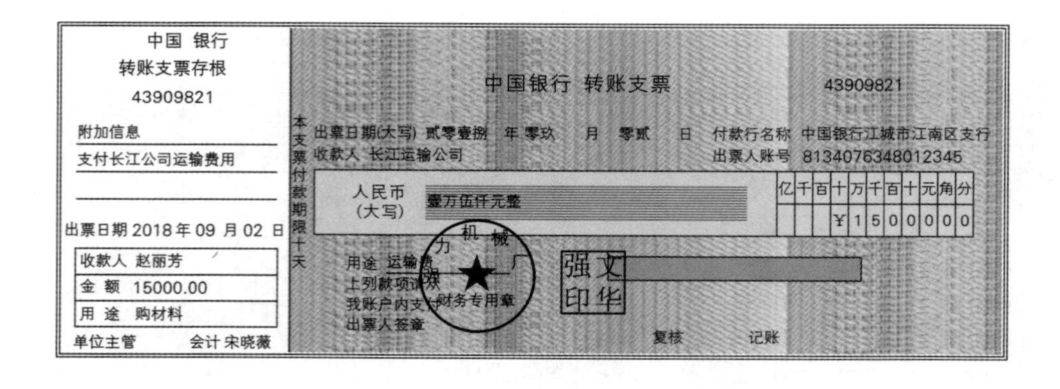

中国 银行

转账支票存根

43909821

附加信息

支付长江公司运输费用

出票日期 2018 年 09 月 02 日

收款人 赵丽芳

金 额 15000.00

用 途 购材料

单位主管　　会计 宋晓薇

中国银行 转账支票　　43909821

本支票付款期限十天

出票日期(大写) 贰零壹捌 年 零玖 月 零贰 日　　付款行名称 中国银行江城市江南区支行

收款人 长江运输公司　　出票人账号 8134076348012345

人民币（大写）	壹万伍仟元整	亿	千	百	十	万	千	百	十	元	角	分
					￥	1	5	0	0	0	0	0

用途 运输费

上列款项请从

我账户内支付

出票人签章　　复核　　记账

业务3 2018年9月3日，强力机械厂生产车间从物料仓库领用原材料一批，用来生产切管机和焊机。领用角钢12吨，成本3 687.5元/吨，其中生产切管机耗用6吨，生产焊机耗用4吨，车间一般性耗用2吨；领用铸铁25吨，成本2 687.5元/吨，其中生产切管机耗用10吨，生产焊机耗用12吨，车间一般耗用3吨。有关凭证如下：

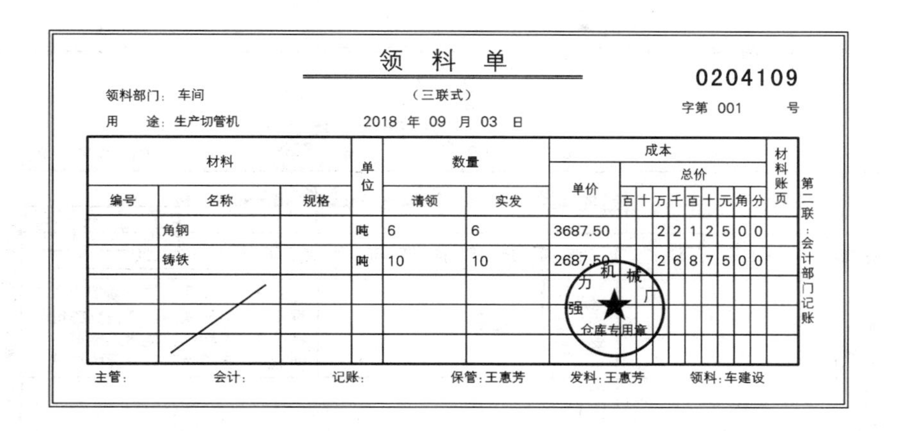

领 料 单

（三联式）

0204109

领料部门：车间

用　　途：生产切管机　　2018 年 09 月 03 日　　字第 001 号

材料			单位	数量		成本										材料账页
						单价	总价									
编号	名称	规格		请领	实发		百	十	万	千	百	十	元	角	分	
	角钢		吨	6	6	3687.50			2	2	1	2	5	0	0	
	铸铁		吨	10	10	2687.50			2	6	8	7	5	0	0	

强力机械厂 仓库专用章

第二联：会计部门记账

主管：　会计：　记账：　保管：王惠芳　发料：王惠芳　领料：车建设

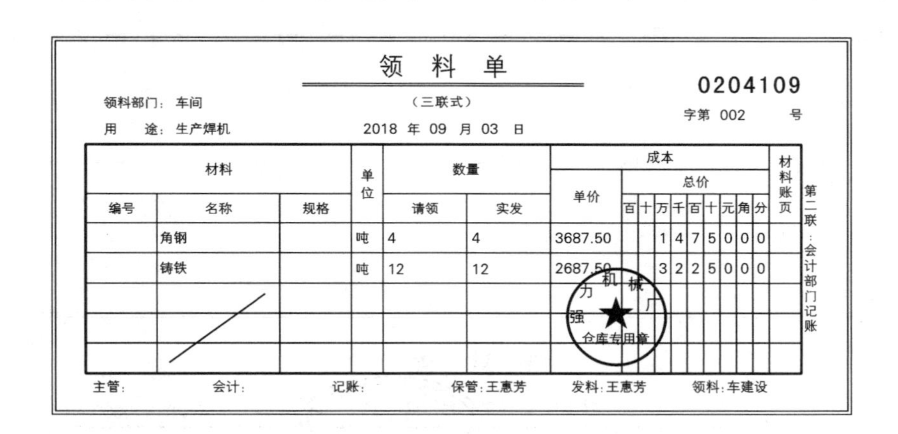

领 料 单

（三联式）

0204109

领料部门：车间

用　　途：生产焊机　　2018 年 09 月 03 日　　字第 002 号

材料			单位	数量		成本										材料账页
						单价	总价									
编号	名称	规格		请领	实发		百	十	万	千	百	十	元	角	分	
	角钢		吨	4	4	3687.50			1	4	7	5	0	0	0	
	铸铁		吨	12	12	2687.50			3	2	2	5	0	0	0	

强力机械厂 仓库专用章

第二联：会计部门记账

主管：　会计：　记账：　保管：王惠芳　发料：王惠芳　领料：车建设

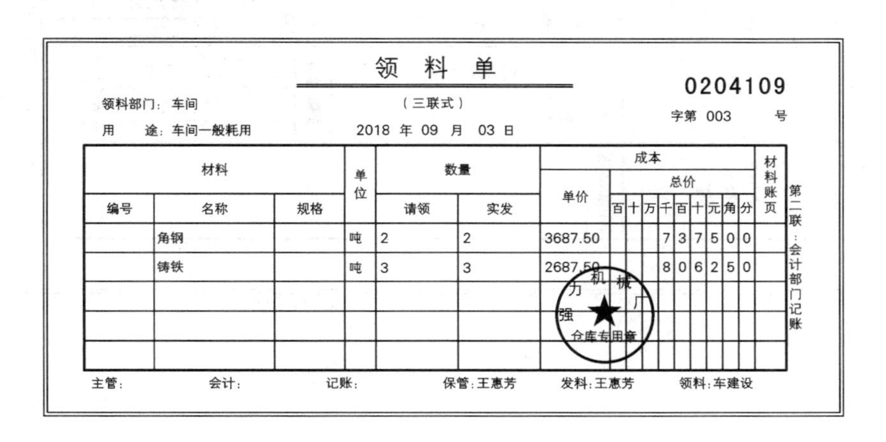

领 料 单

（三联式）

0204109

领料部门：车间

用　　途：车间一般耗用　　2018 年 09 月 03 日　　字第 003 号

材料			单位	数量		成本										材料账页
						单价	总价									
编号	名称	规格		请领	实发		百	十	万	千	百	十	元	角	分	
	角钢		吨	2	2	3687.50				7	3	7	5	0	0	
	铸铁		吨	3	3	2687.50				8	0	6	2	5	0	

强力机械厂 仓库专用章

第二联：会计部门记账

主管：　会计：　记账：　保管：王惠芳　发料：王惠芳　领料：车建设

业务4 2018 年 9 月 3 日，企业材料采购人员赵金、刘银分别借支 2 000 元，用于采购业务中的差旅费等，款项通过现金支付。有关凭证如下：

借 款 单

2018 年 09 月 03 日 第 201809001 号

借款部门	采购部	姓名	赵金	事由	外出采购原材料
借款金额（大写）	￥ 万 贰 仟 零 佰 零 拾 零 元 零 角 零 分				￥ 2000.00
部门负责人签署	情况属实 华武	借款人签章	赵金	注意事项	一、凡借用公款必须使用本单 二、第三联为正式借据由借款人和单位负责人签章 三、出差返回后三天内结算
单位领导批示	同意借支 文华强	审核意见			

国统一借据专用章 实习专用 国家税务总局监制

现金付讫

第三联：记账凭证

借 款 单

2018 年 09 月 03 日 第 201809002 号

借款部门	采购部	姓名	刘银	事由	外出采购原材料
借款金额（大写）	￥ 万 贰 仟 零 佰 零 拾 零 元 零 角 零 分				￥ 2000.00
部门负责人签署	情况属实 华武	借款人签章	刘银	注意事项	一、凡借用公款必须使用本单 二、第三联为正式借据由借款人和单位负责人签章 三、出差返回后三天内结算
单位领导批示	同意借支 文华强	审核意见			

国统一借据专用章 实习专用 国家税务总局监制

现金付讫

第三联：记账凭证

业务5 2018年9月3日，强力机械厂到中国银行取现金105 000元，准备发放上月工资及一些日常现金的支出。有关凭证如下：

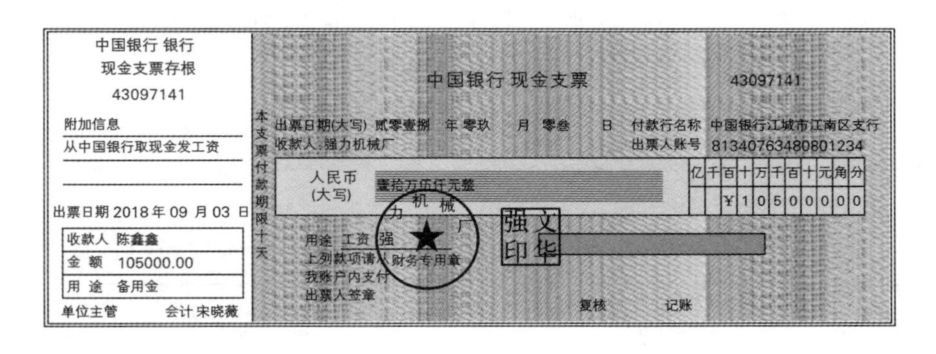

中国银行 银行
现金支票存根
43097141
附加信息
从中国银行取现金发工资
出票日期 2018年09月03日
收款人 陈鑫鑫
金 额 105000.00
用 途 备用金
单位主管 会计 宋晓薇

中国银行 现金支票 43097141

本支票付款期限十天

出票日期(大写) 贰零壹捌 年 零玖 月 零叁 日 付款行名称 中国银行江城市江南区支行
收款人 强力机械厂 出票人账号 81340763480801234

人民币(大写)	亿	千	百	十	万	千	百	十	元	角	分
壹拾万伍仟元整			¥	1	0	5	0	0	0	0	0

用途 工资
上列款项请从
我账户内支付
出票人签章 复核 记账

强力机械厂 财务专用章
强文华印

业务6 2018年9月5日，强力机械厂现金支付上期应付职工工资100 000元。有关凭证如下：

2018年8月工资结算单 单位：元

部　　门	应发工资	实发工资	备　　注
生产工人	60 000	60 000	
车间管理人员	10 000	10 000	
厂部管理人员	20 000	20 000	
销售人员	10 000	10 000	
合　　计	100 000	100 000	

业务7 2018年9月5日，强力机械厂本月1日所购角钢和铸铁运到企业，经验收入库。有关凭证如下：

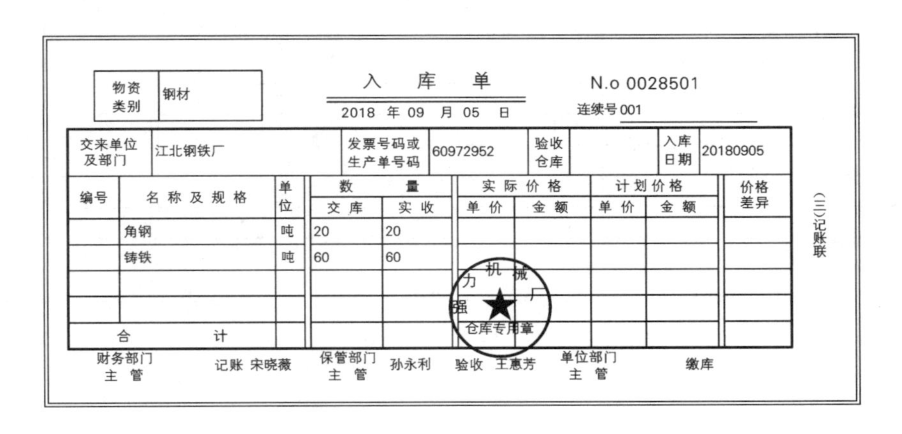

物资类别 钢材

入 库 单 N.o 0028501

2018 年 09 月 05 日 连续号 001

交来单位及部门 江北钢铁厂 发票号码或生产单号码 60972952 验收仓库 入库日期 20180905

编号	名称及规格	单位	数量 交库	数量 实收	实际价格 单价	实际价格 金额	计划价格 单价	计划价格 金额	价格差异
	角钢	吨	20	20					
	铸铁	吨	60	60					
合 计									

(三)记账联

财务部门主管 记账 宋晓薇 保管部门主管 孙永利 验收 王惠芳 单位部门主管 缴库

强力机械厂 仓库专用章

业务8 2018年9月5日，强力机械厂向泰山机械设备公司销售切管机500台，单价180元，切管机单位成本120元。款项通过工商银行收讫。销售过程中支付运费及装卸费3 000元，款项通过工商银行支付。有关凭证如下：

3200063170 增值税专用发票 No 43972901

记账联

开票日期：2018 年 09 月 05 日

购货单位	名称：泰山机械设备公司 纳税人识别号：420103744623817 地址、电话：泰山市山南区257号 开户行及账号：中国银行泰山市山南区支行	密码区	*−*5436*6+76>22126690 加密版本：01 /073-68-<9-/+5172599 3100083620 8796>2017<226<-13--8/ 01454880 77>+79*<*76479+9<>>//

货物或应税劳务名称	规格型号	单位	数量	单价	金额	税率	税额
切管机		台	500	180	90000	13%	11700
合计							
价税合计（大写）	壹拾万壹仟柒佰元整			（小写）	101700.00		

销售单位	名称：强力机械厂 纳税人识别号：420111744771888 地址、电话：江城市江南区创业街1号 开户行及账号：中国银行江城市江南区支行	备注	强力机械厂 发票专用章

收款人： 复核： 开票人：宋晓薇 销货单位（章）：

第一联：记账联 销货方记账凭证

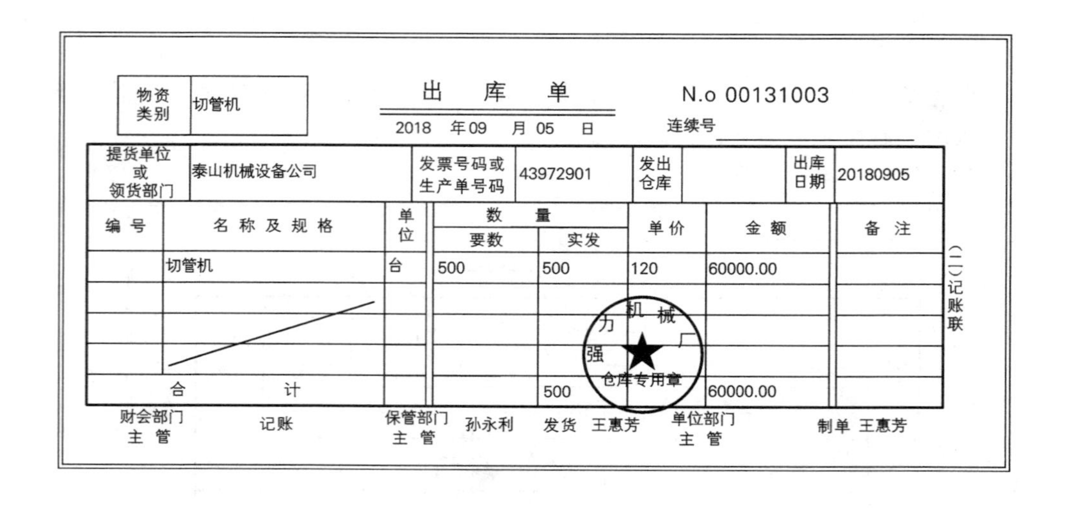

出库单 N.o 00131003

物资类别：切管机

2018 年 09 月 05 日 连续号

提货单位或领货部门	泰山机械设备公司	发票号码或生产单号码	43972901	发出仓库		出库日期	20180905

编号	名称及规格	单位	数量 要数	数量 实发	单价	金额	备注
	切管机	台	500	500	120	60000.00	
合计				500		60000.00	

财会部门主管 记账 保管部门主管 孙永利 发货 王惠芳 单位部门主管 制单 王惠芳

强力机械厂 仓库专用章

（二）记账联

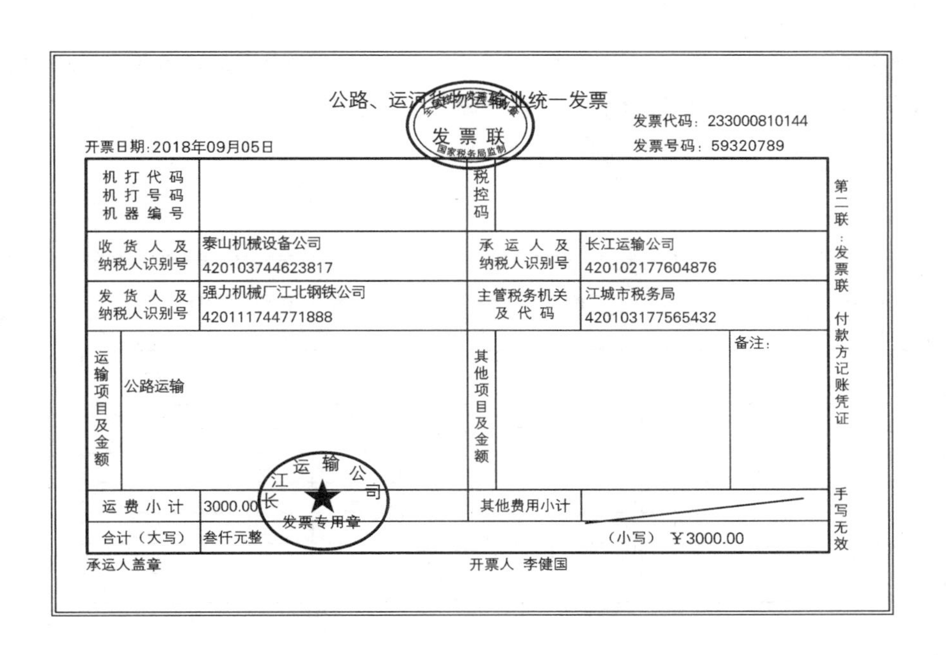

公路、运河货物运输业统一发票

发票联

发票代码：233000810144

开票日期：2018年09月05日　　　　发票号码：59320789

机打代码 机打号码 机器编号		税控码	
收货人及纳税人识别号	泰山机械设备公司 420103744623817	承运人及纳税人识别号	长江运输公司 420102177604876
发货人及纳税人识别号	强力机械厂江北钢铁公司 420111744771888	主管税务机关及代码	江城市税务局 420103177565432
运输项目及金额	公路运输	其他项目及金额	备注：
运费小计	3000.00	其他费用小计	
合计（大写）	叁仟元整		（小写）￥3000.00

承运人盖章　　　　开票人 李健国

第二联：发票联 付款方记账凭证

手写无效

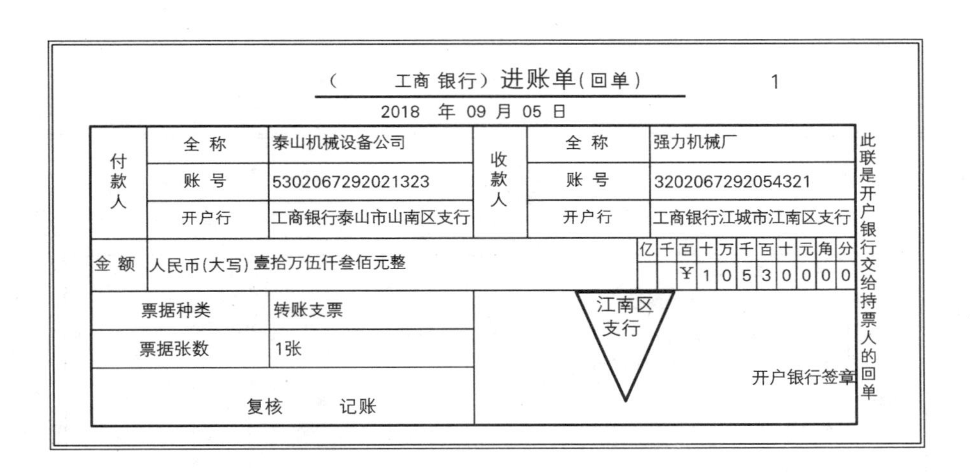

（工商银行）进账单（回单）　1

2018 年 09 月 05 日

付款人	全称	泰山机械设备公司	收款人	全称	强力机械厂
	账号	5302067292021323		账号	3202067292054321
	开户行	工商银行泰山市山南区支行		开户行	工商银行江城市江南区支行
金额	人民币（大写）壹拾万伍仟叁佰元整				￥105300.00
票据种类	转账支票				
票据张数	1张				
复核 记账			开户银行签章		

此联是开户银行交给持票人的回单

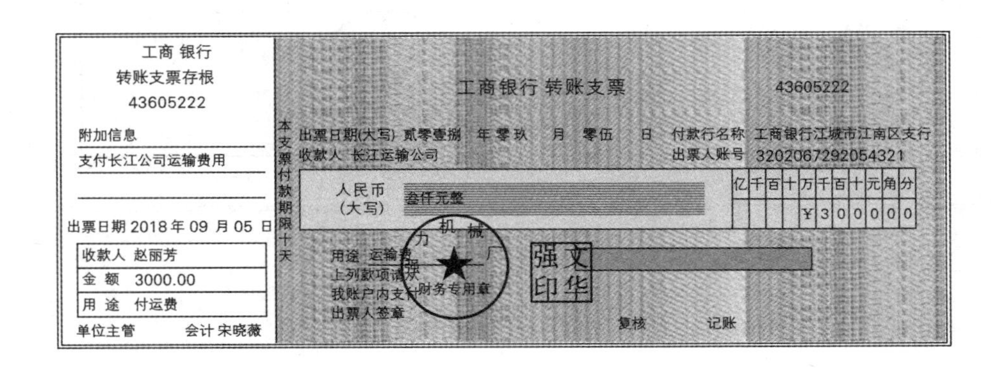

工商银行
转账支票存根
43605222

附加信息
支付长江公司运输费用

出票日期 2018 年 09 月 05 日

收款人	赵丽芳
金额	3000.00
用途	付运费

单位主管　　会计 宋晓薇

工商银行 转账支票　　43605222

本支票付款期限十天

出票日期(大写) 贰零壹捌 年 零玖 月 零伍 日　付款行名称 工商银行江城市江南区支行

收款人 长江运输公司　　出票人账号 3202067292054321

人民币（大写） 叁仟元整　　￥300000

用途 运输费

上列款项请从

我账户内支付

出票人签章　　复核　　记账

业务 9　2018 年 9 月 8 日，强力机械厂向江北钢铁厂购买角钢 10 吨，单价 3 300 元，货款暂欠，发票和角钢已验收入库。有关凭证如下：

物资类别	钢材

入　库　单

2018 年 09 月 05 日　　N.o 0028501　　连续号002

交来单位及部门	江北钢铁厂		发票号码或生产单号码	60972952		验收仓库		入库日期	20180905	
编号	名称及规格	单位	数量		实际价格		计划价格		价格差异	
			交库	实收	单价	金额	单价	金额		
	角钢	吨	10	10	3300	33000				
合计			10	10	3300	33000				

（三）记账联

强力机械厂 仓库专用章

财务部门主管　　记账 宋晓薇　　保管部门主管　孙永利　　验收　王惠芳　　单位部门主管　　缴库

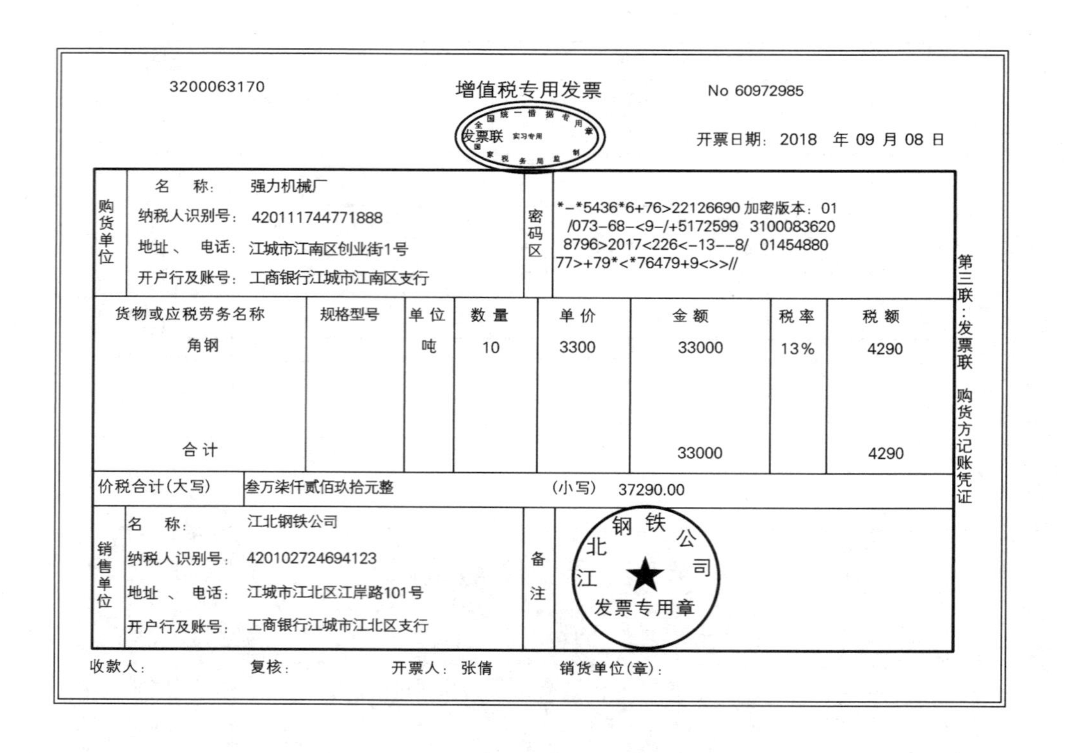

3200063170　　**增值税专用发票**　　No 60972985

全国统一发票监制章　发票联　实习专用　国家税务总局监制

开票日期：2018 年 09 月 08 日

购货单位	名称：强力机械厂 纳税人识别号：420111744771888 地址、电话：江城市江南区创业街1号 开户行及账号：工商银行江城市江南区支行	密码区	*−*5436*6+76>22126690 加密版本：01 /073−68−<9−/+5172599 3100083620 8796>2017<226<−13−−8/ 01454880 77>+79*<*76479+9<>>//

货物或应税劳务名称	规格型号	单位	数量	单价	金额	税率	税额
角钢		吨	10	3300	33000	13%	4290
合计					33000		4290

价税合计(大写)	叁万柒仟贰佰玖拾元整	(小写)	37290.00

销售单位	名称：江北钢铁公司 纳税人识别号：420102724694123 地址、电话：江城市江北区江岸路101号 开户行及账号：工商银行江城市江北区支行	备注	江北钢铁公司 发票专用章

收款人：　　复核：　　开票人：张倩　　销货单位(章)：

第三联：发票联　购货方记账凭证

业务 10 2018 年 9 月 10 日，强力机械厂向江南铸铁厂购买铸铁 30 吨，单价 2 600 元，开出三月期的中国银行承兑汇票，发票收到，铸铁尚未运到。

银行承兑汇票（存根） 3 68791083

出票日期（大写） 贰零壹捌 年 零玖 月 壹拾 日

出票人全称	强力机械厂	收款人	全称	江南铸铁厂
出票人账号	8134076348012345		账号	813407634203312
付款行全称	中国银行江城市江南区支行		开户银行	中国银行江城市江南区支行
出票金额	人民币（大写） 捌万捌仟壹佰肆拾元整			¥88140.00
汇票到期日（大写）	贰零壹捌年壹拾贰月壹拾日	付款行	行号	813407634203312
承兑协议编号	20180910001		地址	江城市江南区创业街18号
	备注：			

此联由出票人存查

江南区支行

3200063170 增值税专用发票 No 6097290

发票联

开票日期：2018 年 09 月 10 日

购货单位	名称：强力机械厂 纳税人识别号：420111744771888 地址、电话：江城市江南区创业街1号 开户行及账号：中国银行江城市江南区支行	密码区	*-*5436*6+76>22126690 加密版本：01 /073-68-<9-/+5172599 3100083620 8796>2017<226<-13--8/ 01454880 77>+79*<*76479+9<>>//

货物或应税劳务名称	规格型号	单位	数量	单价	金额	税率	税额
铸铁		吨	30	2600	78000	13%	10140
合计					78000		10140
价税合计（大写）	捌万捌仟壹佰肆拾元整				（小写） 88140.00		

销售单位	名称：江南铸铁厂 纳税人识别号：420102724634215 地址、电话：江城市江南区翠柳路15号 开户行及账号：中国银行江城市江南区支行	备注	江南铸铁厂 发票专用章

收款人： 复核： 开票人：程明 销货单位（章）：

第三联：发票联 购货方记账凭证

业务 11 2018 年 9 月 10 日，强力机械厂预付城西精密制钢厂 10 万元，用于采购所需特种角钢，款项通过中国银行存款支付。

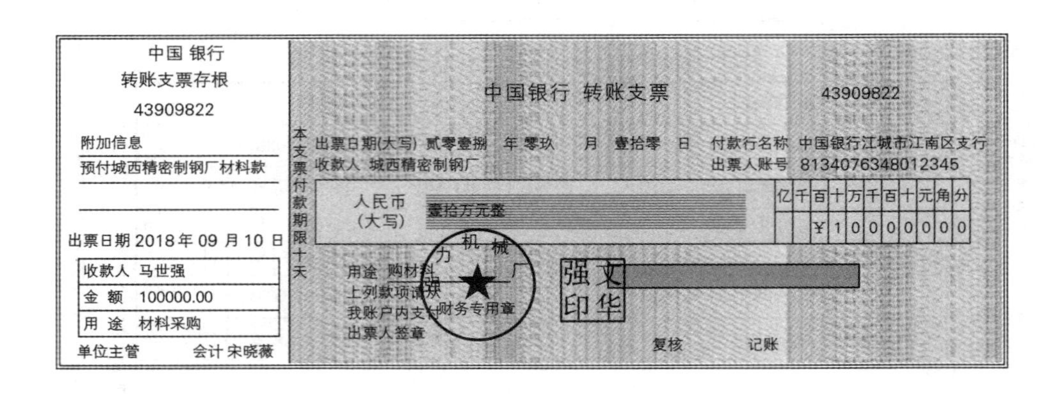

中国银行
转账支票存根
43909822
附加信息
预付城西精密制钢厂材料款
出票日期 2018 年 09 月 10 日
收款人 马世强
金 额 100000.00
用 途 材料采购
单位主管 会计 宋晓薇

中国银行 转账支票 43909822
本支票付款期限十天
出票日期(大写) 贰零壹捌 年 零玖 月 壹拾零 日 付款行名称 中国银行江城市江南区支行
收款人 城西精密制钢厂 出票人账号 8134076348012345

人民币(大写)	亿	千	百	十	万	千	百	十	元	角	分
壹拾万元整			¥	1	0	0	0	0	0	0	0

用途 购材料
上列款项请从
我账户内支付
出票人签章
强力机械厂 财务专用章
强文 印华
复核 记账

业务 12 2018 年 9 月 10 日，强力机械厂对厂部和车间的设备进行日常维修，共领用角钢和铸铁各 1 吨，成本分别为 3 687.5 元、2 687.5 元。

领 料 单

0204109

领料部门：车间 （三联式）

用 途：机器设备日常维修 2018 年 09 月 10 日 字第 004 号

材料			单位	数量		成本										材料账页
						单价	总价									
编号	名称	规格		请领	实发		百	十	万	千	百	十	元	角	分	
	角钢		吨	1	1	3687.50			¥	3	6	8	7	5	0	
	铸铁		吨	1	1	2687.50			¥	2	6	8	7	5	0	

强力机械厂 仓库专用章

第二联：会计部门记账

主管： 会计： 记账： 保管：王惠芳 发料：王惠芳 领料：车建设

业务 13　2018 年 9 月 10 日，强力机械厂向泰山机械设备公司销售焊机 800 台，单价 165 元，焊机单位成本 100 元。焊机已发出，货款尚未收到。

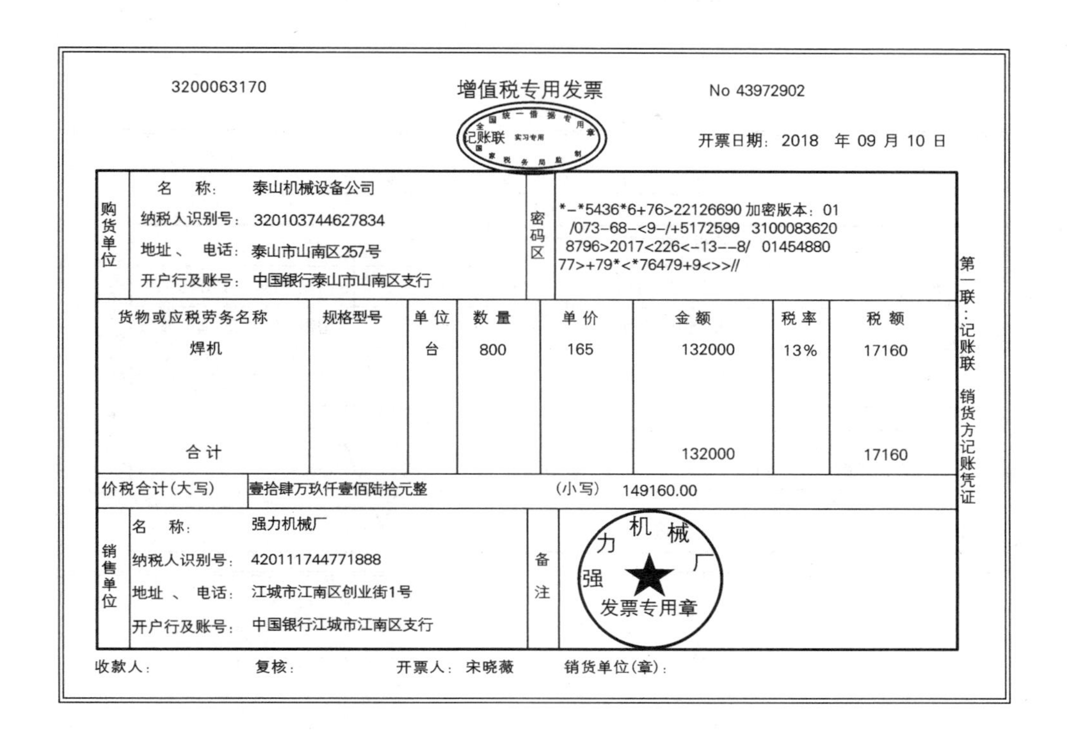

3200063170　　增值税专用发票　　No 43972902

（已账联 实习专用 全国统一借据专用章 国家税务局监制）

开票日期：2018 年 09 月 10 日

购货单位	名　称：泰山机械设备公司 纳税人识别号：320103744627834 地址、电话：泰山市山南区257号 开户行及账号：中国银行泰山市山南区支行	密码区	*-*5436*6+76>22126690 加密版本：01 /073-68-<9-/+5172599 3100083620 8796>2017<226<-13--8/ 01454880 77>+79*<*76479+9<>>//

货物或应税劳务名称	规格型号	单位	数量	单价	金额	税率	税额
焊机		台	800	165	132000	13%	17160
合计					132000		17160

价税合计（大写）　壹拾肆万玖仟壹佰陆拾元整　　（小写）149160.00

销售单位	名　称：强力机械厂 纳税人识别号：420111744771888 地址、电话：江城市江南区创业街1号 开户行及账号：中国银行江城市江南区支行	备注	（强力机械厂 发票专用章）

收款人：　　复核：　　开票人：宋晓薇　　销货单位（章）：

第一联：记账联　销货方记账凭证

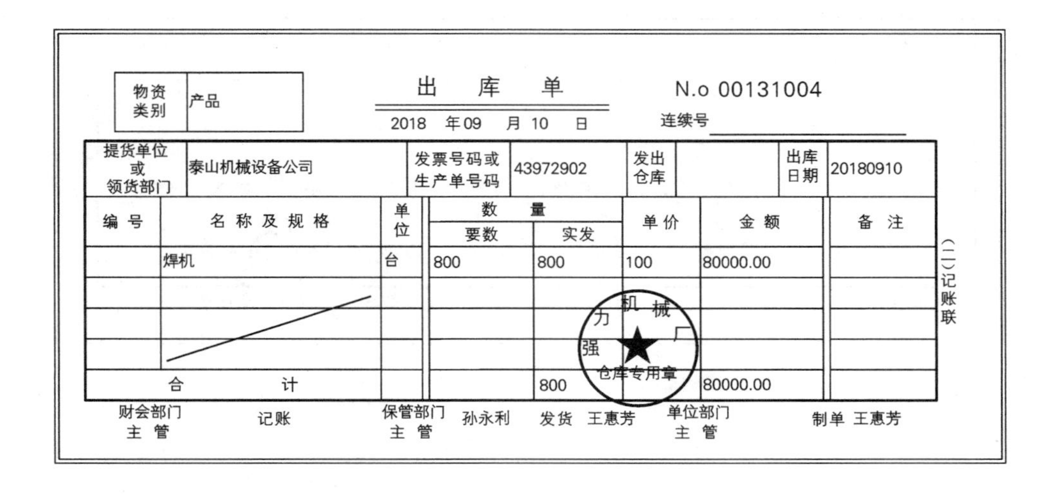

物资类别	产品

出　库　单　　N.o 00131004

2018 年 09 月 10 日　　连续号

提货单位或领货部门	泰山机械设备公司	发票号码或生产单号码	43972902	发出仓库		出库日期	20180910

编号	名称及规格	单位	数量 要数	数量 实发	单价	金额	备注
	焊机	台	800	800	100	80000.00	
	合　计			800		80000.00	

（强力机械厂 仓库专用章）

财会部门主管　　记账　　保管部门主管　孙永利　　发货　王惠芳　　单位部门主管　　制单　王惠芳

（二）记账联

业务14 2018年9月12日，恒山机械设备公司向强力机械厂订制200件特制切管机，并预先支付2万元，款项已通过中国银行收讫。

（中国银行）进账单（回单） 1

2018 年 09 月 12 日

付款人	全称	恒山机械设备公司	收款人	全称	强力机械厂
	账号	520103744628341		账号	8134076348012345
	开户行	中国银行恒山市南陡区支行		开户行	中国银行江城市江南区支行
金额	人民币（大写）贰万元整			亿千百十万千百十元角分	¥2000000
票据种类	转账支票		江南区支行		
票据张数	1张				开户银行签章
复核 记账					

此联是开户银行交给持票人的回单

收款收据

N.o 0049002

2018 年 09 月 12 日

今收到恒山机械设备公司

交来：预付的货款

金额（大写）¥ 拾贰 万零 仟零 佰零 拾零 元零 角零 分

¥20000.00 □现金 ☑支票 □信用卡 □其他 财务专用章（盖章）

强力机械厂收款

核准 会计 记账 出纳 陈鑫鑫 经手人 陈鑫鑫

第三联交财务

业务 15　2018 年 9 月 15 日，强力机械厂向本市广播电台支付 8 000 元的广告费，支付销售过程中的业务招待费 2 000 元，款项通过工商银行付出。

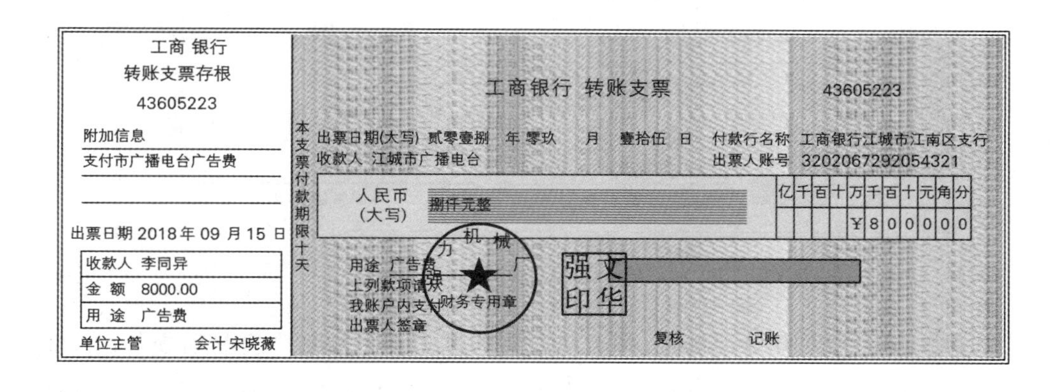

工商 银行
转账支票存根
43605223
附加信息
支付市广播电台广告费
出票日期 2018 年 09 月 15 日
收款人 李同异
金 额 8000.00
用 途 广告费
单位主管　会计 宋晓薇

工商银行 转账支票　43605223
本支票付款期限十天
出票日期(大写) 贰零壹捌 年 零玖 月 壹拾伍 日　付款行名称 工商银行江城市江南区支行
收款人 江城市广播电台　出票人账号 3202067292054321
人民币（大写）捌仟元整　¥800000
用途 广告费
上列款项请从
我账户内支付
出票人签章
复核　记账

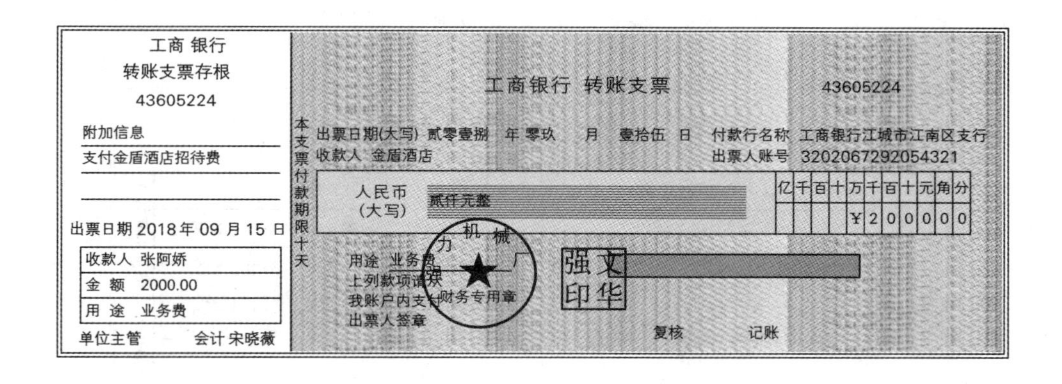

工商 银行
转账支票存根
43605224
附加信息
支付金盾酒店招待费
出票日期 2018 年 09 月 15 日
收款人 张阿娇
金 额 2000.00
用 途 业务费
单位主管　会计 宋晓薇

工商银行 转账支票　43605224
本支票付款期限十天
出票日期(大写) 贰零壹捌 年 零玖 月 壹拾伍 日　付款行名称 工商银行江城市江南区支行
收款人 金盾酒店　出票人账号 3202067292054321
人民币（大写）贰仟元整　¥200000
用途 业务费
上列款项请从
我账户内支付
出票人签章
复核　记账

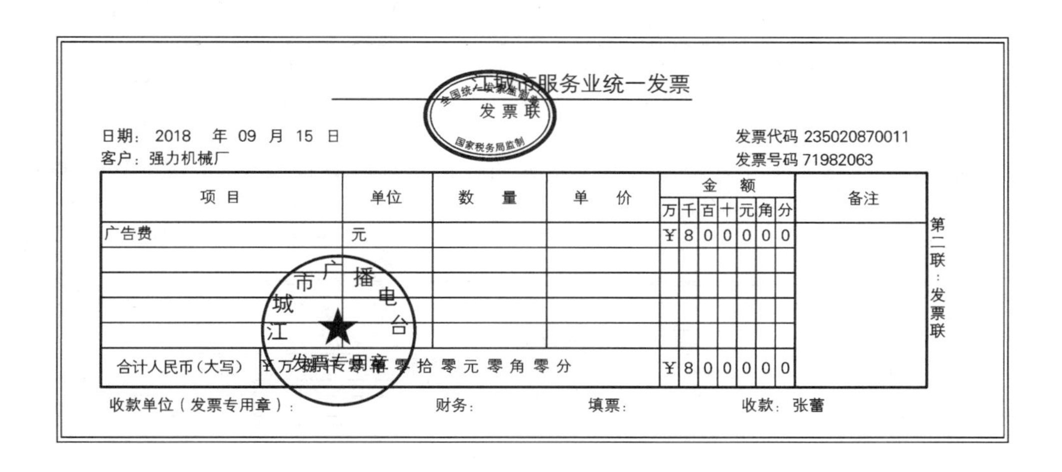

江城市服务业统一发票
发票联
日期：2018 年 09 月 15 日　发票代码 235020870011
客户：强力机械厂　发票号码 71982063

项目	单位	数量	单价	金额	备注
广告费	元			¥800000	
合计人民币（大写）	零万捌仟零佰零拾零元零角零分			¥800000	

收款单位（发票专用章）：　财务：　填票：　收款：张蕾

第二联：发票联

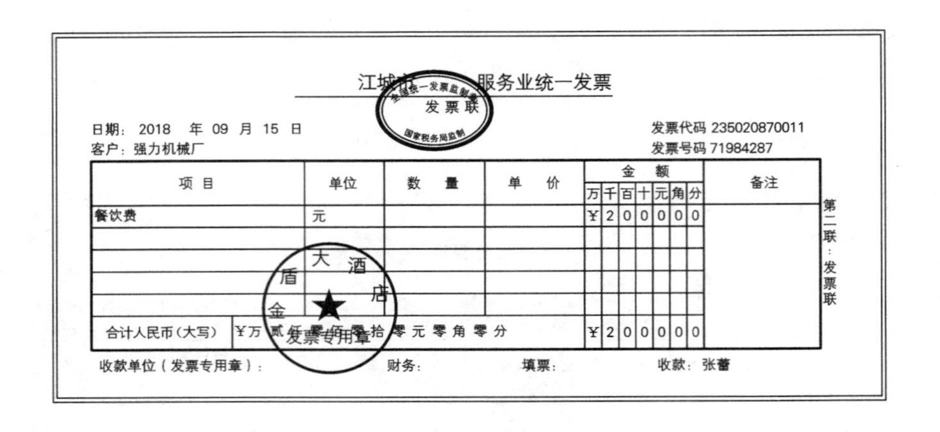

江城市服务业统一发票

发票联

日期：2018 年 09 月 15 日 发票代码 235020870011

客户：强力机械厂 发票号码 71984287

项 目	单位	数 量	单 价	金额 万	千	百	十	元	角	分	备注
餐饮费	元			¥	2	0	0	0	0	0	
合计人民币（大写）	¥万 贰 仟 零 佰 零 拾 零 元 零 角 零 分			¥	2	0	0	0	0	0	

收款单位（发票专用章）： 财务： 填票： 收款：张蕾

第二联：发票联

金盾大酒店 发票专用章

业务 16 2018 年 6 月 2 日，强力机械厂购买了在上海证券交易所交易的工商银行股票 100 手，每手 100 股，成交价为 4. 16 元。6 月 30 日，工商银行的收盘价为 4.06 元。9 月 16 日将股票卖出，成交价 4.3 元。编制本月出售股票时的会计分录（为简化核算，以上款项均通过“银行存款——中国银行”结算）。

（ 中国银行）进账单（回单） 1

2018 年 09 月 16 日

付款人	全 称	江城证券公司	收款人	全 称	强力机械厂
	账 号	420103744629527		账 号	8134076348012345
	开户行	中国银行江城市江南区支行		开户行	中国银行江城市江南区支行
金 额	人民币（大写）肆万叁仟元整		亿千百十万千百十元角分	¥4300000	
票据种类	转账支票		江南区支行		
票据张数	1张				
复核 记账			开户银行签章		

此联是开户银行交给持票人的回单

业务 17 2018 年 9 月 18 日，办公室刘丽报销各项办公费用 3 200 元，款项用现金支付。

报 销 单

填报日期 2018 年 09 月 18 日

姓名	刘丽	所属部门	办公室	报销形式： 支票号码：
报销项目		金 额	报销项目	金 额
办公桌		1200.00		
电话费		1000.00		
办公用品		1000.00		
			以上单据共 15 张 金额小计 3200.00	
总金额（大写）	拾 ¥ 万 叁 仟 贰 佰 零 拾 零 元 零 角 零 分		预支备用金额	应缴备用金额

现金付讫

主管 会计 出纳 陈鑫鑫 报销人 刘丽

业务 18 2018 年 9 月 20 日，强力机械厂向庐山机械设备公司销售产品一批，其中切管机 500 台，单价 190 元/台；焊机 500 台，单价 170 元/台。切管机和焊机的单位成本分别为 120 元/台、100 元/台。销售过程中支付运输及装卸费4 000元，通过工商银行支付。同时收到庐山机械设备公司开出的中国银行承兑汇票一张，金额 203 400 元，期限为 3 个月。

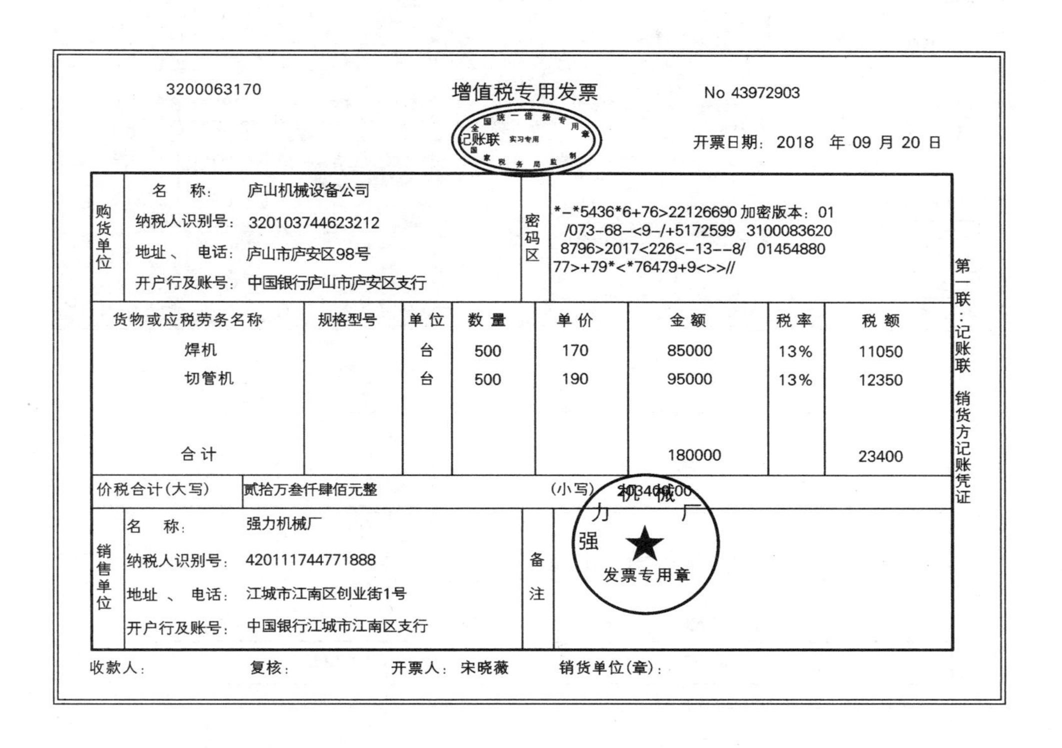

3200063170　　增值税专用发票　　No 43972903

记账联

开票日期：2018 年 09 月 20 日

购货单位
名　称：庐山机械设备公司
纳税人识别号：320103744623212
地址、电话：庐山市庐安区98号
开户行及账号：中国银行庐山市庐安区支行

密码区
*−*5436*6+76>22126690 加密版本：01
/073-68−<9−/+5172599 3100083620
8796>2017<226<−13−−8/ 01454880
77>+79*<*76479+9<>>//

货物或应税劳务名称	规格型号	单位	数量	单价	金额	税率	税额
焊机		台	500	170	85000	13%	11050
切管机		台	500	190	95000	13%	12350
合计					180000		23400

价税合计（大写）贰拾万叁仟肆佰元整　　（小写）203400.00

销售单位
名　称：强力机械厂
纳税人识别号：420111744771888
地址、电话：江城市江南区创业街1号
开户行及账号：中国银行江城市江南区支行

备注　强力机械厂 发票专用章

收款人：　　复核：　　开票人：宋晓薇　　销货单位（章）：

第一联：记账联　销货方记账凭证

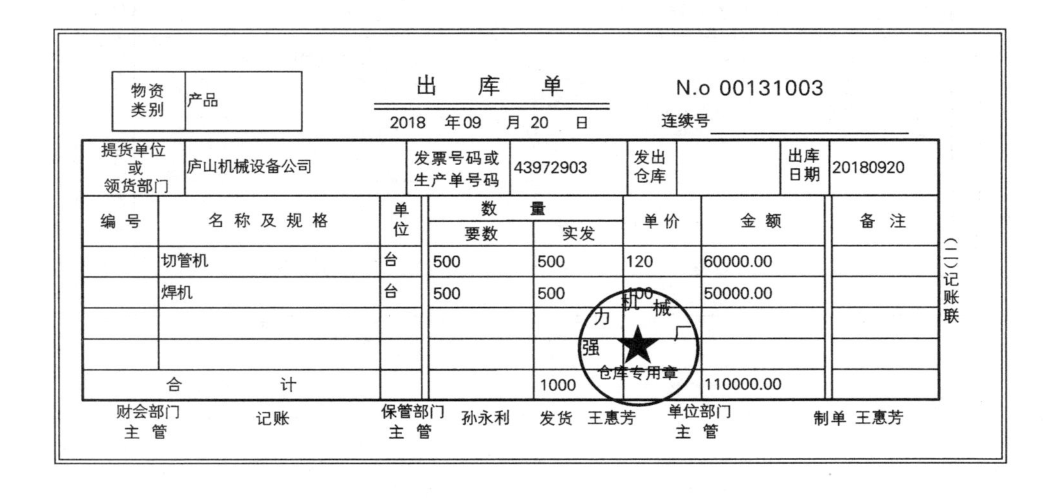

物资类别：产品

出　库　单　　N.o 00131003

2018 年09 月 20 日　　连续号

提货单位或领货部门	庐山机械设备公司	发票号码或生产单号码	43972903	发出仓库		出库日期	20180920

编号	名称及规格	单位	数量 要数	数量 实发	单价	金额	备注
	切管机	台	500	500	120	60000.00	
	焊机	台	500	500	100	50000.00	
合计				1000		110000.00	

财会部门主管　　记账　　保管部门主管　孙永利　　发货　王惠芳　　单位部门主管　　制单　王惠芳

（二）记账联

强力机械厂 仓库专用章

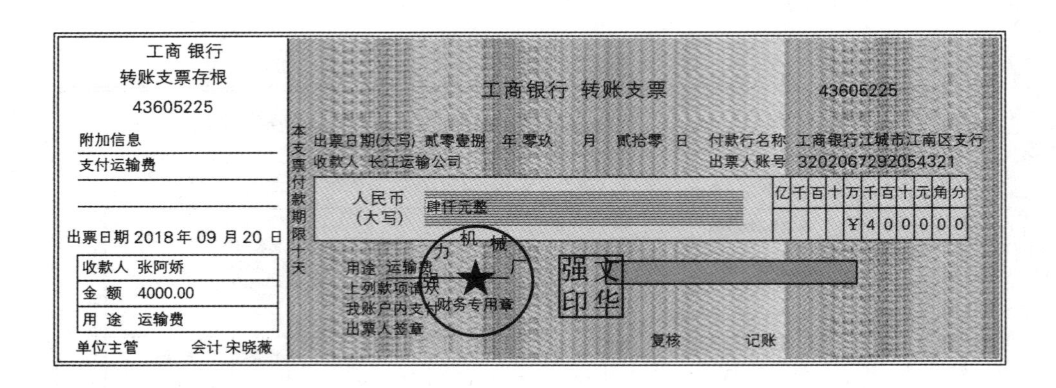

工商银行
转账支票存根
43605225

附加信息
支付运输费

出票日期 2018 年 09 月 20 日

收款人	张阿娇
金　额	4000.00
用　途	运输费

单位主管　　会计 宋晓薇

工商银行 转账支票　　43605225

本支票付款期限十天

出票日期(大写) 贰零壹捌 年 零玖 月 贰拾零 日　付款行名称 工商银行江城市江南区支行
收款人 长江运输公司　出票人账号 3202067292054321

人民币（大写）	肆仟元整	亿	千	百	十	万	千	百	十	元	角	分
							¥	4	0	0	0	0	0

用途 运输费
上列款项请从
我账户内支付
出票人签章

强力机械厂 财务专用章　强文印华

复核　　记账

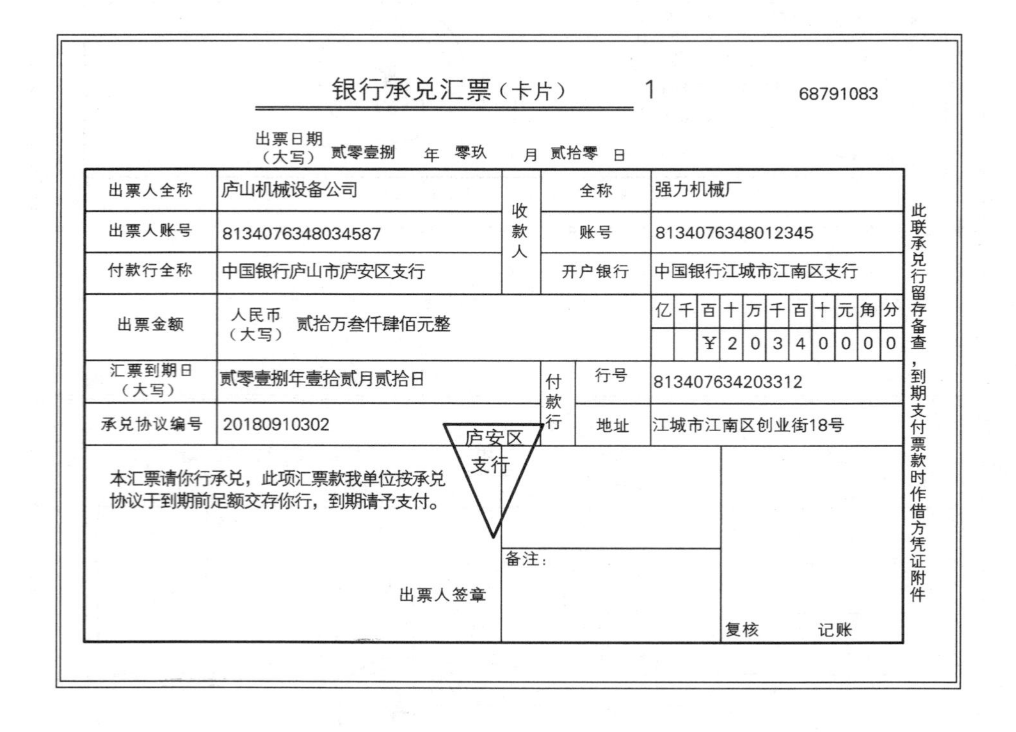

银行承兑汇票（卡片）　1　　68791083

出票日期（大写）贰零壹捌 年 零玖 月 贰拾零 日

出票人全称	庐山机械设备公司	收款人	全称	强力机械厂
出票人账号	8134076348034587		账号	8134076348012345
付款行全称	中国银行庐山市庐安区支行		开户银行	中国银行江城市江南区支行
出票金额	人民币（大写）贰拾万叁仟肆佰元整		亿 千 百 十 万 千 百 十 元 角 分	¥ 2 0 3 4 0 0 0 0
汇票到期日（大写）	贰零壹捌年壹拾贰月贰拾日	付款行	行号	813407634203312
承兑协议编号	20180910302		地址	江城市江南区创业街18号

本汇票请你行承兑，此项汇票款我单位按承兑协议于到期前足额交存你行，到期请予支付。

庐安区支行

出票人签章

备注：

复核　　记账

此联承兑行留存备查，到期支付票款时作借方凭证附件

业务 19 2018 年 9 月 21 日，采购人员赵金报销材料采购过程中的差旅费用，共计 1 500 元，并退回剩余 500 元。

差旅费报销单

服务部门	采购部	姓名	赵金	出差天数	自 09 月 12 日至 09 月 15 日共 4 天
出差事由	采购材料			借旅支费	日期 0903　金额￥ 2000.00 结算金额 1500.00

转账收讫

出发			到达			起讫点	交通费	行李费	旅馆费	住宿费	途中伙食费			
月	日	时分	月	日	时分									
09	12	19时	09	13	7时	江城市火车站至龙山站	300				20			
09	13		09	14		龙山市	260			600				
09	14	21	09	15	8	龙山站至江城市火车站	300				20			
合计						￥ 万 壹 仟 伍 佰 零 拾 零 元 零 角 零 分 ￥ 1500.00								
主管						会计	宋晓薇	出纳	陈鑫鑫	报销人	赵金			

收 款 收 据

2018 年 09 月 21 日　　N.o 0049002

今 收 到 赵金

现金收讫

交 来: 预支的差旅费余款

金额（大写） 拾 万￥ 仟伍 佰零 拾零 元零 角零 分

￥ 500.00　☑现金　☐支票　☐信用卡　☐其他

强力机械厂 财务专用章 收款单位（盖章）

第三联交财务

核准　会计　记账　出纳 陈鑫鑫　经手人 陈鑫鑫

业务 20　2018 年 9 月 25 日，城西精密制钢厂将所需要特种角钢发运过来，共 25 吨，单价 4 100 元，并代垫运费 6 000 元，特种角钢已验收入库，当天将余款通过中国银行支付。

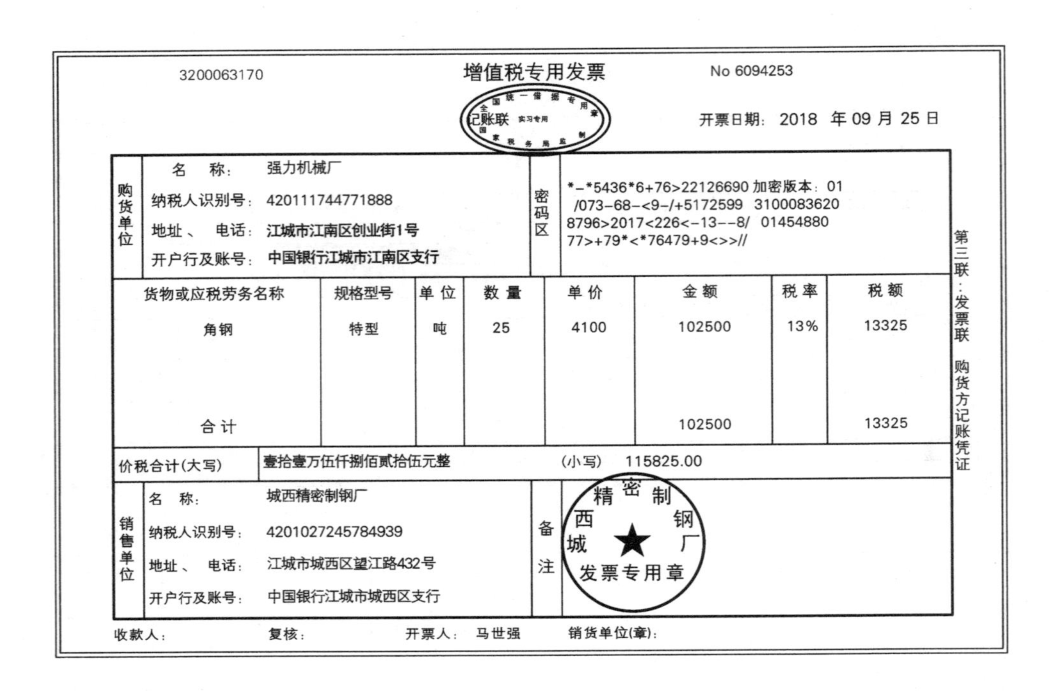

3200063170　　增值税专用发票　　No 6094253

记账联　　开票日期：2018 年 09 月 25 日

购货单位	名称：强力机械厂 纳税人识别号：420111744771888 地址、电话：江城市江南区创业街1号 开户行及账号：中国银行江城市江南区支行	密码区	*−*5436*6+76>22126690 加密版本：01 /073−68−<9−/+5172599 3100083620 8796>2017<226<−13−−8/ 01454880 77>+79*<*76479+9<>>//

货物或应税劳务名称	规格型号	单位	数量	单价	金额	税率	税额
角钢	特型	吨	25	4100	102500	13%	13325
合计					102500		13325
价税合计(大写)	壹拾壹万伍仟捌佰贰拾伍元整			(小写)	115825.00		

销售单位	名称：城西精密制钢厂 纳税人识别号：4201027245784939 地址、电话：江城市城西区望江路432号 开户行及账号：中国银行江城市城西区支行	备注	城西精密制钢厂 发票专用章

收款人：　　复核：　　开票人：马世强　　销货单位(章)：

第三联：发票联　购货方记账凭证

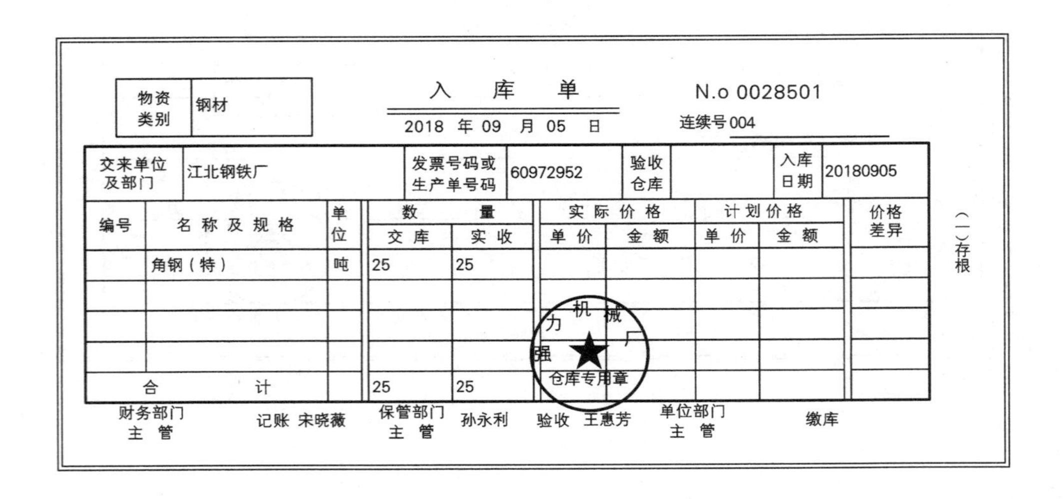

物资类别：钢材　　入　库　单　　N.o 0028501

2018 年 09 月 05 日　　连续号 004

交来单位及部门	江北钢铁厂	发票号码或生产单号码	60972952	验收仓库		入库日期	20180905		
编号	名称及规格	单位	数量 交库	数量 实收	实际价格 单价	实际价格 金额	计划价格 单价	计划价格 金额	价格差异
	角钢（特）	吨	25	25					
	合　　计		25	25					

财务部门主管　　记账 宋晓薇　　保管部门主管 孙永利　　验收 王惠芳　　单位部门主管　　缴库

强力机械厂 仓库专用章

(一)存根

公路、运河货物运输业统一发票

记账联

开票日期：20180924

发票代码：233000810144

发票号码： 59320911

机打代码 机打号码 机器编号		税控码	
收货人及纳税人识别号	强力机械厂 420111744771888	承运人及纳税人识别号	长江运输公司 420102177604876
发货人及纳税人识别号	城西精密制钢厂 4201027245784939	主管税务机关及代码	江城市税务局 420103177565432
运输项目及金额	公路运输	其他项目及金额	备注：
运费小计	6000.00	其他费用小计	
合计（大写）	陆仟元整		（小写） ￥6000.00

承运人盖章（长江运输公司 发票专用章）　　开票人 李健国

第三联：记账联 收款方记账凭证

手写无效

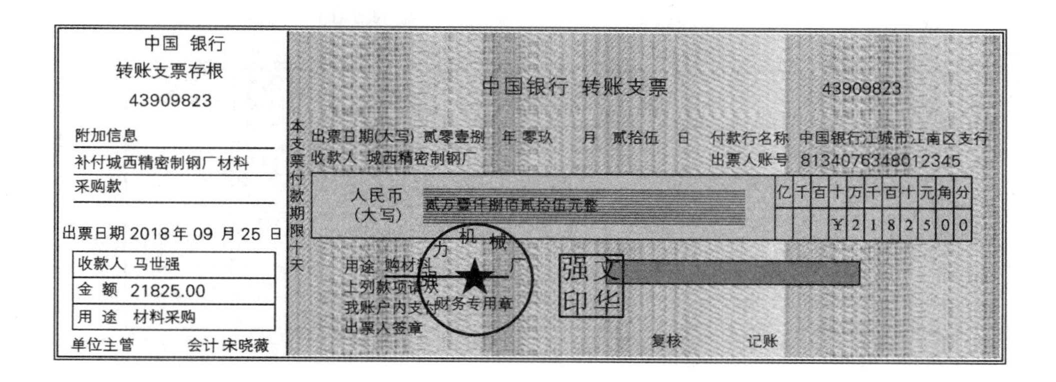

中国 银行
转账支票存根
43909823

附加信息
补付城西精密制钢厂材料采购款

出票日期 2018 年 09 月 25 日

收款人 马世强

金 额 21825.00

用 途 材料采购

单位主管　　会计 宋晓薇

中国银行 转账支票　　43909823

本支票付款期限十天

出票日期(大写) 贰零壹捌 年 零玖 月 贰拾伍 日　付款行名称 中国银行江城市江南区支行

收款人 城西精密制钢厂　　出票人账号 8134076348012345

人民币（大写）	亿	千	百	十	万	千	百	十	元	角	分
贰万壹仟捌佰贰拾伍元整				￥	2	1	8	2	5	0	0

用途 购材料

上列款项请从

我账户内支付

出票人签章（强力机械厂 财务专用章）（强文印华）

复核　　记账

业务 21 2018 年 9 月 25 日，强力机械厂将生产用原材料铸铁对外零售 5 吨，售价 3 200 元/吨，共收到现金 18 080 元，当日存入企业的中国银行账户。铸铁的成本为 2 687.5 元/吨。

3200063170　　**增值税普通发票**　　No 30961856

记账联　　开票日期：2018 年 09 月 25 日

购货单位	名称：城东金属制件厂 纳税人识别号：420111743711325 地址、电话：江城市城东区户部巷521号 开户行及账号：中国银行江城市江南区支行	密码区	*−*5436*6+76>22126690 加密版本：01 /073-68-<9-/+5172599 3100083620 8796>2017<226<-13--8/ 01454880 77>+79*<*76479+9<>>//

货物或应税劳务名称	规格型号	单位	数量	单价	金额	税率	税额
铸铁		吨	5	3200.00	16000.00	13%	2080.00
合计					16000.00		2080.00
价税合计(大写)	壹万捌仟零捌拾元整			(小写) 18080.00			

销售单位	名称：强力机械厂 纳税人识别号：420111744771888 地址、电话：江城市江南区创业街1号 开户行及账号：中国银行江城市江南区支行	备注	强力机械厂 发票专用章

收款人：陈鑫鑫　　复核：　　开票人：宋晓薇　　销货单位(章)：

第一联：记账联 销货方记账凭证

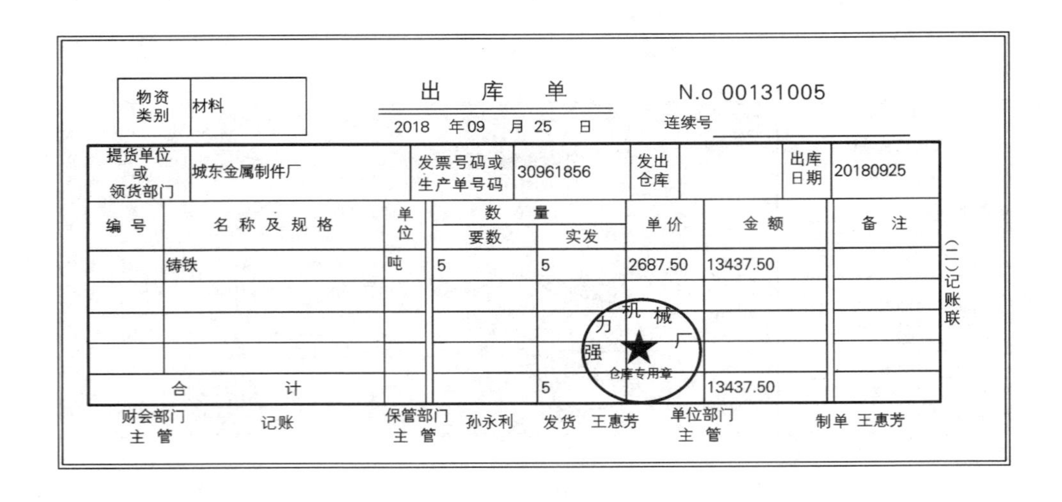

出　库　单　　N.o 00131005

物资类别：材料　　2018 年 09 月 25 日　　连续号

提货单位或领货部门	城东金属制件厂	发票号码或生产单号码	30961856	发出仓库		出库日期	20180925

编号	名称及规格	单位	数量 要数	数量 实发	单价	金额	备注
	铸铁	吨	5	5	2687.50	13437.50	
合计				5		13437.50	

财会部门主管　　记账　　保管部门主管 孙永利　　发货 王惠芳　　单位部门主管　　制单 王惠芳

(二)记账联

强力机械厂 仓库专用章

中国 银行现金存款凭条

2018 年 09 月 25 日

收款人				
全 称	中国银行江城市江南区支行			
账 号	8134076348012345	款项来源	销售款	
开户行	中国银行江城市江南区支行	交款人	陈鑫鑫	

金额大写（人民币）	百	十	万	千	百	十	元	角	分
壹万捌仟零捌拾元整		¥	1	8	0	8	0	0	0

票面	张数	金额	票面	张数	金额
100元	180	18000	5角		
50元	1	50	2角		
20元	1	20	1角		
10元	1	10	5分		
5元			2分		
2元			1分		
1元					

江南区支行

第一联 回单联

业务 22 9 月 26 日，强力机械厂将特制切管机 200 件交付恒山机械设备公司，价税合计 56 500 元，另支付 2 000 元的运输费和装卸费。强力机械厂生产该批产品的成本为 160 元/件。

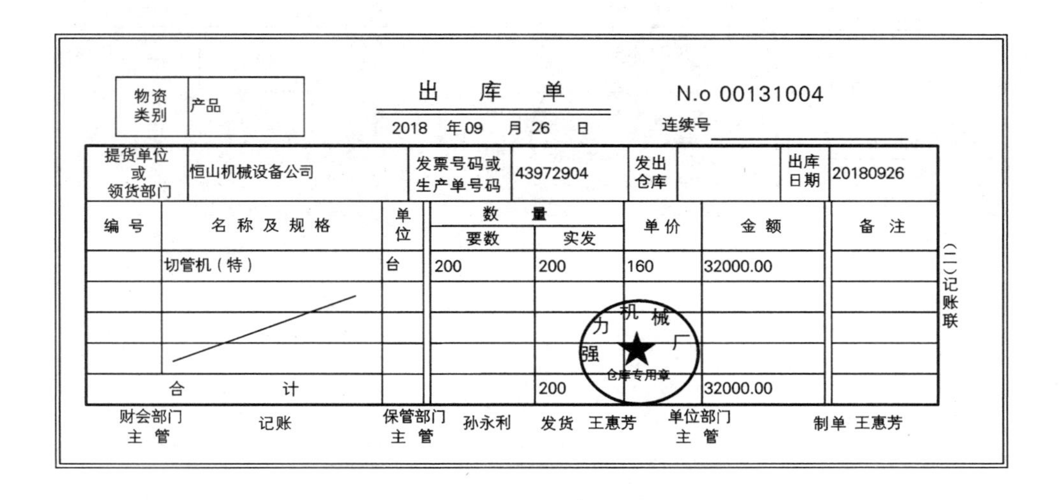

出 库 单

物资类别：产品

N.o 00131004

2018 年09 月 26 日

连续号

提货单位或领货部门	恒山机械设备公司	发票号码或生产单号码	43972904	发出仓库		出库日期	20180926

编 号	名 称 及 规 格	单位	数量 要数	数量 实发	单 价	金 额	备 注
	切管机（特）	台	200	200	160	32000.00	
合 计				200		32000.00	

财会部门主管　记账　保管部门主管 孙永利　发货 王惠芳　单位部门主管　制单 王惠芳

强力机械厂 仓库专用章

(二)记账联

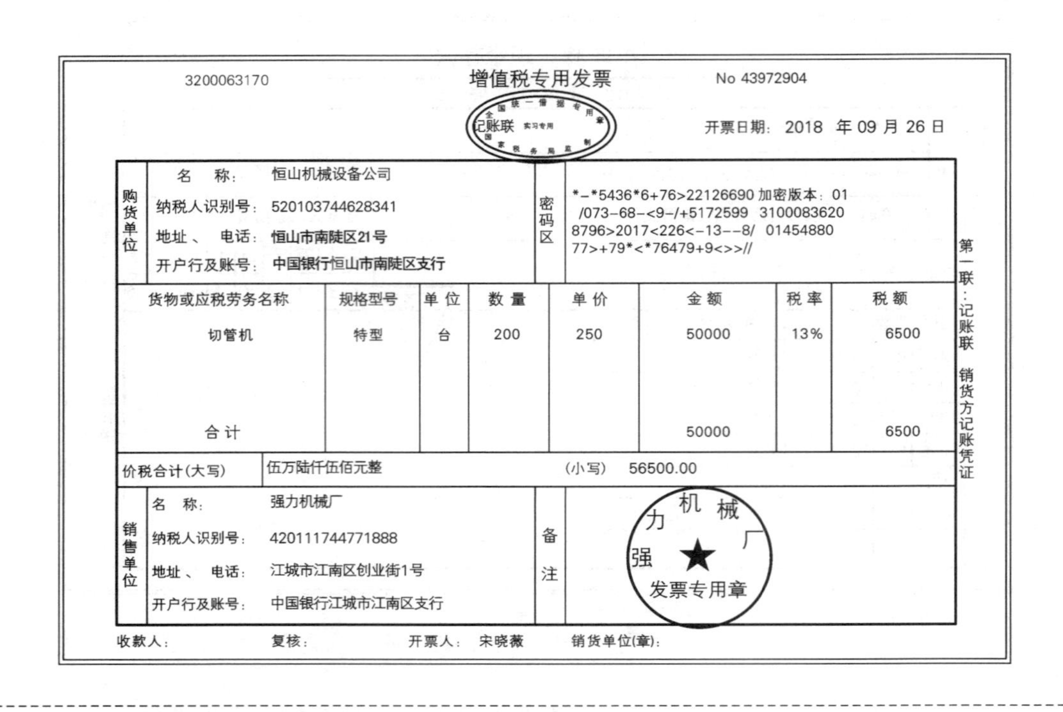

3200063170

增值税专用发票

No 43972904

记账联

开票日期：2018 年 09 月 26 日

购货单位	名称：恒山机械设备公司 纳税人识别号：520103744628341 地址、电话：恒山市南陡区21号 开户行及账号：中国银行恒山市南陡区支行	密码区	*−*5436*6+76>22126690 加密版本：01 /073−68−<9−/+5172599 3100083620 8796>2017<226<−13−−8/ 01454880 77>+79*<*76479+9<>>//

货物或应税劳务名称	规格型号	单位	数量	单价	金额	税率	税额
切管机	特型	台	200	250	50000	13%	6500
合计					50000		6500
价税合计(大写)	伍万陆仟伍佰元整			(小写)	56500.00		

销售单位	名称：强力机械厂 纳税人识别号：420111744771888 地址、电话：江城市江南区创业街1号 开户行及账号：中国银行江城市江南区支行	备注	强力机械厂 发票专用章

收款人： 复核： 开票人：宋晓薇 销货单位(章)：

第一联：记账联 销货方记账凭证

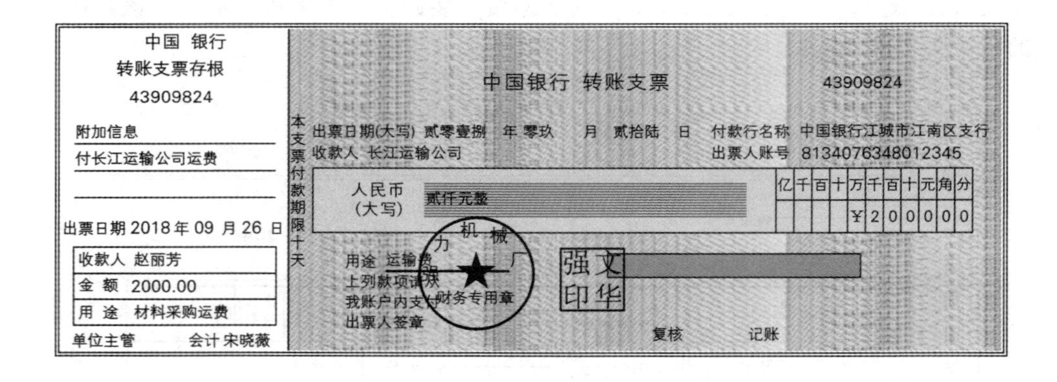

中国 银行
转账支票存根
43909824

附加信息
付长江运输公司运费

出票日期 2018 年 09 月 26 日

收款人 赵丽芳
金额 2000.00
用途 材料采购运费

单位主管 会计 宋晓薇

中国银行 转账支票 43909824

本支票付款期限十天

出票日期(大写) 贰零壹捌 年 零玖 月 贰拾陆 日 付款行名称 中国银行江城市江南区支行
收款人 长江运输公司 出票人账号 8134076348012345

人民币(大写)	亿	千	百	十	万	千	百	十	元	角	分
贰仟元整						¥	2	0	0	0	0

用途 运输费
上列款项请从
我账户内支付
出票人签章

强力机械厂 财务专用章
强文印华

复核 记账

业务23 2018年9月27号，销售人员马利报销业务费2 000元，办公室张倩报销各项办公支出1 000元，以上款项均用现金支付。

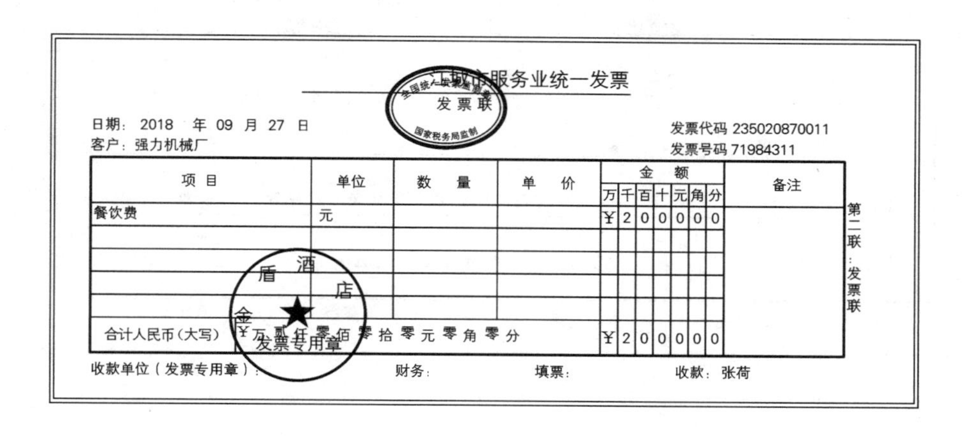

江城市服务业统一发票

发票联

日期：2018 年 09 月 27 日

客户：强力机械厂

发票代码 235020870011

发票号码 71984311

项目	单位	数量	单价	金额 万	千	百	十	元	角	分	备注
餐饮费	元			¥	2	0	0	0	0	0	
合计人民币（大写）¥ 万 贰 仟 零 佰 零 拾 零 元 零 角 零 分				¥	2	0	0	0	0	0	

第二联：发票联

收款单位（发票专用章）：金盾酒店 发票专用章 财务： 填票： 收款：张荷

报 销 单

填报日期 2018 年 09 月 27 日

姓名	张倩	所属部门	办公室	报销形式： 支票号码：
报销项目	金额	报销项目		金额
文件柜	500.00			
办公用品	500.00			
		以上单据共 3 张 金额小计 1000.00		
总金额（大写）	拾 ¥ 万 壹 仟 零 佰 零 拾 零 元 零 角 零 分	预支备用金额		应缴备用金额

主管 会计 出纳 陈鑫鑫 报销人 张倩

现金付讫

业务24 2018年9月28日，恒山机械设备公司将余款补付，款项计36 500元通过中国银行收讫。

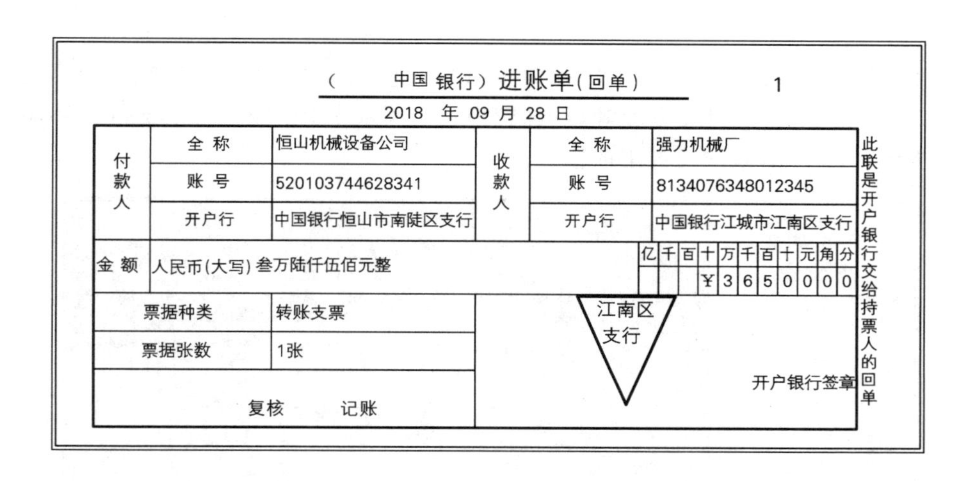

（ 中国银行）进账单（回单） 1

2018 年 09 月 28 日

付款人	全称	恒山机械设备公司	收款人	全称	强力机械厂
	账号	520103744628341		账号	8134076348012345
	开户行	中国银行恒山市南陡区支行		开户行	中国银行江城市江南区支行
金额	人民币（大写）叁万陆仟伍佰元整			亿 千 百 十 万 千 百 十 元 角 分	¥ 3 6 5 0 0 0 0
票据种类	转账支票		江南区支行		
票据张数	1张				
复核 记账			开户银行签章		

此联是开户银行交给持票人的回单

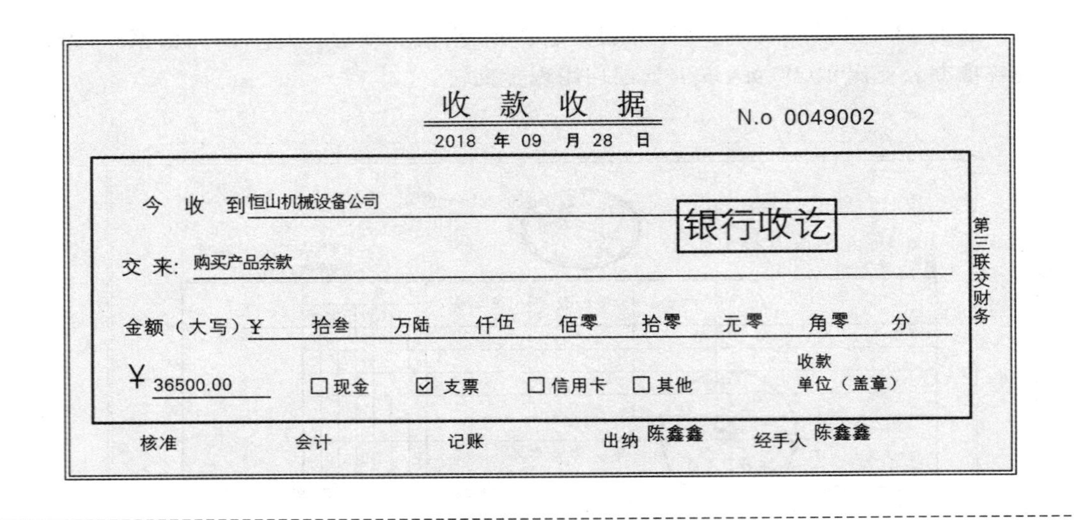
收款收据

N.o 0049002

2018 年 09 月 28 日

今收到 恒山机械设备公司

交来：购买产品余款

金额（大写）¥ 拾叁 万陆 仟伍 佰零 拾零 元零 角零 分

¥ 36500.00 ☐现金 ☑支票 ☐信用卡 ☐其他

收款单位（盖章）

核准 会计 记账 出纳 陈鑫鑫 经手人 陈鑫鑫

第三联交财务

业务 25 2018 年 9 月 30 日，强力机械厂支付本月的电费 11 800 元，计23 600 度，每度电价格 0.5 元。其中，生产切管机耗电 8 000 度，生产焊机耗电6 000度，车间一般用电 2 000 度，管理部门用电 7 600 度。款项通过工商银行支付。

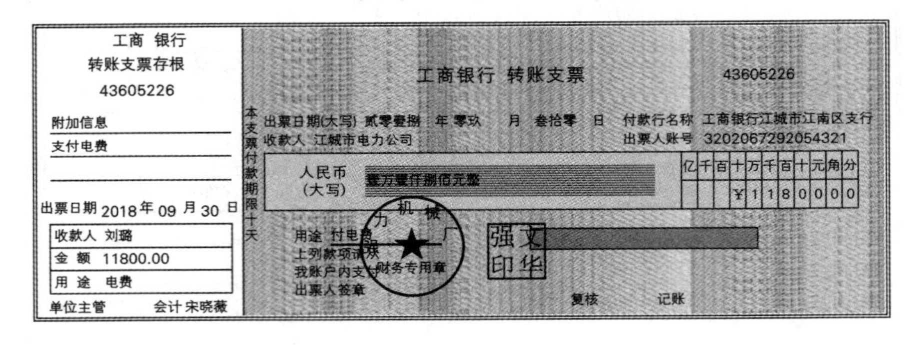
工商 银行
转账支票存根
43605226
附加信息
支付电费
出票日期 2018 年 09 月 30 日
收款人 刘璐
金 额 11800.00
用 途 电费
单位主管 会计 宋晓薇

工商银行 转账支票 43605226

本支票付款期限十天

出票日期(大写) 贰零壹捌 年 零玖 月 叁拾零 日 付款行名称 工商银行江城市江南区支行
收款人 江城市电力公司 出票人账号 3202067292054321
人民币（大写） 壹万壹仟捌佰元整 ¥11800000
用途 付电费
上列款项请从
我账户内支付
出票人签章
复核 记账

业务 26 2018 年 9 月 30 日，强力机械厂共使用 4 400 吨水，每吨水价格为 2 元。其中，生产车间用水 3 000 吨，厂部管理部门用水 1 400 吨。月末支付自来水公司水费计 8 800 元，款项通过工商银行支付。

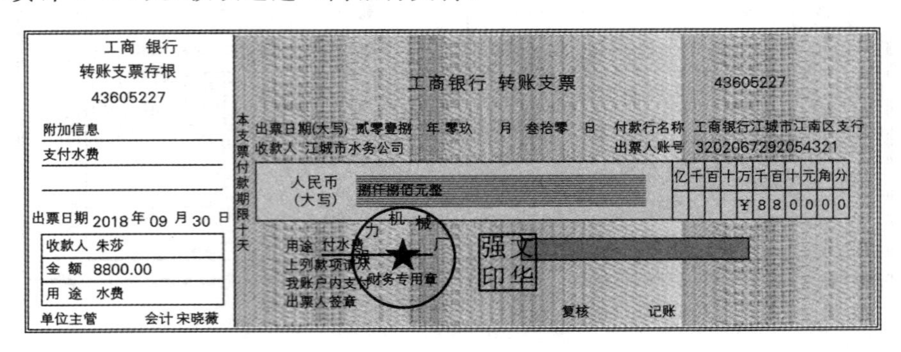
工商 银行
转账支票存根
43605227
附加信息
支付水费
出票日期 2018 年 09 月 30 日
收款人 朱莎
金 额 8800.00
用 途 水费
单位主管 会计 宋晓薇

工商银行 转账支票 43605227

本支票付款期限十天

出票日期(大写) 贰零壹捌 年 零玖 月 叁拾零 日 付款行名称 工商银行江城市江南区支行
收款人 江城市水务公司 出票人账号 3202067292054321
人民币（大写） 捌仟捌佰元整 ¥880000
用途 付水费
上列款项请从
我账户内支付
出票人签章
复核 记账

业务 27 2018 年 9 月，强力机械厂计提本月固定资产折旧 23 580 元，其中车间计提固定资产折旧 17 580 元，厂部计提固定资产折旧 6 000 元。

2018 年 9 月固定资产折旧分配表

单位：元

部　　门	本月折旧	累计折旧	备　　注
生产车间固定资产	17 580.00		
厂部固定资产	6 000.00		
合　　计	23 580.00		

业务 28 2018 年 9 月，强力机械厂计算并分配本月的工资。本月工资总额为 112 371.9 元，其中生产切管机的生产工人工资为 32 500 元，生产焊机的生产工人工资为 30 000 元，车间管理人员的工资为 15 871.9 元，厂部行政管理人员的工资为 22 000 元，销售人员的工资为 12 000 元。（按规定，次月 5 日为工资的实际发放日。）

2018 年 9 月工资计算单

单位：元

部　　门	应发工资	实发工资	备　　注
生产工人	62 500		
车间管理人员	15 871.9		
厂部管理人员	22 000		
销售人员	12 000		
合　　计	112 371.9		

业务 29 2018 年 9 月 30 日，强力机械厂计算的制造费用合计数，并按各产品生产耗用工时比例分配转入切管机、焊机的生产成本。9 月份切管机耗用工时为 2 450小时，焊机生产耗用工时为 3 253 小时。编制本月分摊制造费用的会计分录。

强力机械厂 9 月份制造费用明细表

单位：元

制造费用	材　　料		一般动力	水费	折旧费	工资	合计
	角钢	铸铁					
金额	7 375	8 062.5	1 000	6 000	17 580	15 871.9	55 889.4

业务 30 2018 年 9 月 30 日，强力机械厂将本月生产的完工产品入库，本月初切管机和焊机都没有在产品。9 月份共生产切管机 910 台，全部完工；焊机1 140台，全部未完工，下月继续生产。

切管机 9 月份产品成本明细表

单位：元

切管机	直接材料		直接动力	直接人工	制造费用	合计
	角钢	铸铁				
本月投入成本	22 125	26 875	4 000	32 500	24 010	109 510

焊机 9 月份产品成本明细表

单位：元

焊机	直接材料		直接动力	直接人工	制造费用	合计
	角钢	铸铁				
本月投入成本	14 750	32 250	3 000	30 000	31 879.4	111 879.4

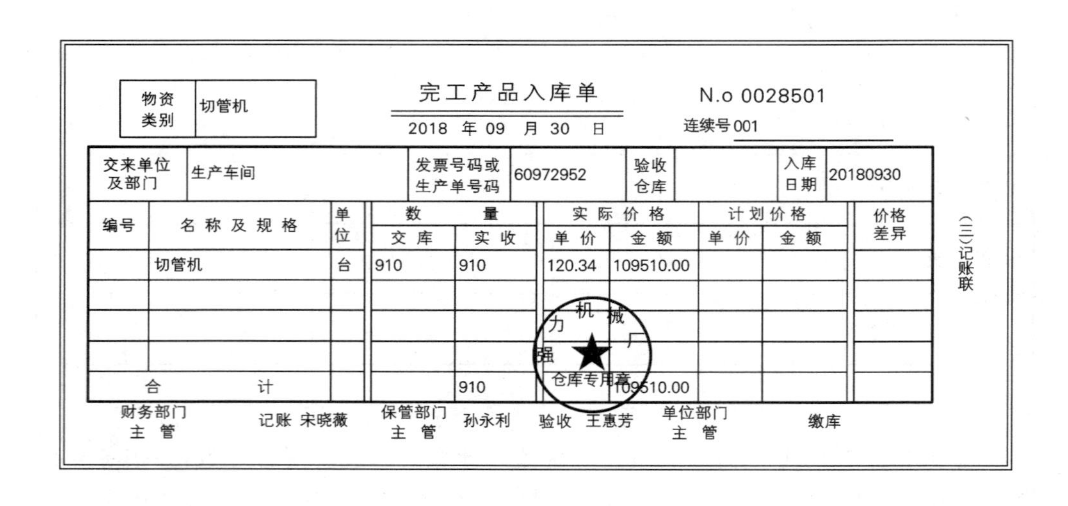
完工产品入库单

物资类别：切管机　　N.o 0028501

2018 年 09 月 30 日　　连续号 001

交来单位及部门	生产车间	发票号码或生产单号码	60972952	验收仓库		入库日期	20180930

编号	名称及规格	单位	数量 交库	数量 实收	实际价格 单价	实际价格 金额	计划价格 单价	计划价格 金额	价格差异
	切管机	台	910	910	120.34	109510.00			
合计				910		109510.00			

财务部门主管　记账 宋晓薇　保管部门主管 孙永利　验收 王惠芳　单位部门主管　缴库

(三)记账联

业务 31 2018 年 9 月 30 日，强力机械厂计算本月应交的增值税，并按应交增值税的 7%和 3%计算本月应交的城市维护建设税和教育费附加。本月增值税的销项税额合计为 79 560 元，本月增值税的进项税额为 70 210 元，本月应上缴的增值税为 9 350 元，教育费附加为 280.5 元，本月应交的城市维护建设税为 654.5 元。

业务 32 2018 年 9 月 30 日，强力机械厂支付中国银行的短期贷款利息 3 000 元，其中本月的利息费用为 1 000 元，并计提本月工商银行的长期借款利息 3 250 元。

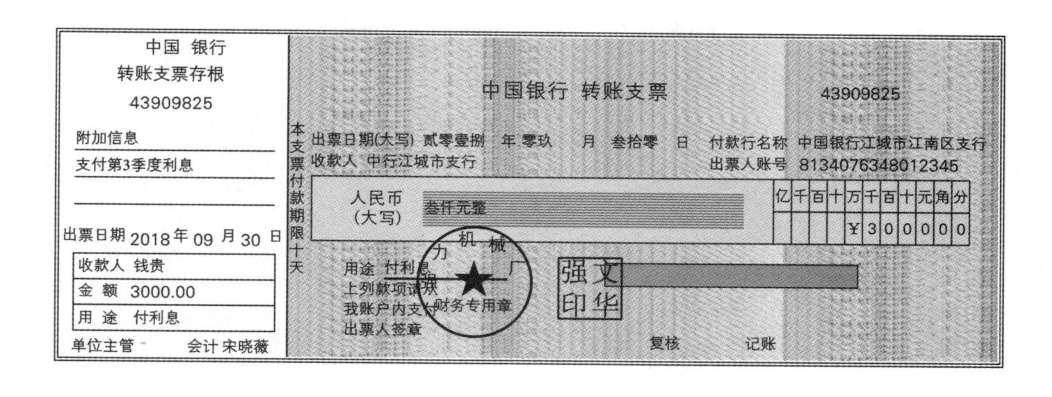

中国 银行
转账支票存根
43909825

附加信息
支付第3季度利息

出票日期 2018 年 09 月 30 日

收款人	钱贵
金 额	3000.00
用 途	付利息

单位主管　　会计 宋晓薇

中国银行 转账支票　　43909825

本支票付款期限十天

出票日期(大写) 贰零壹捌 年 零玖 月 叁拾零 日　付款行名称 中国银行江城市江南区支行
收款人 中行江城市支行　出票人账号 8134076348012345

人民币（大写）	亿	千	百	十	万	千	百	十	元	角	分
叁仟元整					¥	3	0	0	0	0	0

用途 付利息
上列款项请从
我账户内支付
出票人签章

强力机械厂 财务专用章

强文 印华

复核　　记账

业务 33 9 月份，强力机械厂计算本期的无形资产摊销金额。强力机械厂的无形资产有 3 项，其中土地使用权 150 万元，期限 20 年，每月应摊销的金额为 6 250 元；外购专营权 10.2 万，使用期限 5 年，每月摊销 1 700 元；本月自行研发的专利权 16.8 万元，专利保护期 10 年，本月研发完成并开始使用，专利权每月摊销 1 400 元。计算本月的无形资产应摊销金额，并编制会计分录。

业务 34 强力机械厂于 2018 年 1 月 1 日平价购入 3 年期国债 10 万元，利率为 4.2%。该项投资强力机械厂准备长期持有。强力机械厂编制 9 月份应确认的第三季度的利息收入 1 050 元。